世界怪異伝説事典

朝里樹 監修

えいとえふ 著

笠間書院

はじめに

まず、この本を手に取っていただき、ありがとうございます。

タイトルに「怪異伝説」とあるものの、この本には幅広いジャンルの物語が集められています。

伝説とは「ある時代、ある場所で起きた」と人々によって語り継がれ、記録され、そして信じられてきた物語です。怪異とは、不思議なこと、怪しいこと、を指します。また、そういった存在を指す言葉としても、最近は使われています。

この本は、そういった物事を幅広く、世界中から集めて並べたものです。一般的な「怪異」「伝説」の枠にとらわれず、現代の価値観から見ると、「ちょっと不思議だな」と思われるような、伝承や昔話、神話や妖怪、妖精、都市伝説なども収集されているため、いろんな視点で世界の不思議を探索できます。

当たり前のことですが、世界はとても広いものです。はるか昔に各地で人々が生まれ、様々な地域で生活するようになり、やがてたくさんの国ができました。人が集まってひとつの場所に長く住むようになれば、その環境や歴史の影響を受けて独自の文化が生まれます。

そうした人類の歴史の中で、多くのお話が人々の間で語られ、共有されるようになります。こうして人々が語り継いだお話は、やがて文字や絵画として記録され、その一部は、今もこの時代に残っているのです。

現代では、そうしたお話は、神話や伝説、昔話や伝承などと呼ばれて研究の対象となったり、娯楽として読まれたり、創作の題材になったりしています。様々な形で残され、人々に共有されているのです。

本書もそのひとつで、事典という形で世界に伝わる様々なお話を紹介します。

剣と魔法の世界を舞台に語られた、勇猛果敢な英雄たちの物語や、彼らと戦った怪物たちの物語。古くから人々の間で目撃され、今でもＵＭＡ（未確認動物）として語られる巨大生物の話。現代を舞台に語られるようになった、恐ろしい幽霊たちの都市伝説。世界を創生したり、人間を形作った神々に纏《まつ》わる神話。星空の向こうからやってきたと記録される、地球外生命体の記録。

こうした物語を通して、英雄、神様、悪魔、怪物、妖怪、怪異、伝説の武器・防具などについても知ることができるでしょう。世界の歴史や文化などの知識も自然と身に付くはずです。

もし少しでも興味を惹かれた方は、ぜひページを捲《めく》ってみてください。

その先には、世界の不思議が待っています。

この本をきっかけに不思議なこと、怪しいものに興味を持っていただけたなら、怪異や伝説が好きな者のひとりとしてとても嬉しく思います。

二〇二二年一二月　朝里　樹

目次

凡例

一、この事典は、古代から近現代まで、世界各地を舞台に語られた不思議な伝説、出来事、スポット、存在を、「怪異伝説」として収集した。

一、収集対象は、「伝説・民話」「神話」「行事」「裏歴史・事件」「遺跡・ミステリースポット」「遺物・オーパーツ」「妖怪・怪異譚《たん》」「ＵＦＯ・宇宙人」「ＵＭＡ」「埋蔵金」とし、現代では信憑《しんぴょう》性が疑わしい事項に関しても、語られた当時の史料的価値を考慮し、収集の対象とした。

一、本文は、地域別、国別に五十音順に配列した。

一、文中に登場する項目名について、当事典内に別に立項している場合は太字を用いている。

一、出典でその伝説が語られた時代や舞台、地域等がはっきりしている場合には可能な限りその情報についても記載しているが、はっきりしない場合においては省略している。

一、参考資料は、巻末に一覧にして掲載した。書籍の名称は『』を用いて記載している。掲載の順番は五十音順に配列した。

アジア

Asia

1 インド
2 インドネシア共和国
3 カンボジア王国
4 シンガポール共和国
5 スリランカ民主社会主義共和国
6 タイ王国
7 大韓民国・北朝鮮
8 台湾
9 チベット自治区
10 中華人民共和国
11 ネパール連邦民主共和国
12 パキスタン・イスラム共和国
13 バングラデシュ人民共和国
14 東ティモール民主共和国
15 フィリピン共和国
16 ブータン王国
17 ブルネイ・ダルサラーム国
18 ベトナム社会主義共和国
19 マレーシア
20 ミャンマー連邦共和国
21 モルディブ共和国
22 モンゴル国
23 ラオス人民民主共和国

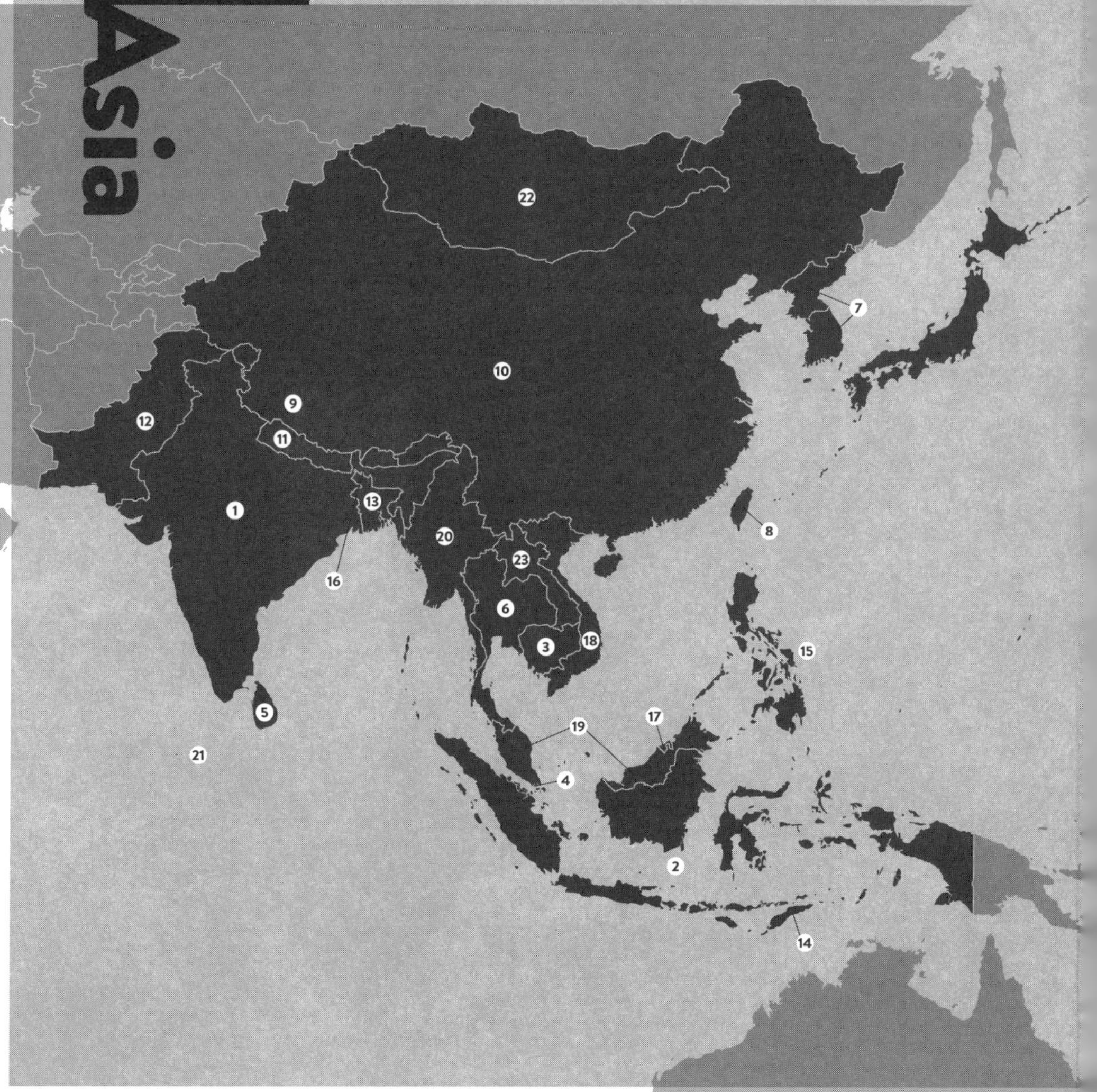

インド

ア・バオ・ア・クゥー伝説

インドにある「勝利の塔」と呼ばれる塔には、時の始まりから不思議な生物が潜んでいるという。人間の影に敏感なア・バオ・ア・クゥーという生物で、体の形は不明だが、全身でものを見ることができ、半透明の皮膚をもち、触れると桃の皮のような感触とも言われている。

塔の螺旋《らせん》階段を上ろうとする人が現れると、ア・バオ・ア・クゥーはおもむろに目を覚まし、生物の内側がにわかに光り出す。そして塔の螺旋階段を上る者のかかとにぴったりとくっつき、静かについていく。訪問者が階段を一段上るごとに、ア・バオ・ア・クゥーの色味は増していき、青みを帯びた光が輝きを増していくそうだ。この生物が究極の姿となるのは訪問者が螺旋階段の最上段に辿り着いた時であるが、てっぺんに辿り着いた者は涅槃《ねはん》に達した人間になるとされ、影をもたなくなる。そのため、ア・バオ・ア・クゥーはついていくことができなくなり、塔のテラスに到達する直前からその体はこわばり始め、青色を帯びた光は薄まり、苦痛からかすかな声でうめくようになるそうだ。やがて訪問者が塔を降りてくると、ア・バオ・ア・クゥーは階段を転がり落ちるように最初の段に倒れ伏し、疲れ切って次の訪問者を静かに待つのである。

ラージャスターン州ウダイプルのチットールガルには、古代ラジュプート族の城西群があり、世界遺産に登録されている。この地に建てられたジャイナ教の寺院や塔のうち、一五世紀に建てられたものが九層からなる「勝利の塔」である。

ホルヘ・ルイス・ボルヘス、マルガリータ・ゲレロ著『幻獣辞典』による。

ヴィシュヌの化身とアバターの語源

インド神話に登場する神ヴィシュヌは、乱世になると生まれ変わって世界を救うと言われている。叙事詩『ラーマーヤナ』のラーマ王子や『マハーバーラタ』の英雄クリシュナもそのひとりである。

ヴィシュヌの化身の数は一〇～二〇あると言われており、このようなヴィシュヌの「化身」を「アヴァターラ」という。これが現在でもインターネット上などで使われている「アバター」の語源である。

お盆の起源であるウランバーナ

日本のお盆といえば、旧暦の七月一五日前後に行われる先祖の霊を祀る仏教の行事だ。「お盆」という言葉は、古代インドの言葉であるサンスクリット語の「ウランバーナ」を語源とする。

昔、インドの目連《もくれん》という僧が、亡き母が

地獄の餓鬼道で苦しんでいることを知り、母を救いたいと釈迦に相談した。すると釈迦は、「七月一五日に厳しい修行に耐えた僧侶たちが戻ってきた時に、彼らに衣服や食事を振る舞い、僧たちの力を借りて祈りなさい」と言った。目連がその通りにすると、無事に母を地獄から救い出すことができたという。この話が中国を経て飛鳥時代の日本に伝わり、「盂蘭盆会《うらぼんえ》」と呼ばれる行事になり、今に至る。盆踊りは、母が救われた目連が踊って喜んだことを起源とすると言われている。

「ウランバーナ」は「逆さ吊り」という意味で、地獄の亡者の苦しみを表しており、お盆はその苦しみから亡者を救うためのものなのである。

ガネーシャの頭が象になった理由

インド神話に登場するガネーシャは破壊神シヴァの息子であり、人の体に象の頭をもつ見た目が特徴的だ。幸運を呼ぶ商売と学問の神様として人気の高い神である。

ある時、シヴァの妃であるパールヴァティーは、子どもが欲しいと思い、シヴァが留守の間に自分の垢《あか》をこねて人形を作り息子とした。これがガネーシャである。その後、パールヴァティーは水浴をするので誰も部屋に入れないよう息子に言い、息子は家の前で見張りをしていた。そこにシヴァが帰宅し、家の前に見知らぬ男がいることに気づく。家に入れまいとする男に怒ったシヴァは、男の首を切り落として遠くに投げ捨てた。息子を殺されたことを知って怒り悲しむパールヴァティーを見て、シヴァは慌てて息子であった男の首を探すが見つからない。そこでパールヴァティーはシヴァに最初に出会った動物の頭をもってくるように頼み、近くに象がいたので象の頭を息子につけて生き返らせたという。

また頭が象になったのは、土星の神シャニによるものという説もある。ガネーシャの誕生祝いに招かれた神々のうちのひとりであるシャニは、目で見るものを破壊してしまう邪視の力をもっていたので、ずっとうつむいていた。するとパールヴァティーに顔を上げて息子を祝ってほしいと言われたため、ガネーシャを見て頭を壊してしまった。そこでヴィシュヌ神が象の頭をつけたという。毎年夏の終わりになると、ガネーシャの誕生を祝う祭りが西インドを中心に行われている。

神の歌と日本人の意外な関係

古代インドの叙事詩『マハーバーラタ』は、神の子である五人の王子と、従兄弟である悪の王子との、王位を巡る大戦争を描く長編物語。なかでも最終決戦直前、王子の一人アルジュナが英雄クリシュナと問答を繰り広げる『バガバッド・ギーター（神歌）』の話は、ヒンドゥー教で最重要の聖典とされ、ガンジーも心の拠《よ》り所にしていたという。「神はどこにでもいて、祭祀をしなくても祈れば通じる」という思想をわかりやすくまとめたもので、この思想は仏教に取り入れられ、やがて日本人の思想にも影響を与えたという説があるらしい。

ガルーダと霊薬アムリタ

ガルーダ（別名を迦楼羅天《かるらてん》）はインド神話に登場する翼と鳥の顔とくちばしをもつ半神だ。軍事力やすばやさの象徴である。

ガルーダは大聖仙カシュヤパと妻ヴィナターとの間に生まれた。蛇神ナーガの奴隷にされた母を救うため、ガルーダは天界に乗り込み、霊薬アムリタ（詳しくは**乳海攪《かく》拌《はん》と霊薬アムリタ**の項目を参照）を保管する神々との戦いに勝ち、母を助け出す。

強さを示したガルーダは神々に認められて軍神インドラと友人になり、ヴィシュヌからは不老不死の肉体と、ナーガを食べる許しを与えられた。ガルーダはお礼にヴィシュヌの乗り物となった。以来、蛇神ナーガにとってガルーダは天敵となっている。

ちなみに一度はナーガの手に渡ったアムリタだが、ガルーダの計略でナーガが飲む前に、インドラが奪い返したという。

巨人プルシャの伝説とカースト制度

インド神話の最古の聖典『リグ・ヴェーダ』に載る創世神話のうち、原初の海から生まれた原人プルシャから世界や人が生まれたという話がある。プルシャとは千の目、千の頭、千の手足をもつ巨人だ。プルシャは神々が宇宙を創造するための供物となり、プルシャの頭から天界、ヘソから空界、足から地界が生まれ、目から太陽、耳から方角、息からプラーナが生まれた。そして、口からバラモン、両腕からラージャニヤ（クシャトリヤ）、両ももからヴァイシャ、両足からシュードラが生まれた。

この神話がインドに伝わる身分制度、カースト制度の由来である。人々は、僧侶・司祭階級のバラモン、王族・戦士階級のクシャトリヤ、庶民階級のヴァイシャ、奴隷階級のシュードラという四つの身分に生まれる「ヴァルナ（色）」という考え方だ。この四つの身分の下にさらに不可触民（ダリト）と呼ばれる第五の身分が存在する。

これは紀元前一五〇〇〜紀元前一三〇〇年頃に古代インドに侵略してきたアーリア人が、非アーリア人の土着の民と血が混じることを嫌い、階級制度を正当化するために生み出された神話だと推察される。現在のインドではカースト制度は法律で禁止されているが、人々の意識には今も深く根づいている。

クリシュナのバターボール

南インドにあるチェンナイから南に六〇キロほどのところにある、マハーバリプラムの町に、ヴァーンイライカル（空の神の石という意味）と呼ばれる奇岩がある。その岩は高さ約六メートル、幅約五メートルと巨大で、重さは約二五〇トンと推測される。形は丸く、斜面に立っているため今にも転がり落ちてきそうだが、実際は八頭の象が引いても動かせなかったと言われるほど、絶妙なバランスで立っている巨岩だ。

この岩は「クリシュナのバターボール」とも呼ばれている。叙事詩『マハーバーラタ』に登場する英雄クリシュナの好物であるバターボールに形が似ていることから名づけられたという。

錆《さ》びないデリーの鉄柱

一七〇〇年前に建てられたにもかかわらず、ほとんど錆びない鉄柱がデリーの郊外にある。「錆びない鉄柱」の名前で有名な鉄柱は、世界遺産に登録されているイスラム教の建造物、クトゥブ・ミナールと同じ場所にある。高さ約七メートル、直径四四センチほど。四一五年に建立されたもので、表面に刻まれたサンスクリット語の碑文を今も鮮明に読むことができる。これほど長い間、風雨にさらされながら、わずかな錆《さび》しかないのだ。九九パーセント以上の高濃度の鉄でできていることが要因のようだが、特別な手入れもされていない鉄がこれほど錆びないのは珍しいという。

鉄柱が錆びないのは、ダマスカス鋼ででできているからという説もある。ダマスカス鋼とは、一〇～一八世紀に製造された、波紋状の模様が特徴の鋼。詳しくは中東・シリア・アラブ共和国の**ダマスカス鋼の製法の秘密**の項目を参照。

いずれにせよ、一七〇〇年前のインドに高度な技術があった理由は明らかにできていない。デリーの鉄柱は今も錆びずに立っており、見学することも可能だ。

サリームガル城の幽霊

サリームガル城は、インド北部の首都デリーにある、一六世紀半ばに建造された城《じょう》塞《さい》だ。世界遺産にも登録されている巨大な赤い城塞だが、実は心霊スポットとしての一面も見逃せない。

一七世紀末から一八世紀初頭にかけて、ムガル帝国第六代皇帝アウラングゼーブ一世は、この城塞を捕虜の拷問場として使っていた。囚人たちに己の運命を悟らせるために、拷問の犠牲者たちの血で石壁を洗ったとも伝えられている。今でも夜になると、城塞から泣き叫ぶ兵士たちのうめき声や悲鳴、すすり泣く声が聞こえてくるそうだ。

また、この城塞にはアウラングゼーブ一世の娘ゼブニッサも幽閉されていた。教養ある優しい娘だが、父の苛政を非難したために父王の怒りを買ったのだ。ゼブニッサは砦《とりで》に幽閉されたまま一七〇一年に亡くなり、その亡霊は美しい詩を読み、拷問で死んでいった兵士の霊たちの魂を癒しているそうだ。

猿の神様ハヌマーンの伝説

叙事詩『ラーマーヤナ』（詳しくは**ラーマ王子の冒険**の項目を参照）に登場する猿神ハヌマーンは、空を飛んだり、体の大きさを変えたりすることができ、ラーマ王子の活躍を大いに助けた神だ。『ラーマーヤナ』は中国にも伝わり、ハヌマーンは『西遊記』に登場する孫悟空のモデルになったとも言われている。詳しくは中華人民共和国の**孫悟空と玄奘三蔵**の項目を参照。

『ラーマーヤナ』には、ラーマ王子がラーヴァナとの戦いの中で意識不明に陥った際に、ハヌマーンがヒマラヤのカイラーサ山（カイラス山）に薬草を取りに行き、ラーマ王子を救ったというエピソードがある。ヒマーチャル・プラデーシュ州の州都シムラーの山の上に立つジャクー寺院を囲む森は、この時にハヌマーンが休息をとった場所だと言われている。この森には猿が多く生息しており、巨大な赤いハヌマーン像がある寺院は観光スポットとなっている。

聖なる河川ガンガー

「ガンガー」とは、ヒマラヤ山脈に水源をもち、ベンガル湾へと流れ込むガンジス川の女神の名前であり、川そのものもガンガーと呼ばれている。ヒンドゥー教の破壊神シヴァの髪を伝って地上に水が流れ落ちたものがガンジス川の起源であり、その水には罪を浄化する力があるという。

インド神話では、ガンガーはシヴァの妻パールヴァティーの姉妹であり、バギーラタ王が祖先の罪を浄化してもらうために、ガンガーを神々が住まうヒマラヤから地上に降ろすよう創造神ブラフマーに頼んだ。そこでシヴァがガンガーを髪で受け止めて地上に降ろし、水があふれてしまわないようにガンジス川が作られたという。

ガンガーが流れるヴァーラーナスィー（バラナシ、ベナレス）は、シヴァを守護神とするヒンドゥー教最大の聖都で、ヒンドゥー教徒の沐浴《もくよく》や火葬が行われている巡礼の地だ。この町には八四のガート（沐浴などに使われる川岸の階段状の堤）があるが、もっとも人が集まるダシャーシュワメード・ガートは、創造神ブラフマーが儀式を行った場所とされている。シヴァ信仰の中心地であるヴィシュワナート寺院もこの近くにある。

ちなみに、ヒマラヤ山脈から流れ出た水が最初に辿り着く麓の町「ハリドワール」は「神の門」という意味。町の中心地にあるガート、ハリ・キ・パイリーは、「ヴィシュヌの足跡」という意味をもつ。ハリドワールは、ヒンドゥー教の四つの聖地で三年ごとに行われる大祭クンブメーラーの開催地のひとつでもある。詳しくは**霊薬アムリタとクンブメーラー**の項目を参照。

伝説の怪物マンティコア

マンティコアはインドの森に生息するという怪物で、森に入った人間を襲い、食べてしまうという。体はライオンのようだが人の顔をもち、目は灰色または青色、口元には鋭い牙、肌は赤く、毒針がついたサソリや竜に似た尾が生えている。「マンティコア」とは、もとはペルシア語で「人食い」を意味する言葉の誤読だという。

紀元前四世紀頃、古代ギリシャの歴史家のクテシアスが書いた歴史書『インド誌』

によって西洋世界で広く知られるようになった。その後も、哲学者のアリストテレスの『動物誌』、紀元前一世紀の古代ローマの博物誌家、大プリニウスの『博物誌』にもマンティコアに関する記述がある（この本ではエチオピアの怪物として記述）。

　想像上の怪物だとされており、二〇〇八年には、動画投稿サイトYouTubeに、撮影場所も時期も不明の動画が投稿された。その映像には獣のような体は小さく、サソリの尾のようなものが生えた謎の生物が人と会話する様子が映っていたという。しかし、この動画についても続報もなく、偽物だった可能性が高いとされている。

乳海攪拌《かくはん》と霊薬アムリタ

　古代インドに伝わるヒンドゥー教の神話。ある時、デーヴァ（神）とアスラ（悪神、魔物の意味）は、不老不死の霊薬アムリタを手に入れるために協力することになった。維持神ヴィシュヌによると、デーヴァとアスラが力を合わせて海をかき混ぜればアムリタができるという。そこでナーガ（蛇神）の王であるアナンタがマンダラ山を引いて海に運んだ。亀の王アクーパーラ（ヴィシュヌの化身である大亀クールマという説もあり）が海底で支える山にナーガのヴァースキを巻きつけて、両端をデーヴァとアスラが引き合って山で海をかき混ぜた。すると海が乳白色に染まり、アムリタができた。この伝説が「乳海攪拌」だ。

　アスラがアムリタを独占しようとしたものの、美女に化けたヴィシュヌに奪われ、アムリタはデーヴァたちのものとなり、神々は不老不死になった。怒ったアスラたちはデーヴァに戦いを挑んだが、不老不死となった神々には勝てなかった。それ以来、アムリタは軍神インドラが守るようになったという。アムリタにまつわる伝説は**ガルーダと霊薬アムリタ**の項目も参照。

　北インドのウッジャインはシプラー川のほとりにある町で、アムリタの滴が落ちた場所とされており、叙事詩『マハーバーラタ』にも登場する。ヒンドゥー教の聖地であり、四つの聖地で三年ごとに行われる大祭クンブメーラー（詳しくは**霊薬アムリタとクンブメーラー**の項目を参照）の開催地のひとつである。

ブッダの遺骨が埋まるストゥーパ

「ストゥーパ」とは「土を盛ったもの」という意味のサンスクリット語だが、今では「仏塔」の意味で使われている。

　仏教を開いたブッダが入滅したのち、遺体は荼毘《だび》に付された。深く嘆き悲しんだ信者たちの間では遺骨を巡る争いが起きたが、最終的には八つに分配された。遺骨は土に埋められ、崇拝の対象となる。これがストゥーパであり、その後も仏教を信仰する人々により、各地にストゥーパが建てられた。二〇〇〇年以上前にアショーカ王によって建てられた最古のストゥーパが、今もサーンチーにある。

　日本の有名な東寺（教王護国寺）などの

五重塔の起源もストゥーパだ。また「ストゥーパ」は「卒塔婆」と漢訳され、墓地で供養のために立てられる卒塔婆《そとば》の語源でもある。

ブッダゆかりの地ブッダガヤとサールナート

ヴァーラーナスィー（バラナシ、ベナレス）にあるサールナートは、四大仏跡のひとつで、仏教を開いたブッダが、初めて説法をした初転法輪《しょてんぽうりん》の地として知られている。

ルンビニーに生まれたガウタマ・シッダールタ（詳しくはネパール連邦民主共和国の**ブッダ生誕の地ルンビニー**の項目を参照）は、五比丘《ごびく》と呼ばれる五人の仲間とともに、インド北東のブッダガヤにある前正《ぜんしょく》覚山《がくさん》で修行に挑んだ。六年の修行ののち山を降りた彼は、菩提樹の下で四九日間の瞑想を行い、悟りを開いてブッダ（目覚めた者）となった。ブッダが悟りを開いた地に建つブッダガヤのマハーボディー寺院には、このときの菩提樹の子孫だという木が今もある。

その後、旅に出たブッダは、ブッダガヤの西方にあるサールナートに辿り着き、自身が悟った内容を初めて口にした。この初めての説法を聞いたのは、再会した五人の仲間と森にすむ鹿だけだったという。

マンドゥに伝わる悲恋伝説

一六世紀頃にマンドゥに栄えた王国に伝わるインドで有名な悲恋伝説。マンドゥ最後の領主だったバズ・バッハドゥールは、イスラム教徒だったが、ヒンドゥー教徒の羊飼いの女性ルプマティと恋に落ちる。しかし、王国はムガル帝国の王アクバルに攻められ、征服されてしまう。バッハドゥールは逃げたがルプマティは捕らわれてしまい、彼女は毒を飲んで自殺したという。

この悲恋伝説の舞台となった地であるバズ・バッハドゥール宮殿やルプマティの離宮が、現在もマンドゥのレワ貯水池の遺跡群に残っている。

勇敢なカエルの神殺し

インド北東部のミニョン族は、インド神話やヒンドゥー教の影響を受けず、独自の創世神話が残されている。

ボモンとボンという光り輝く神の姉妹は、大地を焦がすほど光も熱も強すぎたので、人々はどちらか一人を消す計画を立てた。この仕事を任された勇敢なカエルは、ボンの目に矢を射て殺した。しかし、妹が殺されて恐れたボモンは森に逃げ、大きな石で頭を覆ったため、世界が暗くなってしまった。そこで人々は木で体を作り大工が命を吹き込み、ボンを生き返らせたので、ボモンはふたたび光を放つようになった。しかしボンは木でできていたので光を出せず、世界は調和がとれたのだった。

ラーマ王子の冒険

インド神話の神ヴィシュヌの化身である

ラーマ王子が主人公の物語が、インド神話の二大叙事詩ひとつ『ラーマーヤナ』だ。全七巻、二万四〇〇〇もの詩節からなる。紀元前五世紀から紀元後三世紀頃に、それ以前からの伝承なども含めた形で成立したとされる。主なあらすじは以下の通りだ。

　ラーマは北インドにあった大国コーサラ国のダシャラタ王の息子として生まれた。聡明で慈悲深いラーマは、世継ぎとして期待されていた。一方、ジャナカ王が治めるミティラー国には、王の娘シーター以外は誰も持ち上げることができないシヴァ神の弓ピナーカがあった。ジャナカ王が、この弓を持ち上げて弦を張ることができる者にシーターを嫁がせると言うと、この国を訪れたラーマが見事に成し遂げたので二人は結婚した。

　ラーマの父ダシャラタ王はラーマに王位を譲ろうとしたが、異母弟バラタの母とダシャラタ王がかつて行った約束により、王位継承権を奪われてしまう。国を追放され、一四年間森で暮らすことになったラーマは、妻のシーターと弟のラクシュマナとともに都アヨーディヤーを出た。父王が失意のあまり亡くなり、跡を継ぐことになったバラタは、ラーマに王位を継ぐように頼むが、約束を違えてはならないとラーマは森での生活を選ぶ。

　森での暮らしの中で、ラーマはアスラ（悪神、魔物の意味）のシュールパナカーに見初められる。愛する妻がいるラーマはシュールパナカーの求愛を拒絶するが、怒ったシュールパナカーが仲間を引き連れて襲いかかってきたので、弓で返り討ちにする。シュールパナカーは兄ラーヴァナのもとへ逃げ帰る。ラーヴァナは、ランカー島（現在のスリランカ）を支配する、一〇の頭をもつアスラの王だった。ラーヴァナはラーマの妻シーターを誘拐し、自らの妃にしようとする。

　さらわれたシーターはラーヴァナの空飛ぶ戦車に乗せられたが、身につけていたものを少しずつ落として、ラーマが後を追えるようにした。ラーマは、シーターが手がかりを落としたリシュヤムーカ山で猿の王スグリーヴァ、大臣のハヌマーンと出会う。ラーマに協力することになったハヌマーンはシーターがランカー島にいることを確かめることに成功する。ハヌマーンについては**猿の神様ハヌマーンの伝説**の項目も参照。ついに海に架けた橋を渡ってランカー島に乗り込んだラーマは、熊と猿の大群を味方にしてラーヴァナの軍と衝突した。壮絶な戦いの果てにラーヴァナに勝利したラーマは都アヨーディヤーに帰還し、弟バラタに代わって王位についたという。

　平和が訪れたコーサラ国だったが、民からは長くラーヴァナに捕らわれていたシーターの貞節を疑う声があがる。その声にあらがえず、ラーマはシーターを森に追放し、シーターは身ごもっていたラーマの子である双子を森で産む。のちにラーマは双子と出会い、自身の子だと知る。シーターにも戻ってほしいと頼むが、彼女は身の潔白を証明するために大地の女神に祈り、割れた地面の中へと姿を消して戻ってくることはなかったという。

ラーマの橋と『ラーマーヤナ』

インド神話の叙事詩『ラーマーヤナ』では、ラーマ王子がアスラ（悪神、魔物の意味）にさらわれた妻を奪い返すために海を渡るエピソードがある（詳しくは**ラーマ王子の冒険**の項目を参照）。ラーマは、妻がさらわれた先のランカー島（現在のスリランカ）とインドとをつなぐ橋を建設している。

この神話を裏づけるような事実がある。約三〇キロの砂州の連なりが、インドとスリランカを隔てるポーク海峡を渡っていたのだ。水深が非常に浅く、海に顔を出した砂州の道は、まさに天然の橋のようである。神話にちなんで、現地では「ラーマの橋」と呼ばれている。また、「アダムの橋」という別名もあり、この名前はスリランカに伝わるアダムスピーク（スリーパーダ）の伝説に由来する（詳しくはスリランカ民主社会主義共和国の**スリーパーダの足跡**の項目を参照）。

霊薬アムリタとクンブメーラー

アムリタとは、古代インドの神話に登場する不老不死の霊薬（詳しくは**乳海攪拌《かくはん》と霊薬アムリタ**の項目を参照）。クンブメーラーはヒンドゥー教の大祭で、「クンブ」とは、「水瓶《すいびょう》」を意味している。アムリタの入った水瓶から滴が落ちたとされる四つの都市があり、三年に一度行われるクンブメーラーは、このアラハバート、ウッジャイン、ナーシク、ハリドワールの四都市で持ち回り、各都市で一二年ごとに開催されている。

七世紀にインドを訪れた僧侶・玄奘《げんじょう》（三蔵法師）が、クンブメーラーについて書き残した記録もある。各地からヒンドゥー教徒たちが集まり、聖なる川で沐浴《もくよく》を行う。過去に行われた祭りでは、一日に三〇〇〇万人以上が訪れたという。

インドネシア共和国

石になった王女 ロロ・ジョングラン

ジャワ島中部の町プランバナンにあるロロ・ジョングラン寺院の起源となる伝説。

ロロ・ジョングランは、八世紀から九世紀頃に栄えた古マタラム王国サンジャヤ王朝の王の娘として生まれた。父王が敵国との戦いに敗れ、敵国の王子は王女を妻にと望んだ。妻になりたくなかった王女は、一晩で一〇〇〇の寺院を建てることができれば求婚を受け入れると約束する。王子は精霊の力を借りて寺院を造り、夜明け前には九九九の寺院を建てた。慌てた王女は、召使いに米を臼でつかせる。ジャワでは明け方に米つきをしていたので、鶏に勘違いをさせて鳴かせ、日光を嫌う精霊を帰らせることに成功した。最後の寺院の建立に失敗した王子は王女の策略だと知って怒り、王女に呪いをかけて石の像に変えた。

　この像が寺院にあるシヴァ聖堂に置かれているドゥルガ像だという。また、王子が造った多数の寺院が、ロロ・ジョングラン寺院の北にあるセウ寺院で、「セウ」とは「千」という意味である。

インドネシアの女吸血鬼

　ボルネオ島西岸、西カリマンタン州の港湾都市ポンティアナックには、恐ろしい女吸血鬼がいるという。その名も都市名と同じポンティアナックといい、亡くなった妊婦の怨霊だとも言われている。言い伝えによれば、この町を作ったスルタンの王が、ポンティアナックの心を鎮めるために、町にも女吸血鬼と同じ名前をつけたそうだ。また、「クンティナラック」と呼ばれることも多い。

　夜になるとポンティアナックは、白い衣に身を包んだ美女の姿で町に現れ、男を誘惑する。そして罠《わな》にかかった男の腹に爪を食い込ませ、臓物を引きずり出して食べるという。だが、ポンティアナックのうなじに太い釘を突き刺せば助かるそうだ。昼間はバナナの木の下に佇み、犬が遠吠《とおぼ》えしていればポンティアナックは遠くにいるが、鼻を鳴らしたら近くにいる合図だという。

猿亀合戦

　インドネシアの中央に位置する、ダイビングスポットとして有名なスラウェシ島（セレベス島）に伝わる民話。

　あるところに友人同士の猿と亀がいた。二匹はお互いの庭にバナナの木（ピサングの木）を植えて育てることにした。亀のほうのバナナは順調に育ったが、猿は毎日葉を食べてしまっていたのでバナナは育たなかった。亀のバナナが欲しくなった猿は、「木に登れない亀の代わりにバナナを取ってあげよう」と言い、亀も了承する。しかし、猿はバナナを独り占めして食べ、亀には皮を投げた。怒った亀は竹の棒を地面に突き刺し、木から降りようとする猿に「あちら側はゴミがあるので、こちら側から降りるように」と告げる。亀の言う通りに木から降りた猿は、腹に竹の棒が刺さり、死んでしまった。

　それでも怒りが収まらない亀は猿たちのもとを訪れ、騙《だま》して死んだ猿の骨を食わせる。怒った猿たちは亀を池に投げるが、亀にとって水中は快適な場所だった。そこで猿たちは牛や馬に池の水を飲み干すよう頼み、池が干上がると亀に襲いかかった。しかし亀は海老に、水を飲んでいる動物たちの腹を裂くように頼んでいたので、ふたたび池には水が満ち、猿たちは溺れてしまったという。

　以上が主なあらすじで、細部が異なる類話も多い。フィリピンにも同様の民話がある。日本の昔話『さるかに合戦』ともよく似ており、中国や朝鮮半島にも猿と蟹《かに》の話があり、台湾では猿とセンザンコウが登場するという。

聖なる泉ティルタウンプルと軍神インドラ

バリ島の中東部にあるタンパクシリンの町にある、ティルタウンプルは、一〇世紀から一四世紀に建てられたヒンドゥー教の寺院。「ティルタウンプル」とは「聖なる泉」という意味で、インド神話に登場する軍神インドラにまつわる伝説に由来する。

インドラは、邪悪な力に手を染めてしまったマヤデナワという王を討伐するべく軍を率いて旅立った。恐れた王は、インドラの軍の野営地に忍び込み、毒の泉を作る。翌日、インドラが目覚めた時には兵士たちは毒の泉の水を飲んで命を落としていた。そこで、インドラは手にしていたこん棒を地面に突き刺し、聖なる泉を出現させて兵士たちを蘇らせたという。この時の泉がティルタウンプルである。今でもここで体を清めると病が治ると信じられており、沐浴場《もくよくじょう》があることでも有名だ。

ペジェン王朝最後の王ベダウルの伝説

有名な観光地であり「神々の島」と呼ばれるバリ島に伝わる伝説。芸術の中心地ウブドの東にある小さな村ペジェンは、一一世紀から一四世紀頃に栄えたペジェン王朝があった場所だ。

英雄として知られる王朝最後の王ダレム・ベダウルは、不思議な力の持ち主だった。彼は自分の首を切り落としても、ふたたびくっつけることができた。自分で首を切っては部下に拾わせていたという。ある日、同じように首を切ったが、転がってしまった首を部下が見失ってしまう。慌てた部下は近くにいた豚の首を切り落とし、王の頭にくっつけてしまった。

このことから王は「頭をすり替えたベダウル」と呼ばれ、ペジェンの南にあるブドゥグルという村名の由来になったという。

ペジェンの月の伝説

バリ島中部にある町ウブドの東にある村ペジェンには、「ペジェンの月」と呼ばれる青銅でできた世界最大級の銅鼓《どうこ》がある。バリ王国時代の国寺だったヒンドゥー教のプナタラン・サシ寺院に祀られているが、この銅鼓は、バリ島にヒンドゥー教が伝わるより前の紀元前三世紀頃に製造されたものだという。

かつてバリ島の上には一八個の月が輝いていたが、そのうちのひとつが空から地上に落ちてきた。それがこの銅鼓だと伝わっている。

ボルネオの神々

ボルネオ島中部に伝わる神々誕生の伝説。ある時、天から降りてきた一匹のクモが巣を作った。巣にひっかかった小さな石が次第に大きくなり、大地となった。これが世界の始まりである。

その後、天からは苔《こけ》が落ちてきて岩に根を下ろし、苔の間から虫が生まれて、虫の糞《ふん》から土ができ、天から落ちてきた一本の木が土に根を張った。次に蟹《かに》が降りてきてはさみで大地を掘り返し、山や谷が生まれた。ぶどうの蔓《つる》が木に巻きつき、一組の男女が天から木の上に降りてきた。男が落とした刀の柄と、女が落とした紡錘《つむ》が夫婦となって子を産んだ。その子には手足がなく、頭と体だけの怪物だったが、怪物は男と女を一人ずつ産んだ。生まれた子たちが結婚してたくさんの子を産み、その子たちがさらに子を産んだ。この子らが神々となったという。

ランダの復讐

ランダはバリ島の神話に登場する凶暴な魔女だ。伝説によると、ランダは一一世紀頃のバリ島の王妃だった。しかし、王の第二夫人に黒魔術を使ったために王宮から追放され、復讐のために国民の半数を伝染病によって死に至らしめたという。ランダは善なる力をもつ精霊王バロンとの戦いに敗れ、逃亡したという。

バリ島の伝統的な物語劇では、ランダとバロンの戦いが再現される。ランダ役は両目が飛び出し、長い舌を突き出した恐ろしい形相の仮面をつけ、バロン役は赤い顔で口を開け、長い黄金のたてがみを生やした仮面をつけるという。

カンボジア王国

アンコール・ワットの恐竜のレリーフ

一二世紀前半にアンコール王朝のスーリヤヴァルマン二世によって建設されたアンコール・ワットは、約三〇年の年月をかけて完成した東南アジア最大の宗教遺跡だ。仏教とヒンドゥー教が融合したクメール文化の粋を集めた建造物で、繊細なレリーフが施されているのが特徴だ。

この中に、恐竜の姿が彫られた謎のレリーフが存在する。遺跡の東部にあるタ・プローム寺院の柱に、四つ足で背中に背びれのようなものが生えた生き物が描かれているのだ。この姿は約一億五〇〇〇年前のジュラ紀に生息していたステゴサウルスにそっくり。アンコール王朝時代になぜステゴサウルスのような生き物の姿がモチーフとされたのかは謎に包まれている。

稲光と雷鳴

カンボジアには、稲光と雷鳴にまつわるこんな民話がある。

昔、ラーマスーという男の鬼と、メーカラーという女の鬼がいて、仙人の弟子となって魔法の特訓をしていた。ある日、仙人は二人を呼んで「露を杯いっぱいにして先に持ってきたものに魔法の宝石をわたす」と約束した。賢いメーカラーは、芯の柔らかくて水気の多い木や草から露をとったため、すぐに杯が満たされた。勝負に勝ったメーカラーは魔法の宝石を手にして喜んだが、ラーマスーがあまりに嘆くのでかわいそうに思った仙人は魔法の斧《おの》を渡し、メーカラーから宝石を奪うチャンスを与えた。

　メーカラーは雨が降ると、宝石を使って空中に舞い上がり、雲の上で水浴びをする癖があったので、ラーマスーは雨の日にメーカラーを狙うことにした。ある雨の日、メーカラーは空高く上がるために宝石を振りかざすと、まばゆい光が放たれた。ラーマスーはチャンスと思い、手に持った斧をメーカラーめがけて放り投げた。しかし斧はメーカラーに当たらず、ゴロゴロと音を立てて天空を転がっていった。

　それからというもの、雨が降るたびに空の上でメーカラーの宝石が光り、ラーマスーの斧の音が轟《とどろ》くようになり、これが稲光と雷鳴の正体なのだという。

シンガポール共和国

シスターズ島の伝説

　シンガポール本島の南に並ぶ、大小二つの島。シスターズ島には、海で溺れて亡くなった姉妹にまつわる悲しい伝説がある。

　シンガポールの海岸に、ミナーとリナーという姉妹が住んでいた。ある時、リナーが海賊にかどわかされて、無理やり連れていかれてしまう。妹が連れ去られ、寂しさに耐えかねたミナーは、海賊船を追いかけるため海に飛び込むが、溺れて死んでしまう。その頃、リナーもまた海賊船から脱出しようとして海に飛び込み、姉と同じように溺れ死んでしまった。翌日、姉妹が溺れた付近の海には、寄り添うように二つの小島が現れたといい、いつしかシスターズ島と呼ばれるようになったそうだ。

鉄串を全身に刺すタイプーサム

　シンガポールやマレーシアでは、全身に針を刺したまま歩くタイプーサムという、ヒンドゥー教の祭りが行われる。タイプーサムは、一月から二月の満月の日に、美や若さ、力の象徴であるスブラマニヤ（ムルガンともいう）という神に忠誠を誓い、感謝の気持ちを捧げるための祭りだ。スブラマニヤ神は、悪を破壊する神でもある。

　参加者はカバディという一人用の神輿《みこし》を頭に載せて寺院までの約四キロの道を歩く。カバディの重さは約一五キロ、最大で四〇キロもあり、重みに耐えることが神への感謝の証だという。「カバディ」とは、タミル語で「あらゆる段階で犠牲になる」という意味だ。

　カバディからは何本もの細長い鉄串が出ており、この鉄串を裸の上半身に刺すことで神輿を支えている。参加者は一ヶ月前から肉や酒を絶って野菜のみを食べ、心身ともに鍛えて臨むそうだ。神を信じる気持ちが強ければ、痛みは感じないという。

スリランカ民主社会主義共和国

シーギリヤ・レディとミラーウォール

シーギリヤとは、スリランカの中央部に遺跡が残る岩山の上に築かれた古代都市だ（詳しくは**天空城シーギリヤ・ロック**の項目を参照）。この岩山の中腹に、フレスコ画の壁画が残されている。豊満な半裸の美女たちが描かれており、シーギリヤ・レディと呼ばれている。雲の中を踊っているような美女たちは、天女アプサラスを描いたとも雨の妖精を描いたとも言われている。シーギリヤに王宮を築いたカッサパが、自らが殺害した父王の慰霊のために描かせたという。かつては五〇〇体ほどあったが、現在はわずか二〇体弱が残されるのみだ。

この壁画の下には、ミラーウォールと呼ばれる、鏡のように磨かれた壁の回廊がある。かつてこの壁の反対側にあったとされるシーギリヤ・レディの壁画は、鏡のように映る仕掛けがあったとされている。この壁に水をかけると美女の絵が浮かび上がってきたという証言もあり、消えたはずの美人画が新たに発見されるかもしれない。

スリーパーダの足跡

スリランカ中部に、三角形の美しい山がある。スリーパーダやアダムスピークという名前で呼ばれており、異なる宗教にまつわる複数の伝説をもつ聖なる山である。「スリーパーダ」とはシンハラ語で「聖なる足跡」という意味で、山の頂上に足跡に似た大きな石がある。

仏教徒の間では、この山を訪れたブッダが残した足跡だと信じられている。スリランカを訪れたブッダは、スリーパーダの主である山の神サマンと出会う。サマンはのちに仏教に帰依し、スリーパーダは仏教徒の聖地となった。ヒンドゥー教徒の間では、シヴァ神が残した足跡と信じられている。

キリスト教徒は、楽園を追放されたアダム（聖トーマスという説もある）が降り立ち、足跡を残したと信じている。イスラム教徒にとっても、アダムが地上に降り立ったときの足跡とされ、この山が「アダムスピーク」と呼ばれている所以《ゆえん》になっている。スリランカとインドをつなぐ砂州の連なりが「アダムの橋」と呼ばれているが、これはアダムがアダムスピークに向かう際に渡ったという伝説から名づけられた（詳しくはインドの**ラーマの橋**と『**ラーマーヤナ**』の項目を参照）。このように複数の宗教の聖地となっている特殊な山だが、観光客も登ることが可能だ。

地底王国アガルタの伝説

アガルタとは、スリランカに伝わる幻の王国。中央アジアのどこかに存在すると言われている地底王国で、都には金や銀、宝石で彩られた美しい宮殿があるという。平和で、そこに住む人々の寿命は長く、高い知性を備えている。まさに理想の世界だ。

二〇世紀初頭にはヨーロッパの神秘主義者たちの間で話題となる。ナチスドイツも興味を示したと言われており、調査団を送ったという。いまだにその所在は明らかになっていないが、アガルタはチベットの奥地に存在するという説もある（詳しくはチベット自治区の**地底王国アガルタとポタラ宮殿**の項目を参照）。

天空城シーギリヤ・ロック

シーギリヤとは、古くは「シンハギリ」と呼ばれており、「シンハ」は「ライオン」、「ギリ」は「岩」を意味する、巨大な岩山のことである。この高さ一八〇メートルの切り立った岩山の上にあったのが、古代都市シーギリヤだ。この岩山はシーギリヤ・ロックとも呼ばれ、ジャングルに囲まれた中に頂上が平らな巨岩だけが突如顔を出している。この岩山の上に、かつて王宮があったのだ。

五世紀、アヌラーダプラに都を置いていたシンハラ王朝のダートゥセーナ王には、長男カッサパ（カーシャパ）と異母弟のモッガラーナがいた。カッサパは軍と手を組んで父を拘束し、強引に王位に就いた。弟は王の正妻である王族出身の母をもち、平民出身の母から生まれたカッサパは、弟に王位を奪われることを恐れてクーデターを起こしたのだ。弟はインドに亡命し、カッサパは父を処刑する。その後、弟の復讐《ふくしゅう》を恐れたカッサパは、アヌラーダプラの南東にあるシーギリヤに遷都し、仏教寺院があった岩山の頂上に王宮を建て始める。一説によると、父を殺した罪の意識にさいなまれたカッサパは、父がこの岩山に宮殿を作るつもりだったことを知り、弔いのために王宮建設を決意したとも言われている。

七年の年月をかけて完成した王宮に移り住んだカッサパは、一一年間、要塞のような岩山の玉座に居続けた。しかし、インドに亡命していた弟が援軍を引き連れてシーギリヤにやってきた。戦いに敗れたカッサパは、最期は自ら命を絶ったという。

玉座に就いた弟は、首都をアヌラーダプラに戻し、シーギリヤの王宮があった場所はふたたび仏教寺院として使用されたものの次第に衰退していった。そして、イギリスの植民地となった一九世紀後半に遺跡が発見されるまで、一四〇〇年もの間、忘れ去られた王宮だった。

一九八二年には「古代都市シーギリヤ」として世界文化遺産に登録された。現在は、貯水池や庭園の遺構、門のようなライオンの足の像、頂上までの一二〇〇段の階段の途中にある「シーギリヤ・レディ」（詳しくは**シーギリヤ・レディとミラーウォー**

ルの項目を参照）」と呼ばれる壁画など、見どころの多い観光地となっている。

タイ王国

アユタヤ遺跡の木の根で眠る仏頭

タイ中部にある都市アユタヤは、一四世紀から一八世紀にアユタヤ朝の都があった場所。アユタヤ歴史公園には、王宮や寺院の遺跡が残る古都である。アユタヤ歴史公園内にあるワットマハタートという寺院に、有名な仏頭がある。

その仏頭は、菩提樹の木の根の隙間から顔だけを覗かせている。戦争の際に落とされた仏像の首が、木の成長にともなって根に覆われて持ち上がったものだという。木の根に取り込まれて静かに目を閉じている姿は、見る者に神秘的な印象を与える。世にも珍しい頭だけの仏像である。

海底に眠る古大陸スンダランド

タイランド湾から南シナ海にかけての海底にある大陸棚は、かつて存在したとされる大陸スンダランドだったという。この大陸は、氷河期の終わりに海面が上昇したことで海に沈み、現在のマレー半島や、スマトラ島、ジャワ島、ボルネオ島に分裂した。タイ近くの海底で発見された構造物が、スンダランドの名残ではないかとも言われている。インドネシアのジャワ島で発見されたグヌンパダンの巨石遺構も、スンダランドにあった文明の遺構だという説がある。

このスンダランドこそが、モンゴロイド（黄色人種）が生まれた地だという説がある。約五万年前、スンダランドに誕生したモンゴロイドが移動し、シベリアやモンゴルなどへ辿り着いて、アジア民族となったというのだ。また、スンダランドに残った人々は、太平洋を渡ってオセアニアに広がったとされている。

さらに、スンダランドこそが太古に存在したというムー大陸（詳しくはその他・太平洋の**幻の超古代文明ムー大陸**の項目を参照）だったという説も近年囁《ささや》かれており、謎は深まるばかりだ。

家庭を見守る精霊プラプーム

タイで信じられている土地の精霊をプラプームという。プラプームは「家事の精」「家庭の守護霊」と言われており、ピーと呼ばれるタイの精霊たちの一種である。

サムと呼ばれる特製の小さな祠《ほこら》を玄関脇に建て、毎日お供え物をすると、プラプームが力を貸してくれて家庭が末永く繁栄するという。しかし、もしプラプームの機嫌を損ねてしまうと、その家の人間に災難と不幸をもたらすと信じられている。

リペ島のいたずら精霊

タイ最南端の秘境リゾートといわれるリペ島には、目には見えない不思議な精霊たちがたくさん潜んでいるという。人気《ひとけ》のない小道などで、島に訪れる観光客にいたずらをしかけてくるそうだ。基本的にはいたずらだけで、人に危害を与える悪霊ではないそうだ。

あるレストランとその周辺では、厨房《ちゅうぼう》に入っていく海賊の亡霊の集団を二人の少女が目撃している。レストランで食事中の客も海賊の幽霊が歩いているところを見たという目撃情報もある。これは、レストランの建材にココヤシの木が使われたが、その木の精霊によるいたずらだったそうだ。また、リペ島の北東にあるチャオ・レ墓地近くのバンガローでは、女性観光客が人頭のクモの化け物を目撃している。一二月から二月にかけて、島の精霊たちの活動は活発になるそうだ。

ロイクラトン

タイでもっとも美しい祭りのひとつとして知られているのが、一一月頃（タイの暦で一二月）の満月の夜に行われる、幻想的なロイクラトンという祭りだ。

灯籠（クラトン）を川に流して、収穫への感謝を川の神に捧げるというもので、伝承によれば、一四世紀のルータイ王の妻が、バナナの葉で作った灯籠にクチナシの花などで飾りつけて、ろうそくや線香を立てて川に流したことから始まったという。穢《けが》れを洗い流し、魂を清めるという意味があるそうだ。灯籠が見えなくなるまで、ろうそくの日が消えなければ願いが叶うとも言われている。特に古都スコータイでは盛大に祭りが行われるという。

タイ北部のチェンマイなどでは、灯籠の代わりに紙でできたコムローイという提灯を熱気球にして夜空に飛ばす。これは天にいるブッダに感謝を捧げているそうだ。

大韓民国・北朝鮮

阿娘《アラン》伝説

阿娘伝説として韓国で知られている物語。阿娘は慶尚南道の密陽《ミリャン》の長官の美しい一人娘で、幼い頃に母を亡くし、乳母に育てられていた。ある時、地方役人の使者の男が、偶然見かけた阿娘に一目惚れし、なんとしても自分のものにしたいと思う。男は乳母に袖の下を握らせて夜に阿娘を誘い出し、暴行しようとした。阿娘は必死に抵抗するも男に刺されて殺され、男は彼女の遺体を林の中に捨てた。阿娘の父親は、娘が男と駆け落ちしたと思い込み、悲しみに打ちひしがれて職を辞して町を去った。

阿娘は父に真実を知らせ、恨みを晴らしたい一心で幽霊となって現世に留まり、新たに密陽の長官となる者の前に現れて訴えた。しかし、誰もが幽霊との遭遇を恐れて逃げ出してしまう。ある時、とうとう肝の据わった男が密陽の長官に赴任してきた。阿娘の霊から話を聞くと、長官は彼女の遺体を見つけて弔ってやり、阿娘を殺した男も見つけ出して処刑した。その後、阿娘の霊が現れることはなくなったという。

この伝説の舞台が、密陽にある阿娘閣《アランガク》。韓国三大楼閣の嶺南楼《ヨンナムル》の向かい側にあるこぢんまりした廟で、殺された阿娘が埋められていたという林の側にひっそりと建てられ、廟には阿娘の肖像画が祀られている。

石のおじいさんの守り神 トルハルバン

韓国の南端にある最大の島、済州島《チェジュド》の至るところで、トルハルバンと呼ばれる石像を見かけることができる。トルハルバンとは「石のおじいさん」という意味で、帽子を頭にのせており、その表情はどれも穏やかで愛らしい。最初に作られたのが一七五四年頃とされ、呪術的な意味合いで、境界を守るために城門や村の入口などに置かれていたという。現在は島内に四〇以上のトルハルバンが立っている。女性がトルハルバンの鼻に触れれば男の子、耳に触れれば女の子に恵まれるという言い伝えもあり、子宝のご利益があるそうで、島の守り神として人々を和ませている。

巨人ハルマンの伝説

かつて、朝鮮半島にハルマン（婆々）という大男がいた。チマ（朝鮮半島の伝統衣装のスカート）で土を運んで捨てた土が、現在の済州島《チェジュド》にある漢拏山《ハンラサン》になったという伝説がある。

ハルマンの体はとても巨大で、日光をさえぎり、作物が育たないほどだった。国を追い出されたハルマンは中国方面へと逃げ延びた。そこでお腹が空いたので土を食べ、海の水をたらふく飲んだが、塩水で腹を下してしまう。中国との国境沿いにそびえる白頭山や鴨緑江《おうりょくこう》、豆満江《とまんこう》の川は、この時にハルマンが出した排泄物からできたという。

高句麗《コクリョ》の朱蒙《チュモン》

朝鮮半島に高句麗王国を築いた朱蒙にまつわる伝説。

ある時、天帝は息子の解慕漱《ヘモソ》を下界に送り、人間界を治めることを命じた。地上に降りた解慕漱は、柳花《ユファ》、萱花《ウォンファ》、葦花《ウィファ》の三人娘が熊心淵《ウンシムヨン》で水浴びをしているところを目撃し、その美貌に一目惚れして三人の中から妃を選ぼうとして姉妹を捕らえる。妹二人は逃れたものの、柳花は逃げ遅れ、情を交わされて懐妊してしまった。それを知った父親の水神・河伯《カハク》は怒り、柳花を太白山《テベクサン》に追放した。河伯は、解慕漱が本当に天界の力をもっているかどうかを確かめるため、鹿やヒョウなど変化術の力比べを申し出る。その後、河伯は革製の輿《こし》に解慕漱を閉じ込めようとしたが、解慕漱は輿を破って逃げ出した。

一方、太白山に追放されてさまよっていた柳花は、東扶余《ドンブヨ》の金蛙王《キムワア》に救われる。彼女に心を動かされた金蛙王は柳花を側室として手元に置くことにした。ところが、河伯の仕打ちに腹を立てていた解慕漱は、天から陽光を送って柳花を照らし、その体を愛撫した。すると柳花は産気づき、五日後に大きな卵をひとつ産んだ。金蛙王はすぐに天帝の太子の子だと気づいて卵を奪い、割ろうと試みるが、どんな方法でも駄目だった。柳花は卵を布で包んで暖かい場所に置くと、やがて卵は孵《かえ》って子どもが生まれた。その子は容姿端麗で、馬術に長け、弓を射るのが得意だったことから、朱蒙（「弓の達人」という意味）と呼ばれた。

朱蒙は、金蛙王が恐れを抱くほどの神童だったため、朱蒙が一二歳の時、金蛙王はとうとう暗殺を企てる。命の危険を察した朱蒙は数名の供を連れて東扶余を脱出した。淹淲水《オモス》という川に行く手を阻まれたが、「天帝の子にして河伯の孫である」と朱蒙が叫んだ。すると、川面から魚や亀が飛び出してきて、並んで橋を作ってくれたので、川を渡りきることができたという。朱蒙が渡りきると魚や亀は水底に消え、追っ手は川を渡ることができなかった。

旅を続けた朱蒙は卒本州《ジョルボンジュ》に至り、そこに自分の都を築いた。新しい国を高句麗とし、高《こ》の名字を名乗った。朱蒙はその後、天政（天の政務）と言われるほど優れた統治で、朝鮮史上もっとも長く続く王朝の基礎を築いた。そして在位一九年九月、天に昇ったまま戻らなかったそうだ。

古朝鮮の建国秘話

桓因《ファンイン》、桓雄《ファンウン》、檀君《タンクン》の三代からなる朝鮮の建国秘話。天帝である桓因は、子の桓雄に下界に降りて人間界を治めることを命じる。三〇〇〇の兵を率いて太伯山《テベクサン》の頂上にある神檀樹《シンタンス》に降り立った桓雄は、その地を神市《シンシ》と名付けて地上を治めた。

ある日、洞窟に住んでいた一頭の熊と虎が、人間になりたいと桓雄に願った。すると桓雄は蓬《よもぎ》一束と蒜《にんにく》二〇個をそれぞれに与え、これを食料として一〇〇日間、日の光を見ず水に過ごせば人間になれると告げた。熊と虎は洞窟にこもり、二〇日目に熊は女となり、虎は耐えきれず人間にはなれなかった。

女となった熊は、熊女《ウンニョ》といい、神檀樹に人間の子が欲しいと祈ると、桓雄の神令により処女懐胎して、男児を産んだ。この男児が古朝鮮の始祖となる檀君である。紀元前二三三三年、檀君は都を平壌《ピョンヤン》に定めて朝鮮国を開き、一五〇〇年間にわたって国を治めた。箕子《キジャ》朝鮮に王位を譲ったのちは、白岳山《ペクアクサン》の阿斯達《アキダル》の山で山神となったという。

古朝鮮は伝説上の存在で、檀君も神話的人物だが、のちに朝鮮半島を治めた高句麗の朱蒙《チュモン》、新羅《シンラ》の朴赫居世《パクヒョッコセ》なども天帝の名を受けた建国の始祖であるという背景をもっている。それぞれ詳しくは**高句麗の朱蒙**、**新羅の朴赫居世**の項目を参照。

新羅《シンラ》の朴赫居世《パクヒョッコセ》

朝鮮半島の古代王国のひとつ、新羅の建国にまつわる伝説。

新羅がまだ辰韓《ジンハン》と呼ばれていた頃、六つの村をそれぞれの神々が治めていた。ある時、六人の村長は六村を統べる王を天帝に祈ったところ、慶州《キョンジュ》の蘿井《ナジョン》に精気が満ち、一頭の白馬が紫色の大きな卵の前に跪《ひざまず》いていた。長たちに気づいた白馬は天に舞い上がり、卵からは容姿端麗な童子が生まれた。その美しさに驚いた人々が東泉寺《トンチョンサ》で沐《もく》浴《よく》をさせたところ、体は輝き、動物や鳥たちは舞い、天地は揺れ、太陽と月はいっそう輝いたという。そこで童子は「明るい」という意味の朴赫居世と名づけられた。

赫居世はこの地に国を開き、在位六一年目に亡くなるが、死後に体が天に舞い上がり、五体バラバラに散らばって地上に降ったという。ご神体を集めて葬ろうとしたら蛇が止めたので、赫居世は五体別々に葬られたという伝説がある。これが現在の慶州五陵《オルン》で、新羅五陵とも呼ばれ、赫居世とその王妃・閼英夫人《アリョンブイン》、南解王《ナムヘ》、儒理王《ルリ》、婆娑《バサ》王の墓があるとも言われている。

済州島《チェジュド》の三姓穴《サムソンヒョル》

韓国の済州島に伝わる創世神話。

四〇〇〇年以上昔、まだ済州島が耽羅《タムラ》と呼ばれていた頃に、三人の国作りの神様が、毛興《モフン》の穴から飛び出した。一番上を良乙那《ヤンウルナ》、二番目を高乙那《コウルナ》、三番目を夫乙那《ブウルナ》と言った。彼らは狩りをしながら暮らしていたが、ある日、五穀の種を持ってきた三人の王女が東の海から現れ、それぞれ王女をめとった。五穀の種を蒔《ま》き、やがて農業が盛んになって耽羅王国が栄え、これが済州島の祖先になったという。

この三神人が出現したとされる穴の跡が「三姓穴」と呼ばれる聖地である。現在も春と秋に三神人を祀る祭祀が行われているという。

日の神延烏郎《ヨンオラン》と月の神細烏女《セオニョ》

かつて朝鮮半島を治めていた新羅《シンラ》に伝わる伝説。第八代阿達羅《アタルラ》王の治世に、延烏郎と細烏女という夫婦が半島で最初に日が昇る海辺で暮らしていた。

ある日、岩場に登って延烏郎が海藻を採っていると、突如、岩（魚という説もあり）が動き出して沖に流れていってしまう。大海をさまよった延烏郎は、日本に流れつく。輝きをまとって海から現れた延烏郎を、日本の人々は天から降臨した神聖な存在であると信じ、王とした。帰らぬ夫を心配した細烏女は、岩場で延烏郎が脱ぎ捨てたぞうりを見つけ、岩に登って夫を探す。すると、その岩も動き出し、細烏女も日本へと流されてしまった。そこで細烏女は、王となった夫と再会して王妃となる。

一方、その頃、新羅では太陽と月の光が消え、昼も夜も暗黒に包まれるという騒動が起きていた。陰陽師《おんようじ》が占うと、新羅にいた日と月の精である延烏郎と細烏女が日本に行ってしまったことが原因だった。神羅の王は、急ぎ二人を連れ戻すために日本に使いを送る。しかし、延烏郎は、「日本で王となったのは天の導きであり、思し召しに背いて離れるわけにはいかない」と答え、代わりに妻の織った絹を持ち帰り、祀るようにと使者に託す。

使者が神羅に戻り、持ち帰った絹を二人が住んでいた海を望む丘の上に祭壇を作って祀ると、天はふたたび日と月の輝きを取り戻したという。この絹は国宝となり、貴妃庫《キヒコ》に納められた。祭祀が行われた場所は、迎日《ヨンイル》県や都祈野《トキヤ》などと呼ばれ、現在の慶尚北道浦項市にあたる。

また、延烏郎と細烏女が流れ着いたのは日本の出雲地方とされているが、出雲地方に伝説は残されていないそうだ。

プルガサリ

高麗末期の一四世紀末、ある人が、ご飯粒をこねて獣の形にし、口に針を刺した。するとご飯粒が動いて針を食べた。次々と鉄を食べては大きくなり、ついには国中の鉄を食べつくそうとしていた。どんな手を使っても殺せないため、「不可殺（プルガサリ）」と名づけられた。最後は尻尾に火をつけられて消えてしまったという。

この伝説をもとにした怪獣映画が、韓国や北朝鮮で作られている。

妖怪トッケビとホランガムテ

トッケビ（トケビ、トッカビ、トチェビ、フォクオシなどともいう）は朝鮮半島に伝わる妖怪である。漢字では「独脚鬼」と書き、一本足で、山や廃屋、荒野などに住み、雨の日や夜に現れるという。いたずらが大好きで、大食漢、歌や踊りを好み、人間に福や禍をもたらす存在だそうだ。

トッケビたちがもつ、ホランガムテという赤い帽子がある。この帽子を被ったものは姿が見えなくなるという不思議な力をもっている。ある日、一人の男が祖先祭のために祭壇に供物を捧げていたが、いつの間にかなくなってしまう。ホランガムテを被ったトッケビたちが姿を隠して供物を食べていたからである。捧げてもなくなってしまう供物を不思議に思った男は、祭壇の前で供物が減る瞬間を待ち、棒を振り回した。棒に当たったトッケビの一人がホランガムテを落としてしまい、男が帽子を拾った。

ホランガムテを被ると姿が見えなくなることを知った男は、泥棒となって財を築いた。一年後、ある商人の家に忍び込んだ男は、商人の財布から金を盗もうとする。商人は金の近くに赤い糸がひらひらと動いていたので引っ張ると帽子が脱げた。男が帽子を使いすぎたために、糸がほつれていたのだ。今度は商人が商売をやめて泥棒になった。ある日、商人は裕福な農家に忍び込んだが、脱穀用の竿に帽子が挟まって脱げてしまう。正体があらわになった商人が焦ると、竿が倒れてきてホランガムテもぼろぼろになってしまったという。

台湾

航海の女神・媽祖《まそ》

媽祖とは、海上活動を見守る女神。北宋の時代の建隆元年（九六〇年）三月二三日に生まれたとされる、実在の人物である。観音に男児を授かるよう祈った夫婦のもとに、七人目の子どもとして生まれた媽祖は、生後一ヶ月間、一度も泣かなかったので黙《もく》（黙娘ともいう）と名づけられたという。

一〇歳で仏教を学び、一三歳で道士から秘法を授かり、一六歳で古井戸の中から現れた仙人に銅符を授かったあとは、様々な霊験と奇跡を起こした。ある時、機織り中に媽祖は突然気を失ったが、媽祖は海上で難破していた父と兄の船の救出に向かっていたという。草の根を杉の大木に変えて船を守ったり、雨乞いをして人々を干ばつから救ったりしたとも言われている。媽祖は二八歳で亡くなったとされるが、死後も海難救助の際などに姿を見せたため航海神として人々に親しまれ、のちに道教の神となった。

台湾では特に媽祖が人気で、台北《タイペイ》にある道教の廟・松山慈祐宮《ソンシャンツーヨウコン》には、天后《てんこう》聖母（天上聖母ともいう）として祀られている。

高級ホテルに出る幽霊

台北《タイペイ》市にある高級ホテル、グランドハイアット台北には幽霊が出るという噂が根強く存在する。二〇一一年には、「世界の幽霊が出るホテルトップ10」にもランクインしたほど、心霊現象が起きることで有名だという。

グランドハイアット台北は、高層タワー101に隣接する、セレブも利用する高級ホテル。幽霊が出る原因として、かつて日本軍が統治していた時代の軍事刑務所や処刑場だったという説と、難易度の高い超高層ビル建築ゆえに建設中に、落下事故などで多くの作業員が命を落としたせいだとする説がある。いずれにせよ、亡くなった人々の無念な想いが宿った地に建ったためだとされている。

宿泊客によるホテル内での幽霊の目撃情報は後を絶たず、ロビーには著名な風水師による呪符を貼るなどの対策がなされているそうだ。

チベット自治区

地底王国アガルタとポタラ宮殿

チベット自治区の奥地には、アガルタと呼ばれる地底王国が存在するという（詳しくはスリランカ民主社会主義共和国の**地底王国アガルタの伝説**の項目を参照）。

アガルタの人々は、古代大陸レムリア（アジア全域の**古代大陸レムリア**の項目を参照）やアトランティス（欧州・欧州全域の**アトランティス大陸は実在するか**の項目を参照）の民の末裔《まつえい》であり、地底に王国を築いたのは地上の争いから逃れてきたためだと言われている。チベット仏教徒であるロバート・E・ディックホフ博士は、レムリアやアトランティスにいた人々は二〇〇万年前以上に地球に降り立った火星人によって遺伝子操作された新人類だと主張した。そして、のちに地球にやってきた金星人との間に戦争が起き、人々は戦禍を逃れて地底に辿り着いたという。

アガルタは、高度な文明と特別な能力を備えた王国として栄え、都には壮麗なチベット仏教や黄金に輝く宮殿がそびえる。アガルタの首都はチベット仏教に伝わる理想郷シャンバラ（詳しくは**理想郷シャンバラ**の項目を参照）であるとする説もある。宮殿には、最高君主マニ・リンポーチェが住まうそうだ。アガルタは、現在のチベット自治区の区都であるラサのポタラ宮殿に通じているとされ、チベット仏教の最高指導者であるダライ・ラマに、地底の主からの託宣が伝えられるという。

世界遺産に登録されているポタラ宮殿は、歴代のダライ・ラマの住居だったが、一九五九年にダライ・ラマ一四世がインドに亡命して以降は中国政府によって博物館として公開されている。

理想郷シャンバラ

シャンバラとは、チベットで信じられている理想郷のことだ。古くは紀元一世紀に編纂《へんさん》されたボン教（仏教以前にチベットにあった民族宗教）の経典に記載があるという。外界から隔絶したシャンバラには偉大なる王がいて、精霊たちを率いている。そこに暮らす人々は長寿で清らかな魂をもち、あらゆる悪から守られているという。王はこの世の終わりに起きるという最終戦争に勝利し、世界に平和をもたらすと信じられている。

一〇世紀にはロシア人の神父セルギウスが、ロシアに伝わる理想郷ベロヴォディエ（白い湖）を求めて中央アジアを旅する中で、不思議な体験をしている。彼は三年のはずの調査の旅から戻らず、五六年後に帰国した。過酷な旅で仲間を失い、一人になった彼は、白い湖に辿り着かんとした時に、二人の男に出会う。二人は衰弱したセルギウスを救い、彼らの国に案内したという。セルギウスによると、この国に入れるものは一世紀に七人のみであり、六人は奥義を得て外の世界に戻り、一人はとどまって不老不死を得るという。この国がシャンバラだと言われている。その後、一七世紀にシャンバラの存在はアジアに来た宣教師を通じてヨーロッパに広く知られることとなり、「シャンバラ」は「ユートピア（理想郷）」と同じ意味で使われるようになる。二〇世紀には、ロシアの神秘主義者ニコライ・レーリヒが、シャンバラを求めて五年の年月をかけて中央アジアを放浪した。イギリスの小説家ジェームズ・ヒルトンが一九三三年に書いた小説『失われた地平線』に登場する理想郷シャングリラのモデルとなったことでも有名だ。

シャンバラの所在については諸説あり、実在する場所ではなく精神的境地とする説もある。実在すると主張する人たちの間では、チベットの奥地、ヒマラヤ山脈や中国の崑崙《こんろん》山脈のどこか、中央アジアの地下などが候補とされている。地底王国アガルタの首都とされる場合もある（詳しくは**地底王国アガルタとポタラ宮殿**の項目を参照）。

また、地球内部が空洞になっていて、その地球内世界には様々な生物が住んでいるという「地球空洞説」と、シャンバラが結びついて、地底世界をユートピアと考える人たちもいる。

中華人民共和国

消えた北京原人の骨

二〇万〜五〇万年前に生息していたとされる人類の祖先・北京原人だが、実は発掘された骨や歯の標本のほとんどが行方不明となっている。

一九二六年、北京郊外の周口店でスウェーデンの地質学者、アンダーソンが人類の歯の骨を発見したと発表した。そして、カナダの解剖学者であり北京で教授を務めていたデビットソン・ブラックが、アメリカのロックフェラー財団の支援を受けて調査を行った。その結果、一九二三年に発掘されていた歯の化石と合わせて、ブラックはこの人類をシナントロプス・ペキネンシス（旧名。現在の学名はホモ・エレクトス・ペキネンシス）と命名した。通称「北京原人」である。

一九二九年一二月には、中国の人類学者、裴文中《はいぶんちゅう》が頭蓋骨を初めて発掘する。ブラックとともに頭蓋骨第一号の発見を発表し、世界中でニュースとなった。その後も約四〇体分の骨格と一四九本の歯が発掘されたが、一九三七年に勃発した日中戦争の影響で発掘作業は休止に追い込まれる。

ブラックの死後、調査を引き継いでいたドイツ出身のワイデンライヒは身の安全を考え、模型を制作して北京からアメリカに戻っていた。裴文中は化石の標本が日本軍に接収されることを恐れ、アメリカに送ろうとする。一九四一年、標本はアメリカに輸送されたが太平洋戦争が勃発。戦乱の中で標本のすべてが失われてしまった。

偉大なる発見の損失は、衝撃のニュースとして世界で報道された。化石の行方については、様々な噂が流れた。「化石が入った箱は輸送されておらず、北京にある大使館の裏に埋められた」「箱を入れたトランクは秦皇島《しんこうとう》に運ばれたが、日本軍に占領されてしまった際の混乱で行方不明になった」「日本人が持ち帰った」「ワイデンライヒが模型だけでなく標本もアメリカに持ち帰っていた」など、たくさんの証言があったものの、いまだ発見には至っていない。

戦後、発掘作業は再開されたが、数点の骨片や歯が見つかったのみだという。失われた貴重な標本の数々がふたたび発見されれば、人類史の謎がさらに明らかになるかもしれない。

巨人・盤《ばん》古《こ》の天地創造

中国に伝わる天地創造の神話によると、宇宙の始まりは天も地もなく鶏卵の中身のように混沌《こんとん》としていた。宇宙の卵の中で、創世神である盤古は、長い間眠り続けていた。目を覚ました盤古は一日に一丈（約三メートル）ずつ成長してみるみる大きくなった。そして大きな斧《おの》を手に、世界を陰と陽に分けた。暗い陰の元素は地となり、明るい陽の元素は天となった。

盤古は自らの両腕で分かれた天と地の間に立ち、上下に分けたという。そして一万八〇〇〇年が過ぎ、宇宙を作り上げた盤古の目は太陽と月に、髪は星々に、吐く息は風雲に、声は雷に、手足は天を支える柱と山に、肉は土に、皮膚の毛は草木に、歯や骨は金属や石に、血は川や湖となった。そして盤古の体に寄生していた虫が人間となったという。三国時代に徐整《じょせい》によって書かれた書物『三五暦記』による。

牽牛織女《けんぎゅうしょくじょ》の七夕伝説

七夕にまつわる有名な物語で、太陽太陰暦の七月七日になると、天の川の両岸にある二つの星、こと座のベガとわし座のアルタイルの再会が祝われる。その最古の起源は、紀元前一〇〇〇年頃に作られた『詩経』に見られる。

天の川の東側に、天帝の娘で織女と呼ばれる美しい乙女がいた。彼女は毎日、機織りの仕事で忙しかった。それを見て天帝が憐《あわ》れみ、天の川の西側に住む牽牛という青年と結婚させた。二人はたちまち恋に落ち、仲良くしてばかりで仕事を忘れ果ててしまったので、天帝の怒りを買い、織女は天の川の東側に戻されてしまった。そして機織りの仕事を続けながら、年に一度、七夕の夜に会合することを許された。もしその頃に雨が降り続いて天の川の水かさが増したら、カササギが天の川を渡す橋となって織女を東側から西側へ渡してあげると伝えられている。

七夕伝説は、時代が下るにつれて少しずつ形を変えて、様々な伝説が生まれている。白鳥処女説話と融合した伝説では、西《せい》王母《おうぼ》の末娘の織女が、姉妹たちと水浴びをする間に、牛飼いの牛郎《ぎゅうろう》が彼女の天衣を盗み、結婚する。西王母は二人の結婚に腹を立てて娘を天界に連れ戻してしまう。牛郎は飼い牛の力を借りて後を追うが、西王母がかんざしで線をひくと、それが天の川となって二人を遠ざけた。

酒の精

一七世紀頃、清《しん》の時代に書かれた怪異小説。長山県（現在の山東省鄒平《すうへい》）に住む劉《りゅう》氏は、酒好きで丸々と太っていた。ある時、一人の僧が「いくら飲んでも酔わないのは酒虫のせいだ」と言った。僧の言う通りに治療法を試みたら、長さ一〇センチほどの赤い虫が体内から出てきた。これは酒の精で、水に混ぜて溶かせば良質な酒になるといい、僧はその虫をもらっていった。以来、劉氏は酒を嫌うようになり、次第に痩せ細り家も貧しくなった。

蒲松齢《ほしょうれい》の『聊斎志異《りょうさいしい》』による。神仙、鬼（幽霊）、妖怪、化け物など怪異伝説を集めた五〇〇編以上の説話からなり、日本の文芸界にも多くの影響を与えている。この話をもとに芥川龍之介は『酒虫《しゅちゅう》』を書いたほか、太宰治も、菊の姉弟が登場する「黄《こう》英《えい》」をもとに『清貧譚《たん》』、男が烏に変わる「竹青《ちくせい》」をもとに『竹青』を書いている。

紫禁城の怪異

一四二〇年、明《みん》の永楽帝《えいらくてい》の時代に建設された紫禁城。かつて皇帝の居城だったが、現在、天安門を抜けた先は故宮博物館となっている。中国でも最高級の美しさを誇る宮殿で、華やかな観光名所だが、夕闇が迫る頃から気をつけたほうがいいという。夜になると幽霊が活動を始め、宮殿は恐ろしい心霊スポットに変化するからだ。

白い服を着た貴婦人が兵士に追いかけられながら廊下を逃げ惑っていた、床の上に幻の死体がいくつも折り重なっていた、灯りを手にした女性の一群が建物の中に入っていって消えた、刀を打ち合う音や悲鳴、泣き声が聞こえた、巨大怪獣を見かけたなど、紫禁城で目撃された幽霊は数知れない。なかには、紫禁城で顔のない長髪の女を目撃した二人の警備兵が、数日後に相次いで死亡するということもあった。

約六〇〇年という歴史の中で、外部と隔絶されたこの居城では、多くの血が流されてきた。汚職と陰謀があふれ、策略うずまく居城の中で、虐殺されたり惨殺されたりした人々の無念の念が、怨霊となってこの地に染みついているのかもしれない。

始皇帝出生の秘密

紀元前に古代中国を統一し、中国初の統一王朝、秦《しん》の初代皇帝となった始皇帝。偉業を成し遂げた始皇帝の出生にまつわる伝説がある。始皇帝は公には秦王の荘襄王《そうじょうおう》の子とされているが、実は、秦の丞相《しょうじょう》（中国における宰相）呂不韋《りょふい》の子だとする説だ。

荘襄王が趙《ちょう》国で人質となっていた時に、大商人の呂不韋と出会う。荘襄王のパトロン的存在となった呂不韋は、愛妾を献上した。その後、趙の都・邯鄲《かんたん》で、政《せい》（のちの始皇帝）が生まれる。しかし、政の母が荘襄王の妻となった時、すでに呂不韋の子を宿していたという。以上は司馬遷《しばせん》の『史記』による。

　始皇帝が秦王の子ではなかったとするだけでも驚きだが、さらに驚きの説がある。それは、始皇帝にはイスラエル人の血が流れているというものだ。古代イスラエルに存在していた一二の部族のうち、一〇の部族は行方不明だ（詳しくは中東・イスラエル国の**消えたイスラエル一〇部族**の項目を参照）。そのため、部族の子孫が中国に辿り着いていたとしても不思議ではない。始皇帝の実の父とされる「呂不韋」の音の響きは、イスラエル人が使っていた言葉で「癒し手」という意味になるという。

　始皇帝はどんな血筋に生まれたのかは、歴史ミステリーのひとつとなっている。始皇帝について詳しくは**始皇帝の墓と地下宮殿の謎**の項目も参照。

始皇帝の墓と地下宮殿の謎

　秦《しん》の始皇帝の墓については、真偽不明の状態が続いていた。紀元前一〇〇年頃に書かれた司馬遷《しばせん》の『史記』によると、紀元前二一〇年に没した始皇帝の陵墓の地下は巨大な宮殿となっており、人工の川や海には水銀が流れていたという。しかし、始皇帝の死後一〇〇年も経って書かれた『史記』の記述については、長らく疑問符がつけられていたのだった。

　二〇世紀に入ってから、陝西省《せんせい》西安市で始皇帝の陵墓だと思われる遺構が発見された。一九七四年には、陵の東方一・五キロのところで、七〇〇〇～八〇〇〇体もの等身大の兵士、六〇〇体の馬の陶俑《とうよう》（陶器で作られた人形《ひとがた》で古代中国の副葬品）、通称「兵馬俑《へいばよう》」が見つかった。想像を超えた規模の墓の発見は、世界的な大ニュースとなった。一九八七年には、「秦の始皇帝陵」として世界文化遺産に登録されている。

　さらに、その後の調査によって陵墓の地下にもピラミッドのような形の建造物が埋まっていることがわかったのだ。陵墓の土からは通常より濃度の高い水銀も検出されており、『史記』の記載通りの宮殿が地下に存在したのではないかと言われている。

　始皇帝の陵墓は現在進行形で調査中であり、今後、多くの謎が明らかにされるかもしれない。始皇帝について詳しくは**始皇帝出生の秘密**の項目も参照。

商売の神となった劉備《りゅうび》の義兄弟・関羽《かんう》

　三国時代、二二一年に蜀《しょく》の皇帝となった劉備には、長年苦楽をともにした二人の義兄弟がいた。それが豪傑の張飛《ちょうひ》と、文武両道の士・関羽である。

　小説『三国志演義』によると関羽は九尺（約二一〇センチ）の体に二尺（約四八センチ）の美髭を蓄えた偉丈夫である一方、学問に明るい知将としても知られた。死後も理想的な英雄として、武侠《ぶきょう》の武神《ぶしん》として祀られるようになったが、現在では道教の財神としても広く信仰されている。

　武将の関羽がなぜ財神になったのかは不思議だが、ひとつは劉備への揺らぐことのない忠誠心から信用第一の商売の神となったという説がある。また、関羽の出身地が山西地方であり、塩の産地だったことから、塩商人たちが郷土の英雄である関羽に道中の安全を願ったことから、商人の守り神として崇《あが》められたという説もある。

現在、関羽を神として祀る関帝廟はアジア各地にある。中国では北京や湖北省当陽、山西省解州のものが代表的であり、日本でも横浜、神戸などに置かれて人気の観光スポットとなっている。

女媧《じょか》が人間を作った話

中国に伝わる神話によれば、盤古《ばんこ》（詳しくは**巨人・盤古の天地創造**の項目を参照）が作った世界に、突如、女媧という美しい女神が現れた。女媧は世界を見回し、生き物がいないことを知った。そこで黄土をこねて泥人形を作り、魂を入れて最初の人間を作った。しかし、大勢の人間を一人ずつ作っていく仕事は大変だった。

そこで女媧は手間を省く方法を考えた。まず、材料の黄土に水をかけてドロドロの泥水にし、一本の荒縄の片方を木に縛りつけ、もう一方の端を持つ。そして荒縄をたるませて泥水に浸し、しばらく左右に動かしてから縄を引っ張った。すると、ピンと張られた縄の端からポタポタと泥水が落ち、その雫《しずく》が固まって人間になった。こうして一度に何十人も人間を作ることに成功したものの、手で作った泥人形と比べて粗末な作りになってしまった。頭がいい人や富貴な人は手で作った泥人形から生まれた人間で、頭の悪い人や貧しい人は泥の雫から生まれた人間ということだ。

女媧《じょか》による天地修復

人間を創造した女媧（詳しくは**女媧が人間を作った話**の項目を参照）は、壊れた世界を修復したことがある。

ある時、水の神・共工《きょうこう》と、火の神・祝融《しゅくゆう》が大喧嘩をして、負けた共工は悔しまぎれに自分の頭を不周山《ふしゅうざん》に打ちつけた。不周山には、盤古《ばんこ》（詳しくは**巨人・盤古の天地創造**の項目を参照）が死んだあとに天と地の間に立つ柱があったが、共工のせいで柱が折れ、天は西北、地は東南に傾き世界中に大地震が起こった。さらに穴の開いた天からは大雨が降り注ぎ、河川は大洪水となり、火や水に追われた猛獣たちが人間に襲いかかった。

これを見た女媧が五色の石を見つけて釜の中に入れ、火に融かして糊《のり》のようなものを作り、天の大穴を塞《ふさ》いだ。次に海中に住む巨大なウミガメの四本の足を切り取って大地の四方に立てて天柱代わりとし、河原の葦《あし》を集め、それを焼いた灰を積み上げて土手を作り、河川の氾濫を防いだ。最後に暴れ回る猛獣や鳥たちの中でもっとも大きくて恐ろしい黒竜を殺し、地上は元の平穏を取り戻した。

しかし一度壊れた天地の傾きはそのままなので、今日でも中国大陸は西北が高く東南が低く、河川はみな東か南のほうへ流れていくのだという。

仙人が修行した景勝地・廬山《ろざん》

「飛流直下三千尺、疑ふらくは是《こ》れ銀河の九天より落つるかと」と歌う『廬山の瀑布《ばくふ》を望む』は、唐《とう》代の詩人、李白《りはく》の詩として有名だが、その舞台となったのが中国、江西省北端部にある廬山だ。

世界遺産にも登録されている廬山には、古くから神仙の伝説がある。言い伝えによると、殷《いん》、周《しゅう》の頃、匡《きょう》の姓を名乗る七人の兄弟が、この山に廬《いおり》を結んで隠遁《いんとん》生活を送り、その後、仙人になった。彼らが住んでいた廬が山になったともいい、この伝説から「匡山《きょうざん》」とも呼ばれている。

廬山の北は長江（揚子江）に面し、長さ二五キロ、幅一〇キロ、山の峰は一〇〇〇メートル以上。主要な山峰に漢陽峰《かんようほう》、香炉《こうろ》峰、五老《ごろう》峰などがある。李白、白居易《はくきょい》、陶《とう》淵明《えんめい》、蘇軾《そしょく》など多くの詩人が廬山を愛し、多くの詩を残しているほか、『史記』を記した司馬遷《しばせん》も廬山を絶賛している。

孫悟空と玄奘三蔵《げんじょうさんぞう》

中国の伝説の中でも、いたずら好きなトリックスターとして人気の高い孫悟空。呉《ご》承恩《しょうおん》が記した『西遊記』は、世界中で親しまれている孫悟空の冒険物語である。

花果山《かかざん》の石の卵から生まれた孫悟空は、生まれつき武術に長け、変身能力や空を飛ぶ能力を身につけていた。死期が近づき冥界へ連れ去られた孫悟空は、閻魔帳《えんまちょう》にあった自分の名前を消して不老不死となる。悟空の悪行を聞いた天界の玉皇《ぎょくこう》大帝は目を光らせておくために悟空を天界へ呼び、桃園の庭番に任命した。しかし、悟空は不老不死になる桃を盗んで食べ、大帝が送り込んだ軍隊を打ち負かしてしまう。いよいよ困り果てた大帝が釈迦如来に助けを求めると、釈迦如来は自らの手を霊山に変えて、その掌のうちに孫悟空を捕らえた。孫悟空は五行山（詳しくはベトナム社会主義共和国の**孫悟空が閉じ込められていた五行山**の項目を参照）に反省するまで閉じ込められてしまう。

それから五〇〇年、玄奘三蔵という僧侶がブッダの経典を集めるため、西方のインドまで困難な旅に出た。観音菩薩は旅の間、三蔵を守るために弟子をつけるべきだと判断し、そこで腕の立つ孫悟空が旅のお供として選ばれた。旅の途中で、ともに天界を追放された猪八戒《ちょはっかい》と沙悟浄《さごじょう》も加わり、四人で一緒に、奇妙で摩訶《まか》不思議な世界を冒険することになる。

物語『西遊記』に登場する玄奘三蔵は、史実に基づいた人物だ。六〇二年に中国中部の洛陽《らくよう》で生まれた彼は、僧侶になったものの、仏教を学ぶための経典が国内では不十分であることを憂え、仏典を集めながら自らインドに向かうことを決意する。六二九年に旅立った三蔵は、一七年かけてサンスクリット語で書かれた数百の経典を中国に持ち帰り、晩年は長安で仏典の翻訳に余生を捧げたそうだ。この時の旅の記録としてまとめられたものが『大唐西域記』で、呉承恩はこれに刺激を受けて『西遊記』を執筆したと言われている。

なお、インドの叙事詩『ラーマーヤナ』で活躍する猿の半神ハヌマーンは、孫悟空のモデルとも言われている。詳しくはインドの**猿の神様ハヌマーンの伝説**の項目を参照。

太陽を射落とした男・羿《げい》

はるか昔、天には一〇の太陽があった。太陽たちは、天界にいる帝俊《ていしゅん》と太陽の女神・義和《ぎわ》の子どもである。一〇の太陽は東の果ての湯谷《とうこく》という谷の中にいて、順番を決めて毎日一つずつ、谷の中の巨大な池で行水をしたあと、谷の上に生えている扶桑《ふそう》という高い木の上へ登り、大空を渡り西の果てにある蒙谷《もうこく》という谷まで旅をしていた。

しかし、中国古代の堯《ぎょう》の時代、一〇の太陽はいたずら半分に一日のうち一〇個の太陽がいっぺんに扶桑から旅を始めた。地上は瞬く間に灼熱《しゃくねつ》地獄と化し、草木も穀物も枯れ、河川は干上がってしまった。困った堯は天界の帝俊と義和に祈り、帝俊は羿という弓の名人に事態の処理を命じた。

羿は小高い丘に立ち、一〇の太陽めがけて矢を放った。最初の太陽の光が消えると、全身金色で三本足の巨大な鳥が矢に貫かれて落ちてきた。太陽の中に住んでいるカラスだった。羿は残りの太陽も次々に射落とし、空にはただ一つの太陽が残り、地上はもと通りになったという。

魂が抜け出た娘

八世紀頃、中国の唐《とう》代に書かれた伝奇小説。衡州《こうしゅう》（現在の湖南省）の長官の娘、倩《せん》娘《じょう》は、甥《おい》の少年王宙《おうちゅう》と密かに愛し合っていた。ところが、倩娘との婚姻を望む官僚が現れ、彼女の父は承認してしまう。倩娘は落ち込み、王宙は悲しみ立ち去ろうとしたら、倩娘が家を捨てて追いかけてきた。二人は成都（現在の四川《しせん》省）で五年を過ごし、二人の息子を儲けて衡州に帰ってくる。まずは王宙が一人で彼女の父に会うと、父は「倩娘は数年病気で寝込んでいる」という。その話を聞くと、室内で病んで抜け殻のように寝込んでいた倩娘は、舟から来た倩娘を迎えて二人は一体になる。陳玄祐《ちんげんゆう》によって書かれた『離魂記《りこんき》』による。元《げん》の時代に書かれた戯曲『倩女離魂《せんじょりこん》』は、この話に基づいている。

男装の少女戦士・木蘭《ムーラン》

長い間の戦争を男として戦い、功績を挙げた伝説の少女戦士、それが木蘭だ。

年老いた父に徴兵令が下ったことを憂えた木蘭は、父に代わって男として従軍することを決意し、戦場へ向かう。それから約一〇年間戦い抜き、たっぷり報酬をもらう。皇帝が他に希望はないかと尋ねると、「千里の馬を駆って故郷へ帰りたい」と願った。そして故郷へ帰り、軍服を脱いでもとの服に着替えた姿を見た戦友は、木蘭が美しい女性だったことに驚いたという。

木蘭伝説の原点は、五～六世紀頃に成立したとされる民間伝承の詩『木蘭詩』と言われている。この物語は多くの人々の心を摑み、のちに清の時代に描かれた『隋唐演義』という長編歴史小説や、『木蘭従軍』という京劇の演目になるなど人気の題材となっている。一九九八年にはディズニーアニメ映画『ムーラン』でも描かれ、戦友と惹かれ合う展開も楽しめる。

追《つい》儺《な》の始まり

追儺とは、日本では節分の豆まきを指すことが多く、鬼やらい、なやらいなどともいう。本来は疫鬼を追い払う行事で、その起源は古代中国に遡る。

昔、顓頊《せんぎょく》（中国の伝説上の五帝の一人に数えられることもある）という帝には三人の男の子が生まれたが、すぐに亡くなってしまった。その霊魂は疫病神となり、一人は江水《こうすい》に潜み熱病となり、一人は苦水に潜み魍魎《もうりょう》となり、もう一人は民家の片隅に潜み人々に腫れ物を作ったり、幼子を驚かせたりした。

そこで歳の暮れになると、手に矛と盾を持ち、熊の皮を被り、黄金の四つ目の面をつけ、赤い衣装を身につけた方相《ほうそう》氏《し》という呪師が、鼓で囃《はや》し立てる子どもたちを引き連れて悪鬼を儺《おにやらい》する（追い払う）行事を行うようになった。これが追儺の起こりという。蔡邕《さいよう》の『独断』による。

月へ行った嫦《こう》娥《が》

月に見える黒い影を巡って、世界中で様々な言い伝えがある。日本では餅をつくうさぎだが、中国では、月には嫦娥という女神が住んでいるという。

嫦娥は、弓の名手である羿《げい》（詳しくは**太陽を射落とした男・羿**の項目を参照）の妻である。ある時、夫の羿は西の果ての崑崙《こんろん》山に住む西王母《せいおうぼ》という女神から、不老不死の薬をもらって帰ってきた。羿は薬を嫦娥に預けて外出したが、嫦娥はその薬を飲んでしまった。すると嫦娥は不死の体になり、不思議なことに宙に浮いて月に昇っていった。嫦娥を思い、羿は彼女が月へ昇った日に毎年、彼女の好物を月に供えるのを習わしとしたことから、嫦娥は月の女神として崇《あが》められるようになったという。太陰暦八月一五日の満月には、中秋節が祝われ、豊作を祈願して供え物をする習慣が今も残る。嫦娥に供えるお菓子として、甘い豆のペーストが入った月餅《げっぺい》が有名で、その丸い形は、一体感と親睦を表すそうだ。

なお、嫦娥は月に着いた途端、蝦蟇《がま》の姿に変身したため、月には蝦蟇の影が映っているという話もある。うさぎになったという話もあり、うさぎは西王母のもとで不老不死の薬作りをしていたが、時代とともにうさぎは天へと昇り、嫦娥とともに月に住んでいることになったようだ。

不幸な嫦娥は多くの詩で語られ、次第に美しい女神として称《たた》えられるようになっていった。二〇〇七年に打ち上げられた中国初の月探査機は、月の女神にちなんで「嫦娥一号」と名づけられた。

鄭《てい》和《わ》の大航海

鄭和とは、明《みん》の永楽帝《えいらくてい》に仕えた宦官《かんがん》である。鄭和は皇帝の命を受け、大艦隊を率いて南海諸国へ七回も遠征している。近隣国家から朝貢を求めるための旅である。鄭和が率いたのは、大型の帆船が六〇隻以上、乗組員は二万人を超える大艦隊だったという。後の世で「鄭和の西洋下り」と呼ばれた一四〇五年から三三年の間に行われた七回の航海で、第一回の航海ではベトナムやジャワ島、スマトラ島を経てマラッカ海峡を越えてインド西岸まで到達。第四回ですでにペルシャ湾方面に及び、別働隊はアフリカ東岸のアラビア半島に到着した。

そして、鄭和はアメリカ大陸に辿り着いていた可能性があるという。これは、コロンブスが一四九二年にアメリカ大陸に到達するよりも七〇年以上も前ということになる。地図研究家のキャビン・メンジーズは、永楽帝が治めていた一五世紀頃の中国の書物に、南米のパタゴニアに生息する動物の絵が描かれていたり、当時の中国の沈没船から南米のものと思われる陶器などが発見されたりしていることを指摘。それらが鄭和のアメリカ大陸到達説の裏づけとされている。

これが事実であれば歴史的偉業だが、表舞台に出ることの少ない宦官だったためか、鄭和についての記録はほとんど残されていない。一九三〇年代に、海の守護神媽《ま》祖《そ》（詳しくは台湾の**航海の女神・媽祖**の項目を参照）に航海安全を祈願するために鄭和が納めた石碑が福建省で発見されている。この石碑は、七回目の航海の際に納められたものだという。

また、鄭和が七回の航海を経て作成した「鄭和航海図」という地図が残っている。この地図をもとにしたとも言われている不思議な地図も存在する。詳しくは中東・トルコ共和国の**ピリ・レイスの地図に書かれた氷の下の南極大陸**の項目を参照。

天子が築いた ホワイトピラミッド

西安南西部の山岳地帯に、白色のピラミッドがあるという。一九一二年、旅行者によって目撃された謎の建造物は、一九四五年にアメリカの空軍パイロットが撮影した写真が一九四七年三月の「ニューヨーク・タイムズ」に掲載されたことで世間に知られるようになった。のちの一九九四年には、NASAの宇宙飛行士が撮った写真が解析され、高さ一〇〇メートル以上のピラミッドが複数並んでいることが確認された。

現在、西安周辺には、一〇〇以上ものピラミッドが存在するとされ、宇宙考古学者ハートウィグ・ハウスドルフによる、竜に乗って地球へ舞い降りた天子によって建造されたものとする説がある。

トラックを疾駆する幻の馬

香港の競馬場発祥の地とされるハッピーバレー競馬場には、怪奇現象の噂がある。一九六〇年、マーセル・サマリグという騎手が、騎乗中に落馬して命を落とした。以来、幻の馬がトラックを疾駆しているのを見たという報告が相次ぎ、サマリグらしき騎手のぼやけた人影も、ロッカールームで目撃されているそうだ。騎手も馬も、まだまだレースに出たかったのかもしれない。

虎になった男

八世紀頃の唐代に、虎に変身した男の話が伝わる。隴西《ろうせい》出身の李徴《りちょう》は、若い頃から博学で巧みな詩を書いた。数年後、江南地方の下級官吏に選任されたが、自身の才能を自負して傲慢《ごうまん》だったため、周囲と衝突してばかりいた。任期が満了になると李徴は官職を退き、誰とも交際せずに暮らしたが、やがて生活に困窮して上級官吏に援助を求めるなどしているうちに病にかかり発狂し、虎となってしまった。その後、友人の袁傪《えんさん》に会い、胸の内を吐露する詩文を示して妻子を託すのだった。

李景亮《りけいりょう》が書いた、怪異伝説を多く集めた伝奇小説のひとつ『人虎伝《じんこでん》』による。中島敦はこの話を題材として小説『山月記』を描き、虎でありながら人間の心をもつ李徴の感情を丁寧に描いた。

涙で崩れた万里の長城

中国が誇る世界遺産である万里の長城。始皇帝時代の工事中に、孟姜女《もうきょうじょ》と范杞梁《はんきりょう》という夫婦にまつわる有名な伝説が残されている。

秦の始皇帝の時代、結婚後まもなくして、孟姜女の夫の范杞梁が、万里の長城建設に動員されることになった。その身を案じて孟姜女がはるばる工事現場を訪ねると、彼はすでに死んで埋められたと聞かされる。孟姜女は深く悲しんでその場で三日三晩、泣き叫ぶと急な嵐が襲った。すると長城の一部が崩れて中から夫の骨が現れ、夫婦は悲しい対面を果たしたのだった。

孟姜女の物語は唐代に初めて文献に現れるが、のちにこの悲恋譚《たん》は民話や演劇などで広く広まっていき、夫を弔った孟姜女は海に身を投げる、視察していた始皇帝に見初められ求婚されるが、無理難題を突きつけるといった様々な結末が生まれた。

この物語は『牛郎織女《ぎゅうろうしょくじょ》』『白蛇伝』『梁山伯と祝英台』とともに中国四大民間伝説として知られていて、孟姜女の伝説にちなんで、河北省山海関区、望夫石村の鳳凰山の頂には、孟姜女廟《びょう》が建てられている。

槃瓠《ばんこ》伝説

槃瓠とは、中国の神話伝説に登場する霊犬。昔、高辛《こうしん》という帝のもとにいた老女が、耳を患って治療をした。すると、耳の中から繭くらいの大きさの虫が現れ、やがて五色の毛並みをもつ犬に変わった。老女が、その虫を瓠《こ》（ユウガオ）の種子を入れるざるに入れて、槃《はん》（木製のたらい）を被せておいたことから、犬は槃瓠という名前になった。

ある時、房王という蛮将の反乱に悩まされていた高辛は、「敵将の首をとってきたものには王女を嫁にやろう」と布告した。すると、帝の愛犬の槃瓠がしばらく姿を消し、やがて房王の首をくわえて戻ってきた。高辛は相手が犬なのでためらったが、王女は約束通り、自ら槃瓠の妻になった。夫婦は南方の深山の奥で六男六女をもうけ、のちに子孫が繁栄して蛮夷《ばんい》の祖となり、人々は犬戎《けんじゅう》の国と呼んだ。

『捜神記《そうじんき》』による。中国に伝わる異類婚姻譚《たん》のひとつだが、曲亭馬琴の『里見八犬伝』への影響を指摘する説もある。

巫山《ふざん》の夢

男女が夢の中で結ばれること、または男女の密会を表す「巫山の夢（雲雨《うんう》）」という故事成語がある。

中国の伝説の帝王「三皇《さんこう》」の一人に数えられることのある神農《しんのう》という帝には、三人の娘がいた。そのうちの一人、瑤姫《ようき》は年頃の娘だったが、異性に愛されることの喜びを知る前に亡くなってしまった。その後、姑瑤《こよう》山の中腹に、美しく可憐《かれん》な黄色い花が咲いた。その花は瑤姫の生まれ変わりで、この花の実を食べた者は異性から必ず愛されるようになったそうだ。若くして亡くなった瑤姫を哀れんだ天帝は、彼女を四川省にある巫山という山の雲雨の神に任じた。それからというもの、瑤姫は明け方には美しい朝雲となって山峯を漂い、夕暮れには暮雨《ぼう》に変わり峡谷に降り注いだという。

中国の戦国時代には、楚《そ》の懐《かい》王と、その子の襄《じょう》王の夢に瑤姫が現れ、次々に男女の契りを交わした。このことが楚《そ》の文人・宋玉《そうぎょく》の「高唐の賦《ふ》」「神女の賦」によって伝えられ、男女の秘め事を巫山の夢、または巫山の雲雨と呼ぶようになったという。

媽閣廟《マーコッミウ》の阿媽《アーマー》伝説

マカオ最古の中国寺院、媽閣廟の起源を語る伝説がある。阿媽と名乗る貧しい身なりの少女が、福建の港で船を探していた。立派な船の主は断ったが、小さな漁船の主は少女を乗せてあげた。航海の途中で大嵐になり、他の船は難破したが少女を乗せた漁船だけは無事にマカオについた。すると少女は女神に姿を変えたという。少女を祀るために漁師たちが建てた寺が媽閣廟だという。阿媽閣とも呼ばれ、これがマカオという呼び名の由来となったとされる。

阿媽はマカオで海の守り神として信仰されているが、台湾にも似た伝説があり、詳しくは台湾の**航海の女神・媽祖《まそ》**の項目も参照。

枕の中の世界

八世紀頃の唐代に、夢にまつわる不思議

な話が伝わる。盧生《ろせい》という農民の青年は、出世することをいつも願っていた。ある時、邯鄲《かんたん》（現在の河北省）という町に向かう途中の宿屋で、呂翁《りょおう》という仙人に会い、陶器の枕を借りて昼寝をした。すると夢の中で盧生は、出世して名誉を得たかと思うと恥をかき、どん底で苦しんだかと思うとまた出世への道が開けるといった、自分の人生の運不運を見尽くす。夢から覚めると、宿の主人が炊いていた黍《きび》のご飯もまだ炊けていないほど、短い時間だった。盧生は、世俗の欲望がいかに儚《はかな》いものであるかを悟ったのだった。

沈既済《しんきせい》が書いた、怪異伝説を多く集めた伝奇小説のひとつ『枕中記《ちんちゅうき》』による。夢オチの代表作で、日本でも芥川龍之介の小説『黄粱夢《こうりょうむ》』や能、謡曲などの題材となった。「人の世の栄枯盛衰の儚さ」をたとえた故事成語の「邯鄲の夢（邯鄲の枕、一炊の夢ともいう）」はこれに由来している。

湖の底に沈んだ村

一人の木こりが山仕事の休憩中、泉で斧《おの》を洗っていたら、刃で指を切って血を流してしまった。すると一匹の小さな魚がその血から生まれ、お腹が空いたというので木こりは弁当を分けてやった。それから毎日、木こりは貧しいながらも自分の食料を魚に分けてやったが、ついに米が尽きてしまった。すると夢に魚が現れ、翌朝に庭に米の山が届いていた。木こりは金持ちになり嫁ももらって幸せに暮らした。

ところが、この話を聞いた悪い地主は、木こりと妻を牢に入れ、米をすべて奪ってしまう。するとふたたび魚が現れ、夫婦を救い出してから、洪水を起こして悪い地主ともども村全体を水の底に沈めた。このあたりは一面の湖になり、今も湖底には昔のままの姿で村が沈んでいるという。

中国の四川省の南西部、西昌《せいしょう》という地方に、今も残っている伝説。かつてこの地域にあった邛海《きょうかい》という大きな湖の起源として語られている。

名君の誕生を知らせる瑞獣・麒麟《きりん》

古代中国より、想像上の動物として親しまれてきた麒麟。竜、鳳凰《ほうおう》、霊亀とともに「四霊獣」のひとつとされた。その姿は馬の蹄《ひづめ》、牛の尾、胴体は鹿で、頭に一本のツノを生やし、五色の光を発するという。そのツノは先端が肉で覆われているため、相手を傷つけることがなく、草や虫さえ避けて歩くほど温厚な性質で、翼を広げてよく飛んだという。そのため「麟は仁獣《じんじゅう》なり、王者あれば則《すなわ》ち至る」とされ、麒麟が姿を見せると、名君の治める平和な世の中が訪れる前兆と言われた。

麒麟から生まれた故事も多く、たとえば神童を「麒麟児」といい、麒麟は男子を授けると信じられていた。また、文章を書くことをやめることを「獲麟《かくりん》」といい、もとは麒麟を得たという意味。中国の春秋時代、魯《ろ》の国の哀公《あいこう》が西方に狩りをして麒麟を捕らえたと聞き、中国の思想文化において最高の聖人である孔子が『春秋』の筆を絶ち、紀元前四七九年に世を去った。この伝承から、転じて物事の終わり、さらに孔子の臨終、辞世の意にもなったという。

桃の花が咲き乱れる理想郷

中国の東晋《とうしん》の太元《たいげん》年間に、武陵《ぶりょう》に住む漁師の男が、桃の花が咲き乱れる林に迷い込んだ。先へ進むと山があり、麓の洞窟を抜けると不思議な村里へ出る。村人は皆、見慣れない服を着て異国の人のようだったが、楽しく暮らしていた。聞けば、先祖が秦《しん》の時代、始皇帝の圧政を逃れてここへ来てからというもの、外の世界と隔絶して平和に暮らしているのだという。漁師の男は印をつけながら帰り、太守（長官）にこの出来事を話す。太守は漁師の男に道案内をさせて探索したが、印は消えており、ついに辿り着くことはできなかった。

四世紀の終わりから五世紀の初めへかけての詩人、陶淵明《とうえんめい》の編として伝えられている志怪《しかい》小説『捜神後記《そうじんこうき》』に収められた「桃《とう》花源記《かげんき》」による。今日、世間から隔離された理想郷のことを「桃源郷」と呼ぶのは、この物語に基づいている。

幽霊を売った男

四世紀の初め頃、中国の六朝《りくちょう》時代に書かれた説話。宋定伯《そうていはく》という男がある夜、幽霊に出会った。定伯はとっさに、自分も幽霊だと嘘をついて、ともに市場に行くことになった。道中、幽霊は「本当にきみは幽霊なのか」と疑うが、そのたびに定伯に言いくるめられて信じてしまう。市場につき、幽霊が羊の姿に変わったところで、定伯は幽霊の弱点である人間の唾をつけた。変身能力を失った幽霊は羊の姿のまま、定伯によって市場で売り飛ばされてしまった。

干宝《かんぽう》によって書かれた『捜神記《そうしんき》』による。冥界を旅する話、超自然現象や幽霊、化け物の話などの民間説話を集めた志怪《しかい》小説というジャンルのひとつである。

妖術が飛び交う『三国志』

三国時代の歴史書『三国志』は、明《みん》の時代に羅貫中《らかんちゅう》によって書かれた小説『三国志演義』によって、人々の間に広く浸透した。歴史書の記述と民間伝承とが融合して生まれた物語だけに、妖術など不思議な力が物語の随所に見られる。

たとえば、呉《ご》の武将であった孫策《そんさく》は、己の領土で民衆の病気を治して回っていた道士の于吉《うきつ》を危険視して、言いがかりをつけて殺した。のちに、孫策は刺客に襲われて負傷するが、于吉が夜な夜な現れて傷が悪化する呪いをかけたために孫策は若くして死んでしまった。完全な創作というわけではないらしく、歴史書『三国志』にも于吉を殺した逸話が残されている。

その他、有名な赤壁《せきへき》の戦いでは、蜀《しょく》の軍師諸葛亮《しょかつりょう》が火計を成功させるために、妖術で東南の風を呼んだ。このことを警戒した呉の周瑜《しゅうゆ》は諸葛亮との智闘合戦で敗れ、それがもとで憤死したとあるが、こちらはフィクションである。

　赤壁の戦いの地とされる湖北省嘉魚《かぎょ》県西の赤壁、蜀の劉備《りゅうび》が没したとされる白帝《はくてい》城《じょう》、諸葛亮最後の戦いの地・五丈原《ごじょうげん》など、中国では現在も『三国志』の舞台となった地が随所に残されており、多くのファンで賑わっている。

楼蘭《ろうらん》王国のミイラ

　楼蘭王国とは、現在の新疆《しんきょう》ウイグル自治区のタリム盆地東に古代遺跡が残る国だ。古くは、匈奴《きょうど》から漢に送られた書簡や司馬《しば》遷《せん》の『史記』に、楼蘭の名が登場する。タクラマカン砂漠を通過する際のシルクロードの要衝であり、オアシス都市国家として最盛期は二万人が暮らしたという。前七七年には漢の属国となって、国号を鄯善《ぜんぜん》に改称。四世紀まで栄えたが、次第に衰退し、七世紀には廃墟となって王国は砂に埋もれてしまった。

　こうして人々の記憶から失われてしまった王国だったが、一九〇〇年にスウェーデンの地理学者で探検家のスウェン・ヘディンによって楼蘭の遺跡が発見されたことで、ふたたび注目を浴びた。

　そして、一九八〇年、タクラマカン砂漠から女性のミイラが発見される。非常に保存状態のよいミイラで、栗色の髪、長いまつげ、彫りの深い顔立ちがしっかりと残っていた。「楼蘭の美女」と名づけられ、世界中のメディアで報道されたという。この美女のミイラを調査したところ、推定三八〇〇年前に埋葬されたのものだと判明する。つまり、漢代のはるか以前に生きていた女性ということになる。楼蘭王国が栄えた時代より以前に、すでにこの地には高度な文明が存在していたということだ。

　現在、楼蘭の遺跡は風砂に長年さらされたことで倒壊の危機に瀕しており、修復プロジェクトが進行中である。

ネパール連邦民主共和国

謎の王国ムスタン

　二〇〇八年まで、ネパールには、唯一の自治領として存在していたムスタンという王国があった。一九九二年まで鎖国状態だったため、「禁断の国」とも呼ばれていた。チベットとの国境近くにあったことから古いチベット文化が残っており、いまだにその全貌は明らかになっていない。

　ヒマラヤ山脈に囲まれたこの王国の首都ローマンタンに築かれたというのがムスタン洞窟だ。断崖絶壁に掘られた洞窟群は、住居や寺院を備えた都市があったとされており、その穴の数は一万にも及ぶ。洞窟からは大量の人骨のほか、古経典や仏伝大マンダラなどが発見されている。

外界から閉ざされた秘境は、現在は外国人にも開放されており、チベット文化を感じられる観光スポットとなっている。

ブッダ生誕の地ルンビニー

インドとの国境近くの町ルンビニーはブッダ生誕の地として知られる、ブッダ四大聖地のひとつである。のちにブッダとなるガウタマ・シッダールタは、紀元前六世紀頃に生まれたとされている。ブッダの母マーヤー夫人は、里帰りの途中にこの地にあった木の枝につかまって、右脇の下から赤ん坊を産んだ。赤ん坊のブッダは、生まれたばかりにもかかわらず七歩歩き、「天上《てんじょう》天下唯我独尊《てんげゆいがどくそん》」と言ったという。

紀元前二五〇年には、インドのマウリヤ朝のアショーカ王がこの地に石柱を建て、ブッダ生誕の地であることが刻まれている。六三六年には、『西遊記』の三蔵法師のモデルとなった玄奘三蔵《げんじょうさんぞう》（詳しくは中華人民共和国の**孫悟空と玄奘三蔵**の項目を参照）もこの地を訪れたことがあり、石柱が落雷で折れていたと記録を残している。

現在は公園となっており、マーヤーを祀る聖堂の近くにアショーカ王の石柱やブッダの産湯やマーヤーの沐浴《もくよく》に使われたという方形のプスカリニ池などがある。池のほとりにある菩提樹は、仏暦二五〇〇年を記念して一九五六年、当時のマヘンドラ国王が植樹したものだ。公園は、一九九七年には世界文化遺産に登録されている。

パキスタン・イスラム共和国

馬に乗った幽霊

一九世紀にパキスタンで目撃された幽霊譚《たん》がある。

パンジャーブ州に派遣されたバーター大将は、妻とともにある屋敷に引っ越した。その屋敷は、数年前に亡くなったある中尉が建てたものだった。

夕食に友人を招いたある夜、バーターは犬を連れて友人を送った帰り道で、蹄《ひづめ》の音を聞いた。その音はどんどん近づいてきて、馬に乗った紳士がお付きとともに現れたという。

近所に家はないので、バーターが声をかけると、馬に乗った紳士はこちらを見下ろしてきた。その顔は、なんと数年前に亡くなった中尉だった。驚きのあまりつまずいたバーターが起き上がる頃には、馬も中尉の姿も消えていたという。道の先は崖になっており、そちらに向かったとも考えにくかった。

その夜以降も、バーターやその妻、屋敷の召使いが、馬が猛スピードで駆けていく足音を聞いている。足音がした時に外を見ても、誰もいなかったという。

モヘンジョ・ダロに残る古代核戦争の痕跡

紀元前に栄えたインダス文明最大の遺跡であるモヘンジョ・ダロにまつわる伝説。高度な文明を備え、最大で三万人が暮らしたというこの街は、現在に至るまで発掘されたのは二割ほどであり、謎が多く残されている。

滅亡した原因として囁《ささや》かれているのが、古代核戦争によるものとする説だ。遺跡から五キロほど離れた地点には、地元の人々が禁断の地とする場所があり、そこはガラス化した石で覆われているという。約八〇〇メートルにも及ぶその地からは、溶けたレンガなどが発掘されているのに加え、埋められていた人骨から通常の約五〇倍もの放射能が検出されたという。このことから、古代に核による争いが行われたのではないかと言われているのだ。

一九六〇年代以降、停止されている発掘調査が再開されれば、真相が明らかになるかもしれない。

バングラデシュ人民共和国

オリオン座になったプラジャーパティ神

バングラデシュにはオリオン座にまつわる起源が伝わる。

ヒンドゥー神話に登場する造物主プラジャーパティ神は、宇宙や生物を最初に作った創造神だが、次第に支配力が弱まり、ブラフマー神に地位をとって代わられてしまった。時が経つにつれ、プラジャーパティ神は邪《よこしま》な心をもつようになり、ついに自分の娘を誘惑した。

娘のウシャは牝鹿に変身して森の中へ逃げ込み、プラジャーパティ神は牡鹿になって追いかけた。この様子を見ていた天の神々は憤り、プラジャーパティ神を懲らしめるべく、弓の名手であるルドラ神を地上に遣わした。そして娘を誘惑しようとしていたプラジャーパティ神に三本の矢を放った。矢はどれも牡鹿となったプラジャーパティ神の胴を貫き、それぞれアグニ（太陽神アルニタク）、ソーマ（食べ物の神アルニラム）、ヴィシュヌ（火の神ミンタカ）という明るい星となって、プラジャーパティ神とともに天へ昇った。プラジャーパティ神はオリオン座となり、その中央には胴を貫いた三つの星が一列に並んで輝いているという。

ルドラ神の矢はおおいぬ座のシリウスの上に立つプラジャーパティ神の胴を貫き、牡牛座のアルデバランになったという説もある。

東ティモール民主共和国

クリスト・レイの奇妙な噂

クリスト・レイ（キリスト像）は、ブラジルやポルトガルなど世界各地にあるが、アジアでもっとも大きいものが二〇〇二年に独立したばかりの東ティモールにある。

首都ディリの丘の上に立つ、二七メートルものキリスト像には、実は奇妙な噂がある。両手を広げたキリスト像が、東ティモールを中心とした地球儀の上に立っているのだが、この地球儀には日本が描かれていないという。島国なので省略されたと言われているが、東ティモールは敬虔《けいけん》なキリスト教徒が多いため、キリスト教化されていない国だからという噂もあるそうだ。

フィリピン共和国

死の町シュゲットー

フィリピン、ルソン島北部のティンキーアン族のバアイという山村では、死後に悪い魂は死の町シュゲットーへ行くと信じられている。シュゲットーは岩山だらけで、死霊たちを串刺しにするための長い槍をもつ人身虎面の王が支配している。亡くなった人の縁者は、死者が死後の世界でも勇敢に戦い、無事に天国へ行けるようにと、武器を一緒に埋葬するそうだ。しかし、死の町をなんとか逃れたとしても、天に辿り着くまでは一〇の町を通過しなければならず、それぞれに恐ろしい悪霊が住み、死霊を食おうと待ち構えている。生前に悪さをした霊魂は、安らぎを得るには死後も戦って勝ち取らねばならないようだ。

毒虫使いバランとマンババラン

フィリピンには、「バラン」と呼ばれる恐ろしい妖術使いの伝説がある。マンククーラムと呼ばれるフィリピンに伝わる黒魔術師の一種で、バランは毒虫の使い手だ。バランとはカブトムシの一種を指す言葉である。

バランは、目に見えないほど小さな赤、白、黒の三色の毒虫を飼っている。術を施す時は、バランが呪文を唱えると、毒虫たちは何十キロ先であっても猛烈なスピードで飛んでいき、対象者の体中にたかる。この毒虫に刺されると、対象者は激しい痛みをともなって全身が赤く膨れ上がり、息をするのも苦しくなり悶《もだ》え死ぬのだという。この毒虫から逃れるには、術者であるバランを殺す以外に方法はないそうだ。

女性の毒虫使いの場合、マンババランと呼ばれることもある。マンババランは竹のチューブを持ち歩き、その中にカブトムシ、イナゴ、ムカデなど様々な呪術用の虫を飼っている。術をかける時は、対象者の髪の毛をひと房取り、その先に虫を結びつける。すると虫が対象者の体内に侵入し、内側から食い破っていく。もしマンババランに狙われたら、別の術者に助けを請わなければ命の保証はない。

ビガン兄弟が天界の米をもらった話

フィリピンのルソン島の高地に住むイフガオ族に伝わる神話。

昔、カヤンに住むビガンとカビガットという猟師の兄弟が、野生の豚を求めて槍を手に丘陵地帯へ向かった。兄弟は豚を追いかけて山の上に向かううち、いつの間にか神々の住む天界まで来てしまった。

ビガンはリドゥムとヒヌムビアンという神の家のそばで豚を突いた。ヒヌムビアンは天界の豚を殺したとビガンを叱ったが、ビガンは地上の豚であることを説明し、カビガットとともに豚を解体して神々へ分けた。すると神々が血と米を混ぜ合わせて生肉を食べているのを見て、兄弟は残りの肉を持って地上へ戻り、竹の道具で火をおこすと、肉と米を調理して神々を招いて、料理を振る舞ってあげた。

その美味しさに驚いたリドゥムとヒヌムビアンは、兄弟に交渉を持ちかけ、神々の所有する品質のいい稲と、兄弟のもつ火を交換することにした。神々は喜び、火を住居に持ち込んだ。すると家に火がついてしまい、困った神々は火を持ち帰らせようとしたが、ビガンは水で火を弱め、炎を収めておく炉を作ってあげた。神々はますますビガンに感謝し、兄弟に米の貯蔵法や稲田の作り方などを教えたという。

地上に戻ったビガンは神々に聞いた方法で地面を耕し、田の畔《あぜ》に振り棒を突き刺すと、水があふれて稲田が完成した。その後も、ビガンの鶏と交換で、鍛冶の神ディニパンが収穫用の刃物を作ってくれるなど、ビガンと神々は協力し合った。ビガンは神々に捧げ物を贈り、感謝の気持ちを忘れなかったという。こうしてルソン島のカヤンの山岳地帯に作られた棚田は、二〇〇〇年以上経った今も、代々受け継がれている。

昼は美女となる吸血生物アスワン

フィリピンには、昼は美女の姿だが、夜は恐ろしい吸血生物と化す怪物の伝説がある。パラワン島の目撃されるアスワンという未確認生物だ。昼は美女の姿をしているが、満月の夜になると空飛ぶ吸血生物となる。夜の姿は体長一・五～二メートルほど、頭は犬、体はトカゲのようで、体中は毛で覆われ、手には鋭い爪があるという。背中に生えた黒い翼で、空を飛び回る。人間の男性の生き血を好み、もしアスワンに影を舐《な》められると死んでしまうという。

二〇〇五年には、農家の男性がアスワンに連れ去られそうになったり、漁師の男性が上空から襲われて気を失ったりする事件が起きている。この時、漁師の男性は全身から血が抜かれていたという。さらに、二〇〇六年には地元のカメラマンが空を飛ぶアスワンを撮影。伝説の怪物は実在したと話題になった。

また、シキホル島にも、昼は美女の姿で夜は怪物になるマナナンガルという伝説の魔女がいる。マナナンガルの体は、夜になると上半身と下半身に分かれるという。上半身からは翼を生やして空を飛ぶ。人間の内臓や赤ん坊を好み、狩りの対象とすることが多い。細長い舌をもち、住宅のわずかな隙間や、時には妊娠中の女性のヘソに舌を突き入れて中にいる赤ん坊を吸い出すという。男性を襲う場合は、美女の姿で誘い出して食べてしまうそうだ。ただし、上半身が狩りをしている間の下半身は無防備で、分離したまま夜明けを迎えてしまうと死んでしまうという。二〇〇七年には、カップルがマナナンガルらしき生物を撮影してインターネットに公開し、真偽が議論されている。

怪物たちの正体は巨大なコウモリにすぎないという意見もある。しかし、近年においても目撃情報はあるため、フィリピンの島々の密林のどこかに未知の吸血生物が実在するという可能性を残している。

ブータン王国

吸血怪物ステワ・ルトゥ

かつてワンディ・ポダン地区を流れる川に、無数の触手で生物の血を吸うステワ・ルトゥという怪物が棲んでいた。怪物は川に映った人間の影に飛びつき、影からも血を吸うことができたので、人々は怪物を大変恐れていた。ある時、村の領主は一頭の象に川で水浴びをさせた。ステワ・ルトゥが現れて象の足に絡みついたので、象は驚いて暴れ回り、よろめきながら土手に上がり、力尽きて倒れた。領主はすかさずステワ・ルトゥに、真っ赤に焼けた砂を振りかけた。するとステワ・ルトゥはどんどん縮み、ひからびて死んだ。こうしてステワ・ルトゥは退治されたという。

タクツァン僧院とパドマサンバヴァ

ブータン西部にあるタクツァン僧院は、標高三一二〇メートルの切り立った絶壁に建てられたチベット仏教寺院。「虎の隠れ家」という意味で、チベット仏教ニンマ派の伝説的開祖パドマサンバヴァ（グル・リンポチェ）が、虎に乗ってこの地に降り立ち、洞窟で瞑想して八つの化身として現れたという伝説をもつ。一七世紀末に寺院が建立され、ブータンの聖地として現在も多くの参拝者が訪れている。

パドマサンバヴァは、第二のブッダとも言われる伝説的な人物。八つの化身をもち、不思議な呪力の持ち主とされた。チベットに飛来して教えを授け、教説を山や湖などに封印し、来るべき時にそれを見つける者を予言して西南の羅刹国《らせつ》（スリランカ）へ旅立ち、姿を消したという。

　生涯を通じて謎の多い人物だが、その誕生も不思議に満ちている。インドのウッディヤーナという国のインドラボーディという王が、ある時、空から九鈷杵《くこしょ》（密教で用いる仏具のひとつ）が手の中に降ってきた夢を見た。また、ある時は心臓から太陽が放たれ、全世界を照らす夢も見た。

　その後、空に雲ひとつなく太陽が輝いているのに、ダナコーシャという湖に五色の虹がかかっているのを見た。王は大臣とともに湖へ行くと、そこに美しくかぐわしい大きな蓮華の花があり、その花の真ん中に、薔薇《ばら》色の頬をした美しい小さな童子が座っていた。その童子は右手に蓮華、左手に聖水の入った小さな壺を持ち、左腕に小さな三叉戟《さんさげき》を抱えていて、どこか釈迦に似ていた。王が童子に敬意を抱いて言葉を交わすうちに、王の見えなかった右目が見えるようになった。王と大臣はその童子を敬い、蓮華から生まれた者、という意味のパドマサンバヴァと名づけ、連れて帰って後継者にしたという。

　この蓮華に化生した伝説にちなみ、パドマサンバヴァの仏像は左手に三叉戟を持つ姿であることが多い。

蘇る死体ローラン

悪霊が憑《つ》いて蘇った死体のことをブータンではローラン（起屍）という。南米のゾンビや中国のキョンシーのような存在で、ローランに頭を触れられた者は、ローランになってしまうという。

　昔、インドに出かけた商人がローランとなって、妻子のもとへ戻ってきた。妻子は旅の僧侶に助けを求め、僧侶とローランは死闘を繰り広げた。僧侶は縄でローランを縛り、呪文を繰り返すと、死者の体から悪霊が追い払われたという。

ブルネイ・ダルサラーム国

ブルネイの川に潜む怪物

ボルネオ島北岸にある豊かな小国ブルネイに現れたという未確認生物の伝説がある。二〇一七年、川を悠々と泳いでいる謎の生物が、ボートを漕《こ》いでいた人々に目撃された。

　その生物は水面から顔だけ出し、呼吸をしているように口を開閉していたという。その口は無数の牙を生やしており、頭部にエラらしきものがついていて、明らかに地球上の生物とは異なる姿だったそうだ。泳いでいるところが動画で撮影されて話題になったが、その後の目撃情報はなく、正体不明のままだ。

ベトナム社会主義共和国

孫悟空が閉じ込められていた五行山

五行山は、ベトナム中部の都市ダナンにある、シンボル的な聖山である。マーブルマウンテンとも呼ばれる。大理石からできた五つの連山は、木・火・土・金・水の陰陽五行説にちなんだ名前がつけられていて、孫悟空（詳しくは中華人民共和国の**孫悟空と玄奘《げんじょう》三蔵《さんぞう》**の項目を参照）が五〇〇年間、釈迦如来に閉じ込められていた山として『西遊記』に登場する。

各山にパワースポットがあり、山腹に仏像が安置された洞窟には、今も多くの参拝客が訪れる。

ラクロンクアンと一〇〇人の子ども

ベトナムに伝わる建国神話。中国の伝説の帝王「三皇《さんこう》」の一人とされる神農《しんのう》の子孫は、中華世界の北方と南方をそれぞれ治めていた。南方を治めていた神農の異母弟キンズオン（涇陽）王の息子が、ラクロンクアン（狢龍君）である。

ラクロンクアンは王位継承後、北に住む山の部族のオウコウ（嫗姫）という姫を嫁に迎えた。二人の間には一〇〇人の子どもが生まれ、中国南方の諸民族の祖となったと言われている。

しかし、高地に住みたいオウコウと、海辺に住みたいラクロンクアンは意見が合わなかった。そこで二人は、必要な時には助け合おうと約束し、子どもを五〇人ずつ連れて、ベトナムのそれぞれの地に住んだ。子どもの一人であるフンブオン（雄王）が成長して王位を継いで、ベトナム最初の国家であるバンラン（文郎）国を建てた。旧暦三月一〇日はフンブオンの命日として、ベトナムの祝日になっている。

フンブオンの故郷とされるソンコイ川中流域に漢以前の金属器時代の遺跡が多く出土したことから、フンブオンの建国は史実であると主張する説もある。

竜が降り立ったハロン湾

ベトナム北部にあるハロン湾は、隆起した石灰岩層が雨に浸食された奇岩が並ぶ景勝地。湾内には、二〇〇〇以上の小島、岩、石が散在している。「ハ」は「降りる」、「ロン」は「竜」という意味で、ハロンは「下竜」と書く。この名前の由来となった竜にまつわる伝説がある。

かつて、この地に住む人々は度重なる外敵の侵略に悩まされていた。そこに竜の親子が降り立ち、敵を退ける。そして口から宝石を吹き出し、宝石は湾を埋め尽くす奇岩となった。これらの岩が、その後も外敵の攻撃から守ってくれるようになったと言われている。

二〇世紀前半からは在留フランス人に人気の保養地となり、一九九四年には世界自然遺産に登録されている。

マレーシア

あの世の神エナング

マレーシアのマレー半島中南部、ジャングル地帯に住むセノイ族（サカイ族ともいう）では、古来、死者の魂は後頭部の先から離れ、西方に向かい、霊魂の門から天へ昇ると信じられている。しかし、すんなりと天には入れず、熱湯のたぎる巨大な鉄釜の上にかかるメンテグという橋を渡らねばならない。純粋な子どもは難なく渡ることができるが、大人はたいてい過失を犯しているため、橋から落ち、鉄釜へ落ちるという。そこへ翼をもつエナングという神が現れ、釜へ落ちた霊魂を拾い上げて火の中へ投げ込み、粉々になった霊魂を秤《はかり》にかけるそうだ。もし軽ければ天へ昇ることができるが、重ければ完全に魂が清められるまで火にくべられ続けるという。

死者の聖地キナバル山

キナバル山は、ボルネオ島北東部、サバ州にある東南アジア最高峰の聖山。標高は四〇九五メートル、オラウータンの生息地としても知られ、世界最大の花ラフレシアなど、多彩な動植物が生息している。

キナバルは現地のカダザン語で「死者の聖地」を意味するという。かつては禁足地とされ、頂上には神々が住むと考えられていた。サバ州に住む少数民族ズズン族は、キナバル山の頂上には天界があり、七つある霊魂のうち七番目の魂が天界へ向かうと信じている。そこで死期が近づくと、死後に険しい岩山を登りやすくするために指の爪を伸ばすという。

セマン族の太陽と月の誕生

マレー半島に住むセマン族には、太陽と月の誕生にまつわる神話がある。

トンボのタノンは、父アグ・アグと母クランとともに川の上に立つ高床式の家に住んでいたが、ある時、家が支柱から離れて西の空へ飛んでいった。家は数時間後に地上の洞窟に着いて東の方向に地上を転がっていき、ふたたび空へ舞い上がり西へ向かった。この家の遊びが楽しかったので、タノンはそのまま家に住むことにした。これが太陽の家になった。

やがてタノンは、夜に煌《きら》めく星々で遊んでみたくなった。そこでタノンは夜に大きな蛾《が》を送り出し、月を飲み込ませようとしたが、そのたびに地上の人々が蛾を追い払うので、いつも星と遊べず、月は星を整えるために夜には必ず戻ってくるのだった。

空飛ぶ生首ペナンガラン

ある時、美しい女性が蜂蜜と酢を混ぜた湯船に浸って禊《みそぎ》をしていたら、見ず知らずの男性が現れる。大変驚いた女性は慌てて振り向いたので、勢い余って頭がもげ、内臓が部屋に飛び散ってしまった。怒り狂った女性の生首は、血をしたたらせながら空を飛んで侵入者を追いかけた。胴体のほうは、やがて痙攣《けいれん》しながら沈んでいった。この時の怪物が、マレーシアに伝わる怪談に登場する「ペナンガラン」である。

ペナンガランは夜になると、はらわたをぶら下げたまま、コウモリのように空をすばやく滑空する。ペナンガランが現れるのは、決まって新たな生命が誕生する時で、生まれそうな妊婦のいる家を監視し、赤ん坊が生まれると大喜びして、舌ですくい上げてさらい、じっくり食べるそうだ。

なお、カンボジアにもアープという生首の吸血鬼がいて、夜な夜な生首だけで現れて、動物の心臓、肺や血を求めるという。

瓶詰めになった吸血鬼トヨール

トヨールとは、現地の言葉で「小人の悪魔」という意味の、マレーシアやシンガポールで目撃されている吸血鬼だ。ヒト型で体長は一五〜二〇センチほどと小さく、肌は黒く、緑色の口には鋭い歯が生えているという。トヨールは、寝ている人の足の親指から血を吸うため、朝、起きたときに足の指に噛《か》み跡があればトヨールの仕業だ。吸血だけでなく、人の心を操ったり、金を盗むなどのいたずらをしたりする。

二〇〇五年には首都クアラルンプール近郊の住民たちが、寝ている間にトヨールに襲われるという事件が起きた。二〇〇六年一月には、女性が夜に財布を盗もうとしているトヨールを目撃し、失神させられた。翌日、彼女の足の親指には噛み跡があったという。多くの目撃例が寄せられているが、近年で話題になったのが瓶詰めのトヨールだ。二〇〇六年二月、海辺に住む漁師が体長二〇センチほどのトヨールのミイラのようなものが入った瓶を発見する。漁師は地元のボモー（民間療法などを行う呪術師）のもとに持ち込むが、最終的には州立博物館に保管されることになった。博物館で展示された際は、近隣からたくさんの人が訪れたという。しかし、その後、関係者が体調不良になるなどの不幸が続いたため、ボモーに返還されたのちに海に捨てられてしまったそうだ。

瓶詰めのトヨールは、黒い肌に赤い目をしており、瓶の中にはなんらかの儀式に用いたような砂と黄色い紐、タマネギの欠片《かけら》が入っていた。トヨールは、ボモーの黒魔術で召喚した胎児の霊だという説もあるが、この瓶詰めのトヨールが現存していれば、その証拠になったかもしれない。

宝樹マピック

タイ南部、マレー半島、フィリピンなど

東南アジアに広く分布する少数民族ネグリト族。マレーシアの北西部に住むネグリト族系のケンタ族は、死後は宝樹マピックのもとへ行くと信じられているという。

病気で亡くなると、黄色と赤と縞模様《しまもよう》の木をそれぞれ頭部、足部、中央の位置に墓の上から立て、その上に木の葉で作った雨よけをかけ、東西南北に四本の白い木を打ちつけて、死者の魂がこの世に戻らないための呪文が唱えられる。死後、しばらく死者の魂はこの世に留まり、「イェボク（水が欲しい）」などと叫ぶという。

七日後、死者の国の番人マンペスに導かれ、死者の魂は緑のノコギリ歯の形をした橋を渡る。すると宝樹マピックの木の下に辿り着き、先に死んだ友達によって四肢の骨を刀で砕かれて、瞳が内側になるよう目をひっくり返され、マピックの木の花をつけて本当の死霊になるそうだ。マピックの木は望み通りのものを実らせることができ、幼い死霊たちは、幹の根元にある乳の出る胸からミルクを飲んでいるという。

ミャンマー連邦共和国

永遠に未完成の幽霊寺院

ミャンマー初の統一王朝が作った荘厳なバガン寺院。世界三大仏教遺跡に数えられ、現在も二〇〇〇以上の建造物が残っている。その寺院群のひとつであるダマヤンジー寺院は、一二世紀頃にナラトゥ王によって建てられた寺院だ。

ナラトゥ王は、父と兄を殺害して王座についた悪名高い王で、即位後もまもなく本人も暗殺されてしまう。もとは罪滅ぼしのためにナラトゥ王が建設を始めたこの寺院、王がいなくなったことで、工事は中断。生前から評判の悪かった王のために工事を引き継ごうとする者は誰も現れず、結局、現在に至るまで未完成の状態が続いている。地元では、夜な夜な幽霊が出るという噂まで流れ、「幽霊寺院」という異名までついてしまった。

ナーガの火球

東南アジア最大の河川メコン川では、毎年、不思議な現象を見ることができる。

一〇月中頃から後半にかけて、メコン川の中央付近から、卵サイズの火の玉が飛び出し、空へと昇っていくのである。これは「ナーガの火球」と呼ばれ、インド神話の伝説の蛇神ナーガが炎を吐いているように見えることから、そう呼ばれている。

この不思議な現象は、川底のガスが噴出して発火した自然現象という説もあるが、発生期間が限られていること、一〇〇年以上続いていることなどから、原因は解明できていない。ミャンマー、タイ、インドなどの地域では、メコン川にはナーガが棲むと信じられているそうだ。

ブッダの霊力が宿る　ゴールデン・ロック

九〇％以上が仏教徒のミャンマーにおいて、仏教徒がもっとも訪れたいと望む聖地が、モン州の山にある。チャイティーヨー・パゴダ（ミャンマー語ではパヤー）という仏教寺院だ。パゴダとは仏塔のことで、標高一一〇〇メートルの山頂にある丸い巨石の上に、高さ七・三メートルの仏塔が建てられている。六・七メートルの高さがある巨石は、崖の端から今にも転がり落ちそうで落ちない、という絶妙なバランスで鎮座している。巡礼者の寄付で幾重にも貼られた金箔《きんぱく》によって黄金に輝く巨石は、ゴールデン・ロックとも呼ばれている。

一一世紀頃、ヤテという兄弟（隠者、僧侶とも言われている）が帽子の中にブッダの髪を隠し持っていたという。ヤテは国王に、帽子に似た丸い岩にブッダのその髪を祀るようにと言った。すると国王は、海の底から特別な力で岩を引き上げ、山頂に置いた。そして岩の上に仏塔を建て、ブッダの遺髪を納めたという。ゴールデン・ロックは、仏塔の中に納められたブッダの遺髪の霊力によって、落ちないのだと信じられている。「チャイティーヨー」とは「ヤテ（僧侶）の帽子」という意味だそうだ。

モルディブ共和国

モルディブに現れる精霊たち

インド洋北部に浮かぶモルディブ諸島はイスラム教国。陸地や空、海などあちこちにジンと呼ばれる邪悪な精霊が潜んでいると信じられていて、今でも様々な怪奇現象が目撃されているという。

伝説によると、首都マーレのとある寺院で、満月になると若い処女の生贄《いけにえ》を求めてくるランナマーリという悪魔がいた。一一五三年、マグリブ（モロッコ）のアブドゥル・バラカットという熱心なイスラム教徒が島にやってきた。事情を聞いたバラカットは、満月になると生贄の処女のふりをして寺院で待ち伏せし、姿を現した悪魔をコーランを唱えて追い払ったという。モルディブの人々はこれまで仏教徒だったが、この事件以来、当時のモルディブ王をはじめ、島の人々はイスラム教に改宗したと言われている。

モルディブトラベラーニュースによれば、モルディブでは今も頻繁に心霊現象を起こす精霊たちがいる。たとえば、バブル・コッヤと呼ばれる精霊は小さな黒い子どものような姿をしていて、機嫌を損ねてしまうと夜に現れ、呪われてしまうという。他に、ハンディと呼ばれる赤い服を着た長い髪の女性の精霊もいる。主に午後や夜に姿を現す気まぐれな精霊で、足が速く、機嫌が悪いと人に取り憑《つ》いて狂わせるそうだ。

モンゴル国

英雄ケサル王の戦い

　ケサル王の物語は、チベット東部、リンツァン地域の遊牧民に伝わる英雄叙事詩。一五世紀頃に成立したとされ、神の子ケサルが伝説の国家・リン王国を統治する物語で、モンゴルの人々に広く伝わっている。

　ケサルは、リン王国の召使いの女に変身して宮殿に住んでいた、ゼデンという竜王の娘から生まれた。彼女が偉大な主から国の救済者を生むという予知夢を見て、九ヶ月後に頭から卵が飛び出し、その卵から生まれたという伝説がある。

　彼女の妊娠を知ったリン王国の王妃は彼女の父親が夫のセンロン王だと思い込み、ゼデンを追放する。やがて生まれてきたケサルは、背が低くて醜く、いたずら好きだった。しかしセンロン王の兄弟のトトゥンは、ケサルがただならない少年だと気づいて殺そうとしたので、母子は森に逃げた。

　やがて立派な若者に成長したケサルは、パドマサンバヴァ（詳しくはブータン王国の**タクツァン僧院とパドマサンバヴァ**の項目を参照）という仏教の僧から「やがて人々の救済者になる」と予言される。そこでケサルは予言するカラスに化けて「競馬大会を開催して勝利した者がリン王国を支配できるだろう」と彼の前で予言した。トトゥンは自らの勝利を確信して競馬大会を開催した。しかし、ケサルはあっさりトトゥンに勝利し、リン国王になるとともに、セチャン・ドゥクモという不幸な半生を送っていた美しい娘と結婚した。

　敗北したトトゥンは一二の頭をもつ悪魔ルツェンと結託し、ケサルの王位を奪う計画を立てた。ケサルはルツェンと戦い勝利するが、ルツェンの妻である魔女の罠《わな》にかかり彼女以外のすべてを忘れる薬を飲まされてしまう。こうして王国は魔王クルガルに乗っ取られてしまった。

　六年の時が過ぎ、ケサルの兄弟により正気を取り戻したケサルは、金属細工が上手な少年に化けてリン王国に戻る。そして妻のドゥクモを解放し、魔王クルガルを倒し、家来とともに悪魔軍を破った。

　その後も、ケサルはシンティという悪魔を退治した。

　ケサルとトトゥンは宿敵だったが、ケサルは彼の息子のことは好ましく思っていた。そしてトトゥンの息子は、悪魔シンティの娘を好いていた。ケサルは高潔な二人のカップルの結婚を調えてやり、二人をリン王国の後継者とした。新たな王と后が誕生し、王国が安泰だと確信したケサルと妻ドゥクモは山腹にこもり、国民の前から永遠に姿を消したという。ケサルたちは精霊の王たちの楽園であるシャンバラ（詳しくはチベット自治区の**理想郷シャンバラ**の項目を参照）へ旅立ったと信じられている。

　ケサルとドゥクモは、現在のカム地方、

チベット東部のマーギュエル・ポングリ山にこもり、姿を消したと言われている。また、ケサルが生まれた場所は、現在のインド北部のラダックだと信じる者もいる。

古代モンゴルの聖霊テングリ

古代モンゴルでは、「テングリ」と呼ばれる聖霊がいると信じられており、テングリが人間を創造したという神話がある。

最高位のテングリである天の神モンケ・テングリは、動物しかいなかった地上に最初の男女を作った。自らが創造した人間を不死にしたいと思ったモンケ・テングリは、不死の泉に水を汲《く》みにいくので猫と犬に人間を守るように命令する。そこに天の神の天敵である冥界の神エルリクが現れる。エルリクは椀に入れた乳と肉片でそれぞれ猫と犬を誘い出し、人間を不純物で汚した。

戻ったモンケ・テングリはエルリクに汚された人間を見て怒り、猫には汚されなかった髪以外の体毛を舐《な》めてきれいにさせ、体毛は犬にくっつけた。そして持ち帰った不死の泉の水で人間を清めたが、完全にきれいにすることはできず、人間は不死を得ることはできなかったという。

チンギス・ハーンの財宝伝説

チンギス・ハーンは、世界最大の帝国を築いたモンゴル帝国の初代皇帝だ。侵略と略奪を繰り返し、黄金や財宝を我がものとしたチンギス・ハーンだったが、墓のありかは今も謎に包まれている。

一二二七年に陣中で倒れたとされるが、墓所は徹底的に秘密にされたという。伝説によれば、遺体を運ぶ隊列を見たものは全員殺され、埋葬の痕跡を消すため一〇〇〇頭もの馬で地面を馴《な》らしたという。遺体とともに金銀財宝も埋められたとされ、今も地底のどこかに眠るチンギス・ハーンの宝は、推定数百兆円とも噂されている。

白鳥の女房

モンゴルに伝わる伝説。ある男が、バイカル湖（現在はロシア領）に着地した美しい九羽の白鳥が、羽の衣を脱いで若い女性に変身したところを目撃した。男はそっと近づき、一枚の羽の衣を隠したため、水浴びが終わったあと、九羽のうち一羽だけは白鳥に戻り飛び立つことができなかった。男は白鳥の乙女に求婚し、妻とした。やがて白鳥の乙女は一一人の子どもを設けた。

ある日、妻は夫に衣を試しに着させてくれないかと頼んだ。夫が承知して衣を渡すと、妻は衣を着て飛び上がろうとした。夫がすかさず妻の足を摑んだが、妻が飛んでいきたがっていることを知る。妻は子どもたちの名前を決めて夫に別れを告げたあと、テントの周りを飛んで祝福し、湖へ飛んで帰ったという。

鷲が蛇を食べる理由

モンゴルに伝わる動物神話の中で、鷲が蛇を食べる理由を説明するものがある。

鷲のハンガリッドは、空を飛ぶ生き物の中でもっとも強い存在だった。ハンガリッドは、鳥の王にふさわしく地上でもっとも美味しいものを食べたいと思い、蜂とツバメに、地上のあらゆる生き物を味見してこいと命じた。蜂は熱心に仕事を行い、出会う生き物はすべて噛《か》んでみた。ツバメは仕事を忘れ、のんびりと一日を過ごした。その後、ツバメが蜂に会い、いちばん美味しかった生き物を聞くと、蜂は人間と答えた。ツバメは、人間を狙っては逆に王の命が危ないと心配し、このことを伝えられないように蜂の舌を噛み切った。そのため、蜂はブンブンという羽音しか立てられなくなってしまった。

その後、ツバメはハンガリッドのもとへ飛んでいき、いちばん美味しい生き物は蛇だと伝えた。それ以来、ハンガリッドは蛇を食べようと決め、彼の子孫の鷲たちは皆、蛇を狩るようになったそうだ。現在、モンゴルでは鷲は人間に従い、動物を狩るように特別に訓練されているという。

ラオス人民民主共和国

ジャール平原の謎の石壺

シェンクワーンにあるジャール平原は、ラオスに三つある世界遺産のひとつである。広大な平原に無数の石壺が点在している。最大で高さ三メートル、重さ六トンのものもあり、中身はほとんどが空だ。これだけの石をどこから集め、誰が何の目的で石壺を制作したのかはわかっていない。

一九三一年にフランスの考古学者によって行われた調査によると、石壺の中には人骨やガラス玉が入っているものがあった。石壺の周辺からも土器片や装飾品が出土しており、石壺は石棺として使われていたとする説がもっとも有力だ。他にも酒を入れるための器だったとする説もある。戦に勝利した兵士たちが石壺いっぱいに酒を注ぎ、祝杯をあげたという。空の神テーンが降臨した際に、石壺に入っていた酒を飲んだという神話も伝わっている。

アジア全域

古代大陸レムリア

かつてインド洋に存在したと信じられている幻の古代大陸がレムリアである。一九世紀にイギリスの動物学者フィリップ・ラトリー・スクレーターが名づけた「レムリア」とは、アフリカのマダガスカル島に生息するキツネザル「レムール」を語源とする（詳しくはアフリカ・マダガスカル共和国の**独自の生態系と幻の大陸レムリアの語源**の項目を参照）。レムリアはアフリカ大陸には生息していないにもかかわらず、インドやインドネシアなどの南アジアから東南アジアには生息する。このことから、マダガスカル島と南アジアや東南アジアが陸続きだったのではないかというのだ。ただし、現在の研究では、古生代の地球にあった巨大大陸パンゲアが移動したという大陸移動説が有力であり、レムリア大陸の存在は危ぶまれている。

一方で、レムリアは太平洋に存在したとする説もある（詳しくは北米・アメリカ合衆国の**精霊が作ったシャスタ山**の項目を参照）。アメリカのシャスタ山の地下にレムリア文明の名残が残っているというのだ。一九三一年にレムリアを訪れたと主張するモーリス・ドーリル博士によると、レムリアには人工の太陽が輝き、巨大なドーム状のコロニーには彩り豊かな花々が咲いていたという。ロシアの神秘思想家のヘレナ・ブラバツキーは、人類の祖先だという「根源人種」なるものが住んでいたのがレムリアだと主張した。彼女によると、レムリア人は身長約二メートル、霊力を操り、両性具有であり、卵で子を産むらしい。レムリアは太平洋に沈んだため、レムリア人は中央アジアに移住したという。

ブラバツキーの主張を受け、レムリア人はアトランティス人（詳しくは欧州・欧州全域の**アトランティス大陸は実在するか**の項目を参照）の祖先である、レムリア人の末裔《まつえい》が逃れて辿り着いたのがチベットにある地底王国アガルタであるといった説も生まれた（詳しくはチベット自治区の**地底王国アガルタとポタラ宮殿**の項目を参照）。

ヒマラヤ山脈のイエティ

インドの北方から中国のチベット高原にかけて、東西に連なるヒマラヤ山脈。世界最高峰のエベレストを有し、中国、ブータン、ネパール、インド、パキスタンにまたがる巨大な山脈だ。「ヒマラヤ」とは、サンスクリット語で「雪」を意味する「ヒマ」と、「住居」を意味する「アーラヤ」が組み合わさった雪の山であり、古代インドの神話とも関わりが深い（詳しくはインドの**聖なる河川ガンガー**の項目を参照）。

ヒマラヤ山脈の奥地に生息すると言われているのが、雪男イエティだ。半人半獣のＵＭＡ（未確認生物）であり、古くから目撃談が多く寄せられている。一八八九年、インドのシッキム州の高地にて、ウォールデンという軍人が、巨大な足跡を発見した。一九五一年には、エベレスト調査隊の登山家エリック・シプトンが雪原に残る巨大な足跡を発見し、撮影に成功している。

人間のものよりはるかに大きな足跡は、世界中で話題となり、続々と調査団がヒマラヤ山脈を訪れるようになった。一九八六年には、足跡ではなく獣人らしき姿が撮影され、一九九八年には雪原を歩くイエティの姿が映像に収められた。証言によると、身長は二メートル前後、全身は白か暗い色の毛に覆われており、直立歩行を行うという。二〇一一年には、ロシアの洞窟で謎の体毛が発見された。州政府は「体毛は人間や動物のものではなく、未知の哺乳類のものであり、六〇～七〇%の確率でイエティのものである」と結論づけた。

実在する確率が高いUMAであり、アメリカやカナダで目撃情報のあるUMAビッグフット（詳しくは北米・北米全域の**獣人ビッグフット**の項目を参照）と同様に、中国で化石が発掘されている類人猿ギガントピテクスの生き残りだとする説が有力だ。

マラッカ海峡で消えたオーラン・メダン号

東南アジアのマレー半島とスマトラ島に挟まれたマラッカ海峡は、太平洋とインド洋を結ぶ、海運の要所である。この海域で起きた未解決事件がある。

この事件は、一九五二年にアメリカの沿岸警備隊が出版した本によって詳細が明らかになった。一九四七年の年末から翌年にかけて、マラッカ海峡を航行中のオーラン・メダン号から、緊急のモールス信号が送られてきた。メッセージの内容は、船長も含めてすべての乗組員が死亡しており、メッセージの送信者も死ぬというものだった。信号を受け取ったアメリカの船の船員は、数時間後にオーラン・メダン号を発見。乗り込んだ先には、苦しそうに顔を歪《ゆが》ませた乗組員たちの死体があった。殺人が行われた形跡はなかったという。しばらくすると船倉で火事が発生し、船は爆発。乗組員の死体もろとも海に沈んでしまった。

「死の船」と呼ばれたオーラン・メラン号に何が起きたのか。調査が進むと、この船は登記記録がなく、書類上は存在しない船だったことが判明する。そのような事件は起きておらず、都市伝説にすぎないと断じる者も現れた。一方で、登記せずに違法な貨物を運んでいた、新しい所有者が改名したのちに再登記をしなかった、などの説を唱え、オーラン・メラン号は実在したとする主張する者もいた。

乗組員が全員死亡というセンセーショナルな事件は、その死因でも様々な憶測を呼んだ。ボイラーが故障して一酸化炭素中毒が起きた、海底の割れ目から噴出したメタンガスが流れてきた、違法に積んでいた生物兵器や化学兵器が漏れ出したなどである。ガスや薬物に引火したことで爆発したのではないか、というのだ。

謎だらけの事件ではあるが、すべての証拠はマラッカ海峡に沈んだままである。

大洋州

Oceania

1. イースター島（チリ領）
2. オーストラリア連邦
3. キリバス共和国
4. グアム（アメリカ領）
5. クック諸島
6. サモア独立国
7. ソロモン諸島
8. ツバル
9. トンガ王国
10. ナウル共和国
11. ニウエ
12. ニューカレドニア（フランス領）
13. ニュージーランド
14. バヌアツ共和国
15. パプアニューギニア独立国
16. パラオ共和国
17. ハワイ（アメリカ領）
18. フィジー共和国
19. ポリネシア（フランス領）
20. マーシャル諸島共和国
21. ミクロネシア連邦

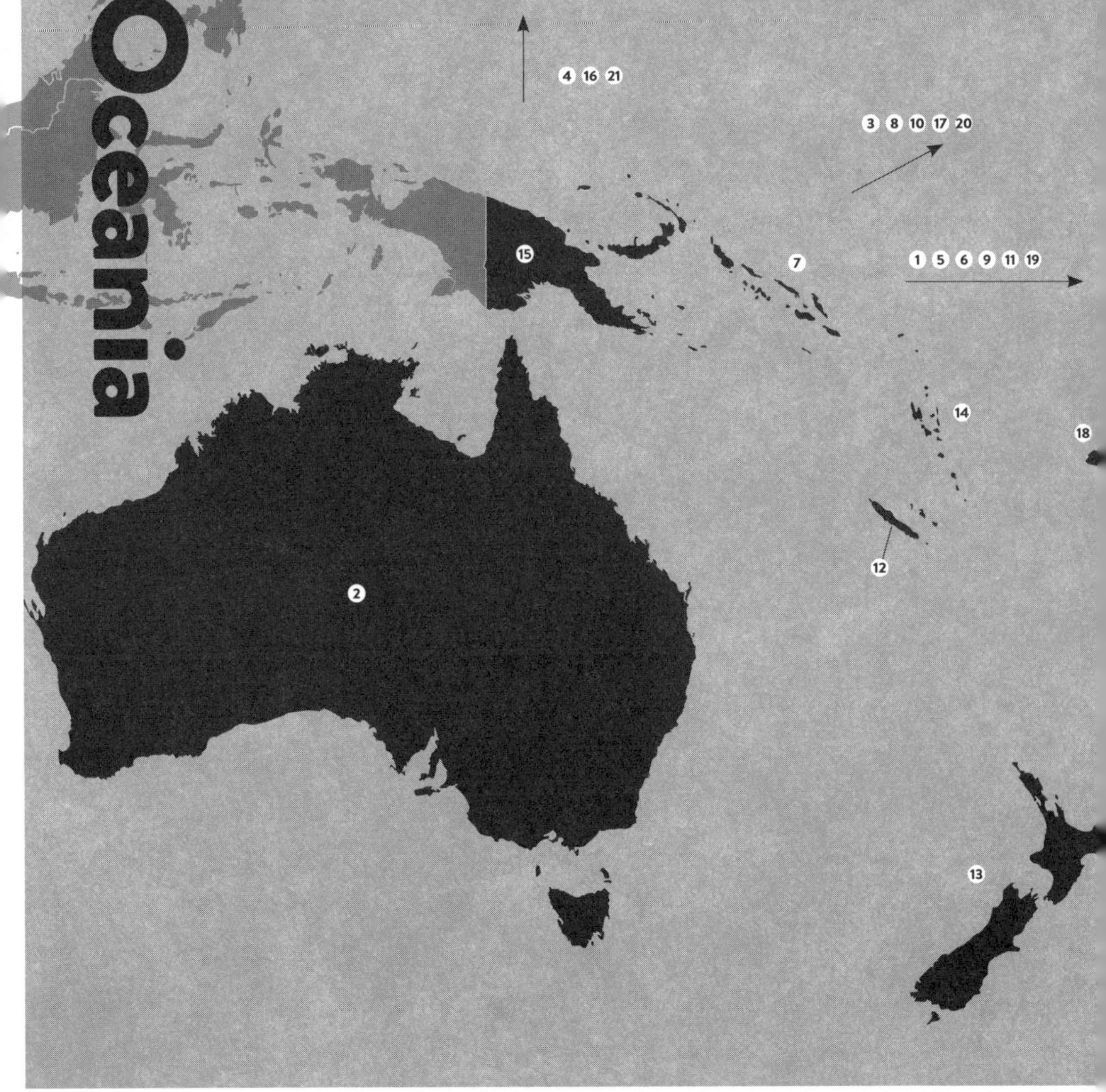

イースター島（チリ領）

イースター島の謎の文字 ロンゴロンゴ

モアイ像で有名な南太平洋に浮かぶイースター島には、謎の絵文字が伝わっている。「もの言う板」という意味の「コハウ・ロンゴロンゴ」が正式名称で、略して「ロンゴロンゴ」と呼ばれている文字だ。島の先住民であるラパ・ヌイたちの言葉を表したものとされている。最初の王であるホツマツアが島にやってきた際に文字を伝えたという。

一八六八年、タヒチの司教が布教のためにイースター島を訪れた際には、絵文字が描かれた木片がいくつもあったそうだ。木片には、人間や動物、植物、幾何学模様などの形が彫り込まれており、象形文字のようだった。しかし、島でカトリックが布教されたことで、ロンゴロンゴは邪教の文字だとして多くの木片が焼かれてしまう。

現存しているのは二〇個ほどの文字板のみで、考古学者や言語学者が解読に挑んだ。四〇〇種類ほどの文字があり、一行目は左から、二行目は右から読むことはわかったが、絵文字が示す意味はいまだに解明されていない。一説によると、ロンゴロンゴは、王や神官などの上流階級の者が使っていたもので一般の島民たちは読むことができなかったという。さらに、征服者によって多くの島民が奴隷として連れ去られたため、先住民たちの数が激減して読める者がいなくなったとも言われている。また、文章ではなく、口承する際のメモ的なものであるとする説もある。

オロンゴ村の鳥人儀礼

チリ領、イースター島南西にある火山ラノ・カウの麓は、オロンゴ儀式村と呼ばれるかつての聖域だ。ここから見える沖合のモトゥ・ヌイ島では、昔、島に春がやってくると若者が泳いで渡り、海鳥の最初の卵をもって帰るという鳥人儀礼が行われていたという。

各部族から選ばれた代表者一名が、モトゥ・ヌイ島にいるマヌ・タラという海鳥の卵を取りに行き、一番早く持ち帰った部族の首長が次の一年間の王タンガタ・マヌ（鳥人と呼ばれる、イースター島の創造神マケマケの化身）に選ばれた。鳥人となった首長は、白檀《びゃくだん》の木片と赤色の樹皮布を腕につけ、踊りながらアナ・カイ・タンガタの洞窟で食人儀式を行ったという。一方、失敗した泳ぎ手は島に取り残され、餓死したという説がある。

コンチキ号の冒険

「ポリネシア人は、南米から渡ってきた」。ノルウェーの探検家であり考古学者のトール・ヘイエルダールは、そのような大胆な仮説を打ち出した。

もともと南米とオセアニアの住民の間には、何かしらの文化的つながりがあると考えられていたが、ヘイエルダールが南米起源説を根拠としたのが、インカ帝国に残る伝承（詳しくは中南米・ペルー共和国の**インカ帝国の創世神話**の項目を参照）である。インカ帝国を治めていたコン・チキ・ヴィラコチャが、いかだで太平洋のかなたに消えていった、という話に興味をもったヘイエルダールは、ヴィラコチャこそポリネシア人の祖先ではないかと仮定した。

また、ヘイエルダールは、民族に共通する風習にも注目した。ポリネシア東端にあるイースター島にはハナウ・エエペ族（耳長族）がいて、耳たぶを人為的に伸ばすために耳たぶに球状の飾りをつけるのだが、インカ帝国の支配階級であったオレホン族も同様に耳たぶを長くする風習があった。

仮説を立証するため、ヘイエルダールは実験することにした。エクアドルの海岸に生えているバルサ材と植物の茎を使って簡単ないかだを作り、五人の仲間とともにペルーのカヤオから太平洋に向けて漕《こ》ぎ出した。ヴィラコチャの名にちなんでコンチキ号と名づけられたいかだは、航海一〇一日目にして、タヒチに近いラロイア環礁の無人島に無事漂着した。それでも学会の評価は厳しく、現在もポリネシアに漂着した人々はアジアから渡ってきたとする説が有力だが、ヘイエルダールの大冒険は『コンチキ号探検記』として世界中の人々に読み継がれ、ポリネシアの民俗学を見直すきっかけになったそうだ。実験に使われたコンチキ号は、ノルウェーの首都オスロのコンチキ博物館に保存されている。

ホツマツア王伝説

チリ領、イースター島の北部にあるアナケナビーチは、伝説の王ホツマツアが島に上陸したとされる場所である。ここにはホツマツアの像とされるモアイ像アフ・アトゥレ・フキが立つ。

伝説によると、ヒバの国の首長ホツマツアが、ある時他の部族との戦いに敗れ、島を出なければならなかった。ホツマツアは七人の息子たちに新しい島を探すように命じ、見つけたのがイースター島だった。彼らがイースター島に移り住んだのは四〇〇年頃と考えられている。島の内陸部には、南太平洋を見つめる七体のモアイ像（アフ・アキビ）が立っているが、ホツマツア王の七人の息子たちの像とされる。このモアイ像は島で唯一、海の方向を向いていることから、その先には伝説のヒバの国があるのではないかとされる。

ちなみに、イースター島（イスラ・デ・パスクア）とは、オランダ人が一七二二年のイースター（復活祭）の日にこの島に辿り着いたことからつけられた名前。島の人たちは、自分たちの島をラパ・ヌイ（「大きな島」という意味）またはテピト・オテヘヌア（「世界のへそ」という意味）と呼んでいる。

モアイ像の原型は巨神兵マダ？

イースター島のモアイ像は一〇世紀から一七世紀頃に作られたが、モアイが何者で、なぜ作られたのかという理由はいまだにわかっていない。その存在理由については諸説あるが、インドの超古代核戦争時に使われた巨神兵「マダ」を模したものではないかという説がある。

古代インドの叙事詩『マハーバーラタ』によれば、超古代核戦争の際、巨神兵マダが造られたが、のちに四つに分解されたとある。マダが手足をもぎ取られた姿を原型に、モアイ像が作られたというのだ。遠く離れたインド神話の物語と、南太平洋に浮かぶイースター島のモアイ像とは、一見関わりがないように思えるが、イースター島に残る未解読のロンゴロンゴ文字（詳しくは**イースター島の謎の文字ロンゴロンゴ**の項目を参照）が、インドで興ったインダス文字とよく似ているというのだ。二つの文字の起源が同一だとすると、最初の王であるホツマツアが島へ到達したはるか以前に、インダス文明を築いた人々がイースター島へ渡ってきた可能性があり、戦争の教訓から、平和の象徴としてモアイ像を建てたということが考えられる。

モアイ像は歩いていた？

南太平洋の孤島・チリ領のイースター島には、大小様々なモアイ像が残されている。小さいものは一・一三メートルから、大きなものは二一・六メートルまであり、これらのモアイ像は一〇世紀頃から作られたが、一七世紀以降には作られなくなり、立っていたモアイ像はすべて倒された。さらに病気や内戦、奴隷狩りなどで人口が減り、島の歴史を知る人も、島独自のロンゴロンゴ文字（詳しくは**イースター島の謎の文字ロンゴロンゴ**の項目を参照）を読める人もいなくなってしまった。現在は約一〇〇〇体のモアイ像が、あるものは倒されたまま、あるものは切り出し途中、あるものは復元されて立った姿で残されている。

この島にどうやって人が渡ったのか。その祖先は誰で、なぜモアイ像を作ったのか。モアイ像にまつわる謎は多いが、なかでも数世紀にわたり議論されている謎は、その運搬方法だ。

モアイ像は島のラノ・ララク山で切り出されたことがわかっているが、平均二〇トンものモアイ像を、どのように数十キロ離れた島のあちこちに運んだのだろうか。伝説によれば、モアイ像は魔術師のかけたマナという魔法の力によって自らの足で歩き、山を降りた。ところがある日、魔法がかからなくなり、モアイ像を作れなくなったそうだ。島の南海岸には移動中のモアイ像が転がっており、内陸へ続く荒れた道は「モアイの道」と呼ばれている。

近年、モアイ像の運搬方法に、ロープと人の力でモアイ像を直立に立たせて左右に揺らしながら移動させるという新説が浮上した。実験も行われ、モアイ像が「歩いている」姿が動画で公開された。

幽霊を模したモアイ・カヴァカヴァ

チリの海岸から三七〇〇キロ、タヒチから四一〇〇キロという南太平洋に浮かぶイースター島を有名にしたものは、言わずと知れたモアイ像だ。お土産でもよく売られている、肋骨《ろっこつ》が突き出たモアイ・カヴァカヴァにまつわる伝説がある。

昔、トゥウ・コ・イフという首長が、赤い岩の上で眠る二体の霊魂を目撃した。すると他の霊魂が気づき、「首長が見ているぞ」と叫ぶ。二体の霊魂は目を覚まし、首長に何を見たかと迫ってきた。見たことを認めれば殺されると察した首長は「何も見ていない、知らない」と辛抱強く繰り返すうちに、霊魂はようやく消えていった。村に戻り、首長は炉から焼け残った二つの薪を拾うと、今見た二体の霊魂の姿を彫り込んだ。肋骨の浮き出てやせ細った霊魂の姿が、カヴァカヴァの像なのだという。

オーストラリア連邦

アボリジナルの悪魔バニップ

オーストラリアのアボリジナルの伝説には、バニップという恐ろしい化け物が伝えられている。「悪魔」「悪霊」を意味するバニップは、主に川床や沼地などに住み、頭がワニや犬、胴体がワニやカバに似ている、ツノやくちばし、牙があるなど、地域によってその描写は様々。不用意に近づいた人間に凄《すさ》まじい叫び声を浴びせて立ちすくませ、捕まえて食べてしまうと言われている。

ある時、ある部族がよく獲物を取りに行く湖にバニップが棲み着いた。そこで人々は湖の周りに石を集め、湖に投げ込んだ。さらに火を焚《た》いて黒い煙を出し、全員で大声をあげて、うるさい音を出し続けた。この騒ぎで湖にいた水鳥がいなくなり、水鳥を餌にしていたバニップは、とうとう湖から出ていき、西に向かったという。

一九世紀頃、ヴィクトリア州付近で多くの目撃情報があり、一八九〇年にメルボルン動物園が、バニップの捕獲を試みたが、失敗に終わったという。今もまだバニップはどこかに生息しているかもしれない。

アボリジナルのドリームタイム

ドリームタイム（またはドリーミング）とは、オーストラリア大陸の先住民アボリジナルの人々に残る、口伝による創世神話のことだ。

アボリジナルは、はるか大昔の約六万年前の氷河期時代からオーストラリア大陸で暮らしていた、約六〇〇もの部族からなる人々。ドリームタイムには、多くの神話や伝承が残されていて、自然現象の起源や、地形や動物の由来を説明するものが多い。

神話によれば、最初にバイアミーと呼ばれる創造主が現れ、大地を生み出すと、そこに川や湖、丘などの地形を作った。その後、人間、動物、植物などを作り、この世のあらゆるものに命を吹き込み、様々な決まりごとを設けて世界を整えた。精霊たちは長い眠りから覚めて万物を創造したあとは、ふたたび眠りにつくと言われている。

このように、多くの物語が世代を超えて語り継がれていくことで、創造の物語が今につながり、命が繰り返されていく。ドリームタイムは、アボリジナルの人々が生きていくうえで欠かせない、哲学思想とも言われている。

失われた長編映画『ケリー・ギャング物語』

ケリー・ギャングとは、ネッド・ケリーという一九世紀後半に活躍した盗賊団（ブッシュレンジャー）のこと。ケリーはもっとも有名なブッシュレンジャーで、多くの警察官を殺害し、一八八〇年に銃撃戦で殺された。犯罪者ではあるが、腐敗した権力に対抗した人物として、オーストラリアでは国民的英雄になっている。ビクトリア州グレンロワンにネッド・ケリー博物館や高さ六メートルの巨像もあるほどで、彼の生涯は、多くの小説や映画で描かれてきた。

一九七〇年のミック・ジャガー主演『太陽の果てに青春を』、二〇〇三年のヒース・レジャー主演『ケリー・ザ・ギャング』など錚々《そうそう》たる役者がケリーを演じている。二〇一九年の映画『トゥルー・ヒストリー・オブ・ザ・ケリー・ギャング』も記憶に新しい。

何度も映画化されているケリーの物語だが、一九〇六年に撮影された『ケリー・ギャング物語（The Story of the Kelly Gang）』は、世界最古の長編映画だとされている。オーストラリアの映画館主、チャールズ・タイトが監督と脚本を務めた無声映画だ。当時、一〇分程度の作品しかなかった中で、一時間を超える長さだったという。同年一二月に公開されるやいなや大ヒットとなり、翌年には海外でも公開されて商業的大成功を収めた。

偉業を成し遂げた映画だったが、第二次世界大戦などを経て、最低でも六本はあったはずのフィルムは失われてしまった。その後、個人コレクションなどからフィルム片がいくつか見つかった。オーストラリア国立映像・音声アーカイブ（ＮＦＳＡ）は、発見されたフィルムをつないで映像を再現したが、それでも一七分程度だという。二〇〇七年には、世界最初の長編劇映画であること、その後の長編映画に与えた影響などの理由から、ユネスコの世界の記憶（旧・記憶遺産）に登録された。映画史に残る重要な作品の完全なオリジナルフィルムを探す努力はいまだ続けられている。

ウルルが赤く染まった理由

朝日と夕日に照らされるたびに、美しい赤に染まるウルル（英語名エアーズロック）。この赤色について、先住民アボリジナルに伝わる神話がある。

トカゲの精霊アドノアティナと犬の精霊マリンディは、獲物を取り合って喧嘩ばかりしていた。二匹の実力は拮抗《きっこう》していたので、いつも引き分けに終わっていた。ある日、ウルルの下で二匹が争っているうちにすっかり夕方になった。マリンディは戦いの続きは明日にしようと提案したが、アドノアティナは引き下がらなかった。そしてついにはアドノアティナがマリンディの喉を絞めつけて勝利する。アドノアティナは、ウルルの上にマリンディを運んで肉を食おうとした。マリンディの肉は引き裂かれ、ウルルが血で赤く染まった。以降、ウルルは真っ赤になったという。

ウルルの誕生秘話

オーストラリアにある、世界最大級の一枚岩ウルル（英語名エアーズロック）。「ウルル」とは先住民アボリジナルのアナング族の言葉で、彼らの伝承によるとウルルが誕生したのはドリームタイム（詳しくは**アボリジナルのドリームタイム**の項目を参照）だという。

世界が始まったばかりの頃、ある儀式に参加予定だった先祖の霊たちのうち、二つの部族が欠席（遅刻の場合もあり）した。儀式を行った人々は欠席者に怒った。そこで、大地に悪《あ》しき歌を聞かせて、泥からクルパンガという恐ろしいディンゴ（オーストラリアに生息する野犬）を生み出した。クルパンガは儀式を欠席した二つの部族のもとに降り立ち、戦となる。それぞれの部族の族長が死んだことで戦は収束したが、この出来事を悲しんだ大地が隆起し、赤い涙を流した。この時、地面から盛り上がった大地がウルルだという。

また別の神話では、二人の少年が泥遊びをしていた時に残した泥が乾燥し、できた山がウルルになったという話もある。

アボリジナルにとってウルルは聖地であり、ウルルにまつわる神話はたくさん存在する。以前はウルルに観光客が登ることでトラブルもあったが、安全面と先住民への配慮から、二〇一九年からはウルルへ登ることは禁止されている。

オーストラリアの内陸海伝説

一九三〇年、イギリスの作家トマス・J・マスレンは、著書『オーストラリアの友』に、オーストラリアの内陸部に豊かな水脈のある地図を掲載した。河川網は緻密で、内陸中央部には小さな海ほどある巨大な湖が描かれている。

オーストラリアの内陸部には、未発見ながらも豊かな内海と、多くの河川や湖がある。これは希望的観測にすぎなかったが、一九世紀、オーストラリアで内陸部への植民地化を進めようと目論むイギリスの探検家たちは、内陸海説を信じた。水の豊富な土地に住むヨーロッパ人にとって、これほど大きな大陸に豊富な水がないはずはないと思ったのか、マスレンの本の影響もあり、「水の豊かなオーストラリア」というイメージを抱いて、内陸部へ調査に出かけた。探検家たちは、川を遡れば巨大な内海に辿り着けると信じて進んだが、実際には内陸海ではなく、荒涼としたシンプソン砂漠が広がるばかりだった。こうしてオーストラリア内陸海の伝説は一九世紀半ばには潰《つい》えたそうだ。

巨獣ヨーウィ

オーストラリアの森に暮らすと言われている未確認生物が、ヨーウィだ。身長は一・五～三メートル、全身が茶色の毛で覆われ、牙の生えた口、大きな足をもち、二足歩行をするのが特徴だという。一七九五年、ヨーロッパからの移民がヨーウィと遭遇したというのが最初の目撃情報で、その後も四〇センチを超える巨大な足跡がいくつも発見されている。見た目に共通点があることから「オーストラリアのビッグフット（詳しくは北米・北米全域の**獣人ビッグフット**の項目を参照）」と呼ばれることもある。

「ヨーウィ」とは、もとは先住民アボリジナルに伝わる伝説の怪物を指す言葉だった。アボリジナルの信じるヨーウィの姿はUMAとしての獣人とは異なるというが、オーストラリアでは未知の生物を指す言葉として一般化しているようだ。

黒くなった白鳥

オーストラリアの西オーストラリア州にあるモンガー湖などには、羽が黒く、くちばしが赤いブラック・スワンが生息していて、州の鳥にもなっている。実はオーストラリア出身の黒鳥が、どのように生まれたかがわかる伝説が残されている。

昔、ウルンナという男が仲間の部族のキャンプへ、ウィブルー族の女たちのところからブーメランをひとつ持ち帰った。仲間は自分たちの分も欲しくなり、ウィブルー族の女たちから盗む計画を立てた。

そこでウルンナは、長老に頼んで自分の二人の兄弟を白鳥の姿に変身させて、ウィブルー族のキャンプへ連れていった。白鳥を初めて見た女たちは大喜び。白鳥に群がっている隙に武器を盗んだウルンナたちは、すばやく自分たちのキャンプへ逃げ帰った。女たちが怒り狂ったのを見て怖くなった二羽の白鳥は飛び立ち、キャンプへ帰ろうとしたが、途中で羽を休めるために寄った池が、鷲の縄張りだった。残酷な鷲は白鳥を鋭い爪やくちばしで引き裂き、近くの砂漠まで運んで捨てた。

人間に戻れず、故郷から離れた場所で死を覚悟した白鳥たちが、寒さに震えながら泣いていたら、空からカラスの大群が現れて、寒さがしのげるように黒い羽を分けてくれた。これを見た祖先の精霊たちは感心し、広く伝えるべきだと思い、この地域に住む白鳥には、カラスと同じ黒い羽が生えるようにし、くちばしには流した血の色を残したと言われている。

この話には後日談がある。武器を盗まれ

たウィブルー族の女たちは、責任をなすりつけ合い、血を流す喧嘩に発展した。キャンプの周囲は血の海になり、太陽の光で反射して雲が赤く染まったので、空は夕焼けになった。オーストラリア西部では、夕焼けを見たら「ウィブルー族の女たちが喧嘩をして、空が血に染まっている」と表現するそうだ。

　一方、数ヶ月後、元気になった二羽の黒鳥は故郷へ帰ったが、誰にも気づいてもらえず、結局、人間の姿には戻れなかった。また、西オーストラリア州に咲くフランネル・フラワーは、白鳥の羽毛のように白くて柔らかい。これは、二羽の白鳥が鷲に襲われた時に落ちた羽毛が花になったものだと言い伝えられている。

コアラになった少年

オーストラリアでもっともよく知られている動物といえばコアラだ。コアラはユーカリの葉に含まれる水分だけで足りるので、水を飲まない。それにはこんな理由があるそうだ。

　ある部族にクーボーという孤児の少年がいて、いつもお腹を空かせていた。ある日、クーボーを一人残して、キャンプの人たちは狩りや食べ物を探しに出かけた。クーボーは以前、水を分けてくれなかった人々に仕返しをしようと思い、水入れを抱えてユーカリの木に登った。そして、前に一度だけ教わったことのある魔法の歌を口ずさむと、ユーカリの木がぐんぐん伸びて、キャンプにあるどの木よりも高くなった。人々が帰ってきて、貴重な水を盗んで木の上にいるクーボーを見て怒ったが、クーボーは聞こえないふりをした。そこで長老が魔法を使って木のてっぺんまで登り、クーボーを摑んで地面に放り投げた。クーボーは木の根元に落ち、動かなくなった。

　この経緯を空からずっと見ていたクーボーの祖先の精霊は、救いの手を差し伸べた。次の瞬間、倒れていたクーボーは、大きな丸い耳、黒くて大きい鼻、鋭く長い爪、ふわふわの毛という、まだ誰も見たことのないコアラに変身したのである。そして近くのユーカリの木に登り、葉の陰に隠れた。

　この不思議な出来事を目の当たりにした部族の人々は、誰もクーボーに近づこうとしなかった。コアラになったクーボーは、もうお腹が空いたり喉が渇いたりすることはない。他の動物が食べないユーカリの葉を食べながら、木の上でのんびり生きていけるようになったのだ。

聖なる山カタジュタ

ウルル（英語名エアーズロック）と並び、先住民アボリジナルに聖なる山とされているのが、カタジュタだ。

　ウルルから西へ約四〇キロ、最高で五四六メートルもあるマウントオルガなど、三六の奇岩が連なるエリアだ。「カタジュタ」とは先住民の言葉で「多くの頭」という意味だが、その名の通り、頭のように丸みを帯びたドーム形の巨岩が立ち並ぶ。カタジュタには精霊のエネルギーが宿ると信じられており、アナング族の儀式もここで行われている。

　また、この近くに住むピチャンチャチャラ族に伝わる神話によると、カタジュタの頂上にはワナンビという巨大な虹色の蛇が棲んでいると信じられている。ワナンビは乾季にだけ地上に降り、口から吐く暴風で悪い魂に罰を与えるという。

創造主ルマルマ殺し

オーストラリア北部、ノーザンテリトリー州のアーネム・ランドは、アボリジナル文化が息づく広大な荒野。この地の先住民グンクウィング族には、ルマルマという創造神にまつわる話が伝わっている。

　ある時、クジラの姿をしたルマルマが海から現れ、人間の男の姿になって上陸した。ルマルマは二人の妻をめとり、人々に神聖な儀式を伝授しながら旅を続けた。しかし、ルマルマは大変食いしん坊で、人々が美味しそうな食料を集めている様子を見るたびに、横取りしたくなった。そして美味しそうなものを見つけるたびに「聖なる食べ物だから自分以外は食べてはいけない」と人々に宣言した。

　この身勝手な掟《おきて》に怒った人々は、ルマルマを捕まえて槍やこん棒で攻撃した。ルマルマは傷つけられながらも、聖なる儀式を人々に教え続け、やがて息絶えた。人々はルマルマを殺害したが、ルマルマは神聖な存在であり、敬意を払うべきだと考えた。そこで彼の遺体を木に立てかけて固く縛りつけ、遺体を守るために葉と枝でぐるりと取り囲むように小屋を建てた。このような小屋は、ルマルマから授けられた儀式を行う際に、現在も建てられているそうだ。

　人々はルマルマが儀式で使ったものをすべて集めたあと、遺体を木から外して海に流した。ルマルマは深海に辿り着くと生き返り、クジラに戻ったという。

タマム・シュッド事件

「タマム・シュッド」とは、一一世紀後半から一二世紀に活躍したペルシアの詩人ウマル・ハイヤームの詩集『ルバイヤート』の最後の一節だ。ペルシア語で「終わった、済んだ」という意味であり、この一文が謎を呼んだオーストラリアで有名な未解決事件がある。

　一九四八年、一組のカップルがサマートンの海岸で倒れている男を目撃した。男はスーツにネクタイ姿で身なりが良く、眠っているようだったという。しかし、翌日の朝、男は遺体となって発見される。死因は毒物によるものと推測されたが、自殺なのか他殺なのかも不明だった。手がかりになるようなものは何もなく、男の身元も特定できなかった。男はサマートン・マンと呼ばれるようになる。

　翌年、遺体のズボンに縫い込まれていたポケットの奥から、紙片が見つかる。紙片は「タマム・シュッド」と印刷された部分が、『ルバイヤート』の最後のページから破り取られたものだった。このニュースを見た男性から、当時の現場付近で車を停めていたが、鍵をかけていなかった車内に一冊の『ルバイヤート』が置かれていたという通報があった。その本には、謎のアルファベットと数字が五行ほど書き込まれていた。「何かの暗号なのか」「男はスパイなのではないか」と疑われたが、それらの文字を解読することはできていない。

また、男性が持ち込んだ本の裏表紙には、近隣に住む女性の電話番号が書かれていた。女性の話によると、一九四五年にある男性に『ルバイヤート』を渡したという。その男性がサマートン・マンかと思われたが、男性は生きており、女性が渡した本ももっていた。

その後、事件の三年前にシドニーパークで、遺体で発見された男性も『ルバイヤート』を所持していたことが判明した。サマートン・マンとの関連が疑われたものの事件の解決に進展はなかった。

サマートン・マンはどこから来たのか、何が目的だったのか、なぜ死んでしまったのか、そして「タマム・シュッド（終わった、済んだ）」と書かれた紙片は何を意味していたのか、すべてが謎に包まれたまま、現在に至る。

血の花

オーストラリアの南オーストラリア州の州花は、砂漠地帯に咲くスターツ・デザート・ピーという。見事な赤色だが花弁の中央だけ黒いというユニークな花で、別名「血の花」と呼ばれている。

昔、パーリミルという娘が、ボローラという恋人と結婚の約束をしていた。しかし、その部族では長老たちが結婚を決めるしきたりがあり、パーリミルの相手には、年老いて欲深いティルタという男が選ばれた。パーリミルとボローラはキャンプを抜け出し、ボローラの親類がいる湖のキャンプまで逃げ出す。そこで二人は皆に祝福されながら結婚し、幸せに暮らした。しかし、ティルタは逃げたパーリミルが許せず、何年もかけて二人の居場所を突き止めた。そしてある晩、湖のキャンプを襲撃して一人残らず殺してしまう。キャンプの周りは血の海になった。

翌年、ティルタはふたたび湖のキャンプを訪れると、あたり一面に真っ赤な血のような花が咲いていた。花の真ん中は真っ黒で、まるで人間の目のよう。大勢の目に睨《にら》まれているようでティルタは怖くなり、その場を去ろうとしたその時、黒い雲の中から飛んできた槍が、ティルタを貫いた。祖先の精霊が空から放った一撃であり、赤い花は、精霊たちが殺された人々の血を使って生み出したものだった。

この花々はオーストラリアの砂漠地帯に今も咲き続け、アボリジナルの人々は「血の花」と呼んで悲しい物語を語り継いでいるそうだ。

血を吸うヤラ・マ・ヤー・フー

オーストラリア南東部、ニューサウスウェールズ州にあるキーラ山は、シドニーから南に九〇キロほどのところにある。この山には、先住民アボリジナルの神話に登場するヤラ・マ・ヤー・フーという化け物が出るという。

ヤラ・マ・ヤー・フーは、赤黒い皮膚に血管が浮き出ており、体に対して頭が大きい、口には歯がない、手足の指先には吸盤がついている、などの特徴がある。普段はイチジクの木の上にいるが、山を訪れた人が木の下でひと休みをしていると降りてくる。そして手足の吸盤で人の肌に張りついて血を吸い取るのだ。血を吸われて動けなくなったところを、歯のない口を大きく広げて丸飲みする。しかし、翌日には飲み込んだものを吐き出し、吐き出された人には何の怪我もないという。人間を襲うのは昼の間だけだそうだ。

同じ人が何度も襲われることもあり、その人はだんだん体が縮み、血色が悪くなり、血を欲するようになるという。そして最後はヤラ・マ・ヤー・フーになってしまうそうだ。

天空神ウォンジナは異星人？

ウォンジナとは、オーストラリアの先住民アボリジナルの神話に登場する天空神（降雨の神ともいう）。アボリジナルにとっては、創造神であり、霊的な祖先でもあるという。太古の時代から、ウォンジナは岩壁画に描かれてきた。その姿は、目と鼻があり口はなく、頭の周りに後光のような放射状の輪がある。アボリジナルの伝承では、ウォンジナは天から偉大なる鳥に乗って地上に降り立ち、文明を与えたとされている。

一説では、ウォンジナは宇宙船に乗った異星人ではないか、とも言われている。

虹蛇が作ったマレー川

マレー川は、南東部を流れるオーストラリア最長の川。ヴィクトリア州北東部とニューサウスウェールズ州南部に住むヨルタヨルタ族には、マレー川誕生にまつわる伝説が残る。

ある時、創造主バイアミーは、老女のグムク・ウインガがお腹を空かせているのを見た。そこでバイアミーは、「ヤムイモを探してみたらどうだ」と提案した。老女は、ヤムイモを掘るための棒を手に、犬を連れて探しに出かけた。しかし、なかなかヤムイモは見つからず、老女は棒を地面に引きずりながらひたすら歩き続けた。

バイアミーは、グムク・ウインガの戻りを待っていたが、なかなか帰ってこない。そこで、地中に眠っていた虹蛇（詳しくは**虹蛇伝説**の項目を参照）を起こし、老女を探して連れ戻してほしいと頼んだ。虹蛇は、老女が棒を引きずった跡を追いかけた。すると、虹蛇が通った丘陵地帯や谷間には窪《くぼ》みが生まれ、体の虹色が四方に広がり、植物や鳥、蝶々などに色が与えられた。

その時、突然バイアミーが大声をあげたので、雷鳴が轟《とどろ》き、大雨が降った。虹蛇の残した窪みに水が溜まり、やがて雨がやんだ時には長い川になっていた。これがマレー川である。

虹蛇伝説

昔、雨がようやくやんだのでアボリジナルの人々が狩りに出かけた。平原の木陰で暖をとっていたら、空高く七色のアーチがかかっていた。初めて見た者は驚き、それを知る者は「あれは虹の蛇だ。新しいすみかに移ろうとしているんだろう」と教えた。虹の蛇は自分たちのキャンプを通り過ぎて山の向こうへ消えていったので、人々はひと安心した。

バンダリルという若者は、虹蛇についてもっと知りたくて長老に尋ねた。なんとか虹蛇を退治できないかと思ったのだ。ところが長老は「虹蛇は神様の使いであり、この世界を創った神聖な存在なのだ」と物語を始める。

この世界が始まった頃、何もない大陸に虹蛇が現れた。虹蛇は巨大な体をくねらせて地面を動き、山や丘、湖や川などの地形を作っていった。やがて動き疲れた虹蛇が、湖に潜り込んだ時、大きな水しぶきが上がって水面に美しい七つの色が映し出されたのを、動物たちは見た。しかし、虹蛇が湖底に消えると湖面は元の色に戻った。ある日、大嵐が来て土砂降りになった。ようやく雨がやむと太陽が差し、動物たちが平原に出てみると、湖から空に向かって遠くの湖に架かる巨大な虹蛇が見えた。動物たちは虹蛇が生きていたのだと驚いた。

今でもアボリジナルの人々は、雨上がりの空に虹がかかると、「虹蛇が別の湖に移ろうとしているのだな」と悟り、静かに見守るのだという。

虹蛇の創世の話について詳しくは**虹蛇の創世神話**の項目を参照。

虹蛇の創世神話

オーストラリアのアボリジナル神話には、「虹蛇（レインボー・サーペント）」と呼ばれる蛇が登場する。オーストラリアの地形や人間の創造の物語に関わる精霊で、いくつもの物語が残されている。

蛇が大地の上をのたうち回ると、体重と体の動きでオーストラリアの地形を作り、丘や川、谷間ができた。ある日、虹蛇は腹を空かせて三羽の鳥を食べた。蛇の腹に入った鳥たちは逃げ出そうとして、そのうちの一羽のタイランチョウ（スズメ目の小さな鳥）が、蛇の腹をつついて穴を開けた。三羽ともその穴から抜け出すと、姿を変えて最初の人間になった。

人間は、虹蛇の作った大地で暮らし始めたが、ある時、漁師が誰かの食べ残しの中から黒い魚の骨を見つけた。それが探し求めていた珍しい魚の骨だと気づくと、漁師は怒りのあまり、虹蛇に向かって叫んだ。すると、空から巨大な虹蛇が現れた。虹蛇もまた、珍しい魚が食べられたことを怒り、大洪水を引き起こして陸地や人々を押し流してしまった。やがて谷や窪地《くぼち》に水が溜まり、これがオーストラリアの川や湖になった。

また、ある時、虹蛇は自分の体を使い、人間たちのために大地と空をつなぐ大きな架け橋を作った。何人かの勇気ある者たちが虹蛇の橋を渡り、この世の果てにある精霊と先祖の王国へ向かった。彼らはそこで精霊と暮らし、聖なる儀式や治療の技術などを学んだ。やがて空から戻ってきた人々は、病や傷を癒し、未来を予見する力をもっていたので敬われ、これがシャーマンとなったという。

オーストラリア中央部には、英語で「デビルズ・マーブル（悪魔の大理石）」と名づけられた岩がある。この地には球体の岩がたくさん転がっている。現地では虹蛇が産んだ卵だと信じられている。

バス海峡トライアングルとバレンティッチ消失事件

オーストラリア南東部のヴィクトリア州南岸とタスマニア島の間にある海域に、魔の海峡と呼ばれる「バス海峡トライアングル」がある。バミューダ・トライアングル（詳しくは中南米・中南米全域の**バミューダ・トライアングル**の項目を参照）のように、船や飛行機の消失事件が多発しているのだ。

特に、一九七八年に起きたバレンティッチ消失事件が有名だ。フレデリック・バレンティッチは、メルボルン近くのモラビン空港から、本島とタスマニア島の間にあるキング島へセスナ機で向かっていた。午後七時頃、メルボルン管制塔に、バレンティッチから「緑色の光が見える」「航空機ではない巨大な何かが旋回している」「上にいる」などの報告が入った。何度か通信が入ったのちに彼の声は途切れ、謎の金属音だけが聞こえたという。軍が捜索をしたが、バレンティッチの遺留品やセスナ機の残骸などは一切、見つからなかったという。

この事件の数ヶ月前から、国内では緑色のＵＦＯの目撃談が相次いでいた。当初は飛行機事故のひとつとして処理されていたバレンティッチの事件も、通信内容が明らかになるとＵＦＯとの関連が騒がれるようになったそうだ。

また、一九七九年には、ヨットレースに参加したチャールストン号という船が、タスマニア島に帰還途中で消失している。その際は、「白い霧に包まれている」という無線通信があったという。

いずれも単なる事故とするには解決できない謎が多すぎる事件である。

ハロルド・ホルト首相の行方

一九六七年一二月一七日、当時のオーストラリア首相だったハロルド・ホルトが、ヴィクトリア州の海岸で行方不明となった。真夏の日曜日、ホルトは友人たちとビーチにいた。そして海水浴中に姿を消し、救助隊が懸命に捜索をしたものの彼は発見されなかった。

二日後にはホルトが行方不明になったという事実が公表された。海で溺れた可能性が高いとされ、一国の首相が突如、不在になるという事態にオーストラリア国民は騒然となった。

その後、ホルトは水泳が得意だったことや、遺体がない限り死因は確定できないとヴィクトリア州の法律で定められていたことから、ホルト失踪の真相を巡って様々な憶測が飛び交うことになる。死を装って愛人と駆け落ちした、ストレスによる自殺、暗殺された、実は中国のスパイであり潜水艦でアジアに渡ったなど、スキャンダルめいた説から陰謀論的な説まで様々である。緑の宇宙人にさらわれたとする突飛な説すら囁《ささや》かれた。

二〇〇五年、失踪当日は海が荒れており、潮の流れが急だったことなどからホルトは溺死したという最終判断が検視官によってなされ、ホルト首相の行方は永遠に謎のままとなった。

フクロオオカミは絶滅していない？

フクロオオカミはタスマニア島に生息していたことから、タスマニアオオカミ、タスマニアタイガーとも呼ばれる大型の肉食獣だ。長くてまっすぐな尾、虎のような背中の縞《しま》模《も》様《よう》が特徴で、カンガルーのような有袋類でありながら、オオカミに近い生態をもつという珍しい種である。四〇〇万年前からオーストラリアやニュージーランドに生息していたが、次第に減少してタスマニア島のみに見られるようになった。

タスマニア島という名前は、一七世紀、この島にヨーロッパ人として初めて上陸したオランダの探検家アベル・タスマンに由来する。このヨーロッパ人の到来が、フクロオオカミの絶滅のきっかけとなる。家畜の羊を襲うとして、一八三〇年以降はフクロオオカミの駆除に懸賞金が懸けられるようになった。ハンターからは狩猟対象にもされ、数千頭のフクロオオカミが殺されたという。

一九三〇年の報告を最後に野生のフクロオオカミは消え、ホバート動物園で飼育されていた最後の一頭「ベンジャミン」が一九三六年に死んでしまう。一九八二年には正式に絶滅が宣言された。オーストラリアでは、最後の一頭が亡くなった九月七日を、「国家絶滅危惧種の日」としている。二〇二一年九月七日には、ベンジャミンが動く姿を収めた映像をカラー化した動画が、オーストラリア国立映像・音声アーカイブ（ＮＦＳＡ）によって動画投稿サイトのYouTube上に公開された。

ただし、絶滅宣言の後も野生のフクロオオカミの目撃情報は未確認ながらも多くあがっており、生存の可能性を唱える説も根強い。少なくとも二〇〇〇年頃までは生き残っていたとする報告もある。人間によって滅ぼされたフクロオオカミが、森の奥で密かに生き残っている可能性はゼロではないようだ。

双子座になった兄弟

アボリジナルで語り継がれる物語には、兄弟姉妹が登場する神話が多い。ユレエとワンジェルの物語もそのひとつで、「ブラム＝ブラム＝ブルト」とも呼ばれている。

昔、ユレエとワンジェルという勇敢な兄弟の戦士がいた。彼らは、フクロネズミの姿をした精霊の甥《おい》っ子ドアンをかわいがっていた。ところがある日、ドアンはウェムブリンというハリモグラの精霊の巣で殺され、食べられてしまう。二人は行方不明になったドアンを探しに出かけ、ウェムブリンの巣でドアンの亡骸《なきがら》と激しい戦いの跡を見つけた。兄弟はウェムブリンの足跡を三日間追跡したのち、眠っているウェムブリンに奇襲攻撃をしかけて、見事に甥の仇を討った。

その後、ユレエとワンジェルは、旅を続けながら木や川、岩、植物などに名前をつけて風景を作っていった。こうして創造の仕事を終えた頃、ワンジェルはゲルトゥクという毒蛇に噛《か》まれて死んでしまう。ユレエは深く悲しみ、木の幹を削ってワンジェルに似せた像を作り、言葉や歩くことを教えて二人で旅を続けた。彼らは国の最果てに到着すると、洞窟をすみかにして、二度と故郷へ戻らなかったという。死後、兄弟は天に昇り、双子座の明るい二つ星、カストルとポルックスになって生き続けているとも言われている。

ブルーマウンテンズの三姉妹

ニューサウスウェールズ州にあるブルーマウンテンズは、ユーカリの木が青々と生い茂り、美しい峡谷の風景が広がるエリア。シドニーから西に一〇〇キロ、車で二時間ほどのところにある世界遺産に登録されている景勝地だ。なかでも有名なスポットが、「スリーシスターズ（三姉妹）」と呼ばれる、崖の端に三本並んでそびえる細長い奇岩だ。

この岩にまつわる先住民の伝説がある。かつて、ブルーマウンテンズに棲んでいた魔王がいた。ある日、この山を三姉妹と呪術師の父親が訪れた。そこで三姉妹は魔王に襲われそうになる。父親は、三姉妹を岩に変えて魔王から守ろうとした。父親も自身をコトドリに変えて逃れたが、人間に戻ることができなくなってしまった。そのため、三姉妹も人間の姿に戻ることができず、現在も岩のままなのだという。父親が人間に戻れなくなったのは、呪術で使う杖《つえ》を落としたせいだという話もある。コトドリはブルーマウンテンズに生息している鳥で、コトドリとなった父親は今も娘たちを人間に戻すために杖を探し続けているのかもしれない。

また、カトゥーンバ族の若い三人姉妹の伝説もある。彼女たちは敵国の兵士と恋に落ちてしまい、岩に変身して彼らを守ろうとしたという話だ。

マホガニー船の残骸

現在のオーストラリアの歴史は、一七七〇年にイギリス人探検家キャプテン・クックが、ヨーロッパ人として初めて上陸したことから始まっている。しかし、それより二五〇年ほど前に、ポルトガル船が上陸していたのではないかとする説がある。

ヴィクトリア州ウォーナンブールの沿岸において、一八三〇年代から一八八〇年代にかけて、木製の船の残骸を目撃したという情報が相次いだ。記録によると、一八三六年に、捕鯨船の船長がウォーナンブール沖の島に向かう途中で、海岸にスペイン船と思われる難破船の残骸を見つけたという。その後、船体は砂に覆われて消えてしまったそうだが、その後も船の残骸の目撃情報は三〇件ほど報告されており、マホガニーのような色をしていたことから、「マホガニー船」と呼ばれるようになった。

一八八〇年代以降は目撃情報が途絶えたが、マホガニー船の捜索は続けられた。一九七七年に発表された歴史家ケネス・マッキンタイアの著作『オーストラリアの秘密発見』によると、この船は一五二二年に難破したポルトガル船だという。他のヨーロッパ諸国やアラビア、アジアの船だとする説もあるが、いずれも確かな証拠はない。もしマホガニー船の正体が明らかになれば、クックの初上陸という歴史を揺るがす大発見となるかもしれない。

モンテ・クリスト・ホームステッドの幽霊

ニューサウスウェールズ州にあるモンテ・クリスト・ホームステッドには、様々な幽霊が出る心霊スポットとして有名だ。屋敷は、ジェニーという小さな田舎町を見下ろす丘に立っている。

まずは一九世紀末にこの屋敷を建てたクリストファー・クローリーの妻エリザベスの幽霊だ。二〇世紀初頭にクリストファーが亡くなり、未亡人となったエリザベスが屋敷を受け継いだ。夫の死の悲しみから癒えなかった彼女は、家から出なくなってしまう。二階を改装して礼拝堂を作り、聖書を読んで生涯を過ごした。エリザベスは死んでからも屋敷に幽霊となって住み続けているという。屋敷の中で冷気を感じる時があれば、エリザベスの幽霊が近くにいる証拠だと言われている。

夫人の死後、屋敷は何人もの手に渡ったが、不幸が続いたという。二階のバルコニーから飛び降りて自殺した女中、主人に殺された少年、障害を抱え、四〇年間小屋に閉じ込められ、鎖でつながれて育ったハロルドという男性など、屋敷では彼らの亡霊も出没するそうだ。

幽霊の出没以外にも、点滅する奇妙な光、ポルターガイスト現象などが報告されており、国内で有名な幽霊屋敷になってしまった。

現在は観光スポットになり、訪れることができるそうだ。

山々の決闘

オーストラリアのヴィクトリア州南西部にある、エレファント山とブニンヨン山という二つの大きな山にまつわる伝説。

エレファント山とブニンヨン山は、かつて人間だった。エレファントが持つ立派な石の斧《おの》が、ブニンヨンは羨《うらや》ましくて仕方がなかった。そこでブニンヨンは黄金と引き換えに、斧を譲ってもらった。ところが、ブニンヨンはやっぱり斧がいらなくなり、黄金を取り戻したくなった。しかしエレファントに断られたので、ブニンヨンは決闘を申し込み、現在のバララット南西部にある元採鉱場で落ち合った。

決闘が始まり、エレファントの槍がブニンヨンの腹を貫いた。今度はブニンヨンの石の斧が、エレファントの頭を砕いた。二人は相討ちとなり、ほどなくして二人の亡《なき》骸《がら》は山になった。

ブニンヨン山の中腹には槍で貫かれた傷口のような穴があり、エレファント山の山頂には斧で砕かれたような穴が開いているのは、このためだそうだ。

夜明けの始まり

オーストラリアのヴィクトリア州南西部に住むワタウロング族には、夜明けの始まりにまつわる物語がある。

遠い昔、空は大地をブランケットのように包み、日光を遮っていた。そのため、地上の生き物たちは暗闇を這うようにして歩かなければならなかった。

ある日、賢いカササギたちは光が欲しいと思い、くちばしで長い棒を集め、力を合わせて空のおおいを持ち上げることに成功した。しかし、今にも棒が折れて空が落ちてきそうだったので、カササギたちはもっと頑丈な棒を探してきて、空が動かなくなるまでふたたび押し上げた。そこへ、太陽がやってきて最初の夜明けが訪れた。

カササギたちは今も、自分たちが最初に夜明けをもたらしたことを喜び、夜明けになると楽しげに鳴くのだという。

ワウィラク姉妹の災難

ワウィラク（またはワギラク）と呼ばれる人類最初の姉妹の物語は、オーストラリア北部、ノーザンテリトリー州のアーネム・ランドのアボリジナルに様々な物語として伝わる。

昔、アーネム・ランド南東の海から北に向けて旅を続けていた二人の姉妹がいた。姉は幼子を抱き、妹は妊婦だった。姉妹は創造する力をもち、歩きながら丘や湖、川など地形の名前を唱え、次々に実在させていった。やがて小さな池のほとりで姉妹は休憩した。姉が獲物を狩りに出かけている間、妹は赤ん坊を出産した。

姉が戻ってきて食事の支度を始めると、不思議なことに獲物たちが生き返り、料理鍋から飛び出して次々に池に飛び込んでいった。その池はウィティッチという名前の神聖なオリーブバイソンのすみかだったので、縄張りを侵されたウィティッチが激怒し、姉妹に獲物を食べさせまいとしたのだ。池から姿を現したウィティッチは、姉妹と子どもたちを飲み込んだ。

その騒ぎで、周辺の蛇たちが気づき、何が起きたのか聞くと、ウィティッチは最初、大きなカンガルーを捕まえて食べたと嘘をついた。しかし蛇たちはすぐに嘘を見抜き、ウィティッチはついに姉妹たちを食べたことを認めた。

蛇たちはすぐさま強い風を起こし、暴風雨を起こした。ウィティッチはたまらなくなって姉妹たちを蟻塚《ありづか》に吐き出した。蟻たちは巣に落ちてきた侵入者たちに繰り返し噛《か》みつくと、その痛みと刺激によって姉妹たちは息を吹き返したのだった。

アーネム・ランドには、神話などが描かれた岩壁画や樹皮画が多く残されているそうだ。細かいクロスハッチング技法を使った樹皮画は、アボリジナル・アートとして、現在も描き続けられているという。

キリバス共和国

消えた女性飛行士 アメリア・イアハート

アメリカ人飛行士のアメリア・イアハートが、南太平洋上で姿を消した事件。アメリアは、一九二八年に女性初の大西洋横断飛行を行い、四年後には大西洋単独横断飛行を成功させて、国民的ヒロインとなり、世界中から賞賛を浴びた。その後もアメリカ大陸無着陸横断飛行、ハワイ・カリフォルニア太平洋単独飛行などの偉業を成し遂げ、次は最終目標である世界一周飛行が残るのみだった。一九三七年六月一日、世界一周を目指してマイアミをスタートし、六月二九日にニューギニア島東部の町に到着。次にアメリカ領ハウランド島を目指して飛び立った。しかし、七月二日の「燃料が残り少ない」という通信を最後に、彼女は機体ごと消息不明となった。捜索隊は必死でアメリアを探したものの、見つけることはできなかった。彼女の行方は様々な憶測を呼び、当時南太平洋上の島々を領有していた日本軍にスパイと疑われて捕らえられた、島に不時着して食人の文化がある民族に食べられたなどの噂も流れた。

もっとも有力なのが、キリバスのフェニックス諸島にあるニクマロロ島の珊瑚礁《さんごしょう》に着陸したとする説だ。当時、漂流者がいたという報告があったというのだ。さらに、一九四〇年に人骨と見られる骨の一部が発見された。アメリアのものだという可能性があったが、フィジーに送られて医師が検査をしたのちに行方不明となっている。また、一部の骨しか見つからなかったのは、ニクマロロ島に生息しているヤシガニが遺体を食べ、骨を巣穴に持ち帰ったとする説もある。そのため、島のどこかにまだ彼女のものかもしれない骨が眠っていると考えられている。

ギルバート諸島の創造神ナレアウ

ギルバート諸島には、砂や水に命じて子孫を作った創造神ナレアウの伝説がある。

世界が始まる前、天の父と地の母に挟まれた空間は、真っ暗で何もなかった。そこに水と砂からできた子どもの年少者ナレアウがいた。ナレアウは、他の者たちに起き上がって生活してほしいと思ったが、あまりに空が重く、大地にのしかかっていたため、誰も起き上がることができなかった。そこでナレアウは天の父を殺害し、父親の両目から、太陽と月を作った。さらに父親の背骨をサモアに立てた。背骨がやがて世界樹となり、そこから人間が生まれた。

別の言い伝えもある。ある時、ナレアウは、一本の樹に火をつけ、火花と灰から、デ・バボウという男と、デ・アイという女を作った。「子どもは作らないように」と命じて天界へ去ったが、二人は太陽、月、海という三人の子どもを生んだ。召使いのウナギからそのことを聞いたナレアウは怒ったが、結局は許したため、太陽、月、海が世界に現れ、人間は世界のあちこちに暮らせるようになったという。

グアム（アメリカ領）

恋人岬の伝説

グナトン村の身分が高い若者マテオと、身分が低い娘マナチャングが恋に落ちた。だが二人の交際は固く禁じられ、二人は駆け落ちして死を覚悟し、髪を互いに結びつけてタモン湾の断崖から飛び降りた。

グアムに伝わるこの悲恋伝説は、スペイン統治下に、スペイン人の男とチャモロ族首長の娘の話に変わったという。二人が身を投げた崖は「プンタン・ドス・アマンテス（恋人岬）」と呼ばれ、今では観光客が訪れる恋人たちの聖地となっている。

チャモロ人とタオタオモナ

アメリカ合衆国の最西端、西太平洋のミクロネシアに浮かぶグアム島。この島の先住民であるチャモロ人の間で、古くから信じられている「タオタオモナ」という霊がいる。タオタオモナとは、「以前の人々」という意味で、先祖の霊のことだという。古代チャモロ人は、先祖の霊は生者とともに暮らしており、子孫である自分たちを見守ってくれていると信じていた。霊たちは敬愛する対象でありつつも、危険な一面もあるとされていた。

スペインによる植民地化やキリスト教への改宗などの影響で、チャモロ人とタオタオモナの関係性も変化してきたという。現在では先祖の霊というよりも魔物として扱われることもあるそうだ。

クック諸島

子どもを真っ二つにした神々

クック諸島に伝わる、太陽と月にまつわる伝説がある。

大地の女神パパが、一人の子どもを生んだ。すると、ヴァアテという神と、トンガイチという神との間で、どちらが父親かを巡って激しい争いが起きた。

いくら争っても決着がつかないため、二人は子どもの体を真っ二つにして、半分ずつ我がものとした。ヴァアテは上の半分を取り、空に放り投げた。すると空に留まり、激しく光り輝く太陽になった。トンガイチは下の半分を取り、地面に放り出した。すると血がどんどん流れて白くなった。トンガイチは、ヴァアテが子どもの体で太陽を作ったことが羨《うらや》ましくなり、子どもの下半身を空に放り投げた。しかし、その体はたくさん血を失っていたため、太陽のように真っ赤に輝けず、青白く光る月になったという。

月に捕らわれた女

クック諸島に伝わる、月にまつわる伝説がある。

あるところに、クイという盲目の男がいた。クイには何人かの美しい娘がいて、月はそのうちの一人に恋をした。ある夜、月は天界から降りてきてクイの娘を探した。娘は、炉の側で木の葉っぱをくべ、火箸《ひばし》でかき混ぜていたところだった。娘を見るや、月はいきなり彼女を抱えて空に飛び上がった。そのため、今でも月の表面には、女と木の葉と火箸がはっきり現れているのだという。

娘は天界で布を織っていて、布ができると漂白するために長々と引き、風に飛ばないように石を載せておく。その布や石も月に映っている。そして娘が布を押さえていた石をはねのける時、石は互いにぶつかって大きな音を立てる。これが雷だそうだ。

サモア独立国

消えたホイータ号の謎

一九五五年に、南太平洋上に船舶だけを残して乗組員と乗客が姿を消した事件が起きた。ホイータ号は、当初はレジャー用のヨットとして作られたアメリカの船だったが、第二次世界大戦中は米軍の巡視船となり、その後は民間の商用船となった。一九五五年一〇月三日、ダスティ・ミラー船長、乗組員、乗客の二五人を乗せたホイータ号は、サモアの首都アピアを出港した。

目的地はニュージーランドのトケラウ諸島で、二、三日で到着予定だったがホイータ号がトケラウの港に姿を見せることはなかった。救助隊が捜索をしたが、船を見つけることはできなかった。

それから一ヶ月後、サモアからトケラウへのルートから一〇〇〇キロも離れた地点で、イギリスの巡視船が海上を漂うホイータ号を発見した。大きく傾き、一部は浸水していたものの、船体に傷はなかった。しかし、そこにいたはずの二五人は一人も乗っていなかった。照明がついたままだったこと、船長の銃器が消えていたこと、デッキから血がついた包帯が見つかったことなどから、夜になんらかのトラブルが発生したと考えられた。船長と乗組員との間で争いが起きた、日本人漁師や無人島に潜んでいた日本兵の残党に襲われた、冷戦中のソ連の潜水艦に誘拐された、海底火山の噴火や大波、竜巻で船から落ちてしまった、など証拠もないままに様々な噂が流れた。最終的には海賊による犯行だと結論づけられたが、二五名の安否はわからぬまま、未解決事件として今に至っている。

その後、引き揚げられたホイータ号はふたたび商用船として使われたが、二度も座礁する不幸が続き、廃船となってしまったそうだ。

創造神タンガロアと国名の由来

タンガロアは、ポリネシア全域で信じられている創造神である（詳しくはポリネシアの**殻から生まれた創造神タンガロア**の項目を参照）。サモアでは、首長の系譜を辿るとタンガロアに行きつくと信じられている。タンガロアの息子はモアといい、「サモア」とは「モア神の地」という意味だ。

サモアは「ポリネシア文化のゆりかご」と呼ばれる。その理由は、約三〇〇〇年前にサモアに到達した人類が、そこからタヒチやハワイ、ニュージーランドなどのポリネシアへと人々が移り住んだと考えられているからだ。この事実を鑑みるに、ポリネシアの創造神の子孫がサモアの首長となったというのも違和感がないかもしれない。

ソロモン諸島

名前を言ってはいけないティコピアの神

ソロモン諸島に属するティコピア島には、一九八〇年代まで電気も車も店もなかったという。島民は、島内にいるたくさんの神々を深く信仰し、神々の機嫌を損ねて熱帯暴風雨や悪疫などがもたらされないよう、島民は定期的に「神々の仕事」と呼ばれる儀式を行っていたそうだ。

ティコピア島では神や精霊を「アトゥア」といい、もっとも重要なアトゥアはマプシアという神だ。しかしマプシアという名前は普段、口に出すことを禁じられ、神の儀式の時だけに唱えることを許された。神の名前をつぶやくことで、天界にいる神がそれを聞きつけ、もっとよく聞こうと耳を傾けてくれると信じていたという。

また、アトゥアは、人間と同じように実体をもつ存在だと信じられていた。たとえば、タオマタンギというダンスの儀式には、儀式中にアトゥアが現れて風を鎮めてくれるとされ、男のアトゥアは足を組んで聖なる石にもたれかかり、女のアトゥアは足を前に伸ばして座っていると考えられていた。二〇世紀にニュージーランドの人類学者レイモンド・ファースが島を訪れ、この儀式を見学して写真に収めた時、島民は自分たちには見えているアトゥアがカメラに写っていないことに大変驚いたという。

しかし、キリスト教の布教や伝染病の蔓《まん》延《えん》などで、アトゥアを信じる者は激減。残された族長たちは神々への儀式の終わりを告げ、最後の儀式「別れのカバ（詳しくはフィジー共和国の**カバの儀式**の項目を参照）」を行った。以降、アトゥアたちはカバを飲みながら、精霊の家で安らいでいるそうだ。

漂着したケネディ伝説

ソロモン諸島にあるプラムプディング島は、別名ケネディ島という。その由来は、アメリカの第三五代大統領、ジョン・F・ケネディだ。第二次世界大戦中、ソロモン諸島での日本軍との戦いの際に、ケネディが乗っていた魚雷艇が撃破される。命からがら逃げ延びたケネディはプラムプディング島に漂着し、島民の手を借りて無事に帰還した。この出来事から、地元ではケネディ島と呼ばれるようになったという。

ツバル

「ツバル」は立ち上がる八つの島

南半球の赤道すぐ南に位置する、小さな諸島国家ツバル。九つの島からなり、国旗にも、国を構成する九つの島が配置されているが、国名の「ツ」は「立ち上がる」、「バル」は「八」を表し「立ち上がる八つの島」という意味だという。なぜ九つではないのだろうか。これは九つの島のうち八つの島にしか人が住んでいなかったため、八つの島民で協力して国を作ろうとする決意から名づけられたそうだ。

珊瑚礁《さんごしょう》に囲まれた美しい国で「天国に近い島々」とも言われているが、海抜が低く温暖化による海面上昇で、数十年後には国が水没する危機に瀕している。

トンガ王国

ハアモンガの三石塔

南太平洋で唯一、独立を維持したトンガ王国。かつては、トゥイ・カノクポル（王家）が首長、トゥイ・トンガ（神聖王）が伝統的権威として、二つの王が存在していた。現在は王家のみが残っているが、神聖王がいた頃の名残が、トンガタプ島にある。

ハアモンガの三石塔と呼ばれる遺跡で、三つの巨石のうち二つが直立し、その上にひとつが横に渡っている鳥居のような建造物だ。高さ五メートル、横幅が六メートルほど。一二〇〇年頃、第一一代トゥイタトゥイ神聖王によって建てられた王家の門だとされている。一説には、二本の石は王の二人の息子が力を合わせるようにとの願いが込められたものだという。これほどの巨石をどうやって組み立てたのかは、不明である。

ナウル共和国

ナウル島のアレオプ・エナプ

ナウル島の人々に伝わる天地創造の神話がある。

まだ世界に海しかなかった時代、アレオプ・エナプというクモの神がいた。ある時、クモは大変大きな貝殻を見つけた。クモはどうにかしてその中に入りたいと思い、一生懸命に呪文を唱えた。するとわずかに貝が開いたので、クモはさっと中に潜り込んだが、わずかにしか開いていないため、立ち上がることができなかった。しかも、貝の中は光がなく真っ暗だった。

クモが貝の中を這い回っていたら、一匹のカタツムリを見つけた。クモはカタツムリを元気づけるために脇の下に入れて三日間眠った。その後、ふたたび貝の中を歩き回り、さらに大きなカタツムリを見つけた。同じように脇の下に入れて、三日間眠った。

目が覚めると、クモは小さいカタツムリに「せめて座れるくらい天井を押し上げてくれないか」と頼み、小さいカタツムリが天井を押し上げてくれたので、クモはカタツムリを月に変え、貝の西に据えた。月の光で貝の中が少し明るくなると、一匹のジムシ（蛆虫《うじむし》との説もあり）を見つけた。クモはジムシに「もっと天井を高く押し上げられるか」と頼み、ジムシは踏ん張って貝殻を押し上げて引き裂いたが、頑張りすぎて汗がどんどん流れた。クモはその汗を集めて海を作った。こうして貝の上蓋《うわぶた》が天空となり、下蓋が大地となった。クモは最後に大きなカタツムリを太陽に変えて東の方角に据えた。天と地、太陽と月、海はこのように生まれたのである。

なお、このように空と大地という、相対する存在がくっついた状態を無理やり引き剝《は》がして世界創造のスペースを作る神話は、ポリネシアに多く見られる。キリバス共和国の**ギルバート諸島の創造神ナレアウ**、ポリネシアの**殻から生まれた創造神タンガロア**の項目も参照。

ニウエ

ポリネシアの霊アイトゥ

北にサモア、東にクック諸島、西にトンガの三国に囲まれた海域のほぼ中央に位置するニウエは、愛知県豊橋市とほぼ同じ面積の小さな島。人口は最小のバチカン市国の次に少ない約一八〇〇人だ。

一七七四年にイギリスの探検家キャプテン・クックが島への上陸を三度も試みたが、ニウエ人たちがこれを阻んだという。一九世紀半ばにはサモア人の宣教師によってキリスト教が布教され、現在は島民の九〇%がキリスト教徒である。

しかし、島の伝統的な信仰も深く根付いている。ポリネシアでは「アイトゥ」という霊（先祖の霊や死者、精霊のこと。悪霊の場合もある）の存在を信じており、アイトゥは人々を監視し、時に罰を与えると言われている。

また、ニウエは世界最大級の隆起珊瑚礁《さんごしょう》の島で、「ポリネシアの岩」と称される。白い砂浜ではなく、切り立った岸壁や入り組んだ海岸線が特徴で、鍾乳石が見られる洞窟も多い。島にある洞窟は聖地とされており、カヌーの保管場所や先祖を埋葬していた場所だと言われているがはっきりとしていないそうだ。日本では二〇一五年に国家として承認されたばかりであり、日本人にとっては未知の領域が多い島である。

ニューカレドニア（フランス領）

ニューカレドニアの語源

南西太平洋、オーストラリア北東に位置する島国ニューカレドニアという国名は、あの有名なイギリスの探検家キャプテン・クックがつけたものだ。

一七七四年にこの島を初めて訪れたキャプテン・クックが、島に松が生い茂る風景を見て故郷のスコットランドを思い出し、故郷の旧名カレドニアにちなんで命名したと言われている。しかし、実際には島に松は生えていない。

ニューカレドニアの南東にあるイル・デ・パンという島の名前もキャプテン・クックがつけたもので、「松の島」という意味。沖合から眺めて島に松が群生していると勘違いして命名したと言われている。

二〇二一年現在もフランスの海外領であり、先住民のメラネシア人の生活と、フランス文化が融合している。世界遺産にも登録されている美しい珊瑚礁《さんごしょう》が広がり、日本から訪れる観光客も多く、人気のリゾート地となっている。

ニュージーランド

エイモス・ミラーＵＦＯ殺人事件

ニュージーランドでＵＦＯの仕業とされ、迷宮入りとなった死亡事件がある。一九六八年、牧場を経営していたエイモス・ミラーは息子のビルと羊の柵の修理をしていた。すると、奇妙な音が聞こえたため、音のするほうを見上げると、二〇〇メートルほど先の林の上に、円盤のような形の物体が浮かんでいた。物体は光を放ち、丸い窓のようなものがついていた。そして三本の脚を出して小川の近くに着陸した。エイモスが小川の対岸まで近づいた時、円盤からエイモスに向かって光線が放たれた。エイモスはその場に倒れ、円盤は飛び去ったという。

一部始終を見ていた息子のビルは慌てて父親に駆け寄ったが、エイモスの頭部は骨が見えるほど溶けており、死亡していた。

当初、警察はビルを容疑者として取り調べを行い、ビルが円盤について語っても妄想として処理された。しかし、その後の検視結果でエイモスの体には頭部以外の傷がなく、骨から燐《りん》の成分だけが失われていることがわかった。どのように殺害すれば遺体がこの状態になるのかが説明不能だった。さらに、小川の近くに円盤が着陸した跡らしきものが発見されたこともあり、ビルは釈放された。

エイモスの死亡時の遺体の写真が公開され、世間ではＵＦＯによる殺人事件だと騒がれた。その後もエイモスの死因については解明されず、ＵＦＯによる殺人だった可能性を残したまま現在に至っている。

カイコウラのＵＦＯ事件

ニュージーランド南島にある、カイコウラという港町で、不思議な光が目撃された事件。一九七八年、カイコウラでいくつもの光る物体が住民やパイロットたちに目撃された。あるテレビ取材班が、光る物体を映像に収めようと貨物機に乗って、北島と南島の間のクック海峡付近を飛行していた。すると、点滅しながら飛ぶ光る物体が五つも現れた。しばらく機体と並走し、空港に着陸するまで近くにいたという。荷物を降ろした貨物機が戻る際にも、光る物体は現れて機体にまとわりつくように飛んでいたという。この時の映像は公開され、UFOだと世界中で話題となった。光の正体は現在に至るまで明らかになっていない。

同年ではオーストラリアでもUFOの目撃情報が相次いでおり（詳しくはオーストラリア連邦の**バス海峡トライアングルとバレンティッチ消失事件**の項目を参照）、この時期にオセアニア地域で何かが起きていたのかもしれない。

キーウィのくちばしが長くなった理由

ニュージーランドの国鳥であるキーウィは、羽や尾が退化した真ん丸の体と、細長く下に伸びたくちばし、太くて丈夫な足が特徴。ニュージーランドにしか生息していない固有種だ。英語表記の「kiwi」は、「キーウィー」という鳴き声にちなんでマオリ族がつけた名前が、そのまま英名にもなったもの。

マオリ族には、キーウィのくちばしが長くなった理由にまつわる話が伝わっている。森の神タネマフタは、落ち葉を掃除してくれる鳥を探していた。森にはたくさんの鳥が住んでいたが、様々な理由で断られ、快く引き受けたのはキーウィだけだった。森の神に気に入られたキーウィは褒美として長いくちばしをもらい、地面にある餌を食べやすくなったという。

ちなみに、キウイフルーツは、果実の見た目がキーウィに似ていることから命名された。しかし、ニュージーランドでは、原産国が中国であることから「チャイニーズ・グーズベリー」と呼ばれている。

戦闘神トゥとニュージーランドの陸軍

マオリ語では、ニュージーランドの陸軍のことを「ンガティ・ツマタウエンガ」と呼ぶ。「戦の神の部族」という意味で、これはトゥ（トゥマタウエンガ）という戦の神にちなんでいるという。トゥというのは、マオリ族の神話に登場する、空の神ランギと大地の女神パパの六人いる息子の一人である。

遠い昔、六人の兄弟たちは、固く抱き合う父母を無理やり引き離して外に出た（詳しくは大洋州全域の**マオリ族の神々と死の到来**の項目を参照）。しかし、兄弟のうち嵐の神ターウィリ（ターウィリマテア）だけは父母を引き離すことに反対し、大地に大嵐を起こした。他の兄弟たちが逃げたり隠れたりするなか、ターウィリの攻撃に唯一対抗したのが、戦の神トゥだった。

やがて嵐がやむと、トゥは誰も加勢してくれなかったことを恨み、今度は他の兄弟を攻撃した。木と森の神タネの森の木を倒し、海の神タンガロアの海から魚を奪い、平和の神ロンゴと野生植物の神ハウミアが隠れた大地からは、植物を引っこ抜いた。このトゥのやり方を参考に、人間は狩猟と採集を覚え、自然界の資源を活用するようになったそうだ。また、トゥが始めた兄弟喧嘩を見て、人間は戦争のやり方を覚えたと言われている。

マオリ族では今でも、戦いの前はトゥに祈りを捧げ、男児が生まれると立派な戦士に育つよう、トゥに捧げる儀式を行うということだ。

人食い鬼マツク=タンゴタンゴ

ニュージーランドのマオリ族の伝説。

ラタという娘は、父親をマツク=タンゴタンゴという名前の人食い鬼に殺されていた。仇を討つため、ラタは仲間とともに人食い鬼を探す旅に出た。やがて、小川で体を洗っているマツク=タンゴタンゴを見つけたので、油断した隙をついて殺し、心臓を取り出して火にかざして炙《あぶ》った。

しかし、マツク=タンゴタンゴは、父親の骨をもっていなかった。ポナツリという小鬼（ゴブリン）が父親の骨を盗み去ったことを知ったラタは、ふたたび仲間とともに旅をし、ポナツリの村を襲撃した。そしてポナツリを倒し、父親の骨を無事に取り戻した。

マオリ族の首長が眠るトンガリロ山

ニュージーランド北島にあるトンガリロ山は、世界遺産に登録されているトンガリロ国立公園を代表する山のひとつ。活火山であるトンガリロ山は、先住民マオリ族の間では聖なる火によって活動していると信じられている。彼らにとって聖なる山であり、歴代の首長が山頂に埋葬されているという。

山にまつわる伝説も残されている。ある時、神官で探検家のナトロイランギがトンガリロ山を登っていた。しかし、強い南風による吹雪に見舞われてしまい、このままでは凍えて死んでしまうと思ったナトロイランギは、巫女《みこ》である妹たちに救いを求めた。その声は南風に乗って、故郷の島にいた妹たちに届いた。兄の危機を知った妹たちが島から海底を通じて火を送ると、トンガリロ山が噴火した。この火によってナトロイランギは凍死を免れることができた。

「トンガリロ」という名前は、ナトロイランギを凍えさせた「南から運ばれてきた冷たい風」という意味からつけられたという。

モエラキ・ボルダーとマオリ族の伝説

ニュージーランド南島にあるオアマルという町から南に四〇キロほどのところに、モエラキという海岸がある。この海岸には、直径一～二メートル、重さ約二トンの巨石が並んでいる。ボールのような丸い形の石が、地面に半分埋もれているように見える。この奇岩群はモエラキ・ボルダーと呼ばれている。

まるで加工されたようなきれいな球形をしているが、自然によって作られたものだ。約六五〇〇万年前の暁新世《ぎょうしんせい》の頃に起きた海底火山の噴火によってできた岩で、海底にあふれ出た溶岩を核にカルシウムなどの鉱物が付着し、四〇〇万年かけて球形を成したという。約一五〇〇万年前にこの岩を含む地層が隆起し、波の浸食作用によって露出したものがモラエキ・ボルダーだ。

先住民マオリ族には、この奇妙な形の岩にまつわる伝説がある。一〇〇〇年以上前のこと、巨大カヌーのアライテウル号が沖合で座礁して沈んでしまった。カヌーにはウナギを入れる籠（ひょうたんという説もある）が積んであった。この籠がモエラキの海岸に流れつき、モエラキ・ボルダーの岩々になった。そして沈んだカヌーの船乗りたちは、この地の丘となったという。

別れの岬に立つ老木

ニュージーランド最北端のケープ・レインガには、樹齢八〇〇年というポフツカワの老木が生えている。マオリ族の伝承によれば、死者の魂はこの老木を伝って地中に入り、先祖たちの故郷ハワイキへと旅立つと考えられている。老木のそばには、かつてテ・ワイオラ・ア・タネという聖なる小川があり、死者の体を清めていたという。

バヌアツ共和国

バンジージャンプの起源・ナゴール

ペンテコスト島には、古くから伝わるナゴールという成人の儀式がある。高さ二〇〜三〇メートルの木のやぐらを建て、やぐらと両足を植物の蔓《つる》で結んだ少年たちが飛び降りるのだ。高いところからジャンプして勇敢さを示すことが、少年たちが大人になるための通過儀礼なのだ。命綱である蔓が切れてしまい、命を落としてしまう場合もある危険な儀式だ。地面すれすれまで落ちることがよしとされ、見事なジャンプができればその年は健康に暮らせるという。また、ヤムイモの豊作祈願をするという意味合いもあるそうだ。使用する蔓がもっとも柔らかく、切れにくい乾季の四月から五月に行われる。

ナゴールの発祥については、以下の話が伝わっている。かつて乱暴な夫から逃れるためにジャングルに入った妻がいた。妻は木に登って隠れようとしたが、夫に見つかってしまい木から飛び降りた。妻は足首に木の蔓をまきつけていたので助かったが、後を追って飛び降りた夫は蔓を巻いていなかったので地面に激突して死亡したという。女性たちはこの妻の勇気を見習い、木からのジャンプを真似するようになった。次第に男性たちも真似するようになり、組み立てたやぐらから飛び降りる現在の儀式の形になったそうだ。

現在は娯楽として楽しまれているバンジージャンプは、一九七九年にこの儀式に影響を受けたイギリス人によって始められたと言われている。

ヤスール火山とジョン・フラム信仰

タンナ島にあるヤスール火山は、「火口

付近にもっとも近づける山」として有名な観光スポットだ。この山は、バヌアツに伝わるジョン・フラム信仰の聖地とされている。

バヌアツが属するメラネシアでは、先祖の霊が文明の利器を船や飛行機に積み荷として携え、姿を変えて帰還すると信じられている。一九世紀から現在に至るまで、この信仰をもとにしたカーゴ・カルト（積み荷崇拝）と呼ばれる宗教運動が行われている。ヨーロッパ諸国の植民地化によって劣勢に立たされた現地の人々は、積み荷の到来を信じ、白人たちが栄えているのは神々からの積み荷を奪って独占しているせいだと考えた。これを信じる人々は、積み荷を迎えるために埠頭《ふとう》や飛行場や倉庫を建設した。熱狂的な信者は、労働を放棄して積み荷を待ったり、近代的な積み荷を信じるあまり伝統的な物を破壊したりもした。予言者たちは、積み荷を取り戻した時に白人の支配と労働から解き放たれ、至福の世界が到来すると唱えている。

ジョン・フラムとは米兵の名前だ。一九四〇年代にアメリカ人が大量の物資を持ち込んだことから、タンナ島の一部の村ではジョン・フラムという米兵がいつか積み荷を持ち帰ると信じられるようになった。現在は政治運動の色合いが強くなってきているそうだが、米軍の格好に仮装して行進する儀式もあるという。

パプアニューギニア独立国

怪鳥ローペン

「ローペン」とは現地の言葉で「空飛ぶ悪魔」という意味である。パプアニューギニアでは、一九四〇年以降、ローペンと呼ばれる未確認生物の目撃情報が相次いでいる。目撃情報によると、大きさは一～九メートル、黒または赤褐色の皮膚で、大きな翼をもつ。ワニのような牙の生えたくちばし、蛇のように細長い首、爪のとがった三本の指が特徴だ。夜間には、体全体または腹部を光らせながら飛行するという。腐った肉や魚、貝を好んで食べるが、一九四四年には生きた豚を追うところを目撃されている。

本格的な調査も何度も行われているが、捕獲はされておらず正体は不明。ジュラ紀に生息していたランフォリンクス、白亜紀まで生き残ったプテラノドンに見た目が似ていることから、翼竜の生き残りだとする説と、大型のオオコウモリと見間違えたとする説がある。

クロコダイルマン

ニューギニア島の北部を横切るセピック川の近くで暮らす先住民の中で、コロゴという村の男たちは「クロコダイルマン」と呼ばれている。セピック川にはワニがたくさん生息しているが、この部族ではワニが自分たちの祖先だと信じられており、畏敬の念を抱いている。クロコダイルマンと呼ばれるようになったのは、祖先のワニの印を肌に刻むという古くから伝わる成人の儀式による。

儀式はタンバランという特別な小屋で行われ、竹のナイフで背中や胸にたくさんの切り傷をつける。そして傷口に泥を塗り込んで皮膚の凹凸を際立たせていく。非常に痛みがともなうものだが、傷が癒えたあとは、ふくらんだ傷跡がワニの鱗《うろこ》のような凹凸のある模様となって肌に浮かび上がるのだ。この通過儀礼を経験することで、一人前の大人の男性になるという。

バナナと月の誕生

パプアニューギニア西部に住むマリンド=アニム族には、様々な伝説が残されており、精霊（デマ）の先祖であるゲブ（詳しくは**マリンド=アニム族の最初の人間**の項目を参照）が、少年という説もある。

少年ゲブは、コンドの近くの海辺で魚や貝をとって暮らしていたが、海に潜りすぎて、体中にフジツボがついてしまった。ある時、海岸に娘たちがやってきたので恥ずかしくなり、砂に潜って隠れた。しかし、娘たちに見つかり、村の男たちもやってきて、ゲブの体についたフジツボを、ココヤシの実を開く道具や石斧《いしおの》を使って剝《は》がしていった。村人はその後、ゲブを小屋に閉じ込めて傷口に精子を振りかけた。するとゲブの首からバナナが生え、翌日には多くのバナナが実っていたという。囚われの身から逃れるため、ゲブは小屋の屋根に登った。そしてヤムイモの蔓《つる》を伝って空に上っていき、月になったという。月面のクレーターはゲブの傷のせいと言われている。

一〇〇の部族が集うゴロカショー

パプアニューギニアは、八〇〇以上の言語が存在すると言われており、言語、文化、生活様式の異なる様々な部族が暮らしている。そうした部族がたくさん集まって行う盛大な祭りがある。九月一六日の独立記念日のある週に、高地の町ゴロカで行われる、ゴロカショーと呼ばれる祭りだ。

一〇〇以上の部族が集まり、それぞれが先祖から受け継いできた「シンシン」を踊る。シンシンとは民族舞踊のこと。パプアニューギニアでは自然には精霊が宿ると信じられており、シンシンの歌とダンスで精霊に祈りを捧げるという。自分の髪で作ったかつらを被ったり、泥や絵の具で全身を化粧したり、鳥の羽や貝殻で作った装飾品をつけたりと、部族ごとに伝わるカラフルな装いも特徴だ。これらの衣装や仮面は、自分たちの祖先の霊や精霊の姿を表しているのだという。

この祭りは、一九五七年、パプアニューギニアを統治していたオーストラリアにより、お互いの交流を深めて部族同士の争いを避けることを目的に始められた。他の町でもこうした部族の祭りは行われているが、ゴロカショーがもっとも大規模だ。外国からの観光客もたくさん詰めかける、国を代表する祭りとなっている。

マリンド=アニム族の最初の人間

パプアニューギニア西部に住むマリンド=アニム族の神話では、大地の精霊ヌボグと、天空の精霊ディナディンの子であるゲブとマフという二人の精霊（「デマ」と呼ばれる）が、人類の始祖にあたる。

精霊たちが、マリンド地方の地下で大宴会を開いた。その時、こっそり穴を掘り進めている精霊たちがいた。その様子を見ていたギルイという犬の精霊が、不審に思って追いかけ、太陽の昇るコンドという場所までやってきた。そこで何やら騒がしい音がするので、ギルイは小川の土手を引っかいて地面を掘った。すると小川の水があふれ出し、ナマズに似た奇妙な生物を発見した。人のようにも見えるが顔に目や鼻はなく、胴体に腕と足と手足の指がくっついていた。

精霊の呪医アラメムブは、この生物をまずは乾かそうと竹で火を焚《た》いた。すると熱で竹の節が弾け、生物の体が跳ねて顔の部分に目と鼻と口と耳ができた。アラメムブは竹のナイフで、腕と足と手足の指を胴体から切り出したことでようやく人間らしくなり、これがマリンド=アニム族の始祖となった。

アラメムブが胴体から切り離した時に投げ捨てた切り屑《くず》はたくさんのヒルとなり、マリンド=アニム族の土地に住み着くようになったそうだ。

マリンド=アニム族の火の起源

パプアニューギニア西部に住むマリンド=アニム族に伝わる火の起源。

精霊（デマ）の祖先ゲブの息子ウアバは、火の精霊であり、太陽の化身だった。ある時、ウアバはコンドという場所で儀式に参加するためにウアリワムブという若い女性を生贄《いけにえ》のために連れていった。しかし、ウアリワムブは嫌がり逃げ出した。ウアバは西の海岸に立つ小屋で彼女を捕まえ、小屋で交わったところ、そのまま体が離れなくなってしまった。

翌朝、苦しんでいる二人は発見された。散々からかわれながら担架でコンドへ運ばれて小屋の寝床に寝かされたが、二人はまだ絡み合っていた。

そこへ精霊の呪医のアラメムブがやってきて、二人を引き剝《は》がそうと、ウアバの体を掴んで揺すったり回したりした。するとその摩擦で最初の火が生まれ、ウアリワムブは炎を出しながらヒクイドリとコウノトリを生んだ。炎とともに生まれたので、二羽の翼は黒く焦げた。

最初の火は季節風に煽《あお》られて燃え広がり、海岸に浜を作り、内陸の谷間に川床を作った。多くの動物たちは海に逃げたが、ロブスターは逃げ遅れて炎に焼かれて赤くなったという。

パラオ共和国

尾を奪ったヤシ取り

パラオに伝わる民話。

パラオのアイライ州に、ヘズブッティというヤシ取りの男がいて、ある時、ディリックという魚のような人魚のような生き物を浅瀬で見つけた。ヘズブッティはその魚の尾を引っこ抜いて帰った。翌日、浅瀬を見に行くと、尾を取られて海に帰れなくなったディリックが泣いていたので、かわいそうに思ったヘズブッティは、彼女を連れ帰って妻にした。

やがて二人に、ムラーベラウという娘が生まれた。ある時、ディリックが友人のところに行きたいから尾を出してほしい、とヘズブッティに頼むと、彼は疑いもなく尾を差し出した。ディリックはそれをつけると、海に入って二度と戻ってこなかった。ヘズブッティは娘と暮らし、年老いたあとは煙に乗って天に昇ったという。

パラオで出会った中島敦《なかじまあつし》と土方久功《ひじかたひさかつ》

一九四一年七月、太平洋戦争が始まる直前、ミクロネシア諸島のパラオ共和国で、二人の天才の人生が交錯した。小説家の中島敦と、「日本のゴーギャン」とも呼ばれた画家・彫刻家の土方久功である。

中島敦は以前から苦しめられていた喘息《ぜんそく》の発作が治ると信じて、南洋庁の教科書編集書記として、常夏のパラオに向かった。そこで土方久功と出会う。土方はゴーギャンの生き方に倣って南洋に行き、パラオ周辺で民俗学を研究したり、創作活動を行ったりしていた。二人はすっかり意気投合したといい、のちに中島敦は、パラオ滞在中の実体験に基づいた『環礁—ミクロネシヤ巡島記抄—』を記し、その中で、実際にパラオにいたとされるマリヤ・ギボンという女性を題材にした「マリヤン」という掌編を書いている。この作品に登場する「土俗学者H氏」が、中島敦と親交の深かった土方久功がモデルというのが定説である。

一九四二年、二人は一緒に帰国したが、持病の喘息が悪化した中島は同年に三三歳で亡くなり、土方は一九七七年に七六歳で没するまで多くの作品を残した。

ハワイ（アメリカ領）

火山の女神ペレ

ハワイ島に伝わる火山の女神ペレの神話。ペレは、カヒキで生まれたのちにハワイ島のキラウエア火山に住み着いたという。「カヒキ」とはハワイの言葉で「タヒチ（または海外）」という意味だ。

昔、女神ハウメアの太ももから生まれたペレは、サメの神である兄カモホアリイなど兄弟姉妹とともにカヒキを旅立った。カヒキを出た理由は、海の女神である姉ナマカオカハイの夫を誘惑したせいで、追い出されたという説がある。ハワイ諸島に辿り着いたペレは、住む場所を探した。ペレは、永遠の炎を燃やし続けることのできる穴を必要としており、島々を巡っては穴を掘っていた。しかし、姉のナマカオカハイが穴に海水を流し込んでしまうので、なかなか住居が決まらない。

怒ったペレは、マウイ島に来た時にナマカオカハイと戦うが、負けてしまう。マウイ島のハレにあるカイヴィオペレの丘は、戦いでボロボロになったペレの遺体の跡だと言われている。「カイヴィオペレ」とはハワイ語で「ペレの骨」という意味だ。戦いに敗れ、一度は死んでしまったペレだったが、体を離れた魂はハワイ島のキラウエア火山に辿り着いた。海から遠く離れたキラウエア火山ならば海水が及ばないため、ペレはここのハレマウマウ火口を終《つい》のすみかにすることにした。

ペレが住むキラウエア火山は、一九八三年から現在まで噴火活動を続けている活火山だ。溶岩流の流れがゆっくりのため、近くで観光することもできる。

カネアナ洞窟とサメの神ナナウエ

オワフ島にあるカネアナ洞窟は、ハワイの伝説によれば生命を生み出した場所だという。ある時、カネアナ洞窟から創造神カーネが現れた。カーネは海に魚を、陸地に人を生み出した。この洞窟は現在でも神聖な場所として認識されている。

そこから時が流れ、サメの父と人間の母からナナウエが生まれた。ナナウエの背中には裂け目があり、成長するに合わせて裂け目はサメの口となっていく。母親はナナウエの背中をマントで隠したが、次第にナナウエは本性を抑えられなくなり、人間を食べる怪物になってしまう。人間に化けたナナウエは、カネアナ洞窟に人々を連れ込んで食べた。しかし、最後には島民たちに捕らえられ、かまどで燃やされてしまったという。洞窟の奥には、ナナウエが獲物を置いたとされる大きな石も残っている。

小人族メネフネはフローレス原人だった？

メネフネとは、ハワイ神話に登場する小人族。身長は六〇センチほどで、山奥や森に住んでいると言われている。日本のコロボックルや欧州のノーム、ドワーフと似た存在のようだ。体つきはがっしりしており、手先が器用で石の建造物を建設するのが得意だという。

メネフネがどこからやってきたかについては諸説ある。神（巨人という説もあり）が伸ばした腕がオアフ島まで届き、その上を渡ってやってきた、ハワイにもともと住んでいた先住民だった、フランス領ポリネシアのマルケサス島（またはタヒチ島）から呼ばれてやってきたとする説などである。

　また、メネフネが小人だったことから、インドネシアのフローレス島で化石が発見されたフローレス原人との関連性も指摘されている。一万数千年前まで存在していた原人で、身長が一メートルほどだったという絶滅した人類だ。インドネシアからポリネシアに辿り着いた人類がメネフネなのではないか、とする説だ。

　カウアイ島にはメネフネが作ったと伝わる遺跡がたくさん残っており、キキアオラ水路やポリアフヘイアウの祭祀場などのメネフネ遺跡が知られている。

タロイモ伝説

　ハワイでよく見かける植物「タロ」。イモの部分は主食として食べられており、ハワイ各地で様々な品種が栽培されている。ハワイの王・カラカウア王の王冠にはタロの葉が描かれており、ハワイでは古来、神聖な植物として様々な儀式に使われている

　このタロには、古代の叙事詩『クムリポ』によれば、次のような伝説がある。

　空の神ワケアとその妻、大地の女神パパ（ワケアの娘という説もある）の間に最初の子どもを妊娠するが、死産となってしまう。夫婦は、家のそばに子どもを埋葬すると、その場所から生えてきた植物がタロイモの茎（ハロア）だった。その後、夫婦の間には無事に第二子が生まれ、その子どもはハロアと名づけられた。ハロアはすくすくと成長し、やがてハワイの人々の始祖となり、子孫がハワイの島々に移り住んだ。

　このように、タロイモはハワイアンの祖先の兄にあたるため、特別な植物なのだ。

ハワイの創世神話～島産み伝説～

　八つの主要な島と一二〇以上の小さな島から成るハワイ諸島。ハワイの創世神話は島ごとに異なる部分があって多彩だが、主に知られているのがハワイの島々の誕生にまつわる「国産み神話」である。

　ハワイの創造主は大地の女神パパと空の神ワケアの二神。タヒチからやってきたパパとワケアから、最初に生まれた子がハワイ島になったという。パパはその後も子を産んで、マウイ島、カホーラウェ島、そして小さなモロキニ島が生まれた。ある時、パパが故郷に戻ることになると、ワケアがカウラという女性と浮気をしてラナイ島が生まれた。さらにワケアは女神ヒナとも浮気し、モロカイ島が生まれる。

　夫の浮気を知ったパパは激怒し、人間の首長ルアとの間にオアフ島を産む。しかし最後はパパとワケアはよりを戻し、カウアイ島、ニーハウ島、さらにレフア、カウラ、ニホアの小島を産んだ。

　これがハワイの主要八島と周囲の小島の誕生譚《たん》である。

ハワイの創世神話～四大神～

　ハワイの創世神話のひとつに、カネ、カ

ナロア、クー、ロノという四柱の男神によるものがある。

昔、世界には闇があった。ある日、カネという神が闇の中を歩いてきた。カネは海に浮かぶひょうたん（ヤシの実という説もあり）を見つける。カネがひょうたんを放り投げると、半分が空になり、半分が大地となり、一部が海に沈んだ。そして果実の欠片《かけら》が太陽と月になり、たくさんの種は星になったという。そこにカナロア、クー、ロノの神々がやってくる。海の神カナロアは珊瑚《さんご》や魚、サメ、イルカを作った。カネは地上に動物や鳥を作った。クーは森に木々を生やした。そして最後にロノがヤシの実やバナナ、ウル（パンノキ）の実などの果実や植物を作ったという。

ペレとオヒアレフアの悲劇

オヒアは、ハワイ島のキラウエア火山周辺でよく見られるハワイ固有の樹木。黄色やオレンジの花もあるが、一般的には鮮やかな赤い花のイメージが強い。この花が「レフア」と呼ばれるため、樹木全体を「オヒアレフア」と呼ぶ場合もある。ハワイ諸島にはそれぞれの島を象徴する花があり、オヒアレフアはハワイ島を象徴する花だ。この美しい花にまつわる、恋人たちの悲しい伝説がある。

昔、オヒアという凛々しい青年と、レフアという美しい女性が恋に落ちた。一方、女神ペレ（詳しくは**火山の女神ペレ**の項目を参照）は、美青年のオヒアに一目惚れしてしまう。ペレは美女に変身して誘惑したものの、誠実なオヒアはペレにはなびかず、レフアを裏切ることはなかった。嫉妬にかられたペレは、怒りのあまり二人を溶岩で焼き殺してしまう。

ペレは周囲から罪のない恋人たちを殺したことを責められ、深く反省する。そこで、二人を一本の樹木に生まれ変わらせたという。オヒアはたくましい幹となり、レフアは美しい花となったことで、永遠に結ばれた恋人になった。

オヒアのみが木に変えられてしまい、深く悲しんだレフアの姿を見て後悔したペレが、レフアを花に変えたという話もある。

今でもキラウエア火山の周辺にはオヒアレフアがたくさん生えている。ここでは「レフアの花を摘むと雨が降る」という言い伝えがあり、オヒアとレフアが離れ離れにされたことを悲しむ涙なのだという。

ムジナと呼ばれた顔なし女

オアフ島のホノルルにあるドライブインシアターでは、一九五九年以降、ムジナという女の幽霊が目撃された。ある女性が車を降りてトイレの鏡で化粧直しをしていると、背後に髪の長い女が立っていた。女をよく見ると、顔には目も鼻も口もついておらず、下半身もなかった。驚いた女性が振り向くと、そこには誰もいなかったという。シアターは隣に墓地があったせいだと噂された。現在、シアターはすでになく、ムジナの行方は誰にもわからない。

フィジー共和国

カバの儀式

「カバ」とは、南太平洋諸島の島々に生えているコショウ科の木で、別名をヤンゴーナという。フィジーでは、カバの根を乾燥させてパウダー状にし、冷たい水に溶かした汁を飲む伝統的な儀式がある。客人を迎える儀式でも飲まれるので、観光客をもてなすイベントでも使用される。

　正式な儀式は、カバの汁を作る人、汁を汲《く》んで客まで運ぶ人、儀式を見守る人の三人がホストとなって執り行う。カバの汁は、タノアという木でできた大きな器に水を注ぎ、水にカバの根を浸して汁を絞り出して作る。汁はココナッツの殻で作った皿に注がれて、客人に振る舞われる。作法も決まっており、客人は手を二回（一回の場合もあり）叩き、「ブラ（フィジー語で「こんにちは」の意味）」と言って右手で皿を受け取る。儀式を見守るホストが手を一回叩いてから、カバを一気に飲む。飲み終わったら皿を返し、三回手を叩いて「ヴィナカ（フィジー語で「ありがとう」の意味）」と言う。その場の上位の者から飲むなど、順番にも決まりがあるそうだ。

　ちなみに、カバの見た目は泥水のような色で、舌が痺《しび》れるような苦味があるという。飲む際はひと口で飲み干すのがよしとされている。

サワウ族の火渡りの儀式

　南の楽園として人気の観光地であるフィジー。リゾートホテルのディナーショーなどでは、フィジーに古くから伝わる「火渡りの儀式」が披露されることがある。儀式の内容は、地面に掘った穴に石を入れる、石の上に薪を組んで火をつける、熱せられて真っ赤になった石の上を男たちが渡る、というものだ。儀式の前には、カバの儀式（詳しくは**カバの儀式**の項目を参照）を行って、霊力を高めておくという。

　フィジーには、六割が先住民のフィジー系、四割がインド系の住民が暮らしている。火渡りの儀式は、ヒンドゥー教の荒行としてインド人が行うものもあるが、フィジー人が行うものはベンガ島のサワウ族を起源とする。

　サワウ族にはこんな話が伝わる。昔、サワウ族にツイという漁師がいた。ある日、ツイは小川で大ウナギを釣り上げると、大ウナギは人間の言葉を発した。大ウナギは神の化身だったのだ。「もし助けてくれるなら、火の上を歩ける術を授けよう」と大ウナギは言った。怪しむツイに対し、大ウナギは地面に穴を掘って石を入れ、火をつけて「歩いてみよ」と告げる。意を決したツイが焼けた石の上を歩くと、熱さを感じず、火傷もしなかった。それ以来、神の力を授かったツイは、火渡りの儀式の行者となった。その後、ツイの子孫たちも行者として崇《あが》められるようになり、他のサワウ族の人々も火渡りの術を使えるようになったという。

現代では、断食や禁欲などの修行をしたサワウ族の男だけが、火を渡ることができるそうだ。また、火渡りの儀式は、ベテと呼ばれる僧が執り行うが、ベテになれるのはツイの直系の子孫だけだという。

ポリネシア（フランス領）

殻から生まれた創造神タンガロア

タンガロア（タガロア、タアロア、カナロアともいう）は、ポリネシアやニュージーランドにおける最古の神々の一人。タヒチやサモア、トンガ、ツバルなどのポリネシア諸島では、もっとも重要な神として、創世の最高神である。

ちなみにマオリ族の神話（詳しくは大洋州全域の**マオリ族の神々と死の到来**の項目を参照）では、単に海の神とされ、ハワイでは悪神、不幸の神として大ダコの姿で現れるなど、重要性が薄れるようだ。

◎神々を生んだタンガロア

世界が始まる前、真っ暗で果てしない空間があった。その何もない空間には、卵型の殻が漂っていた。殻の中では、羽毛の生えた創造神、タンガロアが身動きしていた。彼には父も母もなく、たった一人だった。

やがてタンガロアは動き出し、殻を割って外に這い出し「誰かいないのか？」と声をあげた。しかし返事はない。タンガロアは暗闇と静寂がつまらなく、世界を創造することにした。まず、割れた殻の片方を持ち上げて巨大な天蓋《てんがい》にして、もう片方を地面にした。続いて自らの肉体を材料に大地の土を作り、背骨で山脈を、肋骨《ろっこつ》で尾根を、内臓で空の雲を、涙で海や川を作った。さらに羽毛で野菜を、消化管でロブスターやエビやウナギを、手足の爪で海洋生物に殻や鱗《うろこ》を与えた。最後に、血で空を鮮やかに染め、虹を作った。

タンガロアは続いて、自分の体内から他の神々を生み出した。子どもの一人であるタネ（タネマフタ）は、太陽と月と星々を空にかけて宇宙を照らし、平和と美の神、森と鳥の神となった。同じく子どもの一人であるトゥ（トゥマタウエンガ）は、タンガロアの創造を助け、多くの動植物を作った。最後に、タンガロアは最初の人間であるティルとヒナを作り、子孫を残すようながした。

◎すべては殻の中にある

タンガロアは創造の仕事を終えると、自らの創造物を眺め、あることに気づいた。すべてに「殻」があることだ。空は太陽、月、星などの巨大な殻であり、大地も山や川、湖、動物、人間などの巨大な殻だった。人間も女性の子宮という殻をもち、そこから新たな生命が生まれるのだった。

ツアモツ諸島の財宝

南太平洋のタヒチ島の東方、フランス領ツアモツ諸島には、金銀財宝が眠っているという伝説がある。

一九一〇年、ニュージーランドのチャールズ・エドワード・ハウは、行き倒れの旅行者キロレインから、インカ族から強奪した莫大《ばくだい》な財宝のありかを聞く。キロレインと彼の仲間たちは、ピスコの教会の地下に眠っていたその財宝を見つけ出し、南海の無人島に隠したという。しかし仲間たちは殺され、キロレインは投獄され、二〇年の刑期を終えて出所したのだった。キロレインはハウに財宝のありかを示した地図を渡して息を引き取った。

早速、ハウは南海のツアモツ諸島に向かい、地図を頼りに宝物が眠るという環礁を一〇年以上かけて探し出し、目印を発見した。宝物は珊瑚礁《さんごしょう》内の桃の形をした水たまりの中にあり、宝物のある環礁は西側に珊瑚の峰があった。一人ではどうにもできないと判断したハウはシドニーに戻り、金持ちの協力者を得て宝探しを継続した。ところが、なぜかハウは以降、消息を絶ってしまう。

その後、ツアモツ諸島の秘宝探検を引き継いだイギリスのジョージ・ハミルトンは、地図とハウの残した情報を頼りに、ついに桃の形をした水たまりを発見する。しかしその環礁には巨大ウナギや大蛇、大ダコなどが住み着き、近寄るものの命を奪った。結局、ツアモツ諸島の宝探しは中断を余儀なくされ、宝物はいまだに深海に埋もれたままだそうだ。

星になった兄妹

フランス領ポリネシアのタヒチ島に伝わる民話。

タヒチ島に、ピピリとレファという兄妹がいた。ある夜、両親はこっそり漁に行き、魚をとって食べていた。お腹を空かせた兄妹は、両親を恨んで家出した。両親が戻ってきてほしいと追いかけてきたので、兄妹は甲虫の背中に乗って空を駆け上がり、そのまま星になった。これが蠍座《さそりざ》の尾にある二星だと言われている。

マーシャル諸島共和国

マーシャル諸島を並べた人間

マーシャル諸島には、こんな創世神話が伝えられている。

世界に水しかなかった頃、創造神ロア（ロワ）がたった一人で過ごしていた。やがてロアは世界の創造を始めた。彼が鼻歌を歌うと、島々が生まれ、暗礁や砂丘も現れた。彼がふたたび鼻歌を歌うと、今度は植物や動物が現れた。そしてロアは、四つの方角に四人の神を作り、常に空を見回るカモメの神を作った。

最後に、ロアは一人の人間を作った。人間は、ヤシの葉でできた籠の中に島々を放り込み、正しく並べようとした。西にカロリン諸島を置き、マーシャル諸島をまっすぐ一列に並べた。しかし、ナモリック環礁は籠から落ちてしまったので除外した。こうして島々を並び終えると、その籠を捨ててしまった。その籠が小さなキリ島になったと伝えられている。

ところで、数ある島々の中で、ひとつだけ当時、ヤシの木をもっていた島がビキニ島だ。小さな砂の島だったため、砂を意味する「bok」と、ヤシの実を意味する「ni」をくっつけて「ビキニ」という名前を与えた。

ミクロネシア連邦

人工島ナンマトルとムー大陸

日本の奄美大島とほぼ同じ大きさのミクロネシア連邦は、太平洋に浮かぶ小さな島々からなる国。首都パリキールがあるポンペイ島の南東に位置するテムエン島に、ナンマトル（ナン・マドール）と呼ばれる古代遺跡がある。一一世紀から一七世紀のシャウテレウル王朝の都で、一〇〇ほどの人工島群の上に築かれた都市遺跡だ。

遺跡は玄武岩でできた巨大な壁に囲まれ、内部は玄武岩の柱の上に珊瑚《さんご》や砂が敷きつめられている。長方形や正方形の形をした島々は、水路で隔てられており、王族の住居、祭祀場、居住地、墓地など、様々な目的に沿った建造物があったようだ。

この遺跡が有名になったのは、一九三一年、イギリスの研究家ジェームズ・チャーチワードが、ナンマトルこそが伝説のムー大陸の都市のひとつだと主張したからだ。ムー大陸は太平洋上にかつて存在したとされる幻の大陸（詳しくはその他・太平洋の**幻の超古代文明ムー大陸**の項目を参照）。チャーチワードによると、海底にある巨大な石柱が海上遺跡のものと比べてはるかに古いため、約一万二〇〇〇年前に沈んだムー大陸のものだという。

ナンマトルは一一世紀頃に本格的な建設が進んだことは判明しているが、それ以前の時代に、誰がなんの目的で人工島を作り始めたのかはわかっていない。さらに古い時代からムー大陸の都市として栄えていた可能性もあるのかもしれない。

知識を共有した航海術の神アルルエイ

太平洋の島々で信仰されている世界でもっとも古い航海術の神の一人を、アルルエイという。ミクロネシアのカロリン諸島にあるイファリク環礁では、島民の作るどのカヌーにも、アルルエイを模した木彫りの像が載せてあるそうだ。伝説によれば、アルルエイの上半身は人間で、下半身はアカエイだった。さらに顔が二つあり、あらゆる方向を見ることができたという。彼が航海術に長けていた理由を示す伝説がある。

かつて、アルルエイは妻、娘、息子とともにプエンナップという島に住んでいた。ある時、アルルエイの娘は、島の近くを通るカヌーを発見した。そのカヌーには、操縦士の神セグル、魚の神ヴァルル、海鳥の神ヴェリエングという三人の神が乗っていた。彼らは島へ立ち寄らずに行ってしまいそうになったので、娘は拳ほどの大きさのココヤシの実を掲げ、ココヤシのジュースを飲んでもらいたいから立ち寄ってほしい、と叫んだ。

三神は興味を示し、娘にカヌーの近くまでココヤシの実をもってこさせてその実を飲み始めた。不思議なことに、三人の神がたっぷり飲んだあとも、小さいココヤシの実にはまだ十分にジュースが残っていた。喜んだ三神は娘をカヌーに誘い、海図を与えて父親に見せろと言い添えると去っていった。

その海図には、航海士になるために知っておくすべてのことが書いてあった。アルルエイは知識を独り占めしなかった。すぐに偉大な操縦士である息子のパルエラップを呼び、人々が安全に航海できるよう、海図に書かれたすべてを皆に教えよと指示したと言われている。

『冒険ダン吉』のモデルの末裔《まつえい》が暮らす諸島

『冒険ダン吉』は、一九三三年から一九三九年まで、『少年倶楽部』に連載された島《しま》田啓三《だけいぞう》による絵物語だ。夢の中で、南洋の島に漂流してしまったダン吉が、現地人の王様として君臨する物語が描かれている。

この主人公のモデルとなったのが、日本人の南洋群島移民の先駆者として有名な、森小弁《もりこべん》という明治時代の伝説的人物だ。一八六九年に土佐（現在の高知県）で士族の子として生まれた小弁は、南洋への憧れを抱き、一八九一年というもっとも早い時期に、貿易会社の一員として、小さな帆船でトラック諸島（現在のミクロネシア連邦のチューク諸島）に渡った。

小弁は仲間と別れてたった一人でトラック諸島に残った。そして現地人妻と結婚し、子宝に恵まれ、やがて大首長になり、その生涯をトラック諸島で過ごしたという。

現在、ミクロネシアのチューク州には、二〇〇〇人を超える小弁の子孫が暮らしているとも言われ、ひ孫であるエマニュエル・モリ氏は、第七代ミクロネシア連邦の大統領を務めた。日系人が多く、「フトン」「ベントウ」といった日本語の単語も残っているという。ちなみに、マーシャルでも日系人が多く、「タクワン」「サシミ」などの日本食が日常で食べられているとか。「アミモノ」というマーシャルの手工芸品のように現地に根づいたものもある。

ヤップ島のストーンマネー

　ミクロネシアは四つの州からなるが、そのうちヤップ州はもっとも伝統的な生活が残っている。女性はタロイモやヤムイモの耕作、男性は漁業によって生計を立てている。なかでも有名なのが、ヤップ島のストーンマネー（石貨）だ。中心に穴を開けた直径一メートルほどの円盤状の石であり、小さいものは直径二〇センチ、大きいものでは四メートルのものもあるという。これらはパラオからいかだで運ばれ、円形に切り出す手間もかかる。石の価値は大きさだけでなく、色や石の質、パラオからヤップ島に運んだ際にどれだけ大変だったかなどで決まるという。

　無造作に道に置かれているが、それぞれに名前がついており、所有者がいる。現在も冠婚葬祭や土地の譲渡などの儀礼的な取引の時に、貨幣として使われている。

　ストーンマネー自体は重いので移動することは少なく、所有権を渡すという取引となる。また、国外への持ち出しは禁じられている。

大洋州全域

英雄マウイの伝説

　ニュージーランド、ハワイ、イースター島まで太平洋に広がるポリネシアの島々で、よく知られているのが、トリックスターの神・英雄マウイの伝説である。マウイは、二〇一七年のディズニー映画『モアナと伝説の海』にも主人公の一人として登場している。マウイはポリネシアの神話や伝説に広く登場するが、地域によって名前や出自が様々で、彼の英雄的な行動も異なることが多い。マウイはルーという神と、冥界への道を守る女神ブアタランガの息子と言われているが、マウイは人間で、幼くして母親から海に投げ捨てられたが、海の精霊によって命を救われたという伝説もある。別の神話では、月の女神ヒナと人間の父から生まれた半神とも言われている。

◎マウイが釣り上げたポリネシア諸島

　太平洋の島々にあるいくつかの創世神話のうち、マウイがポリネシアの島々を創造する話がある。ある時、マウイは兄弟二人とともにカヌーで漁に出かけた。マウイは、先祖の女神の顎《あご》の骨から作ったという魔法の釣針に、自分の鼻血をつけて海に投げ入れた。すると魚の代わりに巨大な陸地を釣り上げた。これがマオリ人からはテ・イカアマウイ（「マウイの魚」という意味）と呼ばれている北島になった。この時、島が大暴れしたので釣り糸が切れて、釣針が空に引っかかって蠍座《さそりざ》になったという伝説が加わることもある。

しかし、島々の地面から空までの距離が約二メートルしかなく、人々は大変暮らしづらかった。そこでマウイは、もっと空を高くして人々を助けようと考えた。巨人に変身して立ち上がり、怪力を発揮して地面から空をうんと遠くまで押し上げたという。この時、マウイの父親の神ルーを一緒に持ち上げたので、ルーの頭と肩が星の間に挟まって動けなくなり、そのまま衰弱死して、彼の骨は軽石となって、ポリネシア中の大地に降り注いだとも言われている。

◎不死を願ったマウイの結末

マウイは数々の冒険に出かけたが、やがて永遠に生きたいと願うようになった。そして、不死身になる唯一の方法は、冥界にいる死の女神ヒネ・ヌイ・テ・ポ（詳しくは**マオリ族の神々と死の到来**の項目を参照）の心臓を握りつぶして殺すことだということを知った。しかも、もし成功すれば、マウイだけでなく地上の全人類が不死になることができるという。

そこでマウイは冥界に旅立ち、庭で寝ている女神を発見した。マウイはトカゲ（イモムシという物語もある）に変身して女神の中に入った。すると、その様子を見ていた動物たちが笑ったので、女神は目を覚まし、体内で何かが這い回っていることに気づいた。女神は筋肉を収縮させて、体内の異物を押しつぶした。これが英雄マウイの最期であり、全人類は死という運命から逃れられなくなったのである。

マオリ族の神々と死の到来

マオリ族に伝わる神話では、空の神ランギ（ランギヌイ）と大地の女神パパ（パパトゥアーヌク）と、息子の兄弟たちが登場し、なかでも息子の一人である木と森の神タネ（タネマフタ）が活躍する。

◎空と大地の夫婦の別れ

世界が始まる前、空の神ランギと大地の女神パパは、ぎゅっと固く抱き合っていた。二人の内側には、タネ、トゥ（トゥマタウエンガ）、ターウィリ（ターウィリマテア）、タンガロア（詳しくはポリネシアの**殻から生まれた創造神タンガロア**の項目を参照）などの息子たちが閉じ込められていた。

そのうち完全な暗闇に飽きた息子たちは、両親を引き離す方法を話し合った。好戦的なトゥは二人を殺したがったが、タネは引き離すべきだと主張した。そしてタネは二人を引き離し、空と大地を分けた。妻と引き離されたランギは激しく泣き、雨となって大地に降り注いだ。木と森の神だったタネは世界に森を増やしていった。両親の心の痛みを理解したターウィリが反乱を起こした。大地を水浸しにするほど大嵐を引き起こし、これが海になった。

◎死の始まり

やがてタネは妻が欲しくなった。まだ女が作られていなかったので、タネは植物、石、昆虫、小川などと番《つが》ったが、満足できなかった。そこでタネは海岸で泥と砂を混ぜて命を吹き込み、最初の女を作った。ヒネ・ハウ・オネ（「土でできた乙女」という意味）と名づけられた女とタネとの間に、娘が生まれた。その子はヒネ・ティタマ（「夜明けの乙女」という意味）と名づけられた。ヒネ・ティタマは、父親を知らずに育ち、タネは彼女も妻にした。

　ヒネ・ティタマは幸せに暮らしていたが、ある時、自分がタネの娘であることを知る。彼が父親だと知ってショックを受けたあまり、恥ずかしさから冥界へ逃げた。

　タネはヒネ・ティタマを追いかけたが、彼女自身が拒み、冥界へ入ることができなかった。ヒネ・ティタマはタネに、「地上にとどまって光の世界で子どもたちを育ててほしい」と頼み、自らは冥界に残り、闇の世界に来た者たちの面倒を見ることを告げた。それ以来、地上のあらゆるものに死が訪れるようになり、ヒネ・ティタマは、ヒネ・ヌイ・テ・ポ（「暗闇の偉大な女神」）と名乗るようになったという。

　なお、人間が死から永遠に逃れられない運命を作ったのは、トリックスターのマウイである。詳しくは**英雄マウイの伝説**の項目を参照。

ラピタ人の謎

　ニューカレドニアのラピタ遺跡などからは、紀元前一六〇〇年から紀元頃にかけて、オセアニア最古の土器が発見されている。これをラピタ式土器と呼ぶ。ラピタ式土器は、砂や貝殻の粉を混ぜた粘土で作られており、焼く際の温度が低いために壊れやすいという。また、櫛歯《くしば》状、貝殻を押しつけた模様、線で描いた幾何学模様などが施されているのが特徴だ。ラピタ式土器はビズマーク（ビスマルク）諸島のニューブリテン島でとれる黒曜石とともに発見されており、この海域を行き来し、交易を行っていた人々がいたことになる。

　さらに、似たタイプの土器は、フィリピンや台湾からも発見されていることから、ラピタ式土器のルーツは東インドネシアにあるとする説もある。

　このラピタ式土器を作ったのが、ラピタ人と呼ばれる民族である。ラピタ人とは、太平洋をカヌーで航海していたとされる海洋民族。紀元前三六〇〇年頃には、パプアニューギニアのビズマーク諸島にいたことがわかっている。

　その後も東へ進み、ソロモン諸島、バヌアツ、ニューカレドニア、フィジーなどのメラネシアを通過し、トンガ、サモアと、紀元前一世紀頃までにポリネシアまで到着した。そして、ラピタ人はポリネシア人の祖先になったと言われている。

　しかし、そもそもラピタ人がどこから来た民族なのかはわかっていない。最初からビズマーク諸島にいた、西方のインドネシアやマレー半島、中国南部から来た、さらに北の東シナ海の付近がルーツ、など様々な説が存在するが、いずれも確たる証拠は見つかっていない。

　一説によると、縄文人との類似点があることから、日本とも関係があるのではないかと言われている。

北米

North America

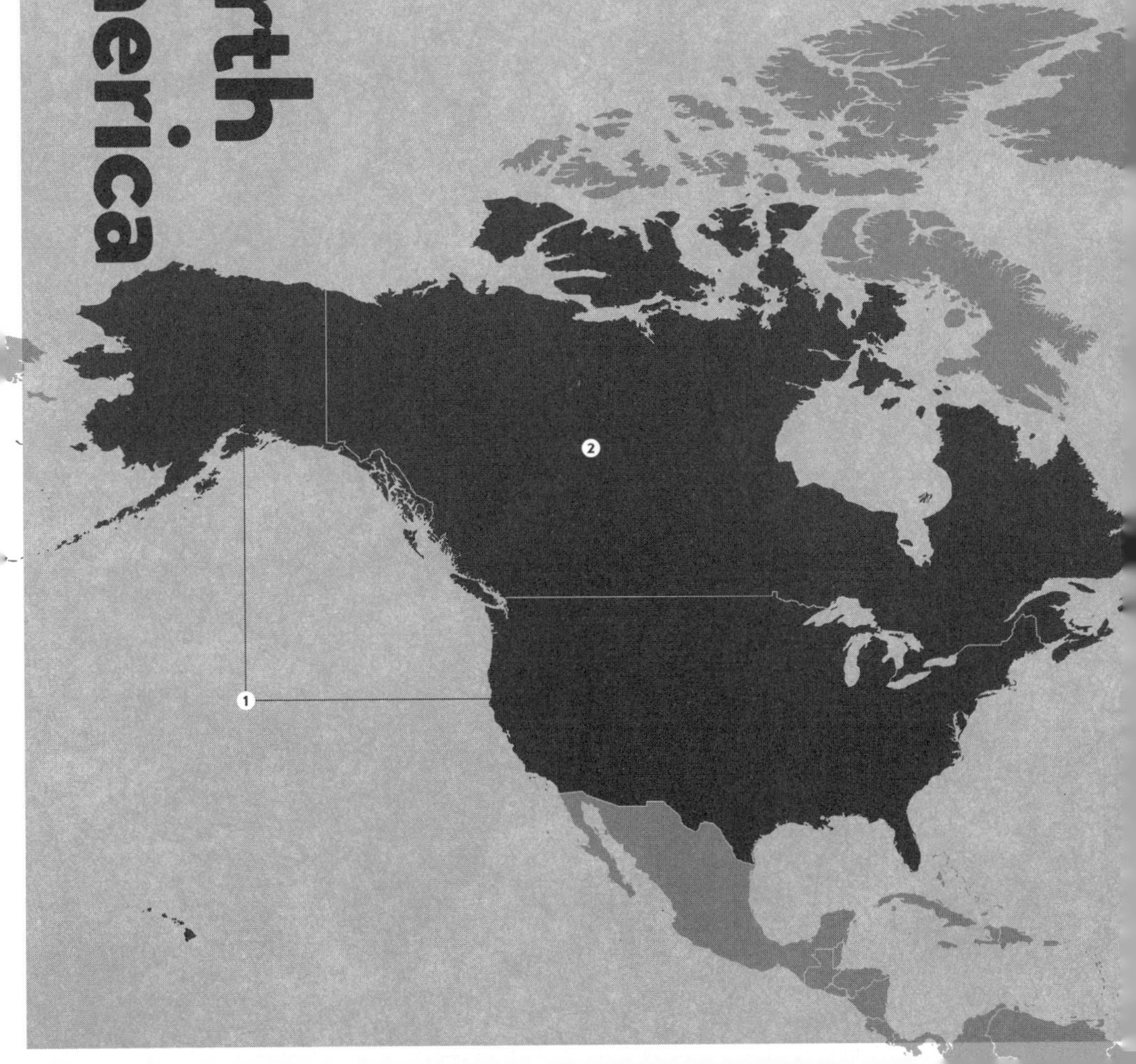

アメリカ合衆国

悪霊を払うボトル・ツリー

アメリカ南部に伝わる慣習。ボトル・ツリーとは、木の枝の先端に瓶を被せることで邪悪な霊を追い払うという風習だ。瓶の色は青いことが多い。一本の木にたくさんのボトルが刺さり、日光を反射してキラキラと輝く珍しい光景が広がる。

発端は、アフリカから連れてきた奴隷だという。アフリカでガラスがまだ珍しかった時代、瓶に空気が通る時に鳴るヒューヒューという音は、悪霊が出していると信じられていた。悪霊は瓶の中に閉じ込められ、奴隷とともにアメリカにやってきたとされている。そこで、アメリカ南部の人々は、木に被せたボトルに悪霊を閉じ込めることで、家の中に入れないようにしているそうだ。

天の川の始まり

南西部に住むナバホ族には、星の配置が決まった理由にまつわる神話が残る。

ある時、火を創ったとされる第一の世界の神々である黒い神（詳しくは**ナバホ族の誕生**の項目を参照）が、空に星を配置することにした。星を正しい模様に並べなければならず、黒い神は大変注意深く行ったため、とても時間がかかった。黒い神のそばで様子を見ていたコヨーテは、そののんびりした作業にイライラして、残りの星の入った袋を黒い神からひったくり、すべて空にばらまいてしまった。こうして、天の川ができあがったと言われている。

ナバホ族の他にも、アメリカ先住民の多くは、夜空に広がる天の川を死者の魂が辿る空の道と考え、天の川の始まりについての神話を多く残している。

アメリカ建国とフリーメイソン

世界最大の秘密結社フリーメイソンは、中世時代の石工の職人組合を起源とし、一八世紀初頭にイギリスで結成された平和人道主義を掲げた謎の組織。実はアメリカ独立の陰で、フリーメイソンが暗躍していたという説がある。

一七三三年にアメリカで初めてフリーメイソンのロッジ（支部）が開かれて以降、フリーメイソンはアメリカ全土に広まっていき、有力者の会員たちが集まってアメリカ独立への動きにつながったという。一七七六年には、ベンジャミン・フランクリンやジョージ・ワシントンらによってアメリカ独立宣言が完成。この時、宣言書に署名した五六名のうち五三名がフリーメイソンの会員だった。さらに二年後に完成した合衆国憲法の議決における代表者五五名中、三二名が会員だったというのだ。歴代アメリカ大統領も、少なくとも一五名はフリーメイソンの会員と言われている。

　また、アメリカ建国の背後にフリーメイソンの存在を暗示するものが、いくつも残されている。たとえば、ホワイトハウスの設計者も会員であり、アメリカのシンボルである自由の女神には、当初「フランスのフリーメイソンがアメリカの独立を記念してメイソンの同胞に送った」と書かれた石碑が添えられていた。一ドル紙幣にはフリーメイソンのシンボルである「全能の目」や「MASON」の文字列などが暗号として隠されているという説も有名な話である。今や世界の中枢に存在する超大国アメリカは、実はフリーメイソンによって動かされているのかもしれない。

アメリカには「皇帝」がいた！

　一九世紀、建国以来、大統領制のアメリカで、史上唯一の「皇帝」として君臨した伝説の男がいた。それがジョシュア・ノートン一世だ。ノートンは家族とともにイギリスからサンフランシスコに移住してきたが、商売に失敗して破産。自分の失敗は議会制政治のせいと考えたノートンは、新聞各社に「合衆国の皇帝となることを宣言する」という手紙を送りつけるという奇怪な行動に出た。

　すると、サンフランシスコの新聞社がジョークとして、ノートンの手紙を掲載。それ以降、有名人となったノートンは、軍服に身を包み、杖《つえ》を片手に、堂々とサンフランシスコの街を歩くようになり、自転車に乗って市内を巡察した。新聞にはたびたび「勅令」と称する投書を行い、奴隷解放を訴えたり、南北戦争下ではジェファーソンやリンカーンに和平交渉を命じたりしたのである（和平は拒否されたが、両者から返答の手紙はもらった）。

　真摯《しんし》に国を思う温厚な「皇帝」を、サンフランシスコの人々は次第に愛するようになった。彼とすれ違えば敬礼し、市当局は彼の職業欄を「皇帝」と記し、印刷会社は彼専用の紙幣を発行した。彼が一八八〇年に亡くなった時、新聞は「皇帝、崩御す」の見出しで追悼し、市民三万人が参列する大規模な葬儀が行われたそうだ。愛すべき皇帝は現在、カリフォルニア州コルマのウッドローン墓地に埋葬され、墓碑には「ノートン一世、アメリカ合衆国の皇帝、そしてメキシコの庇護《ひご》者」と刻まれている。

イロクォイ族の双子の創造主

　アメリカ先住民の神話は口承伝承のため、地域や語り手によって様々な内容がある。セネカ首長ジョン・ギブソンが語る北米のイロクォイ（ホデノサウニ）族には、次のような創世神話が伝わる。

　天上界に住む首長ホダーへ（樹をもつ人）のもとへアウェンハーイ（満開の花）という少女が現れた。二人は足の裏を合わせて寝ていたところ、ある日アウェンハーイが妊娠していた。嫉妬したホダーへは、少女を樹の穴から下界へ突き落とすが、水鳥たちが彼女を支えた。ビーバーが土を盛り、海上に浮かぶ大亀の甲羅の上に置くと、土は大地となったので、アウェンハーイは大地に降り立ち、女の子を産んだ。

成長したアウェンハーイの娘は双子の男の子を産んだ。最初に生まれた子が兄のデハエーンヒヤワコーン（天空を支える者）。次に生まれたのが、弟のオハーア（火打石）。しかし、オハーアは母親の脇から生まれたため、母親の体は傷つき死んでしまった。

双子の兄弟は競い合い、兄が人間のためにトウモロコシを作り、様々な動物を創造すると、弟は動物たちを山の洞窟に隠した。兄が人間を創造すると、弟も真似て生き物を創ったが、猿となった。

双子はとうとう戦いを始め、兄は日の光、弟は夜を武器として戦った。ついにデハエーンヒヤワコーンが勝ち、負けを認めたオハーアとともに天上界へ戻っていった。世界はこのように、双子の競争を通じて創り上げられたものとされている。

ウィンチェスター・ミステリー・ハウス

アメリカ、カリフォルニア州サンノゼには、ウィンチェスター・ミステリー・ハウスと呼ばれる奇妙な家がある。この家に住んでいたのは、新型銃器の製造で莫大《ばくだい》な財産を築いたウィンチェスター家だが、一家に次々と不幸が襲いかかり、娘が生後わずか六週間で死亡し、夫も病死してしまう。一八八四年、未亡人となった妻のサラ・ウィンチェスターは、霊媒師から「ウィンチェスター家が作った銃で犠牲になった人々によって、あなたの家系は呪われている。家を増築し続けなければ死ぬだろう」と言われた。サラ夫人はその言葉を信じ、一九二二年に八二歳でこの世を去るまで約四〇年、絶え間なく家の増築を続けたのである。結果的に、一六〇の部屋、四〇の階段、一万枚以上の窓、二〇〇〇枚の扉という巨大なミステリー・ハウスになった。

サラは悪霊たちを混乱させ、欺くために、至るところに秘密の通路や行き止まりを作った。そのため、天井に続く階段、隠し部屋のあるくねくねと曲がる廊下、床のない部屋、どこにも通じていない扉など、奇妙な構造ができあがった。

また、サラ夫人は「一三」の数字や「クモの巣」のモチーフを好み、館にちりばめている。階段の段数、排水溝の穴の数、シャンデリアのライトの数などが一三だったり、クモの巣のデザインを施した窓があったりする。一三日の金曜日には、大きな鐘を一三回鳴らすようにしていたそうだ。

館は今も健在で、サラ夫人が亡くなった後も、幽霊の目撃情報やポルターガイストなどの現象が後を絶たないそうだ。現在、内部を一巡できるツアーが催されており、観光客に人気のスポットとなっている。

海の女神セドナ

極北地域の先住民に伝わる海の女神セドナが、まだ人間だった頃に、こんな伝説が残されている。

ある村に、長い髪をもつ美しい少女セドナ（アヴィラヨック、アーナクナグサクとも呼ばれる）という娘がいて、誰とも結婚したがらなかった。ある日、顔立ちの美しい若者が現れて、セドナを遠くの島へ連れ去っていった。二人は夫婦になったが、夫の正体がカモメだと気づいたセドナは、嘆き悲しむ。セドナの父は夫を殺して娘を舟に乗せ、島から脱出した。

しかし途中で海が荒れ、カモメの祟《たた》りを恐れた父は、娘を海に投げ込んで生贄《いけにえ》にしようとした。セドナが舟の縁にしがみつき這い上がろうとしたので、父は斧《おの》でセドナの手の第一関節を切り落とした。すると切り落とされた指は海中に落ちてクジラとなった。それでも娘が舟にしがみつくと、父はさらに第二関節を切った。すると切られた指はアザラシになった。まだ娘が舟にしがみつこうとしたので、父は最後の関節を叩き切った。指は魚になり、海底に沈んだセドナは海の女神となった。夫が犬である話、最初は犬と結婚するがカモメが連れ出すという話もある。この地域では今も、秋になると海の女神セドナに感謝して豊漁を祈願する「セドナ祭り」が行われている。

エリア51の異星人

一九九〇年、オハイオ州のライト・パターソン空軍基地のエンジニアのビル・ユーハウスが、テレビのドキュメンタリー番組で、次のように発言した。自分は一九五八年から一九八八年にかけて、エリア51の地下施設サイト4で、空飛ぶ円盤のシミュレータ装置開発を手伝っていた。その飛行訓練のリーダーを務めていたのが、J＝ロッド（ジャロードともいう）と呼ばれる異星人だったというのだ。

J＝ロッドは身長一五〇センチほど、灰色の肌で、真っ黒なアーモンド型の目をしていて、J＝ロッドとの会話はすべてテレパシーで行われていた。J＝ロッドの存在を証言する人物は他にもいて、同じくエリア51の元職員の微生物学者ダン・バーリッシュ博士だ。博士はJ＝ロッドから細胞を採取し、ＤＮＡの分析を行ったそうだ。異星人と人間のＤＮＡをかけ合わせてハイブリッド種を作る計画まで行われていたというが、真相は不明のままだ。

エリア51の秘密

エリア51は、アメリカ、ネバダ州のネバダ砂漠の最深部にある、地下の空軍基地である。一九五五年に建設され、衛星写真では存在が確認されているものの、二〇一二年まで政府はエリア51の存在を認めようとせず、地図にも記載されなかったことから、一切が謎に包まれていた。そのため、これまで様々な噂が囁《ささや》かれている。

人類と宇宙人のハイブリッド種を作っている、タイムトラベルや気象コントロールなどの研究を行っている、墜落したＵＦＯを研究している、一九四七年に起こった有名なロズウェル事件（詳しくは**ロズウェル**

事件の項目を参照）の回収物を保管しているといった噂などが、まことしやかに囁かれた。ＵＦＯなど別世界の物質を保管する「一八番格納庫」という倉庫がどこかに存在し、エリア51こそが一八番格納庫だと主張する説もある。

一九八九年には、科学者ボブ・ラザールが、エリア51の関連施設で、捕獲したＵＦＯの分解を行い、基地内に異星人がいると証言した。他の元職員も異星人の存在を認め、その名前はＪ＝ロッド（ジャロードともいう。詳しくは**エリア51の異星人**の項目を参照）であると証言している。

大きな騒動になったが、二〇一三年、米中央情報局（ＣＩＡ）は、エリア51が空軍基地や秘密兵器の開発実験施設であると正式に発表。ネバダ州内の所在地を記した地図も公表した。文書によればＣＩＡの実験場として使われていたというが、ＵＦＯや宇宙人が隠されているという陰謀説は今も尽きない。

女ガンマンのカラミティ・ジェーン

一九世紀のアメリカ西部開拓時代、「男は男らしく、女は女らしく」とされた時代に、ジェンダーレスな生き方を選んだ女性がいた。ビリー・ザ・キッドやワイルド・ビル・ヒコックなどと同時代に生きた伝説的な女性ガンマン、カラミティ・ジェーンである。本名はマーサ・ジェーン・カナリーという。

彼女の自伝によれば、ジェーンは一五歳で孤児となり、幼い弟妹を守るために乗馬や射撃、投げ縄などを習得し、アメリカ軍の斥候として雇われた。ある時、ジェーンは、アメリカ先住民に襲われた大尉を救出した。その際、大尉が「災厄の救い手だ」と言ったことから、「カラミティ・ジェーン」という異名で呼ばれるようになったという。法廷内で激怒した男性から「法廷の疫病神」と警告されたことに由来するという説もある。射撃の名手ワイルド・ビル・ヒコックと結婚したという噂もあり、現在、アメリカ西部のサウスダコタ州のマウントモライア墓地に、二人は眠っている。

ジェーンの成長物語は、二〇二〇年、フランスの長編アニメ映画『カラミティ』に描かれ、アヌシー国際アニメーション映画祭２０２０において長編部門のグランプリを受賞している。

骸骨から目の飛ばし方を教わったコヨーテ

コヨーテはアメリカ先住民の神話においてトリックスター的な存在だが、ホピ族に伝わる民話には、次のような失敗談が語られている。

ある時、メスのコヨーテが食べ物を探していたら、骸骨男が「ハイアヤハイヤハヘイ」と歌いながら両目をピューッと飛ばし、しばらくすると目が戻ってきて眼窩《がんか》に収まるところを目撃した。

目を飛ばせば獲物を簡単に見つけられるかもしれないと思ったコヨーテはやり方を

聞くと、骸骨男は「南を向いて動かずに、ハイアヤ ハイヤハ ヘイと歌えばいいよ」と親切に教えて去っていった。

　コヨーテは言われた通り南を向いて歌うと、目玉が南へ飛んでいった。大峡谷にいるあらゆる動物たちが見えて興奮したコヨーテは、つい動き回って北を向いてしまった。慌てて南を向き直したが、いつまで経っても目が戻ってこないので慌てたコヨーテは、目が地面に落ちていないか手探りで探し回った。

　ようやく目らしきものを見つけて眼窩にはめたが、視界が何もかも黄色く見える。不思議に思いながらもそのまま家に帰ると、子どもたちは母親を一目見るなり、驚いて方々に逃げてしまった。コヨーテは間違ってひょうたんをはめてしまったのだ。

　以来、コヨーテの目はやたら大きくて黄色くなり、各地に散らばって住んでいるそうである。

かいつぶりになった少年

アメリカ先住民のニスクオーリー族で語られる伝説。オリンピック半島のメイスン湖は、古くから悪い精霊のすみかと噂されていた。

　湖のそばに、泳ぎ上手な少年が住んでいた。ある時、母親の言いつけに背いて少年はメイスン湖に泳ぎに行った。遊び疲れてお腹の空いた少年は、湖でマスを捕まえて岸辺で食べたところ、かいつぶりの姿になってしまった。マスには悪い精霊が隠れていたのだ。少年は驚いて自分の家に飛んで帰ったが、母親はかいつぶりが自分の息子であることに気づかず、棒で叩いて追い払おうとした。かいつぶりになった少年は泣く泣く湖へ飛んでいった。かいつぶりが今もガーガー鳴くのは、母親の言いつけを守らない子どもたちに警告しているからだという。

神々の戦いで生まれたクレーター・レイク

アメリカ、オレゴン州のカスケード山脈にあるクレーター・レイクは、アメリカでもっとも深い湖として知られている。約七〇〇〇年前、マザマ山が噴火した際、マグマが枯渇して急激な隆起と陥没が起こったため、カルデラができて湖になったとされている。深い青色をした神聖な湖である。

　先住民のクラマス族によれば、天空の神スケルと、冥界の神ラオがこの地で戦い、火山が崩れて湖ができたという言い伝えがある。この時、ラオが流した涙で満たされて湖となり、湖面にあるウィザード・アイランドと呼ばれる円錐形の島には、ラオの魂が宿っていると考えられている。

　クレーター・レイクの底には、ラオに従う巨大な竜が住んでいると言われていて、この湖上の島に近づいた者を湖底へ引きずり込むという噂もある。

カリフォルニアの女人島

北米のカリフォルニアが半島とわかる前、ヨーロッパの探検家たちは、カリフォルニアは美しい女性たちだけが暮らす女人島だと信じていた。一六世紀にスペインで書かれた小説『騎士エスプランディアンの功績』によれば、カリフォルニアの島民に男性は一人もおらず、たくましい体と美しさを兼ね備えた黒人の女性ばかりであり、島で採れる金属は金だけだ、とある。

スペイン人の征服者エルナン・コルテスはこの伝説を信じて女人島を求めてさまよった。しかし、探検の結果、島と思われた場所は半島だったことが明らかになった。

危険な赤い目のドワーフ

小人は世界中の伝説に登場するが、アメリカ先住民にも小人の言い伝えがある。ナン・ルージュと呼ばれる、燃えるような赤い目の小人を目撃すると、決まって災難が訪れると言われている。

一七〇一年にはミシガン州デトロイトの白人入植者アントワーヌ・ドゥ・ラ・モット・カディヤックという人物がナン・ルージュを目撃したあと、全財産を失った。一七六三年には、先住民の反乱が起こる直前に現れたという。一八〇五年に現れた時は、火事で町が全焼したそうだ。

一九六七年、デトロイトで暴動が起こった際に、ナン・ルージュが通りの真ん中で側転をしているところを見たという噂もあるらしい。

吸血鬼マーシー・ブラウン

ロードアイランド州にあるエクセターという町で起きた吸血鬼騒動。一九世紀末、この村にブラウンという一家が暮らしていた。一家は不治の病とされていた結核に冒され、母親のメアリー、長女のメアリー・オリーブが亡くなってしまう。四年後には妹のマーシーも結核で死亡し、その二ヶ月後には兄のエドウィンも結核にかかってしまう。

迷信深い町の人々は、死んだ家族が吸血鬼となって蘇り、エドウィンの血を吸っていると噂しだした。父のジョージは、エドウィンを守る気持ちから、町民たちとともに妻と娘たちの墓を暴いた。妻と長女の遺体は土に返っていたが、二ヶ月前に土葬したマーシーの遺体には変化がなく、まるで生きているかのようだった。町民たちはマーシーこそが吸血鬼に違いないとし、彼女の遺体の胸を切り開いて心臓を取り出した。心臓は焼かれて灰となり、兄エドウィンの治療に用いられたという。しかし、エドウィンも二ヶ月後に死亡。マーシーが吸血鬼だったかどうかの真偽は曖昧《あいまい》なまま事態は収束した。

現場となったエクセターのバプテスト教会では、幽霊となったマーシーが墓地をさまよう姿が目撃されているという。

巨人族のミイラ

北米大陸には、かつて巨人が住んでいたという噂がある。一九〇〇年代、アメリカのスミソニアン博物館は巨人族と思しき骸骨の調査を行っていた。一九一二年にはアメリカで巨人の骨らしきものが発見され、その後も一〇〇〇以上もの地で見つかった。しかし、その巨人の骨はいつの間にか行方不明になってしまった。一九五〇年代からは巨人の骨にまつわるニュースが語られなくなり、いつしかスミソニアン博物館が隠蔽《いんぺい》しているという噂が囁《ささや》かれるようになった。ついにアメリカ・オルタナティブ考古学研究所が、スミソニアン博物館に対して「巨人族の骸骨を破壊した」と訴訟を起こした。係争中に一・八メートルから三・六メートルもの巨人の骸骨を大量に破壊したと、博物館側の内部告発もあったという。ついに二〇一四年一二月、アメリカ連邦最高裁判所は、スミソニアン博物館に対して、隠蔽した巨人族の書類の公開を求める判決を下した。

以上がまことしやかに囁かれている伝説だが、実はフェイクニュースサイトが出したジョーク記事がインターネット上で拡散したものと言われている。とはいえ、スミソニアン博物館には巨人族のミイラの写真も残されており、世界各地で巨人にまつわる伝説や巨人と思しき痕跡が発見されていることから、嘘の中に隠された真実があるのではと指摘する声もある。

クァルパリクのいるアラスカ沖

クァルパリクとは、二〇〇四年にアメリカ、アラスカ州で目撃された人魚のような怪物。先住民イヌイット族の伝説に登場する化け物で、緑色の肌に長い髪と爪、魚のようなヒレをもつという。独特のハミングで水辺に近づく子どもを誘い、水中へ引きずり込むと言われている。

二〇〇四年、ボートで沖合に出て、釣りをしていた二人の男性が目撃した。竿に手応えがあったため、大物を引き上げようとしたら逆に海に引きずり込まれ、その直後に巨大な尻尾と、ボートの縁を摑む水かきと鋭い爪をもつ手を見たそうだ。二〇〇六年には、カップルが泳いでいたところ何者かに足を摑まれ、海中から彼らを見つめる背びれと長い尾をもつ人間らしきものを見たとも言われている。アラスカの海では数年おきに失踪者が相次いでいるといい、海底に潜むクァルパリクの仕業ではないかと恐れられている。

首なし鶏マイクの奇跡

コロラド州フルータには、首のない鶏の像が建っている。この鶏の名前はマイクといい、世にも珍しい「首なし鶏」として、全米で話題になった人気者だ。

一九四五年九月、農家のロイド・オルセンという男性が、晩ご飯用に生後五ヶ月のオス鶏の首を斧《おの》で切り落とした。ところが、首を切断されたにもかかわらず、鶏はフラフラと歩き出し、他の鶏とともに餌をつつき、羽を繕い始めたのだ。翌朝になり、鶏は切り落とされた自分の首を羽の下に抱いて、眠っていた。それを見たロイドは鶏にマイクと名づけ、毎日、点滴スポイトで穀物と水を与えた。その後、ロイドはマイクを連れて全国行脚したことで話題となり、「ミラクルマイク」として雑誌の表紙を飾り、ギネス記録にも掲載された。マイクは首を落とされてから一八ヶ月間、生存したそうだ。

　マイクはなぜ首を切断されても生きていられたのだろうか。大学の科学者たちによれば、斧が頸静脈を外し、すぐに血が固まって出血を止めたことと、耳と脳幹の大部分が体部に残っていたためではないかと推測した。

　コロラド州フルータでは、毎年五月第三週末日を「首なし鶏の日」として、マイクを弔い続けているという。

熊の爪痕が残るデビルズタワー

アメリカ、ワイオミング州北東部には、草原から突き出た巨大な切り株のように見える岩山がある。デビルズタワーと呼ばれるこの岩山は、地下のマグマが冷えて固まり長年浸食されてできたもので、標高は一五五八メートル。シャイアン族やクロー族など先住民族の聖地であり、熊のすみかとされた。

　言い伝えによると、デビルズタワーを走る垂直の線はグリズリーベアの爪痕だという、先住民の間ではこの岩山はベアーズ・ロッジ（グリズリーベアズ・ロッジ）と呼ばれている。デビルズタワーという名前は、この地を探検したアメリカ軍人の通訳が「悪神のタワー」と誤訳したことから生まれたらしい。スピルバーグ監督のＳＦ映画『未知との遭遇』にて、宇宙船が着陸した地としても知られている。

黒ひげの秘宝

カリブの海賊で有名な「黒ひげ」ことエドワード・ティーチは、一八世紀頃、カリブ海沿岸やアメリカ東海岸を荒らし回り、金銀財宝を強奪した史上最強の海賊と言われている。ところが、黒ひげがあれほど強奪したはずの金銀財宝が、彼の死後、船団からひとつも見つからなかったことから、海賊の財宝伝説が始まった。

　黒ひげの財宝はノースカロライナ沖の島々に隠されたのではないかとされ、多くの人が宝探しを行ったが、見つけることはできなかった。

　そんな折、一九三〇年代、アメリカのノースカロライナ州バースで、二人の漁師が古い三つの釜を発見した。そこには大量の金貨が入っていたが、漁師たちは後日取りにくるつもりで金貨を埋め戻したところ、その後、洪水であたりが流されてしまい、埋めた場所がわからなくなってしまったという。この金貨こそ黒ひげの財宝だったのではないかと推測されている。

さらに一九九六年には、ノースカロライナ州ビューフォートで、一隻の沈没船が見つかった。黒ひげの海賊船クイーン・アンズ・リベンジ号ではないかと考えられたが、ここにも財宝はなかった。宝のありかを示した地図も残されているというが、黒ひげの死後三〇〇年以上経っても、宝探しは続いている。

下水溝の白いワニ

アメリカのニューヨークの下水溝には、いつからか巨大な白いワニが棲みついているという有名な都市伝説がある。

ペットのワニがトイレなどに捨てられて地下の下水溝に流れ着き、生き延びているというのだ。下水溝は日が当たらないため、ワニの鱗《うろこ》は白くなり、視力は退化したが、下水溝に捨てられた薬品などの影響で、とんでもない大きさになってしまった。しかも一匹だけでなく、同じように捨てられたワニたちが群れて暮らしており、人間を見つけると襲いかかってくるという。そのため「白ワニ捕獲隊」が密かに結成されているそうだ。

この話は噂だけにとどまらない。一九三五年二月、ニューヨークのマンハッタンの下水溝にいたワニがレスキュー隊によって射殺されるという事件が起きており、なぜ下水溝にワニがいたのかは不明となっている。今もニューヨークの地下には、ワニたちが密かに住み着いているかもしれない。

ケネディと金星人

一九六三年一一月二二日、テキサス州のダラス市内を遊説中、凶弾に頭を撃たれて死亡したジョン・F・ケネディ大統領。この時、ケネディ大統領の遺体のポケットから血染めのメモが発見され、二〇〇五年二月にインターネット上でその内容が公開された。パレード後に行う予定だった演説のメモで、大統領の遺体を検視した医師が隠しもっていたという。その内容は、地球外生命体の存在を認めたうえで、共存を訴えるというものだった。証拠となる演説メモの実物は公開されていない。

実は、ケネディ大統領は以前から宇宙や地球外生命体に深い関心があった。一九六二年三月には、『空飛ぶ円盤実見記』というUFOや異星人との遭遇記録の著者であるジョージ・アダムスキー（詳しくは**UFO事件簿**の項目を参照）に頼み、数時間にわたって金星人と会談したという噂まである。公的な記録や資料は残されていないものの、もしケネディ大統領が生きていたら、地球外生命体との交流が頻繁に行われる世界になっていたかもしれない。

こぼれ落ちた数千の星々

アメリカ先住民のコチティ・プエブロ族には、次のような星の配置にまつわる伝説が残る。

土地が乾き始めたので、人類の母イアティクは、故郷である南の地に戻ろうと決めた。彼女はコトシマニャコ（青い羽）という少女に大きな袋を渡し、決して中身を見ずに運ぶよう頼んだ。ところがコトシマニャコは好奇心旺盛だったため、袋を開けてしまった。その途端、数千もの星があちこちに飛び回り、空へちりばめられてしまった。少女は慌てて袋を閉じたが、中にはわずかな星しか残らなかった。少女はイアティクに謝り、残りの星を丁寧に空のあるべき場所へと配置した。それらの星こそ、私たちが名前を知っている星々である。

コヨーテが力を手に入れた理由

アメリカ先住民の神話や伝説では、コヨーテはトリックスター的な存在で頻繁に物語に登場する。コヨーテがどのように力を手に入れたのかを説明する物語がある。

世界が始まると、天界の偉大なる精霊の大首長が動物や人間を集めて「夜明けになったら、小屋を訪れよ。早いもの順で欲しい名前と、力を象徴する長い矢を授けよう」と言った。コヨーテは、朝一番で小屋に行くつもりで、その晩は焚《た》き火のそばでずっと起きていることにした。眠くなっても目に二本の木の枝を挟んで我慢していたが、とうとう眠り込んでしまった。すっかり寝坊したコヨーテは慌てて小屋に向かったが、欲しかった名前はすでになく、首長は残っていた「コヨーテ」という名前と一番小さい矢を与えた。

落ち込んでいるコヨーテを見てかわいそうに思った首長は、コヨーテにどんなものにでも変身できる力を与えた。こうしてコヨーテは特別な力を手に入れ、天界の偉大なる首長から人間の友だちになるよう言いつけられたそうだ。

砂漠の奇祭バーニングマン

ネバダ州のブラックロック砂漠では、世界最大の奇祭のひとつと言われる祭りが三〇年以上前から行われている。「バーニングマン」と呼ばれる、毎年、八月末から九月初旬にかけて行われる華やかなアートイベントだ。

祭りの間だけ、ブラック・ロック・シティと呼ばれる、音楽と芸術に満ちた架空の巨大都市が砂漠に出現する。この架空都市には、仮装や変装をした「Burner（燃やす者）」と名乗る人々が集い、自立や芸術などをテーマにした巨大な仮想建造物やアート作品を並べ、ステージ、キャンプなどが行われる。ここに集う者たちは、祭りの期間中、金銭は使わず、人々とアイテムを交換しながら自給自足の生活を行う。

この奇祭の起源は、一九八六年の夏至。二人の男性がサンフランシスコのビーチで巨大な像を燃やしたことがきっかけと言われている。その後、年々規模が大きくなり、今では世界中から約八万人も参加するビッグイベントとなっているそうだ。

サルベーション・マウンテン

アメリカ、カリフォルニア州南部に、サルベーション・マウンテン（「救いの山」という意味）というカラフルで彩り豊かな山がある。高さは約一五メートル、幅は約四五メートルで、頂上には「GOD IS LOVE」と書かれている。

一九七〇年、レナード・ナイトというベトナム退役軍人の男性が、突如、「神は愛である」という神の啓示を受けた。そのメッセージを伝えようと熱気球を飛ばそうとしたが、うまくいかなかった。そこで、ペイントで人々に伝えようと思いつき、何もない砂漠地帯に作り始めたという。砂漠を選んだ理由は、キリスト教は砂漠で生まれた宗教のためだそうだ。

当初は、違法建築として当局からは撤去を求められたが、レナードは拒否して三〇年以上、コツコツと山を作り続けた。やがて、彼の活動が人々に認められ、二〇〇二年、サルベーション・マウンテンはカリフォルニア州の文化財に認定された。

カラフルで奇抜なこの山は、映画や日本人アーティストのミュージックビデオなどでも使用され、ショーン・ペン監督の映画『イントゥ・ザ・ワイルド』では、サルベーション・マウンテンとともにレナード自身も出演している。

幸せを運ぶ精霊ココペリ

主にアリゾナ州付近に住んでいたアメリカ先住民のホピ族には、笛を吹くココペリという豊穣《ほうじょう》の精霊（カチーナ）が古くから信じられている。ココペリが登場する伝説には次のようなものがある。

マフと呼ばれるキリギリスに似た二人の虫人が、人間たちを連れて、高い山を越えようとしたところ、長い間この世界に住み続けているという巨大な鷲に会った。マフが、「人々とともにここに住んでいいか」と聞くと、鷲は二人のマフに試練を与えた。鷲は二人のマフの体を矢で射抜いたが、マフたちは矢を突き刺したままフルートを吹き、甘美な音を奏でて体の傷を癒してしまった。これを見た鷲は、土地に住む許可を人間たちに与え、創造主である太陽への祈りを許した。それ以来、人々は太陽に祈る時は鷲の羽根を使うようになり、音楽に癒しの力があると信じた。

人々を率いたマフたちこそココペリであり、背中のこぶの中に植物や穀物の種を入れて運び、笛で曲を奏でて熱を生み出したという。ココペリが訪れた村には恵みの雨が降り、草木は茂り、幸せが訪れると伝えられている。もとはホピ族に伝わる精霊だが、北はカナダから南米に至るまで、各部族の壁画にはココペリの絵が刻まれ、その存在は部族を超えて知られている。

陶器などに描かれたもっとも古いココペリの絵は、紀元前八〇〇年頃のものとされている。現在でも、横を向いて笛を吹くココペリの姿は、アクセサリーなどでも人気のモチーフとなっている。

実在したアンクル・サム

アメリカ合衆国を擬人化したシンボル的キャラクター、アンクル・サムを見たことがあるだろうか。星柄のシルクハットを被り、力強い眼差しをこちらに向けて指をさすポーズでおなじみの姿である。一般的なアメリカ人を指す人物とも言えるこの人物画には、モデルがいた。

一八一二年、イギリスとの戦争時、ニューヨークで精肉業を営んでいたサミュエル・ウィルソンという男性である。彼は陽気な性格の人気者で、「アンクル・サム（サムおじさん）」の愛称で親しまれていた。

ある時、食肉を納品するための樽に、合衆国の頭文字（The United States）を意味する「U.S.」という刻印が押してあった。これを見たある人が意味を尋ねた。それに答えた工員の一人が、ジョークで「アンクル・サム（Uncle Sam）のことじゃないかね」と答えたという。

このジョークから「U.S.＝アンクル・サム」と言われるようになり、アンクル・サムをモチーフにしたイラストは第一次世界大戦の新兵募集ポスターにも使われるなど、イメージが定着していった。そして、一九六一年にはアメリカ合衆国のシンボルとして公式に認める決議が可決された。現在、サミュエル・ウィルソンの生誕地、マサチューセッツ州のアーリントンには、彼のモニュメントが立っている。

ちなみに国家を擬人化している例は他にもあり、たとえばイギリスでは典型的なイギリス人男性を表す「ジョン・ブル（John Bull）」、フランスでは「自由の女神」のモデルである「マリアンヌ（Marianne）」がシンボルとして知られている。

失恋ショックから生まれた珊瑚《さんご》の城

フロリダ州南部に、コーラル・キャッスル（珊瑚の城）と呼ばれる奇妙な庭園がある。珊瑚岩で作られたオブジェのため「珊瑚の城」と名づけられた。

伝承によれば、この庭園を作ったのは、北欧のラトビアで一八八七年に生まれたエドワード・リーズカルニンという男性。彼は年下の女性との婚約を突然、破棄されてしまう。このショックから、エドワードはフロリダに移住し、たった一人で庭園を作り始めたという。

一説には、エドワードは結核を患っていて、珊瑚岩から放出される磁気が病を和らげる効果があるために作り始めたという説もあるが、なぜこの場所を選んだのかはわかっていない。一九二〇年から制作を始め、六四歳で亡くなるまでの二八年間、庭園を作り続けたそうだ。

作業風景は誰も中を覗くことを許されず、小柄だったというエドワードが平均重量三〇トンもの巨大な岩をどのように動かしたのか、建築方法は今も謎に包まれている。星や月などの天体をモチーフにしたオブジェのほか、彼が居住部としていた城の塔も残っており、訪れることができる。

正体不明のガイドストーン

一九七九年六月、ジョージア州にあるエルバート・グラナイト・フィニッシング社に、R・C・クリスチャンと名乗る白髪の紳士が突如現れた。「忠実なアメリカ人の小さなグループ」の代表と名乗るクリスチャンは、莫大《ばくだい》な資金をもって、巨大な花崗《かこう》岩《がん》のモニュメントを立てることを依頼したのだ。クリスチャンはジョージア州北東部に土地を購入したあとは、二度と姿を現すことがなかった。

その後、一九八〇年に完成したモニュメントの高さは約六メートル。五枚の巨大な石板の上に、六枚目の石板を支えて立っている。石板には英語やロシア語、中国語、アラビア語などの八つの言語で、人類発展のための「一〇の戒め」という不可解な文言が刻まれ、冠石にはエジプトの象形文字などで「ガイドストーン」と彫られていた。「アメリカのストーンヘンジ」とも呼ばれるこのガイドストーンは、何の目的で立てられたかわかっていない。鍵を握るはずの依頼者、R・C・クリスチャンは偽名であることがわかっており、結局、彼が何者で、どこから来たのか誰も正体を知らなかった。〈R・C〉という偽名から中世末期に現れたとされる秘密結社「薔薇《ばら》十字団」のメンバーではないかという噂もある。

モニュメントに刻まれた一〇の戒めには「人口五億人以下を維持すること」という主張があり、なんらかの組織が、新世界秩序を打ち立てようと目論んでいるのではないかなど、様々な憶測だけが残され、モニュメントは今も、ジョージア州の小高い丘に立っている。

ショットガンマンの伝説の真実

ショットガンマンとは、一九一〇年代、アメリカのイリノイ州シカゴに現れたという殺人鬼。「ショットガンマン」と呼ばれたマフィアのヒットマンとされ、イタリアのシチリア島にいたが、アメリカに渡り、依頼を受けてイタリア系アメリカ人のマフィアを殺害していたという。

その活動期間は一九一〇年一月一日から一九一一年三月二六日とされ、特に一九一一年三月には七二時間で四人のマフィアを殺害した。この殺害の舞台となったイタリア人街であったオークストリートとミルトンアベニュー（現在のクリーブランドアベニュー）の交差点は、「デスコーナー」と呼ばれるようになったという。

このショットガンマンは、ブラックハンド（イタリアやアメリカのイタリア系移民が行っていた犯罪行為の総称。脅迫行為が多く、金銭を強請《ゆす》る際、黒い手形のマークが押印された脅迫状を送ったため、この名前で呼ばれる）による脅迫行為の一種であったと語られることもある。

ＷＥＢサイト「SOCIAL SCIENCE SPACE」に二〇二一年四月一四日に掲載された記事「Finding Fault with Faux Facts」によれば、実際にはシカゴでこのような殺人事件があった記録はなく、犯人も確認されていないという。そのため、これは現代に生まれた都市伝説であり、創作された話だと指摘されている。

精霊が作ったシャスタ山

アメリカの西海岸沿い、カリフォルニア州のカスケード山脈南部にあるシャスタ山は、標高四〇〇〇メートルを超える聖なる山。この山にまつわる二つの先住民の神話がある。

　シャスタ族の神話によれば、天に住む「偉大なる精霊」によって世界で初めて作られた山で、精霊が天に穴を開けて雪や氷を地上に落として山を作り出した。そして山を踏み台にして地上に降りてきて、樹木を生み、太陽に命じて雪を溶かし、川を作った。さらに木に息を吹きかけると、小さな枝が小鳥に、大きな枝は動物に、折った小枝は魚に変わった。

　モードック族の神話によれば、家族を引き連れて「偉大なる精霊」が天から山に降りてきた。ある晩、精霊の一人娘が山から転げ落ちてしまい、ハイイログマに助けられた。熊たちは娘を自分の子として育て、やがて娘は年上の仔熊と結婚し、生まれた子どもたちが最初の人間になった。しかしこれを知った精霊は娘を奪われた悲しみから、熊たちに四つ足で歩く定めを与え、子どもたちを世界中に追い払ってしまった。

　この山を聖なる山と考える人々は多く、ウィントゥ族はシャスタ山の精霊に舞を捧げ、山から湧き出す泉が途切れないように祈りを捧げるという。また、山頂ではレンズ雲や変わった雲がよく現れることから、山から地球のエネルギーが放出されている、山頂には理想郷がある、山の下に地底王国レムリア（詳しくはアジア・アジア全域の**古代大陸レムリア**の項目を参照）がある、UFOがよく出没する、別世界への入口がどこかにあるなどの噂もあり、多くの人々がこの聖なる山に惹きつけられている。

大巨人ポール・バニアン

アメリカのカリフォルニア州クラマスには、木こりの巨人と、青い雄牛の像が立つ。巨人の名は、ポール・バニアン。心優しい巨人の伝説は、日本の「ダイダラボッチ」伝説に似ている。

　生まれながら巨人のポールは、怪力を活かして木こりとなり、数十メートルもの巨大斧《おの》を手に、ベイブという相棒の青い雄牛を引き連れてアメリカ全土の木を切って歩いていた。アメリカはもともと真っ平らな土地だったが、ポールが現れたことで、地形はたちまち変わっていったそうだ。

　たとえば、ユタ州で相棒のベイブが病で倒れた時、ポールが大泣きしたのでグレート・ソルト湖が生まれた。カリフォルニアへ向かう途中、ポールが足を突っ込んで休んでいた岩山の間を軽く斧で叩いたら、深い割れ目ができたため、グランド・キャニオンになった。ポールが水を飲もうと地面を掘った場所はオンタリオ湖、エリー湖、ヒューロン湖、ミシガン湖、スペリオル湖、溝はミシシッピ川、溝を掘るために盛られた土がロッキー山脈とアパラチア山脈になったそうだ。

ポール・バニアンのような愉快な話はトール・テール（ほら話）と呼ばれ、アメリカやカナダなどで開拓民によって語り継がれた。なお、ポール・バニアンは実在する木こりがモデルで、歯が二列並んでいたというファビアン・フルニエ（サギノー・ジョー）から生まれたとする説もある。

大蛇のようなサーペント・マウンド

アメリカ、オハイオ州南部には、全長四〇五メートル、高さ九〇センチの巨大な蛇の形をした世界最大の形象墳がある。グレート・サーペント・マウンドと呼ばれた土塁で、体をくねらせた姿は、とぐろを巻いて動き出そうとしている大蛇に見える。頭部にあたる部分が日没を向いていることから、卵に見立てた太陽を呑み込もうとしているとも言われる。アダムとイブをそそのかした罪から、エデンの園で蛇がもがき苦しむ姿を表しているという説もある。

誰がどんな目的で作ったかは明らかになっていない。蛇の尾は神聖な大地の力を象徴することから、神への捧げ物ではないかという説や、遺跡同士を結び強力なパワーを得る「レイライン」の中心地ではないかという説もある。

近年の研究では、一〇〇〇年頃に作られたのではないかと言われている。その当時、地球から見えたとされる星雲の超新星爆発や、ハレー彗星《すいせい》の接近などが、造営のきっかけとなったという可能性も指摘されている。

チェロキー族の創世神話

チェロキー族は、もともとアメリカ南東部に住んでいたが、のちに西部のオクラホマ州へと強制的に移住させられた部族。チェロキー族の創造神話には様々な種類があるが、イロクォイ族（詳しくは**イロクォイ族の双子の創造主**の項目を参照）と同様、水に関係する世界から始まる。

まだすべてが水に覆われていた時代、ガルンラティという空の上の天蓋《てんがい》に、「偉大なる精霊」と生き物たちが住んでいた。しかし、そこはとても窮屈な場所だったので、もっと広い場所を求めて一匹のゲンゴロウが探索に出かけた。ゲンゴロウは水の底に潜り、少しの泥を水面まで運んだ。その泥が広がって陸の島になり、「偉大なる精霊」はその島を四つの方角にある四つの聖なる山から伸ばした四本の紐で、ガルンラティと大地をつないだ。

しかし、陸地はまだぬかるんでいたので、乾いた場所を探索するためノスリ（タカ科の鳥で、トビに似ている）が舞い降り、辿り着いた場所がチェロキー族の故郷となった。ノスリが翼を激しく動かすたびに深い谷と山ができたので、その土地には多くの山脈ができた。

やがて動物たちがガルンラティから陸地に降りてきたが、あまりに暗かったので、太陽を引っ張り下ろし、正しく辿る道を決めてあげた。この時、初めに太陽が地面に近すぎて熱かったため、ザリガニのチェスカギリは赤くなり、ザリガニがだめになったと考えたチェロキー族は、以来、その肉を食べなくなった。

　また、「偉大なる精霊」は動物や植物に七日間眠らずに起きているように頼んだと言われている。ほとんどの動物が眠ってしまう中、フクロウだけは起きていたので、夜に見える目を与えられた。寝ずに頑張った松やひいらぎ、月桂樹などの植物は、どの季節でも緑のままでいられるようになり、その他の植物は毎年、葉を散らすようになった。さらに「偉大なる精霊」は一組の男女を作った。男が女に魚を押し当てると、女は七日ごとに子どもを一人生むようになって人が増えすぎたので、その後は、出産できるのは年に一人と決められてしまったそうだ。

　始まりに「星の女」が登場する物語もある。ある時、ガルンラティにいた星の女が、木の下の穴から大地へ転げ落ちた。しかし、水グモが水中から柔らかい土をもってきて、亀の背を大地にし、ハゲタカが翼を羽ばたかせて美しい山々を作ると、星の女はその上に着地した。そして自分の体からトウモロコシなどの植物や川を創造し、火をもたらしたという。

地図上にしかない架空の町アグロー

アグローとは、アメリカ合衆国ニューヨーク州のキャッツキル山地中にあるとされた架空の地名。

　一九二五年、ジェネラル・ドラフティング社で道路地図を作成していたオットー・リンドバーグとアシスタントのアーネスト・アルパースという人物が、地図が無断で流用された際にわかるよう、トラップとして架空の地名を地図上に書き込んだ。これが「アグロー」という町であった。

　その数年後、ジェネラル・ドラフティング社は別会社の地図に、アグローの名前があることを発見。無論これはジェネラル・ドラフティング社の地図が盗用されたものと考えられたが、実際にこの地域にアグローの名前を冠する店が建てられていたことが判明し、著作権侵害が問われることはなかった。この店は地図にアグローの名があったことから、その名前を取って店名としたなどと伝えられている。その後、一九九二年にジェネラル・ドラフティング社は他の会社に吸収されたが、アグローの名前は残ることになった。それから数十年の時を経て、二〇〇八年にはこの架空の町を題材にしたジョン・グリーンの小説『ペーパータウン』が発売。ベストセラーとなり、「アグロー」の存在が広く知られることになった。

　近年ではGoogle マップにもこの地名が登録されていたが、二〇一四年には消去されてしまった。しかし二〇一五年には地図上においてアグローの最寄りの町であるロスコーに「アグローへようこそ！」と記した看板が設置され、今でもアグローの地名は人々の記憶に残り続けている。ＷＥＢサイト「Gigazine」「npr」等による。

月に張りついたカエル

北米中西部にいた先住民アラパホ族には、中国に伝わる神話や伝承と類似する話が伝わっている。

　昔、天上世界では太陽と月の兄弟が地上を眺め、自分の妻としてふさわしい者について話し合っていた。月は人間の女性を好んだが、太陽は水の中に棲む生物を好んだ。ある時、四人のネイティブ・アメリカンの娘が薪を集めに出かけた。娘の一人が枯れ木に近づいた時、月はヤマアラシに変身して枝に止まった。娘は、ヤマアラシの立派な針を刺繍の材料にしようと木に登り始め、ヤマアラシを追いかけるうちに、天に辿り着いた。ヤマアラシは美青年に変身して娘に求婚し、娘は嫁になった。

　一方、太陽はカエルを嫁に連れてきた。カエルは家の前で飛び跳ねるたびに小便を垂れ流すので、たまらなくなった月は、ある日、娘とカエルを家に呼んで腸の料理を振る舞った。娘はすぐに食べ終えて仕事に出かけたが、歯のないカエルはいつまでも腸を飲み込めなかったので、「それなら、私はあなたから離れません」と叫んで、月の胸に飛び込んだ。これが月面にカエルのような黒い斑点が見える理由である。

テカムセの呪い

　一八世紀末から一九世紀初頭にかけて、白人入植者に抵抗したアメリカ先住民の部族を団結させ、連合軍を指揮した中心的人物がいた。五大湖の南周辺に住んでいたショーニー族の首長テカムセだ。

　テカムセ（「流星」という意味）は、弟のテンスクワタワ（「預言者」という意味）とともに神秘的な力と予言の力をもち、他のアメリカ先住民の部族から一目置かれる存在だった。

　一八一三年、テカムセが戦死すると、奇妙な噂が流れ始める。テカムセはティピカヌーの戦いにて、のちの第九代アメリカ合衆国大統領ウィリアム・ヘンリー・ハリソンに殺されたことから、ハリソンに呪いをかけたというのだ。ハリソンは大統領に就任後、わずか一ヶ月で死去。その後二〇年おきに、テカムセの呪いによってアメリカ大統領に不幸が起こるという都市伝説が囁《ささや》かれるようになった。

　一八六〇年代にエイブラハム・リンカーン大統領、一八八〇年代にジェームズ・ガーフィールド大統領、一九〇〇年代にウィリアム・マッキンリー大統領が就任中に暗殺された。一九二〇年代にはウォレン・ハーディング大統領は心臓発作、一九四〇年代にはフランクリン・ルーズベルト大統領が脳溢血で就任中に死去。一九六〇年代にはジョン・Ｆ・ケネディ大統領が暗殺されている。一九八〇年以降、呪いは発動していないようだ。

トウモロコシの始まり

アメリカ大陸には、トウモロコシに関わる多くの神話や伝説が残る。たとえば、トウモロコシの起源については次のように語られている。

ある時、長い髪の女性が一人の男のところにやってきた。女性は男性に火を教え、草に火をつけて、あたり一面を焼き焦がした。その後、女性は自分の髪の毛を渡し、髪の毛を引きずり回すことでトウモロコシができるはずだと告げたので、男性はその通りにしたら、トウモロコシができた。以来、トウモロコシの茎から出ているひげを見ると、先住民はあの女性の長い髪の毛を思い出すそうだ。

時を超えたジョン・タイター

二〇〇〇年一一月。突如、インターネットの掲示板に「TimeTravel_0」という謎のユーザーが現れた。ユーザーは「ジョン・タイター」と名乗り、フロリダ出身の三八歳、二〇三六年からやってきたタイムトラベラーであると説明した。

ジョンはほぼ毎晩掲示板に現れ、自身が乗ってきたというタイムマシンの写真を公開したり、その原理や設計図を公開したりしたほか、近未来の出来事を予言したり、過去を訪れた目的を明かしたりした。ジョンが伝えたイラク戦争や狂牛病といった予言が次々と的中したことから、ネット上で大きな話題となったが、四ヶ月後、「この時代での任務は完了した」という書き込みを残して姿を消した。

二〇〇三年にはジョン・タイターの書き込みや事件をまとめた書籍が刊行され、日本でも『未来人ジョン・タイターの大予言―２０３６年からのタイムトラベラー』として翻訳されている。そこには、ジョンの母親と名乗る人物の手紙や、ジョンから受け取ったとされる資料が掲載されていた。各国メディアはジョン・タイターの正体を明らかにしようと調査をしたが、彼が本当に未来から来たタイムトラベラーだったかどうかは、今も明らかになっていない。

ナバホ族の誕生

アメリカ南西部の先住民ナバホ族の神話によれば、現在は「第四の世界」であり、この世界に到達するまで人間は様々な世界を旅してきたという。

第一の世界は「黒の世界」と呼ばれ、四隅には黒、白、青、黄色の雲の柱が立っていた。北東にある黒と白の雲が融合して「最初の男」となり、南西にある青と黄色の雲が融合して「最初の女」になった。二本のトウモロコシの上を吹く白い風が、最初の男女に命を吹き込み、彼らの子孫は「空気の人々」となった。だが、次第に世界に満足できなくなり、上昇して第二の世界を目指した。

第二の世界は「青の世界」と呼ばれたが、争いが絶えなかった。最初の男は、アワビ、白い貝殻、トルコ石、黒玉で杖《つえ》を作り、人々を第三の世界へ運んだ。

第三の世界は「黄色の世界」と呼ばれたが、不幸が蔓延《まんえん》し、大洪水によって世界は滅びた。最初の男は洪水から逃れるために高い山を作り、雌株の葦《あし》を植えて「光り輝く世界」と呼ばれる第四の世界へと旅立っていった。

そして第四の世界で、最初の男は人々のために家を作り、第一の世界の神々である黒い神やコヨーテの力を借りて、太陽、月、星を天に配置して昼と夜を作った。最初の人々は聖なる山を創り、人々は幸せに暮らすことができたという。

涙を流すマリア像

キリスト教の聖母マリアの像の瞳から、涙が流れるという現象がある。一九八一年には、アメリカのカリフォルニア州ソーントンにある教会で、マリア像が自ら動いたうえに涙を流したという。この教会ではその後も同じ現象が続いた。二〇〇五年には、カリフォルニア州サクラメントにある教会でマリア像が血の涙を流したという報告がある。この現象は神の奇跡であり、マリア像が何かを訴えかけているのではないかと信じられている。

アメリカ以外でも同様の現象は報告されており、日本の秋田県でも一九七五年から一九八一年にかけて一〇〇回以上の目撃情報がある。

日航機ＵＦＯ遭遇事件

一九八六年一一月一七日、日本航空の特別貨物線ボーイング七四七ジャンボ機が、アメリカのアラスカ州上空で巨大な「宇宙母艦」と遭遇。約五〇分にわたり、機長や搭乗員全員が目撃したというＵＦＯ（未確認飛行物体）事件が勃発した。

機長の寺内謙寿《てらうちけんじゅ》によれば、初めは二つの物体が前方を飛び回り、急速度でボーイングに接近し、真昼のように明るい光を発したあと、並走するように飛行を始めた。この時、管制塔にレーダーの反応はなかった。その後、二つの物体はふたたび機体前方へ移動して飛び去ったが、ボーイングがアラスカ上空に差しかかった頃、二つの航空母船を重ね合わせたような超巨大な謎の物体が現れた。管制塔のレーダーもキャッチし、ボーイングは管制塔からの指示で旋回を試みたが、謎の物体はボーイングの後方にピタリとついて離れず、空港が見えたところで姿を消したそうだ。

この事件は日本やアメリカで大きな話題となり、寺内はしばらくマスコミに登場していたが、なぜかある時から事件の様子を一切語らなくなってしまった。管制塔とボーイングとのやりとりが事実だったこと、寺内らが連邦航空局の事情聴取を受けたことなどから、信憑《しんぴょう》性の高いＵＦＯ遭遇事件として今も語り継がれている。

アメリカではＵＦＯと遭遇した事件が多く、詳しくは**ＵＦＯ事件簿**の項目を参照。

呪われたホープ・ダイヤモンド

ワシントンD.C.のスミソニアン国立博物館には、ホープ・ダイヤモンドと呼ばれる呪いの宝石が所蔵されている。このダイヤモンドの呪いにより、二〇人以上の生命が奪われたという伝説がある。

伝説によれば、最初の犠牲者はヒンドゥー教の聖職者。インド南東部のキストナ河床で掘り出され、寺院の神像にはめ込まれていたこのダイヤに魅せられた聖職者は盗み出そうとして、捕まって拷問により死んだ。一六四二年、ダイヤをヨーロッパに売って儲けた密輸業者は、山犬の群れに襲われて噛《か》み殺された。その後、ダイヤはフランス王家に渡るが、ルイ一四世は失脚して死亡、ランバル公女は殴殺され、ルイ一六世とマリー・アントワネットは処刑された。

その後、ダイヤは所在不明になるが、フランスの宝石商が入手後に発狂して自殺した。愛人にダイヤを与えたロシアの公爵は、愛人を撃ち殺し公爵自身も自殺した。ロシアのエカテリーナ女帝が病で死ぬ直前にダイヤを身につけていたなど、様々な不幸な伝説が生まれた。

ダイヤがふたたび公の場に現れるのは一九〇八年。トルコのサルタンの手に渡るが、サルタンは公妃に与えたのちに彼女を刺殺。ダイヤはアメリカの実業家の手に渡るが、彼の息子は交通事故で死に、実業家本人は破産して精神を患って死んだ。その後、ダイヤを購入したアメリカの宝石商がスミソニアン国立博物館にダイヤモンドを寄贈したところ、ようやく呪いが終息したのか、災いは起きていないそうだ。

HAARPの謎

HAARPとは、一五〇本のアンテナが立ち並ぶアメリカのアラスカ州にある施設のこと。アメリカ空軍や陸軍、アラスカ大学などの研究所が共同で行っている「High Frequency Active Auroral Research Program（高周波活性オーロラ調査プログラム）」の略称である。

地球と宇宙で発生する自然現象の観測を目的としているが、一説によれば、高周波の電磁波照射を利用して、地球環境をコントロールしている気象兵器ではないかという噂もある。あるいは地殻変動により地震を発生させる装置ではないかとも言われている。

HAARP側はこれらの陰謀論を否定しており、研究結果はすべて記録され、公開されているという。二〇一四年には老朽化のためアメリカ空軍が施設閉鎖を発表。研究はアラスカ大学など民間団体が受け継いでいるそうだ。

バッファローの血の塊

アメリカ先住民にとって、バッファローはグレート・スピリット（大霊）の使いとされている。主な食料であり、その皮や内臓は貴重な生活必需品になる、暮らしに欠かせないものだったからだ。バッファローについてこんな話がある。

ある時、バッファローの血の塊を煮たら、赤ん坊になった。赤ん坊はあっという間に大きくなり、狩りの名人となって両親を養った。やがて若者は「子牛と言ってはいけない」という条件を出して、首長の娘と結婚した。だが、妻がある時うっかり「子牛をとって」と言ってしまったばかりに、若者はバッファローに戻って走り去ってしまったという。

ハルハウスの悪魔の子

ハルハウスは、一八八九年、ジェーン・アダムズとエレン・ゲイツ・スターによって、イリノイ州シカゴに設立された建物で、ヨーロッパからの移民を受け入れる避難所の先駆けとなった。実はハルハウスには、アイラ・レヴィンの小説、及びそれを原作としたロマン・ポランスキー監督のホラー映画『ローズマリーの赤ちゃん』の発想のきっかけとなったという都市伝説がある。

一九一三年、シカゴの酒場で酔っ払った男性が、「妊娠した妻が壁に飾った聖母マリアの顔を拝むくらいなら、悪魔と同居したほうがマシだ」と叫んだ。まもなく夫婦の間に生まれた子どもは、肌は鱗《うろこ》のようで、耳はとがり、足には二つに割れた蹄《ひづめ》があった。悪魔の子を生んでしまったと恐れた母親は、赤ん坊をハルハウスに預けたが、赤ん坊は屋根裏に閉じ込められ、やがて亡くなったと言われている。アダムズは事実ではないと否定したが、以来、廊下を歩く蹄の音が聞こえる、恐ろしい赤ん坊の目が部屋の暗がりから睨《にら》んでいるといった噂が流れた。今も、この赤ん坊の声を聞いた者は祟《たた》られると噂されている。

光を盗んだカラス

北米の多くの部族にとって、カラスはトリックスターであると同時に文化英雄でもある。その知恵と変身能力を駆使して、空に太陽、月、星を置いて世界に光をもたらしたという伝説がある。

昔、世界は暗闇に覆われていた。利己的な空の族長が世界中の光を集め、三つの箱にしまって家に積み重ねていたためだ。世界の住人は暗闇の中では狩りも漁もままならず、食べ物探しに苦労した。そこでカラスは、光の箱を奪おうと策略を立てた。

カラスは松葉に変身してバケツの水に浮かび、族長の娘がバケツの水を飲んだ時に、彼女の喉を通って体内に入った。やがて空の族長の娘は妊娠し、カラスは濃い黒髪とくちばしのような鼻をもった赤ん坊として生まれ変わった。

ある時、赤ん坊（カラス）は部屋の隅に積み重ねてある箱で遊ぼうとした。孫に甘かった族長は、星の入った一番小さな箱を赤ん坊に与えた。すると赤ん坊は箱から星を取り出し、族長が止める間もなく家の煙突から空に向かって放り投げた。赤ん坊がふたたび泣き出したので、今度は二番目の箱を渡した。赤ん坊は箱から月を取り出し、やはり煙突から空に投げた。族長はとうとう三番目の太陽の入った箱を渡した。赤ん坊はカラスの姿に戻り、太陽をくわえて空へ飛び立っていった。こうしてカラスは太陽、月、星を取り戻し、世界は明るくなったのだ。この伝説は北米の多くの部族で語られており、細部は異なるが、わがままな子どもに化けたカラスに甘い祖父が光の玉で遊ばせるという展開は同じである。

ビリー・ザ・キッドは生きている?

一九世紀のアメリカ西部開拓時代、伝説のアウトローといえば、ビリー・ザ・キッドだ。本名はヘンリー・マッカーティー。身長は約一六〇センチと華奢《きゃしゃ》な体つきで、黒髪に黒い瞳、口達者で親しみやすかったという。南北戦争の直前に生まれ、洗濯物を盗んだことから犯罪者になり、一八歳で人を殺した。血みどろの権力闘争「リンカーン郡戦争」で腕利きガンマンとして悪名を轟《とどろ》かせるも、かつての友人であるパット・ギャレット保安官に牧場で射殺された。二一年の生涯で、二一人を殺害したという説がある。

しかしビリーの死の状況には謎が多く、キッドはこの時に逃亡したという生存説も根強い。その後、アリゾナ州でジョン・ミラーと名乗り、静かに余生を暮らしたという説だ。他に、自分こそ本物のビリー・ザ・キッドだと名乗り出たテキサス州のブラッシー・ビルという男も現れた。真実は謎のまま、ニューメキシコ州フォートサムナーの古い軍人墓地に、ビリーの墓石が立っている。

フィラデルフィア実験

発明家にとって、物体を不可視化する技術は昔から大きな夢である。今から七〇年以上前、アメリカ海軍が、強力な磁場で海上の軍艦を透明化する実験を試みたことがある。そして船は、国内の遠く離れた場所にテレポートされた。それが第二次世界大戦中にアメリカ海軍が行ったというフィラデルフィア実験である。

一九三六年、セルビア人の天才科学者ニコラ・テスラが、フィラデルフィア実験の初期の指揮をとり、変圧器や発電機を組み合わせた特殊な「テスラ・コイル」を使って実験を開始。無人の船の透明化に成功させたと言われている。

強力な軍事力をもって戦争を終わらせたいと思ったアメリカ海軍は、科学者らの反対にもかかわらず有人の船で透明化実験を強行する。一九四三年一〇月二八日、ペンシルバニア州フィラデルフィアの海軍造船所にあったアメリカ海軍護衛駆逐艦エルドリッジ号に、乗組員を乗せて実験が行われた。強力な磁場が発生すると、船は緑色の霧に包まれて人々の目の前から消え、三二〇キロ離れたバージニア州ノーフォーク港の商人たちの前に突如、現れた。

しかし、ふたたびエルドリッジ号はテレポートされてフィラデルフィアに戻ってきた時、船上は悲惨な状態になっていた。乗組員の体は船体に埋め込まれたり、四肢が飛散したり、精神錯乱に陥っていたりしたのである。

　この現象は、アインシュタインの統一場理論（重力場と電磁場の相互作用）によるものと考えられたが、アメリカ海軍はこの実験の存在そのものを否定した。大惨事を招いたこの実験を軍は即座に中止し、封印したと噂されている。

蛇男とグリスパと砂絵

アメリカ南西部の先住民ナバホ族には、現在も行われている砂絵にまつわる伝説が残る。

　ナバホ族に、グリスパという若くて美しい少女がいた。彼女は祭りの最中、並々ならぬ力をもったシャーマンの蛇男に恋をした。二人は蛇人たちの住む地下の世界に行き、蛇男はグリスパに、病を治すための詠誦《えいしょう》と砂絵の儀式を教えた。二年後、故郷が恋しくなったグリスパは蛇男に別れを告げて地上に戻り、部族のもとへ帰った。グリスパは皆から、死者の国から戻ってきた者として部族に迎え入れられた。蛇男から授かった知識を教わったグリスパの兄は、偉大なシャーマンとなった。こうして、病を治すための詠誦と砂絵の儀式は「美の詠誦」として、脈々と受け継がれた。

　今もナバホ族、アパッチ族、シャイアン族、プエブロ族などには、砂やトウモロコシの花粉、砕いた花びらなどの材料を使って、地面や床に模様を描く砂絵の儀式が受け継がれている。儀式的な治療の一環として様々な絵柄が描かれ、儀式が終わるたびに壊されるという。

ベル・ウィッチの洞穴

アメリカのテネシー州アダムズには、先住民の埋葬塚がある。その頂上にあるのがベル・ウィッチの洞穴。ここはもともと、一九世紀の農場経営者のベル家が所有する土地で、一家の人々が魔女の悪霊に悩まされていたことからこの名前がついた。

　始まりは一八一七年、ベル家の中で、ドアを引っかく音、鎖を引きずる音、誰もいないのに喉を鳴らす音やむせる音などが聞こえ、奇妙なポルターガイストがしょっちゅう起こるようになる。恐怖を覚えた一家は、近隣の人々に事情を話し、怪現象の正体を突き止めてもらおうとした。まもなく委員会が組織されて幽霊調査が始まると、悪霊はしゃべり出し、正体を明かした。悪霊はケイト・バッツと名乗り、生前に正体を魔女と疑われて死んだのだという。しかし、正体を明かしたあとも三年間、魔女は毎日のようにベル家の人々を悩ませ続け、娘のベッツィを引っかいたり針を刺したりして苦しめ、父親のジョン・ベルに死の呪いをかけた。そしてついにジョンを呪い殺すと魔女の悪霊は農場から去り、洞穴へ戻っていったそうだ。

　この洞穴では今でも何者かの囁《ささや》き声などの怪音が聞こえるといい、訪れる観光客を怖がらせている。

ホワイトハウスの幽霊騒動

ジョン・アダムズ以降、歴代アメリカ大統領が暮らしているホワイトハウス。ここを歴代大統領や大統領と関係が深い人物の幽霊が歩き回っているという。

トマス・ジェファーソンがイエロールームでヴァイオリンを弾いていた、ドリー・マディソンがローズガーデンの花を世話していた、アビゲイル・アダムズがイーストルームで洗濯物を干していた、ウィリアム・ヘンリー・ハリソンが屋根裏に現れた、ジョン・タイラーがブルールームで幻影の妻にプロポーズしていた、アンドリュー・ジャクソンが何かを罵《ののし》りながら廊下を歩いていたなど、噂が尽きない。猜疑心《さいぎしん》の強いハリー・トルーマンも、誰もいない廊下から足音やドアのノックが聞こえたといい、妻への手紙に「あそこは取り憑《つ》かれている」と報告している。

もっとも目撃情報が多いのは、ホワイトハウス内を歩き回っているエイブラハム・リンカーンの幽霊だ。ウィンストン・チャーチル首相が風呂上がりに裸で葉巻をくわえていた際にリンカーンの幽霊に遭遇し、挨拶をしたそうだ。

魔法の輪メディスン・ホイール

アメリカの大平原には、「魔法の輪」と呼ばれる謎の石積みが点在する。全米で約一五〇あるとされ、なかには五五〇〇年前に作られたものもあるそうだ。もっとも有名なものが、ワイオミング州にあるビッグホーン山のメディスン・ホイールだ。中央から二八本の石の軸（「スポーク」という）が伸び、直径二四メートルの車輪のような形をなす。

クロー族の伝説によれば、ビッグホーン山のメディスン・ホイールを作ったのは「焼けた顔」という名前の少年だという。彼は赤ん坊の時に誤って火の中に落ち、火傷を負ったためにそう呼ばれた。一三歳の時、焼けた顔は「ビジョンクエスト（魂を見つめるために隠遁《いんとん》生活を行う通過儀礼）」を行うため、ビッグホーン山へ入った。焼けた顔は断食をしながらメディスン・ホイールを作り、冥界への入口を示す目印として、車輪の中心に大きな石を置いた。地上に生まれた最初の人々が、精霊となりここから現れると伝えられている。

その後、焼けた顔は、ビジョンクエストの間に鷲のヒナを獣から助け、のちに鷲が恩返しとして顔の火傷の跡をきれいに治してあげるため、どこかへ連れ去ったと言われている。

メロンヘッド

メロンヘッドは、アメリカ合衆国のミシガン州、オハイオ州、コネチカット州の都市伝説に登場する怪人。見た目は人間だが、メロンのような球根状に肥大化した頭をもつ。森に棲み、人が来ると隠れて襲いかかり、サメのような鋭い歯で捕食するそうだ。WEBサイト「MYSTERIOUS UNIVERSE」によれば、この怪物について最初に語られたのは、オハイオ州北部のカートランドやチャードン周辺とされる。カートランド付近の森の中に施設をもつクロウ博士というマッドサイエンティストが、身寄りのない子どもたちに医療実験を行ったところ、頭が肥大化してしまった（もともと水頭症を患っていたためという説もある）。子どもたちはクロウ博士の妻の助けを借りて森へと脱走した。現在、森の中にいるメロンヘッドは彼らの子孫か、その幽霊であると語られている。

他にも、オハイオ州北東部レイク郡の荒野で政府が行っていた極秘実験により、頭部が肥大化してしまった被験者が逃げ出してメロンヘッドになったという説もある。

さらに、こんな説もある。一九六四年、オハイオ州ウィックリフを旅行していた一〇代の若者たちが、頭が肥大化した奇妙な生物を見かけた。追いかけると、古い家に男性がおり、奇妙な生物は彼の周囲を回ったあと、森の奥へと消えていった。若者たちが男性にあの生物について尋ねたところ、男性は次のように語った。自分は第二次世界大戦中に核を扱う科学者だったが、実験で放射能にさらされたため、球根状に肥大化した頭の子どもが生まれた。政府に口止め料として大金をもらったので、人のいない土地に家族と移り住み、密かに生きてきたという。男性は若者たちに他言しないよう約束させ、森の外まで送ったと語られている。

この話の舞台は一九六〇年代となっているが、メロンヘッドがいつから存在するのかはわからない。WEBサイト「WereWoofs.com」においては宇宙人などの存在や超常現象への関心がアメリカ国内で高かった一九六〇年代から七〇年代に生まれたのではないかと推測しているほか、七〇年代に噂が広がり始めたとしている資料も多く、七〇年代にはすでにメロンヘッドの都市伝説が存在していた可能性が高い。日本にも「巨頭オ」という森の中で巨大な頭をもった人間たちと遭遇した話が二〇〇六年にネット上で書き込まれた。メロンヘッドは彼らの先輩となるようだ。

モーリー島のメン・イン・ブラック

一九四七年六月、ワシントン州のモーリー島で、ハロルド・ダールという男性が、息子、二人の乗組員、愛犬とともにモーリー島沖で流木を探していた。突如、金属製の飛行物体が空中から六体現れ、頭上を音もなく飛んでいったという。その飛行物体はドーナツ型の円盤で、側面には窓がびっしり並んでいた。六体のうち一体は故障したようにふらつきながら飛行し、別の一体に接触して船の真上で爆発した。破片の大半は湾内に落ちたが、一部は海岸に落下したため、ダールは白くて軽い金属片を持ち帰ったそうだ。

その翌日の朝、自宅に謎の黒ずくめの男たちが現れ、近くの食堂に誘われたという。そして昨日見たことは他言してはならないと忠告された。男たちの様子から身の危険を感じたダールは、目撃証言を一度は撤回したものの、のちに真実を公開したという。

　この男たちはメン・イン・ブラック（MIB）と呼ばれる男たちである可能性が高い。UFOの目撃者に近づき、これ以上深入りすることを警告する黒ずくめの男たちである。MIBの噂は一九四〇年代末から広がり始め、その正体は政府の要員とも、地球人の格好をした宇宙人とも噂されている。一九九七年にはウィル・スミスとトミー・リー・ジョーンズが出演した映画『メン・イン・ブラック』が大ヒットしたが、MIBの存在は、映画の中だけではないかもしれない。

勇敢な機関士 ケイシー・ジョーンズ

　テネシー州ジャクソンには、ヒーローとして語り継がれている人物がいる。二〇世紀初頭、人々の命を救った伝説の機関士、ケイシー・ジョーンズである。

　イリノイ・セントラル鉄道の機関士ケイシーは、メンフィスから蒸気機関車を運転中、ミシシッピー州ヴォーンで立ち往生していた旅客列車と、正面衝突した。火夫が先に気づいて警告すると、ケイシーは片手でブレーキ・バーを握り、もう片方の手で警笛を鳴らしながら、火夫に逃げろと叫んだ。衝突した機関車の残骸から引き出されたケイシーは、ブレーキ・バーと警笛の紐を握りしめたまま絶命していた。当初、蒸気機関車は時速約一二〇キロの速度で走っていたが、ケイシーが運転台に残ってギリギリまで減速させたおかげで、衝突した列車の乗客に死傷者は出なかった。

　現在、ジャクソンにはケイシーの家が残され、鉄道博物館も建てられている。ケイシーの劇的な死は「ケイシー・ジョーンズのバラード」として歌われ、ディズニーのアニメ映画『勇敢な機関士』やテレビドラマの題材にもなるなど、今もアメリカ全土で語り継がれている。

UFO事件簿

　UFO（未確認飛行物体）が世界中で目撃され始めたのは、第二次世界大戦後以降と言われている。特にアメリカ西部は、有名なロズウェル（詳しくは**ロズウェル事件**の項目を参照）やエリア51（詳しくは**エリア51の異星人**、**エリア51の秘密**の項目を参照）などUFOにまつわる場所が多く、「UFO発祥の地」とも呼ばれている。

◎**ケネス・アーノルド事件**

　UFO＝空飛ぶ円盤というイメージを定着させた事件。一九四七年六月、アメリカ人の実業家ケネス・アーノルドが、ワシントン州レーニア山付近の上空で、三日月型の九つの飛行物体を目撃した。その飛行物体は、水を切って飛ぶ皿のように飛行していたという。この証言を記者が聞き間違えて「Flying Saucer（空飛ぶ円盤）」と報じたことから、UFO＝空飛ぶ円盤となったそうだ。のちにアメリカ軍の公式調査機関プロジェクト・ブルーブックが設置され、これまで謎の飛行物体を「空飛ぶ円盤」と呼んでいたが「ＵＦＯ」と呼ぶように正式に改めたという。

◎ジョージ・アダムスキー

　ＵＦＯや宇宙人と遭遇した人のことをコンタクティと呼ぶが、もっとも有名なコンタクティがジョージ・アダムスキーだろう。幼い頃、ポーランドからアメリカに移住してきたアダムスキーは、一九五二年一一月、金星人と遭遇する。友人らとともに円筒型のＵＦＯを目撃したのだ。ＵＦＯは自分を探しに来たに違いないと思った彼は、単独で金星人オーソンと対面する。アダムスキーはオーソンと交流を深めることに成功したという。同年一二月には、「空飛ぶ円盤」の写真を撮影。アダムスキーの写真で広く知られるようになり、現在ではＵＦＯと聞いて誰もがイメージするようになったこの円形のＵＦＯは、「アダムスキー型」と呼ばれるようになる。彼は生涯にわたって二五回、宇宙人とのコンタクトに成功したと言われている。ローマ教皇ヨハネス二三世らにも支援されるなど、世界で活躍するコンタクティだった。

◎ヒル夫妻誘拐事件

　一九六一年九月、ニューハンプシャー州で起こった、人類史上初の宇宙人による誘拐事件。バーニーとベティという夫妻がドライブ中、巨大なＵＦＯに遭遇。そこから記憶を失ってしまうが、二人はＵＦＯに拉致されて人体実験をされていたことが、のちの逆行催眠によりわかった。このようにＵＦＯや宇宙人に誘拐される現象を「アブダクション」と呼ぶ。

◎イーグルリヴァー接近遭遇事件

　一九六一年四月、ウィスコンシン州のイーグルリヴァーで起きた奇妙な事件。ジョー・シモントンという男性の自宅の裏庭にＵＦＯが降り立ち、中から出てきた宇宙人が水差しを差し出して水を求めるジェスチャーをした。ジョーが水を入れてやると、宇宙人はパンケーキを三枚くれて飛び去ったという。

◎フィニックス・ライト事件

　一九九七年三月、アリゾナ州で起こったＵＦＯ目撃事件。フェニックスおよび周辺地域の上空に、全長一キロ以上とされる巨大なＶ字シェイプの物体が出現。目撃者によれば、音もなくゆっくりと飛行して消えていったという。住人の一万人以上や地元警察も目撃したことで、騒動になった。

ＵＦＯは実在する？「未確認航空現象」

　二〇二一年六月、アメリカの情報機関が、未確認飛行物体（ＵＦＯ）に関する報告書を公表した。二〇〇四年から二〇二一年までの一八年間、アメリカ海軍などから報告された一四四件の調査報告書である。宇宙人やＵＦＯといった言葉は使われていないが、「未確認航空現象（ＵＡＰ）」という単語で不思議な飛行物体を表現している。このうち、物体の正体を特定できたものはわずか一件（しぼんだ巨大気球だった）だけで、残りはすべて未解明とされた。

これまでアメリカ政府は、軍の空域内で謎めいた飛行物体の目撃情報があっても、ほぼ黙殺してきたが、近年、ＵＦＯの実在を認めるような動きを見せている。二〇一九年には、三角形の物体が点滅しながら雲間を飛ぶ様子を海軍要員が撮影した写真や動画を「本物」と認定。二〇二〇年四月には、赤外線カメラでとらえた高速移動する飛行物体の映像三本を、国防総省が正式に公開した。

アメリカ政府が正式に動き始めたことで、ＵＦＯや地球外生命体といった存在に、一歩近づけるかもしれない。

リアル幽霊《ゴースト》ライター

死者の霊が生きた人間を通して文章を記すことを「自動筆記」という。

二〇世紀初めに、自動筆記で執筆したことで話題になったＪ・Ｈ・カラン夫人という小説家がいる。

一九一三年、アメリカのミズーリ州に住むカラン夫人が知人と交霊術の会に出て、ヴィジャ盤（「こっくりさん」のもとになった海外版交霊ゲーム）を行ったところ、ペーシェンス・ワースという女性の霊が降臨した。ワースは一七世紀にイギリスのドーセットで生まれたことや、その生涯についてを語った。交霊術の会を重ねるうちにワースは様々な歴史小説を口述し始めたので、カラン夫人がそれを書き留めて出版した。彼女の小説は評論家から高い支持を得ただけでなく、自動筆記であることが広まり、大きな話題になった。

学者でもなく歴史に関する知識も乏しかったカラン夫人が、文学作品を発表し続けることができたのは、ペーシェンス・ワースという文字通りのゴーストライターのおかげだと信じている人は多い。カラン夫人は二五年のうちに六つの小説、数百ページの詩編などを残した。代表作『テルカ』は、中世イングランドを舞台に一七世紀の中世英語で書かれているが、カラン夫人は中世英語を学んだことは一度もなかったと言われている。

リンカーンの予知夢

エイブラハム・リンカーンは、自らの死を予知夢によって知っていたという伝説がある。一八六五年、リンカーンは暗殺される一〇日ほど前に奇妙な夢を見たという。同僚の政治家には信じてもらえなかったが、親友のウォード・ヒル・ラモンがその言葉を書き留めていた。

夢の中で、周りは死のような静寂が取り巻いていた。ベッドを降りて階下に行ったところ、人影がないにもかかわらず、大勢の人々の押し殺したような泣き声が聞こえた。原因を突き止めようと歩き回り、イーストルームに着くと、棺の安置台があり、葬儀服に包まれた死体が載っているのを見た。白衣で顔を覆った遺体を眺めながら泣いている護衛の兵士の一人に「ホワイトハウスで誰が死んだのですか」と尋ねたら、彼はこう答えた。「大統領が暗殺者に殺されたのです」

数日後の四月一四日、リンカーンはワシントンD.C.のフォード劇場で銃弾に倒れ、遺骸はホワイトハウスのイーストルームへ運ばれて安置された。

リンカーンの霊柩《れいきゅう》列車

一八六五年四月一四日にワシントンD.C.で暗殺されたエイブラハム・リンカーンは、霊柩列車で故郷まで運ばれた。今でも毎年四月になると、幻の霊柩列車が葬列ルートを走るのだという。

一八七二年の鉄道作業員の目撃情報によれば、四月の深夜、線路の空気が張りつめ、客車の中央にリンカーンの棺を置いた幻の列車が、音もなく走り抜けたそうだ。

葬列ルートはボルティモア、ニューヨーク、バッファロー、クリーブランド、インディアナポリスなどの都市を通り、リンカーンの故郷であるイリノイ州スプリングフィールドまで続く。今でも四月の深夜になると、幻の霊柩列車を見ようと葬列ルートを訪れる人々がいるという。

りんごの種を蒔《ま》き続けた男

四九年間、アメリカの未開の地にひたすらりんごの種を蒔き続けた有名な男がいる。それがジョニー・アップルシードだ。本名はジョン・チャップマンで、アップルシードは「りんごの種」という意味の愛称である。

もともと腕利きの苗木職人だったジョニーは、一八世紀から一九世紀初頭にかけて、現在のアメリカ東部から中西部の未開の地を裸足で歩き回り、空腹な人々がいなくなることを願いながら、ひたすらりんごの種を蒔き続けた。

ジョニーは貧乏なわけではなかったが、服はいつもボロボロで、外套《がいとう》の代わりに麻袋をまとい、帽子の代わりに鍋を被り（料理の時にはその鍋を使った）、裸足の足で雪を解かして飲み水にしたという。寝ている時にガラガラ蛇に足を噛《か》まれたが、いつも裸足で歩いていたため足の皮がゾウのように硬く、蛇の牙が突き刺さらなかったという逸話も残っている。熊の親子と遊んだという噂もあり、人にも動物にも好かれる気立ての優しい男だった。

ジョニーの死後、オハイオ州、インディアナ州、ケンタッキー州、ペンシルバニア州、イリノイ州にかけて広大なりんご園が残り、二〇〇年経った今もりんごは実り続けている。実は彼の育てたりんごはそのまま食べるには酸っぱすぎたが、代わりに絶品のりんご酒が造られたそうだ。

インディアナ州では毎年九月に「ジョニーアップルシードフェスティバル」が開催され、りんご好きにはたまらないお祭りとして賑わっている。

レッドロックの聖なる地セドナ

地球から強烈なエネルギーが噴き出す場所を「ボルテックス（渦）」という。アリゾナ州中北部にあるセドナは、古来、先住民の聖地とされており、大地や先祖のエネルギーが噴出する場所として聖なる儀式が行われていた。ハバスパイ族が一〇世紀から一一世紀頃まで住んでいたが、現在は世界屈指のパワースポットとして人気を博している。

セドナは別名、レッドロックカントリーというが、ディズニーランドにあるビッグサンダーマウンテンは、セドナの赤い砂岩の岩山がモデルとなっているそうだ。

セドナのパワースポットとして特に有名なものが、大聖堂のようなカテドラルロック、ベルの形をしたベルロック、セドナを一望できるエアポートメサ、そしてもっとも強い力が感じられるというボイントンキャニオンの四大ボルテックス。ここからあふれ出るパワーは癒しや目覚めの体験をもたらすといわれ、保養地としても人気だという。

また、セドナは昔からＵＦＯも頻繁に目撃されている地で、二〇一二年一月には、緑色の巨大飛行物体が、南からナバホ・ホピ保留地へ向かって飛び去っていくところをカメラでとらえられた。特にベルロック上空での目撃情報が多く、日中はレンズ雲が山頂に見られるが、これは宇宙船が大気圏に突入することで発生している、とも言われている。

ロアノーク島集団失踪事件

約四〇〇年前、一一七名のイギリス人が謎のメッセージを残して姿を消した、アメリカ史上もっとも謎に包まれた集団失踪事件がある。

舞台はアメリカのノースカロライナ州アウターバンクス。現在は観光地となっているこの場所で、一五八七年、イギリス人入植者は木製の防護柵で囲った小さな町を作り、北米大陸初の永住地建設を試みる。だが物資調達のためイギリスに帰国したジョン・ホワイト総督が三年後にこの島に戻ると、全員が跡形もなく姿を消していた。家も完全に取り払われて防護柵のみ残り、さらに樹皮を剝《は》いだ木に「ＣＲＯ」と彫られてあるのを見つけた。

消えた入植者を巡り様々な説が囁《ささや》かれたが、近年、ロアノーク島から西方の断崖、および南方のハッテラス島で、入植者たちに関する遺物が発見された。これらの発見から入植者たちは複数のグループに分かれて友好的な先住民と暮らしたのではないかという説があるが、なぜ町を移動しなければならなかったのか、暗号はどういう意味かなど、いまだに解明できていない謎は残ったままだ。

ロズウェル事件

ニューメキシコ州の南東にあるロズウェ

ルは、一九四七年の事件を境に、ＵＦＯの町として一躍有名になった。ある日、突然謎の飛行物体が墜落し、それがＵＦＯではないかと騒がれたのだ。ＵＦＯ論争の元祖ともいえる事件であり、その議論は現在まで続いている。

◎ＵＦＯ墜落事件

一九四七年七月二日（四日との説もあり）の数日前からロズウェル上空で空飛ぶ物体が目撃されていた。その日は嵐で、突然大きな衝突音が鳴り響いたという。翌日、付近の砂漠に墜落したと思われる銀色の物体が発見され、アメリカ軍によって回収された。七月八日には、地元紙「ロズウエル・デイリーレコード」に「空飛ぶ円盤を捕獲し、回収した」という記事が、軍の公式発表として掲載される。しかし、直後に軍は「観測気球だった」と記事の内容を訂正する。軍が否定したことから、「ＵＦＯではなかった」とする主張と、「軍による隠蔽《いんぺい》だ」という主張がぶつかる論争へと発展する。

一九八〇年に、ＵＦＯ研究家がロズウェル事件についての著書を発表したことから、世界中で知られることになった。

現場を目撃した人による「回収されたのは明らかに気球ではなかった」「軍は銀色の物体だけでなく、宇宙人の死体らしきものも回収していた」などという証言も出た。ただし、政府の空軍調査報告書には空飛ぶ円盤に関する記述はないという。軍が事件を隠蔽しているのは、ＵＦＯを利用した極秘プロジェクトを進行しているためだという説もある。一九九七年に、衝突試験用のダミーだったと軍が発表して論争が落ち着くかに見えたが、「あれはＵＦＯだった」と反論した軍の将校もいた。

ロズウェルに落ちたとされる物体については、その後も様々な証言が入り乱れ、真偽がわからないまま現在に至る。

◎宇宙人解剖実験

軍が宇宙人の死体を回収したとする説を裏づける証言がある。墜落事件から数週間後、空軍に所属する看護師が宇宙人の解剖実験に参加したと証言したのだ。他にも解剖の様子を記録した映像があったが消失した、墜落物とともに宇宙人はエリア51（詳しくは**エリア51の秘密**の項目を参照）に運び込まれた、などたくさんの証言があるが、真相は謎のままである。

◎ロズウェルの聖杯

空から落ちてきた物体は、大半が小さな破片だった。銀紙のような物体で、軽くて薄いが硬かったそうだ。表面に奇妙な文字が彫られているものもあったという。いずれも軍によると気球の素材の一部であり、ＵＦＯのものではないと否定されている。

一方で、ＵＦＯだと信じる人たちに、「ロズウェルの聖杯」と呼ばれている金属がある。目撃者によると、銀色の薄い物体で、片手で形を変えられるほどの硬さだが、しばらく放置するとシワがなくなって元の形に戻ったそうだ。いわば形状記憶合金のような物体だというのだ。しかも、切ったり燃やしたりすることもできないと言われている。

ロズウェルに落ちた物体が地球外の宇宙船の破片であることを証明する物証として、現地では今もロズウェルの聖杯の探索がなされている。

ロストダッチマン金鉱の呪い

アリゾナ州にあるスーパースティション原生地域。「迷信」という意味をもつこの山地のどこかに、ロストダッチマンと呼ばれる秘密の金鉱が眠っているらしい。

鋭い山と深い峡谷の広がるこの地は、古くから先住民に恐れられている地だ。アパッチ族には、この地に吹く砂嵐は地下世界の入口から来ているという伝説がある。プリマ族では、山の金鉱を探そうとする者は山の精霊に復讐《ふくしゅう》されると言われていた。

この地の金鉱を目指してトレジャーハンターが訪れるようになったきっかけは、一九世紀に移民として訪れたジェイコブ・ワルツ。別名ダッチマンと呼ばれていた彼は、この山地で金鉱探しの仕事を請け負っていたが、そのありかを誰にも告げることなく死んでしまったと言われている。やがてダッチマンの消えた金鉱の話が記事で紹介されると、伝説はどんどん一人歩きを始め、金鉱にまつわる謎の暗号や呪いの話も囁《ささや》かれるようになった。

実際、金鉱探しの途中で命を落とす者も多く、一九三一年に行方不明になったアドルフ・ルースというトレジャーハンターは、のちに頭蓋骨に二発の銃弾を受けた状態で死体となって発見された。

かつて金の採掘を始めたメキシコ人入植者の一族が、地元の先住民に皆殺しにされたという噂や、金鉱の秘密を守るためにダッチマンが金鉱に案内してくれた土地の者二人を射殺したという噂もあり、失われた金鉱を探す者は土地の呪いを背負う覚悟が必要なようだ。

若返りの泉を求めて

古来、人々はいつの時代にも長寿や永遠の命を追い求めてきた。アレクサンドロス大王の怒濤《どとう》の進撃は、若返りの川を見つけたいという衝動に突き動かされていたとも言われている。伝説の王プレスター・ジョン（詳しくは欧州・欧州全域の**正体不明の君主プレスター・ジョン**の項目を参照）の王国にも若返りの泉があるといい、泉の水を三回飲んだ者は、生きている限り三〇歳のままでいられたそうだ。

伝説によれば、一五一三年、植民地プエルトリコの総督だったスペイン人のファン・ポンセ・デ・レオンは、若返りの水を求めて新大陸を目指して航海し、偶然フロリダの地に辿り着いたが、結局見つけることができなかったと言われている。

このエピソードにちなみ、レオンが立ち寄った場所であるフロリダ州セントオーガスティンの天然温泉の近くには、若返りの泉国立遺跡公園が作られ、不老水の試飲ができる。ちなみに現在、フロリダ州はアメリカでもっとも長寿の州と言われていることは興味深い。

カナダ

青い山から来たタバコ

タバコの由来にまつわる、カナダに残る伝説のひとつ。

カナダの森の奥に、流行病で子どもたちやおばあさんを亡くして、たった一人で住んでいたおじいさんがいた。ある時、おじいさんが若い頃を思い出しながら湖のほとりに腰かけていると、青く霞《かす》んだ山から見たことのない鳥の大群が飛んできて、その中の一羽が近くの地面に落ちた。その胸には矢が突き刺さっていた。「魔法の鳥だからよくないことが起こるに違いない」と皆は引き止めたが、おじいさんはかわいそうに思って矢を抜こうと鳥に近づいた。すると、いきなり天から真っ赤な炎の柱が落ち、鳥は焼けて黒い灰だけが残った。

おじいさんが杖《つえ》で黒い灰をかき回すと、灰の中から親指くらいの小人が現れた。小人は青い山の住人だと名乗り、おじいさんに小さな種をたくさん渡して灰の中に蒔《ま》くように言った。おじいさんがその通りにすると種はたちまち芽を出して一面に大きなタバコの葉をつけた。小人はおじいさんにパイプを渡して「この葉を乾かしてパイプに詰めて吸うと、楽しい気分になるだろう。タバコの煙は天に上り、亡くなった家族を見守るだろう」と告げると、青い山へ飛んでいった。こうしてタバコはカナダの森の先住民に伝わったという。

『赤毛のアン』の舞台がケベックだったかもしれない

カナダを代表する文学者といえば、プリンス・エドワード島出身のルーシー・モード・モンゴメリ。モンゴメリの先祖が島に渡った経緯についての逸話がある。

モンゴメリの四代前の曽々祖父母がスコットランドから、カナダのケベック・シティを目指して船でやってきた。しかし、大西洋を航海中に妻がひどい船酔いになり、停泊したプリンス・エドワード島で下船。夫がどれほど説得しても妻は二度と船に乗ろうとしなかったため、仕方なく島で暮らし始めたそうだ。曽々祖父母が目指していたケベック・シティはフランスの拠点だった町。もしケベックに移住していたら、アンの物語はフランスの香りがする物語になっていたかもしれない。

現在、プリンス・エドワード島を散策すると、作品中に登場するグリーン・ゲイブルス、お化けの森、恋人の小径など、物語から飛び出してきたかのような世界観を堪能できる。

悪魔が住む島

カナダ東部、ニューファンドランドのクワポン島は、かつて「悪魔の島」と呼ばれていた。一六世紀に書かれた探検家の体験談によれば、その島では錯乱した男たちが大声で叫んでいたとあり、島に住み着く悪霊と怪物が島に近づく人間に襲いかかってくると信じられていた。

この島を舞台にした物語が残されている。貴族の娘マルグリットは、水夫と恋仲になり子どもを身ごもった。そのことが露見し、マルグリットは水夫や召使いとともに悪魔の島に置き去りにされてしまう。やがて、夫も召使いも生まれた子どもも皆死んでしまうが、マルグリットは拳銃を手に一人生き残り、のちに漁師たちに助け出されて故郷へ戻ったという。

悪魔が住む島の伝説は、北大西洋にあるという「サタナゼ島」という一五世紀頃の伝説の島が場所を変えて伝わったものではないかという説がある。サタナゼ島は、大西洋の真ん中に浮かぶ通称「悪魔《デビル》島」という長方形の伝説の島で、島から時折、巨大な悪魔の手が伸びてきて船を握りつぶし、人々を海の底へと引きずり込んでいくと噂されていた。

足首が流れ着くセイリッシュ海

カナダ西部、ブリティッシュコロンビア州にあるセイリッシュ（サリッシュ）海は、カナダ西海岸にあるバンクーバー島と北米大陸に挟まれた内海だ。二〇〇七年、この海域にあるジェデディア島の浜辺で、少女がスニーカーを見つける。スニーカーの中には、男性の足首が収まっていた。この事件の三週間後にはジェデディア島から南に少し離れたガブリオラ島で、また足首が発見された。ともに右足で、同一人物のものではなかった。翌年にはバルデス島、アメリカの海岸でも足首が発見される。

結局、足首入りのスニーカーは、セイリッシュ海付近だけ約一五個、近郊のアメリカでも六個見つかっている。足首は男性、女性どちらのものもあり、浜辺に流れついた頃には腐敗が進んでいた。スニーカーを履いた足首だけが近郊の浜辺にいくつも流れつくというホラーじみたミステリーは、世間で大きな話題となった。

連続殺人犯による犯行やマフィアの仕業などとの噂も立ったが、のちに足首のいくつかは事故の犠牲者や自殺者だと判明している。おそらく、海底に沈んでいた水死体から、ちぎれやすい足首が離れたと推測される。浮力の高いスニーカーを履いていたせいで海を漂ったこと、さらにスニーカーによって靴の中が守られたことなどが、海岸まで辿り着いた原因だとされている。セイリッシュ海は入り組んだ内海のため、この付近に漂っているものは大海には出て行かずにどこかの海岸に漂着するのではないか、と推測がなされている。

イヌイットの石塚イヌクシュク

北極圏にあるヌナブト準州は、人が暮らす世界最北端であり、カナダの先住民イヌイットの故郷。「ヌナブト」とは、イヌイットの言葉で「わたしたちの土地」という意味だ。一九九九年にノースウェスト準州から分かれたヌナブト準州には、イヌイットの文化が色濃く伝わる。

カナダのイヌイットは、北極圏に暮らす先住民族。彼らが暮らす大地には目印になるようなものがない。そこで道標として立てられたのが、イヌクシュクと呼ばれる石塚だ。オブジェのように石を積み重ねたもので、ヌナブト準州にあるバフィン島には、一〇〇以上の標石が自然の中に点在しているという。地理的な目印としてだけでなく、霊的な力をもつパワースポットとしても大切にされている場所である。

二〇一〇年にカナダで行われたバンクーバー冬季オリンピックでは、積まれた石が人のような形をしているロゴマークが用いられた。このデザインは、イヌクシュクがもとになっている。

ウェンディゴの悪魔

カナダ南部からアメリカ北部に住む先住民、オジブア族やクリー族などで語られる伝説で、ウェンディゴという悪魔（精霊）が森に住んでいると言われている。ウェンディゴは「冬の魔物」とも呼ばれ、姿は見えないが人に取り憑《つ》き、背後から何かを囁《ささや》き続け、狂わせる力をもつという。

この地域では、次第に周囲の人間たちが食べ物に見えてきて人肉を食べたくなる、という奇妙な症状が起こることがある。先住民はこれをウェンディゴに取り憑かれたせいと考えた。一度発症した者は、部族から処刑されるか、ウェンディゴに完全に体を乗っ取られる前に、自ら命を絶たねばならなかった。

この症状は、極寒の地であることから極度のビタミン不足などの栄養失調からくる精神疾患が原因ではないかとされ、医学的には悪魔の名前から「ウェンディゴ症候群」と呼ばれている。

オークアイランドに眠る財宝

大西洋側に位置するノバスコシア州の沖に浮かぶ無人島、オークアイランド。この小さな島には財宝が眠っているという伝説があり、二〇〇年以上信じられている。

発端となったのは一七九五年、三人の島の少年たちが巨大な縦穴の跡を見つけたことだ。少年たちが九メートルほど掘ってみると、石や丸太が敷き詰められており、人の手が加わった穴に違いないと思われた。この穴は「マネーピット」と呼ばれるようになる。

八年後、別のグループによりふたたび掘削が再開される。三〇メートルほど掘り進んだ地点で、奇妙な文字が刻まれた石板が発見された。現在は行方不明となってしまったが、写しをもとに解読した人によると「一二メートル下に二〇〇万ポンドが埋まっている」と書かれていたという。しかし、この深さあたりから穴に浸水が始まり、掘削作業を阻むようになる。以降、この穴からは金の鎖の一部や、文字が書かれた羊皮紙の切れ端などが発見されており、オークアイランドに財宝が眠ると信じる者は後を絶たなかった。しかし、これまで多くのトレジャーハンターたちが穴に挑戦したが、浸水のせいで失敗に終わっているそうだ。なかには事故で命を落とした者もいる。浸水は財宝を狙う者を撃退するために仕掛けられた罠《わな》だと考えられている。

ノバスコシア州は、カナダでももっとも早く西洋人の入植が進んだ地域であり、その沖合は海賊たちが行き来していた海域でもある。オークアイランドに眠るのは、いまだに発見されていない海賊キッドやエドワード・ティーチの財宝（詳しくは中南米・バハマ国の**海賊キッドの財宝伝説**、アメリカ合衆国の**黒ひげの秘宝**の項目を参照）なのではないか、とする説が根強い。他にも、マリー・アントワネットの宝石、難破した船に載っていた財宝、テンプル騎士団の宝物など、財宝の正体については数々の噂がある。一方で縦穴は自然にできたもので、浸水も潮の干満で起きるのだという否定的な意見もある。現在は島が私有地のため、調査は困難だという。

オリンピックマスコットと先住民文化

二〇一〇年にバンクーバーで行われた冬季オリンピックのマスコットは、カナダの自然や先住民族の伝説と関わりがある。

マスコットはミーガ、クワッチ、スーミの三体。ミーガは、オルカ（シャチ）とシロアメリカグマをイメージした女の子。シロアメリカグマは、別名スピリットベアとも呼ばれる、ブリティッシュコロンビア州にしか生息していない熊だ。クワッチは、神秘の森に住むという伝説の動物「サスカッチ（サスクワッチ）」がモチーフの男の子。サスカッチとは、先住民の言葉で「毛深い巨人」という意味で、北米で有名な未確認生物ビッグフット（詳しくは北米全域の**獣人ビッグフット**の項目を参照）と同一視されることもある聖なる動物だ。スーミは、雷神鳥の羽と熊の足をもつ精霊。雷神鳥とは先住民の間で神の使いと信じられているサンダーバード（詳しくは**神の使いサンダーバード**の項目を参照）だ。

いずれもバンクーバーのある西海岸の動物と先住民の民話がモチーフである。

神の使いサンダーバード

北米で目撃証言がある怪鳥がサンダーバードだ。飛行機ほどの大きさもあるという巨大な鳥で、翼竜や鷲のような姿をしているという。羽のはばたきは雷を呼び、目や口からは稲妻を放つそうだ。名前は、カナダやアメリカの先住民が信じる神の使いの名前にちなんでいる。

数々の伝承が残されており、たとえば太平洋岸の北西部では、一頭の怪物クジラが人々の食べ物や油を奪っていたので、人々を助けるためにサンダーバードが空から飛びかかり、鋭い鉤爪《かぎづめ》でクジラを釣り上げ、上空から海に落とした。その音は雷鳴の源となったと伝えられている。

サンダーバードは木の彫刻トーテムポールのモチーフとされることも多い。バンクーバー島南端にある都市ビクトリアのロイヤル・ブリティッシュ・コロンビア博物館の敷地内には、復刻されたトーテムポールが立ち並ぶサンダーバードパークがある。

カラスは昔は白かった

カナダのクイーンシャーロット島には、白いカラスの物語が残る。

ある時、カラスは族長グレイイーグルの娘と友だちになった。カラスは族長の隠していた太陽、月、火を盗んで逃げ出した。カラスは両足に太陽と月、くちばしに松明《たいまつ》をくわえながら空を飛び回り、太陽と月を空に配置した。しかし、松明の火が熱くなりすぎて、カラスの羽は煙で真っ黒になり、思わず松明を岩の上に落としてしまったため、二つの石を打ち合わせると火が出るようになったそうだ。

別の伝説では、火を運んだもう一羽の鳥はコマドリで、火を運んできたために、胸が赤く染まってしまったという。

消えたフランクリン探検隊

史上最大の謎を残した、北西航路を目指した探検隊の失踪事件がある。

一八四五年、イギリスのベテラン探検隊ジョン・フランクリンは、二隻の軍艦に三年分の食料を積み込み、総勢一三九名の士官や乗組員とともにイギリスを出発した。探検の目的は、ヨーロッパからカナダ北極圏を抜けてアジアへ至る北西航路を発見することだったが、郡島部へ向かう途中、探検隊は姿を消した。二年後、イギリス海軍本部は捜索隊を派遣したが、手がかりは何も見つからなかった。

しかしフランクリン隊の失踪から約一〇年後、キング・ウィリアム島の西海岸沿いで、白人の集団がボートを引きずっていたという地元のイヌイットの目撃情報があった。やがて発見されたフランクリン隊の探検記録によれば、航海から二年後、海峡の氷に挟まれて身動きが取れなくなった。フランクリンは死亡し、なすすべもなくなった隊員たちは、食料を残して二隻の船を放棄した。氷上を渡って北米へ向かおうとしたが、キング・ウィリアム島で生き残っていた隊員一〇五名が全滅した。

失踪から一七〇年以上経っても、不自然な失踪事件に対する人々の関心は尽きなかった。隊員たちはなぜ食料を残したまま船から降りて無謀な南下を行ったのか。遺体の血液から高濃度の鉛が検出されたことから、船内で鉛中毒が発生した可能性が指摘されている。近年、フランクリン隊の二隻の船が海底から発見され、今もなお調査が続いている。

『くまのプーさん』の誕生秘話

ディズニーアニメなどでおなじみの『くまのプーさん』の原題は『Winnie The Pooh(ウィニー・ザ・プー)』。作者はイギリス人作家のA・A・ミルンだが、プーさんのモデルとなった熊の伝説はカナダにある。

第一次世界大戦中、マニトバ州の州都ウィニペグに派遣された軍医が、漁師から一頭の子熊を引き取った。子熊は町の名前にちなんでウィニペグ・ベアと名づけられたが、町のみんなに可愛がられ「ウィニー」という愛称で呼ばれた。のちに軍医とウィニーはイギリスに渡ることになり、ウィニーはロンドンの動物園に預けられた。その動物園でウィニーを見たミルンが熊の物語を思いつき、幼い息子のために書いた小説が『くまのプーさん』だったという。

以来、プーさんゆかりの地として、ウィニペグでは、熊が町のシンボルとなった。アシニボイン公園内にある、軍医にミルクを飲ませてもらっている愛らしいウィニーの銅像をはじめ、町では様々な熊の像を見ることができる。

五大湖トライアングル

海に広がるミステリーゾーンといえば、バミューダ・トライアングル（詳しくは中南米・中南米全域の**バミューダ・トライアングル**の項目を参照）が有名だが、カナダとアメリカの国境にある五大湖付近にも不思議な現象が多発するエリアが存在する。五大湖（グレートレイクス）トライアングルと呼ばれるそのエリアは、カナダのシルバーベイ、アメリカのシカゴとロチェスターを結ぶ三角形の地域だ。

ロチェスターに近いオンタリオ湖では、磁気が異常なポイントが一四ヶ所もあるそうだ。一八〇四年には、オンタリオ湖を航行していた船が消失する事件が起きている。一九五〇年のアメリカとカナダの研究では、オンタリオ湖東端のエリアでは、大気中に核力（原子核を構成する陽子と中性子を結合させる力）が低下するポイントが見つかったという。スペリオル湖では、一九七五年に全長二〇〇メートルの巨大タンカー、エドムンド・フィッツジェラルド号が突如行方不明となる事件も起きた。のちに発見された船体は、刃物で切られたように真っ二つになっていたという。二〇一六年は幽霊船と思しき船体も目撃されているなど、不可解な事件は後を絶たない。

五大湖付近には謎の力が存在するのか、今後の調査が待たれる。

実在した「ヴィンランド」

アメリカを発見した人物といえば、一般的には、一四九二年に北米大陸に到達したイタリアの航海士コロンブスとされている。ところが、コロンブスよりも約五〇〇年前、大西洋を越えてアメリカ大陸に到達していた人々がいたという。

中世アイスランドに伝わる叙事詩サガの伝説によれば、一〇〇〇年頃、バイキングのレイフ・エリクソンがグリーンランドを出航し、西方へ探検に出かけたと記されている。そして「ヴィンランド」という地を発見し、上陸して拠点を築いた。ヴィンランドは「ぶどうの地」や「草原の地」などの意味で、青々とした緑が広がり、木材や鮭が豊富な美しい土地だったという。サガによれば、古代スカンディナヴィア人の一族がこの地に移り住んだが、「スクレリング」と呼ばれる先住民と衝突し、わずか数年で入植を諦めて帰還したという。

ヴィンランドはこれまで伝説の土地と考えられていた。ところが一九六〇年、二人のノルウェー人探検家が、カナダ東部のニューファンドランド島で、ランス・オ・メドー遺跡を発見。八つの建物跡から古代スカンディナヴィアの道具類や工芸品などが発掘された。このことからコロンブスよりもはるか昔、バイキングが北米大陸を発見して入植を試みたことが証明された。わずか数年で新世界定住に失敗したことで、史実はやがて伝説として埋もれていったのである。歴史を覆したこの遺跡は「ランス・オ・メドー国定史跡」としてカナダの世界遺産に指定されている。

実在の可能性が高い ＵＭＡキャディ

カナダのバンクーバー島の沖合に生息するとされる巨大水棲生物が、キャドボロ・サウルス、通称「キャディ」だ。キャドボロ湾付近で目撃されることが多いことから、その名がつけられた。海に棲み、全長九～一五メートルほどで、体は細長く、海蛇に近いという。頭は馬のような形をしているという情報もある。

最初に目撃された一九〇五年以降、一〇〇件以上の目撃情報が寄せられているという。キャディと思われる死骸が発見されたこともあり、写真や映像などの証拠も多いことから、実在の可能性が高いＵＭＡとして注目を集めている。

伝説の怪獣オゴポゴ

カナダの太平洋沿岸側のブリティッシュコロンビア州にいると信じられている未確認生物がオゴポゴだ。バンクーバー西にある南北に長いオカナガン湖に棲む水棲の生き物で、体長は一〇～一五メートル、竜や海蛇のような見た目をしているという。

地元では古くから何度も目撃されている。北米で化石が発見されている古代のクジラ、バシロサウルスの生き残り説や、この地域の先住民が信じる悪魔「ナイタカ」だとする説などがあるが、いまだに正体が明らかになっていない。地元でもなじみの深い怪獣のようで、オカナガン地方最大の町ケロウナにあるシティパークには、オゴポゴの像がある。

またカナダ中部のマニトバ湖には、オゴポゴと似た姿のマニポゴという名の未確認生物が目撃されている。

天のかぶを抜いた少女

カナダとアメリカの国境付近に住む先住民のブラックフット族には、太陽、月、星を題材にした神話が残る。

ある時、月と太陽の間に生まれた息子「夜明けの明星」は、地上の少女「白い羽」に恋をした。息子は、少女を連れてクモの糸に乗って天へと上り、月と太陽の許可のもと、幸せに暮らした。やがて二人の間に「星の少年」という男の子が生まれた。

ある日、白い羽が根菜を収穫している途中で、大きなかぶを見つけた。「大きなかぶだけは残しておくように」と言われていたが、白い羽は好奇心にかられてかぶを抜いてしまう。すると、空にぽっかり穴が開いてしまった。白い羽は罰として、息子とともに地上に返される。

白い羽の死後、星の少年は、夕暮れに現れた光線に乗って天を訪れ、祖父母である太陽と月に会った。太陽は、星の少年にサンダンス（太陽踊り）を教えて、「もしブラックフット族が太陽を敬い祭りを催すなら、あらゆる病を治そう」と約束した。

サンダンスの儀式は、歌や踊り、苦行で太陽の栄誉を称《たた》えるもので、ブラックフット族、スー族などに受け継がれている。

ナイアガラの霧の乙女

カナダのオンタリオ州と、アメリカのニューヨーク州の国境沿いにある、北米最大規模を誇るナイアガラの滝。滝の名前はネイティブ・アメリカンが「ニアガル（雷轟《とどろ》く水）」と呼んだことに由来する。

数百年前からナイアガラの滝にまつわる様々な伝説が残されており、カナダ側の滝が馬蹄《ばてい》の形をしている理由は次の通りだ。

ある時、ナイアガラ川沿いに住むオンギアラという先住民の部族に原因不明の病が流行り、次々と村人が死んでしまう。人々は、滝の裏側の洞窟に二人の息子とともに住んでいるという雷神ヒヌムを鎮めるため、年に一度、もっとも美しい乙女を一人生贄《いけにえ》に捧げたが、死人は出続けた。

ある年、首長「鷹の目」の娘レラワラが生贄に選ばれ、レラワラは白樺の樹皮で作ったカヌーに乗ったまま滝壺に飛び込んだ。落ちてきたレラワラを抱きとめた雷神の息子の兄弟は、彼女に一目惚れする。レラワラが二人に、部族を襲う不幸のわけを尋ねると、川底に住む大蛇が年に一度村にやってきて、川の水に毒を混ぜて死んだ人間の遺体を食べているのだと、弟のほうが教えてくれた。レラワラは精霊の姿になって村へ帰り、皆に蛇のことを伝えた。次に大蛇が村へやってきた時、村人たちは大蛇を迎え撃ち、滝の縁に追い詰められた大蛇は頭を一方の川岸へ、尻尾を反対側の岸へ載せたため、滝が馬蹄型になった。

レラワラの魂は、滝の裏の洞窟へ戻り、雷神の弟と恋人になって暮らしたという。以来、彼女は「霧の乙女」として知られるようになったと言われている。

ゆりかごの島

カナダ東部、セントローレンス湾に浮かぶプリンス・エドワード島。この島はもともと先住民のミクマック族から「アヴィグウェイト（波間に浮かぶゆりかご）」と呼ばれていた。上空から見ると、確かに島の形状が海に漂うゆりかごのように見える。飛行機のない時代、先住民がどのように島の形状を知ったのかは謎である。

北米全域

黄金都市シボラ

一六世紀頃、アメリカ大陸にやってきたスペインの征服者たちは、アメリカ南西部にシボラと呼ばれる「黄金の七都市」が眠っているという伝説を信じていた。

シボラの伝説の発端は一一五〇年頃。イスラム教徒による征服から逃れた七名の司教が、金銀にあふれたシボラとキビラという町をどこかに作ったというもの。噂が広まるにつれて七人の司教それぞれが都市を作ったことになり、黄金が眠る七つの都市の伝説になった。これが大航海時代のエルドラド伝説（詳しくは中南米・コロンビア共和国の**黄金郷エルドラドを夢見て**の項目を参照）と相まって、黄金の七都市はアメリカ大陸にあるとの噂が流れ始めたのだ。

かくしてアメリカ南西部を中心に黄金都市探しが始まった。征服者のフランシスコ・バスケス・デ・コロナドは大規模な遠征隊を率いて、マルコス・デ・ニサ修道士の情報を頼りに、アリゾナ州のプエブロ集落に到着したが、埃《ほこり》まみれの集落が広がるばかりだった。一説によれば、この集落の住居には雲母《うんも》の含まれたレンガが使われ、遠くから見ると太陽光の反射で輝いて見えたため、黄金都市と誤解されたのではないかという。宝はひとつも見当たらなかったそうだ。

感謝祭の起源とピルグリム・ファーザーズ

一七世紀頃、信仰の自由を夢見てイギリスから北米に移住してきた人たちがいる。聖書にちなみ「この世の旅人」と自らを称したことから、のちにピルグリム・ファーザーズ（巡礼父祖）と呼ばれた、四〇名のキリスト教徒たちである。

入植最初の冬には半数が病死するほど過酷な暮らしだったが、移住後に初めて作物を収穫できたことを神に感謝して、ピルグリム・ファーザーズは記念の祭典を三日間開催した。その祭典には、現地の先住民も招き、七面鳥や鹿肉を振る舞ったという。

これが現在のサンクスギビングデー（感謝祭）の起源で、アメリカでは一一月の第四木曜日、カナダでは一〇月の第二月曜日が祝日となっている。

獣人ビッグフット

アメリカやカナダの山で目撃されているのが、獣人ビッグフットだ。カナダではサスカッチ（詳しくはカナダの**オリンピックマスコットと先住民文化**の項目を参照）と呼ばれている。一八一〇年、オレゴン州を旅行中の男性がコロンビア川の近くで約四〇センチの大きな足跡を発見したのが最古の記録。一九六七年には、ロジャー・パターソンが動画撮影に成功している。この映像は「パターソンフィルム」と呼ばれ、真偽についての論争も含めて世界中で話題となった。未確認生物の中でも有名で、これまでに二〇〇〇件以上の目撃情報があるという。

体長は二〜三メートル、体重は二〇〇〜四〇〇キロと巨大で、体中が毛で覆われている。直立二足歩行をしており、三五〜四五センチの足跡が発見されている。ビッグフットの正体は、ヒマラヤ山脈で目撃情報のあるイエティ（詳しくはアジア・アジア全域の**ヒマラヤ山脈のイエティ**の項目を参照）と同様に、絶滅した類人猿ギガントピテクスの生き残りとする説が有力だ。

メアリー・セレスト号事件

一八七二年一一月、ベンジャミン・ブリッグズ船長は、貨物船メアリー・セレスト号に乗り、妻と娘、七名の船員とともにニューヨーク港からイタリアのジェノバに向けて出港した。ところが船出から約三週間後の一二月五日。アゾレス諸島付近の北大西洋上を漂っているメアリー・セレスト号を、ディ・グラツィア号の船長デビッド・モアハウスが発見した。

デビッドたちが船内を調べたところ、船はまだ航海可能でほとんど無傷の状態ながらも船内には誰もいなかった。食べかけの食事や積み荷などが残されていたものの、脱出用の救命ボートが一隻消えていたことから、乗組員たちは自主的に船を離れたと推測された。しかし、航海日誌は一一月二五日に書きかけの状態で途切れており、明確な理由はわからなかった。

まるで人だけが忽然《こつぜん》と姿を消したような異様な光景で、原因不明の海難事故として話題になった。船員の反乱、なんらかの事故などが生じて救命ボートで脱出したものの漂流してしまった、巨大イカに食べられてしまった、発見者であるディ・グラツィア号に襲われて殺されたなど多くの説が唱えられたが、乗組員全員はどこへ消えたのか、真相が解明されることはなかった。

薬物を含む飛行機雲 ケムトレイル

二〇〇〇年代、カナダやアメリカの上空に、謎の飛行機雲が何度も報告された。ケミカル・トレイル（化学物質の航路）、略してケムトレイルと呼ばれる現象だ。

ケムトレイルは通常の飛行機雲よりも長く空中にとどまる特徴があり、複数の航空機が空を行き来しながら、平行する二本の線、X字、円形などを空に描いていたという目撃情報がある。さらに目撃者の多くが悪寒や鼻水、目の充血などの体調不良を訴えたという。なかには関節痛や鼻血などといった重い症状を起こす人もいたという。

ケムトレイルとはなんなのか。政府や軍による気象実験説や、化学兵器の実験説、ＨＡＡＲＰ（詳しくはアメリカ合衆国の**ＨＡＡＲＰの謎**の項目を参照）が引き起こしたとする説など、様々な憶測が飛び交ったが、結局原因はわからなかった。近年では特に目立った報告はない。

中南米

Latin America

1 アルゼンチン共和国
2 アンティグア・バーブーダ
3 ウルグアイ東方共和国
4 エクアドル共和国
5 エルサルバドル共和国
6 ガイアナ共和国
7 キューバ共和国
8 グアテマラ共和国
9 グレナダ
10 コスタリカ共和国
11 コロンビア共和国
12 ジャマイカ
13 スリナム共和国
14 セントクリストファー・ネービス
15 セントビンセントおよびグレナディーン諸島
16 セントルシア
17 チリ共和国
18 ドミニカ共和国
19 ドミニカ国
20 トリニダード・トバゴ共和国
21 ニカラグア共和国
22 ハイチ共和国
23 パナマ共和国
24 バハマ国
25 パラグアイ共和国
26 バルバドス
27 プエルトリコ自由連合州
28 ブラジル連邦共和国
29 ベネズエラ・ボリバル共和国
30 ベリーズ
31 ペルー共和国
32 ボリビア多民族国
33 ホンジュラス共和国
34 メキシコ合衆国

アルゼンチン共和国

カラファテの実になった魔女

アルゼンチン南部のパタゴニア地方にある自然豊かで小さな町、エル・カラファテ。間近にアルヘンティーノ湖があり、氷河観光の拠点として人気だ。この地には、小さくて黄色いカラファテの花が多く咲くため、町の名前になったそうだ。

この町に残る伝説によれば、昔、カラファテには年老いた魔女が住んでいた。冬になると、町の人々や動物、鳥たちはみな、食料を求めて北に移動してしまい、体の弱い魔女は一人で寒い冬を過ごさねばならなかった。そこで魔女は、カラファテの実（あるいは花）に変身して、町の人々や動物、鳥たちに実を食べさせたところ、その実がとても美味しかったため、みな冬でもカラファテに定住するようになったという。南テウェルチェ族の神話のひとつ「魔女クーネックの物語」で語られている。

カラファテの実は紫色で甘酸っぱく、「実を食べるとふたたびこの地に戻ってくる」という言い伝えもあり、カラファテのジェラートやジャムなどが観光客に人気のようだ。

巨人国パタゴニア

かつて、アルゼンチンとチリにまたがるパタゴニア地方には、身長三メートル以上の巨人が住んでいると広く信じられていた。パタゴニアの巨人伝説は、マゼランの艦隊が世界一周を終えた一五二二年に遡《さかのぼ》る。航海記録『最初の世界一周航海』によれば、海岸で巨大な裸の男たちが歌い踊っており、マゼランたちを見ると非常に驚いて、天から来たと信じているようなそぶりを見せた、とある。マゼランは彼らをパタゴニ（「足が大きい」という意味）と名づけたことから、この地域はパタゴニア（「大足人の国」という意味）と呼ばれるようになり、のちに作成された地図にはパタゴニアや「巨人の地」と記されている。

巨人国の存在は、一八世紀半ばまでヨーロッパの人々に信じられていた。当時、この地に住んでいた先住民がグアナコ（パタゴニアに生息するラクダ）の毛皮を身につけていたため、大きな足に見えたという説がある。

古代人の手形

手形のある遺跡は世界各地にあるが、なかでも有名なものは、クエバ・デ・ラス・マノス（スペイン語で「手の洞窟」という意味）。アルゼンチン南部のパタゴニア地方、ピントゥーラス川沿いの岩山に位置する洞窟壁画で、世界遺産に登録されている。約九〇〇〇年前から描かれ始め、何千年もの間に数回にわたって描かれたようだ。

先住民によってびっしりと残された手形はほとんど左手で、その数は八〇〇点を超えるほか、動物の絵や狩りのシーンなども描かれている。なかには三本指や六本指の手形、月や惑星、グアナコ（パタゴニアに生息するラクダ）の妊娠と出産、幾何学模様の謎の図形もある。洞窟内での成人通過儀礼だったと推測されているが、解明されていない。

世界の果ての裸族

進化論で有名なチャールズ・ダーウィンが、一九世紀にアルゼンチンのフエゴ島を航海中、不思議な先住民に出会った。それがヤーガン（ヤマナ）族である。

フエゴ島は、南極圏までわずか一二五〇キロという極寒の地。にもかかわらずヤーガン族の人々はほぼ全裸で生活しており、服の代わりに、クジラなどの脂を全身に塗り、寒さをしのいでいた。さらに部族の儀式の際には、体中に奇抜な模様のペイントを施したり、独特の円錐形の仮面をつけたりした。彼らはスペイン人の入植や疫病などにより絶滅してしまったが、フエゴ島の世界最南端の町ウシュアイアにある「世界の果て博物館」には、ヤーガン族を含む四部族の民俗文化や写真が豊富に残されている。また、町の鉄道「世界の果て号」に乗ると、復元されたヤーガン族の住居を見学できる。

ちなみにフエゴ島は、スペイン語でティエラ・デル・フエゴといい「火の大地」という意味。南極付近の寒い土地にもかかわらずこのような名前なのは、一六世紀の冒険家フェルディナンド・マゼランが大西洋側を南下した際、断崖の上に燃え盛る火を見て、風の強い不毛の地に火があるのを不思議に思い「火の大地」と呼んだことに由来する。実際には、先住民の松明《たいまつ》だったと言われている。

ヒトラーは南米で生きていた？

第二次世界大戦終結時、ナチスドイツの総統アドルフ・ヒトラーは、一九四五年四月三〇日にベルリンで自殺したと伝えられているが、密かに南米へ逃亡したという根強い噂がある。地下墓地で死んだのは実はヒトラーの影武者で、ヒトラーは潜水艦で南米に渡り、偽名を使い余生を過ごしたというのだ。ヒトラーはアルゼンチン中部のサン・カルロス・デ・バリローチェから近い、エスタンジアという農場に隠れて、ナチス残党を密かに指揮したとされている。

二〇一八年、ドイツ軍の高性能潜水艦（Uボート）「U-3523」がデンマークのスカーゲン沖合から見つかった。このUボートは、ヒトラーの命日から一週間後に、イギリスが撃沈したが行方不明となっていたUボートと同一のものとされ、乗組員全員が死亡したとされている。

この「U-3523」が極秘の任務に就いて

いたという噂から、ヒトラーやナチス幹部の逃亡に使ったのではないか、という説が浮上したようだ。海底に沈んだままの「U-3523」の引き揚げ作業は未定で、ヒトラー南米生存説の真相はまだ明らかになっていない。

二つのアウトドアブランドに影響を与えた山

Patagonia（パタゴニア）とTHE NORTH FACE（ザ・ノース・フェイス）といえば、世界を代表するアウトドアブランド。パタゴニアの創業者イヴォン・シュイナードと、ザ・ノース・フェイスの創業者ダグラス・トンプキンスは親友同士で、二人は若い頃にアルゼンチン南部のパタゴニア地方へ冒険旅行に出かけたことがある。

一九六八年、二人を含む四人のクライマーたちは、アンデス山脈のひとつで先住民がエル・チャルテン（「煙を吐く山」という意味）と呼ぶ、美しいフィッツ・ロイ山に挑んだ。約一万三〇〇〇キロもの距離を旅した約六ヶ月の大冒険を終えて帰国後、二人は自然保護活動家として目覚めたという。パタゴニアのロゴの山脈のシルエットは、この時のフィッツ・ロイ山系の山並みを表していることで知られている。

彼らの冒険は映画化され、二〇一一年には『180°SOUTH／ワンエイティ・サウス』というタイトルで日本でも公開された。

アンティグア・バーブーダ

カリブ海の秘境のピンクサンド・ビーチ

アンティグア島とバーブーダ島という二つの島からなる、カリブ海に浮かぶ島国。日本からの観光客はまだ少ないが、欧米人に人気のリゾート地だ。島に先住民がいた記録はなく、一四九三年のコロンブス到着以降に知られるようになった。

古くからの伝説は見当たらないが、バーブーダ島には世にも珍しいビーチがある。砂浜一面がピンク色というピンクサンド・ビーチだ。その光景は神秘的で美しい。実は、ピンク色の砂浜の正体は、細かく砕けたピンク色の貝殻が積み重なったもの。

ちなみに、同じ西インド諸島にあるバハマにも世界的に有名なピンクサンド・ビーチがある。

ウルグアイ東方共和国

先住民をモデルにした聖母像

ウルグアイは、地球上で日本のちょうど

裏側に位置する、南米大陸では二番目に小さな国。アルゼンチンとブラジルに挟まれた、肥沃で広大な草原地帯に位置する。ここはインカ帝国に支配されなかった地域で、コロンブス到着以前はグアラニー族という先住民が暮らしていた。「ウルグアイ」という国名は、ウルグアイ川にちなんで命名され、グアラニー語で「巻貝の多い川」や「ウルという鳥の飛来する川」を意味するそうだ。

　首都モンテビデオにある、スペインの植民地だった一七九〇年に建てられたメトロポリタン大聖堂には、マリアとともに、ウルグアイの守護聖人とされる三三名の聖母の像が祀られている。これらの聖母像はグラウニー族がモデルとも言われていて、先住民とキリスト教の静かな融合を感じることができる。

エクアドル共和国

ダーウィンとガラパゴス諸島

動植物の楽園、エクアドルのガラパゴス諸島では、チャールズ・ダーウィンがこの島を訪れ、進化論の着想を得たという有名なエピソードがある。

　伝説によれば一九世紀、ダーウィンは英国海軍の測量船ビーグル号に乗って、この島を訪れた。最初は地質学に興味をもっていたダーウィンは、ゾウガメ、小さな鳥フィンチ、マネシツグミに出会った。ゾウガメは島ごとに異なる甲羅をもち、フィンチは食べ物に合わせたくちばしをもっていた。こうした生物たちの特殊性や変異を見て、世代を重ねるうちに自然選択により変化し、多様な種が作られていくという自然選択説が閃《ひらめ》いたダーウィンは、『種の起源』にまとめたという。

　ちなみにこの時、ダーウィンがガラパゴス諸島から持ち帰ったとされるガラパゴスゾウガメは二〇〇六年まで生きたが、一七五歳でなくなり、世界最高齢の動物としてギネスブックに認定された。

太陽のエツァと月のナントゥ

　エクアドルのシュアル族の始祖にまつわる神話。太陽のエツァと、月のナントゥは、創造神クンパラから生まれた。美女であるナントゥに、エツァと巨大な鳥のヨタカが夢中になる。彼女は相手にせず、天高く上った。エツァは鳥を両手両足に結びつけて高く飛び、ナントゥのいるところまで辿り着いた。エツァは愛を告げたが、二人は喧嘩になり、ナントゥはエツァにぶたれる。これが初めての月食になったという。

　一方のヨタカは、夜空からぶら下がっていた蔓《つる》で月まで上ろうとしたが、ナントゥは蔓を切ってしまった。のちにナントゥが地上に降りた時に、ヨタカは彼女を追いかけたが、ふたたび空に逃げられてしまった。

結局、ナントゥはエツァのしつこい求愛に折れて結婚した。二人の間の最初の子がナマケモノのウヌシだった。これがシュアル族の始祖となったという。

南米エクアドルと縄文人の不思議な関係

エクアドルのグアヤキル港から西方の海岸沿いには、貝塚遺跡バルディビアがあり、そこからアメリカ大陸でもっとも古い土器が見つかっている。遺跡にちなんでバルディビア文化と呼ばれ、インカ帝国以前の紀元前四〇〇〇年から一五〇〇年頃に栄えたとされる。

バルディビア文化の土器は、インカ帝国の土器とはかなり異なる、独特な幾何学文様や女性をかたどったものが多い。不思議なことに日本の縄文時代の土器とそっくりなことから、縄文時代の人々が広い太平洋を越えて、遠いアメリカ大陸に辿り着き、同じ文化を起こしたのではないかという説がある。エクアドルだけでなく、メキシコやアメリカでも海から渡ってきた縄文人の影響を受けているのではないかとされる痕跡も見つかっている。

エルサルバドル共和国

成長を止められたシピティオ

先住民のピピル族の伝説。昔、シグアナバという女が太陽神トラロックを裏切った罪で、醜い女性へ変えられた。息子のシピティオ（「子ども」という意味）も一〇歳で成長を止められてしまう。さらに、足の指と踵《かかと》の向きを逆さにされ、灰を食べて生きるという罰が下された。夜になると絞りカスの灰を食べるために砂糖工場に忍び込み、足跡を残すという。ただし、足の向きが逆さなので、足跡の向きも逆向きになる。そのため、足跡を見つけた人々を混乱させるそうだ。母親のシグアナバについては、**泣き女シグアナバ**の項目も参照。

シピティオの性格は陽気で、いたずら好きだという。現在は、テレビ番組『シピティオの冒険』が人気を博すなど、ヒーロー的存在になっている。

泣き女シグアナバ

シグアナバという妖女の伝説。「シグア」は「女」、「ナバ」とは「泣く」という意味だ。長い髪、腰まで垂れた乳房が特徴で、夜の川で洗濯をしている。夜遊びをする男の前に現れ、嘲笑《ちょうしょう》を浴びせながら男を殺すという。中南米には泣き女と呼ばれる妖女の伝説は多い（詳しくは中南米全域の**ラ・ジョローナ**の項目を参照）。

ガイアナ共和国

ガイアナの失われた先住民文化

南米大陸の北東部に位置するガイアナは、大西洋やカリブ海に面し、日本の本州よりやや小さい国土をもつ。国土の約八割が熱帯雨林であり、クモのタランチュラやトンボ、カエルなどの新種が多数発見されるなど、豊かな自然が広がる秘境だ。

この地には、かつてはアラワク族系の先住民が住んでいた。国名は先住民の言葉で「ギアナ（豊かな水の地）」を意味する。しかし、一七世紀以降、長い間ヨーロッパ各国の支配を受けたため、その文化や伝説は失われてしまったという。

現在は植民地時代に連れてこられたインド系、アフリカ系の子孫が多くを占める。

世界一高い切手「英領ギアナ一セント・マゼンタ」

切手収集家にとって、もっとも有名な一枚が「英領ギアナ一セント・マゼンタ」だろう。かつて英領だったギアナ（現在のガイアナ）では、イギリスから輸入した切手を使用していた。しかし一九世紀後半のある時期に切手が不足してしまったため、郵便局長が現地の新聞社に切手の印刷を依頼した。四セントと一セントの二種類が作られ、偽造ができないよう郵便局員が一枚ずつ署名を加えることになった。その後、イギリスから切手が届いたため、広く流通することはなかったという。

数年後、ある少年が祖父に送られてきた手紙の中にその一セント切手が使われているのを発見する。切手には郵便局員の署名があり、切手カタログには載っていないものだと知る。以降、貴重な一枚の切手は、マゼンタ（赤紫色）の紙が使われていたことから「英領ギアナ一セント・マゼンタ」と呼ばれるようになる。

少年から地元の切手収集家に譲られ、ベルリン、フランス、アメリカなどの切手収集家たちの手に渡っていく。売り渡されるたびに高値がつき、二〇一四年のサザビーズのオークションではついに九五〇万ドルで落札された。そして二〇二一年六月にサザビーズのオークションに出され、イギリスの切手商が八三〇万ドルで落札し、英領ギアナから生まれた切手は本国のイギリスに置かれることとなった。

キューバ共和国

キューバのジュラシック・パーク

キューバの南東部、バコナオ国立公園内に、映画『ジュラシック・パーク』を実現させたような施設がある。「先史時代の峡谷」と名づけられた広大な草原には、実寸大の恐竜や絶滅動物、石器時代の人間、古代植物など二〇〇体を超える動植物のコンクリート像が立ち並ぶ。この近郊の刑務所の囚人たちの手によって作られたテーマパークで、先史時代へタイムスリップしたような感覚を味わえるかもしれない。

約束を果たしたヘミングウェイ

キューバの第二の都市であるサンティアゴ・デ・クーバの郊外に、コブレの聖母寺（エルコブレ教会）と呼ばれる聖地がある。ここに安置されている褐色の聖母像（カリダー）は、一七世紀に「私はこの島の住民を守るマリア」と書かれた板とともに拾われたという言い伝えから、キューバの守護神として祀られている。

この教会は、ノーベル賞作家のアーネスト・ヘミングウェイが書いた『老人と海』に登場する。主人公の老人サンチャゴが、魚を捕ることができたら、あとでコブレ教会のマリア様へお参りすることを誓ってもいい、とつぶやくシーンがある。コブレの聖母像は漁師の守護神でもあった。だが、物語は老人の深い眠りとともに終わり、コブレの聖母寺へ行く描写はなかった。のちに、ヘミングウェイはノーベル賞のメダルをここに奉納したが、サンチャゴに変わって約束を果たしたのかもしれない。

グアテマラ共和国

泥棒にラバを奪われた男

グアテマラに伝わる民話。信心深く素直なドン・ヘスス・ネウスモスカーダは、チャントラの市でラバを買い、宿の前に縛りつけておいた。そこに二人組の泥棒が現れ、一人が縄をほどき、一人は首に縄を結んで四つんばいになった。しばらくしてヘススがラバの様子を見にきて、ラバが人間の男に変わったと思い込み大変驚く。泥棒は、かつて悪さをして魔女に魔法をかけられラバになっていたが、心が清らかな男に買ってもらって魔法が解けた、と嘘を並べた。ヘススは信じて縄を解き、泥棒を放してやる。泥棒たちは合流してラバを売り、翌日、ヘススは同じラバを市場で見つける。ヘススは男がまた悪さをしてラバにされたと思い込み、「今度は知らない人に買ってもらいな」とつぶやいたという。チリやメキシコでも似たような話が伝わっている。

マヤ文明最大の都市・ティカル遺跡

良質なコーヒーの産地としても有名なグアテマラの北部、ペテン県の密林の中に突如、マヤ文明最大の都市ティカル（「精霊の声の場所」という意味）の遺跡が現れる。紀元前八〇〇年頃から人が住み始め、紀元三〇〇年から八〇〇年代には人口は数万人に達し、建築、彫刻、数学、天文学の分野に優れていた。マヤの各都市を従える中心地として栄えたが、一〇世紀に突然崩壊し、ジャングルに埋もれてしまった。

この都市がふたたび発見されるのは一六九九年。スペイン人宣教師アベンダーニョたちが、土地の先住民イツァー族から逃げる途中で偶然、発見したと言われている。

ティカル遺跡には六基のピラミッド寺院があり、多くは弔いの儀式に用いられる神殿だったようだ。ジャガーの姿が彫られた一号ピラミッドからは翡翠《ひすい》や貝の装身具などの副葬品が出土し、遺跡公園内のティカル博物館や、グアテマラシティの国立考古学民族学博物館で見ることができる。

ちなみに、マヤ文明では、人一人に対して魂を共有し合う動物のパートナーがいると信じられていた。マヤの王は、強さと権力の象徴であるジャガーに守護されていた。ジャガーの神は、昼は空を徘徊《はいかい》し、夜は冥界を治める王になるという。

グレナダ

歌うこしょうの木

グレナダに伝わる昔話。夫と二人の子どもの兄妹と暮らしていた母親は娘を疎ましく思い、殺してしまおうと考えた。そこで娘を呼びつけ、「これから出かけるが、もし黒い鳥がイチジクの実を食べにきたら、必ず追い払うように。もし食べられたらお前を生かしてはおかないよ」と言い聞かせた。母親は家を出ると黒い鳥に変身し、イチジクの実を食べ始めた。娘は母親の言いつけ通りに追い払おうとしたが、鳥は実を食べ尽くして去ってしまった。

やがて戻ってきた母親は、実を守りきれなかった娘を責めて、生き埋めにし、娘を埋めた場所には一本のこしょうの木を植えた。妹が殺されたことを知らない兄は、ある時、こしょうを摘みにいった。すると不思議なことに木は妹の声で歌い出し、母親に殺されたことを兄に告白した。兄が父親を連れてくると、こしょうの木は父親の前でも同じように歌い出した。そこで父親は土の中から娘を掘り出して家に連れて帰り、母親を生き埋めにしたという。

吸血人狼ルー・ガルー

西インド諸島の南東部、小アンティル諸島南部にある島国グレナダ。

カリブの伝説によると、グレナダには、ルー・ガルーという老女の人狼がいて、人間の肝を抉《えぐ》り出し、その血を飲むと恐れられている。ある時、美女に化けたルー・ガルーが男性医師と恋に落ちた。医師と一晩過ごし、本性を現したルー・ガルーが医師の肝を取り出すために腹に爪を食い込ませようとしたところ、朝日が差し込み彼女の体は干からびて、塵《ちり》と化したという。

「ルー・ガルー」はもともとフランス語で「人狼」を表す言葉。グレナダはかつてフランスの植民地であった時代があるため、その頃に生まれたものかもしれない。

コスタリカ共和国

カルタゴの復讐鬼《ふくしゅうき》ラ・セグア

かつて首都だったコスタリカ中部の都市カルタゴに出没する悪霊の伝説。ラ・セグアという名で、美女の姿で男を誘惑し、雌馬の怪物に変身して襲ってくるという。ラ・セグアの頭部は血塗《ちまみ》れの馬の骸骨で、目の部分は燃えるように赤く光っている。

一七世紀末、カルタゴに美しい娘が住んでいた。娘はスペイン人の軍人と恋に落ち、男は結婚を条件に娘の体を求めた。娘はカトリックの教えに背いて体を許してしまう。しかし、しばらくすると男は祖国に帰国し、連絡が取れなくなる。裏切られた悲しみと貞操を失ったことへの罪悪感からやつれてしまい、命を落とした。それ以降、娘は悪霊となり、カルタゴの町に現れては男を襲うようになったという。

ディキスの石球群

コスタリカには、シンボルともいえる不思議な石がある。一九三〇年代に、南部のディキス・デルタという先住民の集落で見つかった、二〇〇個以上もの大きな石球群である。コスタリカの石球とも呼ばれ、水晶ドクロ、黄金スペースシャトル（詳しくはメキシコ合衆国の**古代マヤの水晶ドクロ**、コロンビア共和国の**黄金の飛行機**の項目を参照）と並んで、中南米三大オーパーツのひとつに数えられている。

花崗岩《かこうがん》でできたほぼ真円の石で、表面はなめらか。サイズは約七〇センチから二メートル以上のものまである。一〇〇〇年以上前に作られたものもあり、マグマが固まった岩石を、硬くとがった石で叩いて球体にしたのではないかという説があるが、ディキス文化には文字がないため、作り方や目的ははっきりしていない。先住民の末裔《まつえい》によれば、石球を作る時には精霊たちが力を貸してくれたという伝説もある。

コロンビア共和国

黄金郷エルドラドを夢見て

一五世紀から一六世紀にかけて、スペイン人の征服者（コンキスタドール）をはじめ、ヨーロッパ人を虜《とりこ》にした伝説がある。それが南アメリカ大陸のどこかにあると噂された黄金郷エルドラド伝説だ。

噂の始まりは、現在のコロンビアの山岳地帯に住んでいたムイスカ人（チブチャ人）が、スペイン人の探検家にとある儀式について話したことだ。当時、ムイスカ人は新しい族長に選ばれると祝いとして、全身に金粉をまぶして、黄金とエメラルドを神聖な湖に投げ込んだという。この話を聞いたスペイン人は、族長のことを「エルドラド（黄金の人）」と呼んだ。実際に、コロンビアのボゴタ近くのグアタビータ湖から宝石や金製品がいくつか見つかったこともあり、欲望にかられたスペイン人やポルトガル人、英国人、ドイツの探検家たちは、黄金がありそうな場所を目指してコロンビア、ブラジル、ガイアナなどを探検した。時が経つにつれて、伝説のエルドラドは、人ではなく黄金に埋め尽くされた都市の伝説を指すようになっていった。

多くの征服者が黄金郷を求めたが、探検は過酷を極めた。多数のヨーロッパ人や先住民が命を落とし、宝は見つからなかった。結局、探検の途中で多くの人を殺害した残虐なロペ・デ・アギーレによる遠征隊を最後に、スペインでは「黄金郷は存在しない」という結論を出し、ヨーロッパ各国でも諦めと失望が広がり始めた。

そんななか、一七世紀初めに、エルドラドの伝説を別の失われた黄金都市マノアの伝説と結びつけ、イギリス人のウォルター・ローリー卿は無謀ともいえる探索に出かけた。しかしその結果は惨憺《さんたん》たるものだった。嵐で船は大破し、ローリー卿は部下に見捨てられ、戦闘で息子を失い、現地で許可なくスペイン人と戦った罪で反逆罪に問われ、母国イギリスで処刑されてしまったのである。無謀な探検者たちが追い求めた黄金は、まだ見つかっていない。

黄金の飛行機

コロンビアの遺跡から、奇妙な黄金細工が発掘された。長さ五センチほどの装飾品で、細長い胴体に三角形の羽が生えたような形をしている。なんらかの昆虫や鳥、魚をモチーフとしたものだと考えられた。

しかし、アメリカの動物学者アイヴァン・T・サンダーソンは、この黄金細工がどんな動物にも該当しないとして、現代のジェット機やスペースシャトルのようなものだと主張した。つまり、古代の南米に飛行機が作れるほどの文明が存在していたことを示すものだというのだ。

黄金の飛行機は、南米のナマズをかたどったものではないかとする説もあるものの、サンダーソンの発表以降、「黄金スペースシャトル」「黄金ジェット」などと呼ばれるオーパーツとして有名になった。現在は、首都ボゴタにある黄金博物館に展示されている。

コスタリカの石球、水晶ドクロ（詳しくはコスタリカ共和国の**ディキスの石球群**、メキシコ合衆国の**古代マヤの水晶ドクロ**の項目を参照）と並ぶ中南米三大オーパーツのひとつである。

枯れないマテ茶の木

南米でよく飲まれるマテ茶の伝説がコロンビアに残されている。昔、美しい娘をもつ先住民の父親がいた。父親は娘が若く美しいため、いつ自分の手を離れて死んでしまうか、あるいは誰かに略奪されてしまうか、気が気ではなかった。

ある時、大地を創造した神様が老人に身をやつして地上に現れ、父娘の小屋に立ち寄った。二人は老人が神様と知らないまま、大変親切にもてなしたので、満足した神様は父親に正体を明かし、望みをひとつ叶えてやることにした。父親は、「自分が生きている限り、娘に去られたくない」と告げた。そこで神様は、娘を永遠に緑を保って生きるマテ茶の木に変え、いつまでも若く美しく死なないようにした。以来、南米の人々はマテ茶を愛し、飲むようになったという。

ジャマイカ

アナンシが唱えた「五」

カリブ海の西インド諸島に浮かぶジャマイカ島には、アフリカの伝説に登場するトリックスター、クモのアナンシの物語（詳しくはアフリカ・ガーナ共和国の**クモのアナンシ伝説**の項目を参照）が伝わる。

悪いアナンシの近くに、「五」という名前の魔女が住んでいた。彼女は自分の名前が大嫌いだったので、「五という言葉を言ったものは死んでしまえ」という呪いをかけた。悪知恵の働くアナンシはそれを聞いて、早速試すことにした。翌日、アナンシはサツマイモを五つ道に広げて、頭が悪いふりをして道を通る動物たちにサツマイモを数えさせた。アヒルが「五」と唱えた途端にばったり倒れて死んだので、アナンシは餌にした。そうして次々に獲物を平らげていったが、最後にやってきたハトがどうしても「五」と言わず、しびれを切らしたアナンシが「こうやって数えるんだ、一、二、三、四、五」と言ってしまい、アナンシ自身が死んでしまった。

グレート・ハウスの幽霊騒動

カリブ海の島国ジャマイカ随一のリゾートタウンといえば、モンテゴ・ベイ。この町がイギリスの植民地だった頃、プランテーションの持ち主だった富裕層の建てたグレート・ハウスが、今も各地に残っている。そのなかでも一七七〇年に総督に赴任したジョン・パーマーによって建てられたローズ・ホール・グレート・ハウスは、美しく壮麗な白い館であると同時に、幽霊伝説でも有名である。

一九世紀にアイルランドから嫁いできた一八歳のアニーは、ブードゥー教の黒魔術を使って三年後に夫を毒殺した。その後、二番目、三番目の夫も殺し、浮気相手の黒人奴隷たちも犠牲になった。ついにアニーは奴隷たちに復讐《ふくしゅう》され、一八三一年に殺された。だがそれ以来、ホワイト・ウィッチ（「ローズホールの白い魔女」ともいう）と呼ばれるアニーの幽霊が、今でも午後六時になると墓から蘇り、館に現れるそうだ。この館はガイドつきツアーで、見学可能となっている。

スリナム共和国

パラパラワと農耕の始まり

スリナムやブラジルのトリオ族に伝わる伝説。昔、パラパラワという男がいた。この頃の人間は、肉や魚しか食べていなかった。ある日、パラパラワが漁をしていると、ワラクという魚を捕まえた。魚の頭を切ろうとすると、魚が美女になった。美しい女性を好きになってしまったパラパラワは、彼女に結婚を申し込む。

パラパラワの妻になることにした女性は、父親に結婚式のためのごちそうを頼んだ。すると、大蛇の姿をした父親が、バナナやサツマイモ、ヤムイモなどをもってきた。妻はパラパラワに、これらを土に植えるように言った。土に植えた植物は、みるみる育ち、村人たち全員に分け与えることができるほどたくさんの果実や野菜を収穫することができた。

これが、農耕の始まりであり、人々はバナナやイモを栽培することができるようになったという。

セントクリストファー・ネービス

植民地時代の要塞が残る島

セントクリストファー島（セントキッツ島ともいう）と、ネービス島からなるカリブ海、西インド諸島の島国。一四九三年にコロンブスが到着後、ヨーロッパ人の征服によってこの島の先住民カリブ系カリナゴ族の文化は途絶えてしまった。現在は植民地時代に連れてこられたアフリカ系奴隷の子孫が多く暮らしている。

そんなセントクリストファー島の西岸の丘には、植民地時代を思い起こさせる重厚な要塞跡がある。「カリブ海のジブラルタル」と呼ばれるブリムストーン・ヒル要塞国立公園は、イギリス軍が九〇年もの歳月をかけて完成させた西インド諸島最大の要塞で、フランス艦隊と激戦を繰り広げた。一八三四年にハリケーンで破壊されて放置されていたが、現在は国立公園として整備され、世界遺産に登録されている。

セントビンセントおよびグレナディーン諸島

『パイレーツ・オブ・カリビアン』のロケ地

カリブ海南部に位置し、火山島のセントビンセント島と、珊瑚礁《さんごしょう》のグレナディーン諸島からなる自然豊かなイギリス連邦加盟国。セントビンセント島には、カリブ海の先住民アラワク族が残した母子の絵などの線刻画が残る。三〇〇〇年から六〇〇〇年頃に岩に彫られたもので、ラユー線刻画公園で見ることができる。

カリブ海といえばカリブの海賊が有名だが、この地は映画『パイレーツ・オブ・カリビアン』のロケ地にもなっている。一七世紀後半から一八世紀にかけて、実際に海賊たちがこの付近で活動していたそうだ。変わらない山の自然と、白い砂浜、美しい珊瑚礁は、当時のカリブ海の様子そのままと言われている。

セントルシア

ヴュー・フォールの魔術師

セントルシアは、カリブ海の東側、西インド諸島に浮かぶ島国のひとつ。カリブ海沿岸地域には、民間信仰とカトリックの教義が融合して生まれたブードゥー教の伝説が多く残されているが、セントルシアに伝わる魔術師の伝説もそのひとつだ。

セントルシア島南のヴュー・フォールという町の魔術師が、一人の男性に魔法の粉を飲ませて眠らせた。その間に、魔術師は精霊に扮してその男性の妻を抱いた。そんなことを繰り返していたが、ある晩、魔法が効果を失い、魔術師は男性に刺し殺されてしまったそうだ。本来、魔術師は、ヴードゥー教におけるオビア（Obeah）と呼ばれる人の生死、富や権力を操る魔術のようなものを施す者だが、この魔術師はうまく力を操れずに失敗したようだ。

ブードゥー教とは、黒人奴隷の信仰と、キリスト教が融合して生まれたもの。ハイチを中心に広まり、ロアと呼ばれる精霊を信仰して憑依儀式や魔術などを行う。ブードゥーとは、精霊ヴォドンという言葉に由来する。詳しくはアフリカ・ベナン共和国の**パッセ王の聖なる森**の項目を参照。

チリ共和国

チロエ島のチョンチョン

チョンチョンとは、チロエ島に伝わる恐ろしい生き物。チョンチョンは、もとは人間の妖術使いであり、フクロウのような見た目で灰色の羽毛に覆われているとも、人間の頭だけの姿で大きな耳で空を飛ぶとも言われている。

島では、家の外からチョンチョンの声が聞こえたら家族の誰かが死ぬ、家に病人がいればチョンチョンが血を吸いにきて死なせてしまう、などと信じられている。声が「チョンチョン」と聞こえることから、名づけられた。さらに、男の赤ん坊をさらってインブンチェという化け物に変えて家来にするという。インブンチェは、逃げられないよう片足を後頭部にくっつけられ、背中には魔法の薬を塗られて寒さを感じなくなる黒い毛が生えてくるという。家来となったインブンチェはチョンチョンが暮らす洞窟を人間から守る見張りをさせられるそうだ。

ビジャリカ湖の吸血蛇ピグチェン

チリ中部、ラ・アラウカニア州にあるビジャリカ湖には、かつてピグチェンと呼ばれる吸血蛇が潜んでいたという。その目を見つめると、麻痺《まひ》したように動けなくなる恐ろしい吸血蛇で、旋回しながら空を飛び、獲物を見つけると竜巻のような音を立てて襲いかかる。目を見つめて獲物の動きを封じると、体に巻きついて締め上げ、喉に牙を突き立てて生き血を吸うそうだ。

この吸血蛇に対抗できるのは、この地域に住む先住民、マプチェ族のマチと呼ばれるシャーマンだけだ。言い伝えによると、精霊や霊界に通じるマチは、その魔力でピグチェンよりも速く飛んだ。わざとピグチェンに自分を追いかけさせ、ビジャリカ湖に飛び込む。追いかけてきたピグチェンはマチのあとを追って湖に飛び込もうとした直前、湖面に映る自分の姿を見てしまい、煙になってしまったそうだ。

ドミニカ共和国

異形の吸血鬼ビエンビエン

カリブ海の大アンティル諸島、イスパニョーラ島の東側にあるドミニカ。南西部のバオルコ山脈（シエラ・デ・バオルコ）には、ビエンビエンと呼ばれる吸血鬼が出没するという。もともとは一八世紀頃に逃亡した奴隷たちだったが、やがて吸血鬼と化したそうだ。背が低い異形の化け物で、後ろ向きに歩く特徴がある。自分たちが信じる神へ血を捧げるため、人間の内臓を探し求めているそうだ。

もしこの山岳地帯で、低いうなり声や、喉を鳴らすような奇妙な音が聞こえてきたら、近くに獲物を求めてさまようビエンビエンがいるかもしれないという。

タイノ族の天地創造

カリブ海に浮かぶイスパニョーラ島は、西インド諸島の中でもキューバに次いで大きな島。現在は西半分がハイチ、東半分はドミニカ共和国となっている。

この島に住んでいた、先住民アワラク語族系のタイノ族には、一四九二年にヨーロッパの入植者が到着するまでの歴史を五つの創造の時代で表した神話が伝えられている。

第一の時代の初め、最高神ヤヤは、自分に歯向かった息子を殺した。そして息子の骨を巨大なひょうたんの中に入れて家に吊るしておいた。数日後、ひょうたんを覗いたヤヤは、骨が魚に変わって水の中を泳いでいるのを見つけたので、妻は魚を何匹か捕まえて調理し、夫婦で食事を楽しんだ。

しかし、ある時、そのひょうたんが割れてしまった。ヤヤの家に侵入した敵のしわざという説もある。こうしてひょうたんからこぼれた水は世界全体に広がり、島々を囲むカリブ海となった。

第二の時代には、最初の人間であるタイノ族が現れたが、すべて男性だった。彼らは、イスパニョーラ島のカオナオにある二つの洞窟のひとつから現れ、海で魚を捕まえて生きることを覚えた。もうひとつの洞窟からは太陽と月が昇り、太陽は人間たちを監視しては、仕事をサボる者に罰を与えた。第三の時代には、女性が現れ、イスパニョーラ島に人口が増えて、集落が生まれ、暮らしが豊かになった。第四の時代には、人々は陸地を探検し、カリブ海以外の島々にも渡り、平和で幸せに暮らした。

しかし、一四九二年にコロンブスが到着した時から始まる第五期になると、ヨーロッパ人の持ち込んだ病気によって多くのタノイ人が命を落とした。タイノ人の伝統的な暮らしは破壊され、苦難と壊滅とともに神話は終焉《しゅうえん》を迎える。

歴史から消されたカリブ海の先住民

ドミニカ共和国には、紀元前四〇〇〇年頃から、アラワク族という先住民が暮らしていた。アラワク族とは、カリブ海のラテンアメリカ系先住民族の総称で、フロリダ半島南から、ベネズエラの北側に連なる約四〇〇〇キロの列島群である大アンティル諸島・小アンティル諸島にも暮らしていた。彼らは首長を中心とした国家を築いていたが、一五世紀にコロンブスが到着して以降、ヨーロッパ人の征服や破壊によって、その時代の神話や聖地、文化は失われてしまった。

アラワク語族系のタイノ族も同様に、ヨーロッパ人が持ち込んだ病や侵略行為によって絶滅したと考えられていた。しかし一八〇二年、それは「紙面上の大量虐殺」であり、歴史から抹消されていた民族であったことが国勢調査によって判明した。タイノ族の末裔《まつえい》は、今もカリブ海地域に存在しているそうだ。

ドミニカ国

女悪魔ラ・ディアブレス

ドミニカ国は、カリブ海の東側、西インド諸島に浮かぶ島国で、イギリス連邦に属する独立国のひとつ。スペイン語を公用語とし、イスパニョーラ島にあるドミニカ共和国とは異なる国である。同じカリブ海沿岸地域のセントルシア同様、ブードゥー教の伝説が多く残されているが、ラウダットに残る伝説もそのひとつ。

ドミニカ島のラウダットという地域にある村に、ラ・ディアブレスと呼ばれる女悪魔がいた。彼女は浮気者に罰を与えるため木陰に隠れ、不実を行おうとする男を待ち伏せているという。女悪魔は美しかったが、足が割れた蹄《ひづめ》であることを気にしていた。もし蹄を人に見られたらたちまち醜い鬼婆に変身し、ティトウ渓谷に飛んで逃げていくそうだ。

トリニダード・トバゴ共和国

カリブ海の吸血鬼 スークーヤーンとチュリル

西インド諸島南東部、小アンティル地方南端のトリニダード島と、北方のトバゴ島には、それぞれ恐ろしい吸血鬼が潜んでいるという。

トリニダード島北部のパラミン村には、スークーヤーンという女吸血鬼がいる。彼女たちは、アフリカから奴隷船で連れてこられた悪魔によって作り出された者たちだ。スークーヤーンは火の玉に変身することができ、家の鍵穴から侵入して寝ている女性たちに噛《か》みついて血を吸う。そして悪魔のもとへ戻って血を届け、その見返りとしてさらなる邪悪な力を授けてもらうそうだ。

一方、トバゴ島のカスタラには、悪霊チュリルが潜んでいる。チュリルは、妊娠中にお腹の赤ん坊とともに死亡したり、出産で命を落としたりした女性の怨霊だ。白いドレスを着て赤ん坊を抱いた姿で現れ、赤ん坊とともに一晩中泣いている。そして悲しみのあまり復讐《ふくしゅう》に燃えたチュリルは、妊婦に取り憑《つ》いて流産させ、その胎児の血をすすると言われている。

食べられたハチドリとピッチ湖の誕生

トリニダード・トバゴは、トリニダード島とトバゴ島からなる、カリブ海の最南端に位置する西インド諸島に浮かぶ島国。

他のカリブ海の島々では見られない鳥も含めて、多くの鳥が生息しており、国土あたりの鳥の種類が世界一ということからバードウォッチャーにも人気の国。特に一六種類以上も生息するハチドリは国鳥として指定され、先祖の精神が宿る鳥として親しまれている。

ハチドリを傷つけたために、神様から罰を受けた伝説がある。ある時、部族間の抗争に勝利した部族が、先祖の精神が宿るハチドリを食べてしまった。そのため、神様が罰として地面からピッチ（粘り気のある黒いカス）を噴き出させ、村を飲み込んで滅ぼしてしまったそうだ。その後、できあがった黒褐色のアスファルトの湖はピッチ湖と呼ばれ、トリニダード島の南西部に実際に存在する。何百万トンからなる世界最大の天然アスファルトの産出量を誇り、湖底には、不注意で足を踏み入れた動物たちの死骸が大量にあると言われている。

ヤギに騙《だま》されたオオカミ

トリニダード島に伝わる昔話で、弱い動物が知恵を働かせてピンチを乗り越える話がある。

トリニダードの夕立は凄《すさ》まじく、ずぶ濡れになったヤギは、声をかけてくれた偉いライオンの家に避難する。するとライオンが自分を食べるつもりだと気づき、ヤギは機転をきかせてバイオリンを弾き語りしながら、「昨日、殺した一万匹のライオン。今日は何匹殺そうか」と声を張り上げて歌い続ける。ヤギの言葉に警戒したライオンは、奥さんと子どもを家から出し、ついには怖くなって自分も逃げ出した。それからというもの、ヤギは決してライオンの家の前を通らなかったそうだ。

ニカラグア共和国

南米版・浦島太郎伝説

ニカラグアには、死者の国へ行った男の話が伝わっており、その結末は、日本の浦島太郎伝説のようでもある。

ある村に、とても仲のいい夫婦が二人の子どもと暮らしていたが、ある時、妻が病気で死んでしまった。夫は悲しみ、いとこに相談して死者を呼び戻す力をもつまじない師を紹介してもらう。まじない師は男に死者の国へ行く方法を伝え、男の体と顔に不思議なしるしを描いて「決して消してはならない」と忠告した。

男はまじない師の言う通り、大きな湖に向かい、そこに浮かぶ小島の洞穴を降りて、死者の国に向かった。しかし男は、死者の国から妻を連れ出す途中で、体のしるしをうっかり消してしまう。さらに、妻に言われて汚れた顔を洗ったら、最後のしるしも消してしまった。すると今までそばにいた妻が消えてしまった。「妻は先に戻ったのかもしれない」と思った男が村に戻ると、不思議なことにそこは何もかもがすっかり変わっていた。男は夢中で妻を探し回ったが、見つけることができなかった。

そこで今度は、まじない師を紹介してくれたいとこを探したが、村人からは「何年も前に死んだよ」と告げられた。男の家があった場所には新しい家が建っていて、若者と娘が住んでいたが、男は二人が自分の子どもたちだとは気づかなかった。また、子どもたちも、男が髪もひげも真っ白な老人だったので、何年も前に失踪した父親であるとわからなかった。その後、老人はしばらく村をうろついていたが、ある時ふいにいなくなった。男は死者の国へ戻っていったのではないかと噂されたそうだ。

ニカラグアのサン・ヘロニモ祭り

ニカラグア共和国は、太平洋とカリブ海に面した中米の国。他の南米諸国と同様、植民地時代を経て、先住民やかつての文化がすべて消失してしまい、現在はメスティーソ（混血）が国民の大半を占める。

ニカラグア西部にあるマサヤという町では毎年、サン・ヘロニモ祭りが行われる。守護聖人として慕われている聖ヘロニモ（聖ヒエロニムス）を祝うフェスティバルで、大きな祭壇に載せた聖ヘロニモを御輿《みこし》のように担いで街頭を練り歩くもの。かつて聖ヘロニモが山にこもった様子を表しているそうだ。夜になると仮装した人々が炎を噴射し、夜を明るく照らす。

ハイチ共和国

骸骨紳士バロン・サムディ

骸骨のような顔、黒い服、山高帽に黒眼鏡を身につけ、タバコとステッキを手にした骸骨紳士。ハイチのブードゥー教に登場する、ロアと呼ばれる生と死を司る精霊が、バロン・サムディ（サムディ男爵）である。ゲテというブードゥー教における死神、放蕩《ほうとう》、好色などを司る精霊たちの長、または、ゲテの化身とする説もある。

死者の魂を冥界へと導くため、バロン・サムディは冥界へと続く「永遠の交差点」にて、死者の到来を待つという。また、死んだものをゾンビとして蘇らせる秘術を操るとも言われている。

蛾《が》に変身したマカンダル

一八世紀のハイチの革命家にして、ブードゥー教の司祭でもあったフランソワ・マカンダル。黒人奴隷としてハイチのプランテーションで働いていたが、一七四〇年に、農機具に挟まれる事故で片腕を失う。その後、他の地区の奴隷たちとともに逃亡し、黒人奴隷の共同体に合流後は、豊富な知識と話術でリーダーとしての頭角を現していった。共同体はマルーンと呼ばれ、のちのブードゥー教の原型になったという説がある。

伝説によれば、マカンダルは不思議な力をもっていた。イグアナやペリカン、蛾などあらゆる生物に変身する力があり、様々な予言を与えて信者を増やしては、各地に反乱の種を植えつけていった。毒薬の知識も豊富で、毒殺された白人の数は、六〇〇人とも六〇〇〇人とも言われている。

しかし一七五八年、マカンダルは信者の裏切りによって白人に捕まり火炙《ひあぶ》りの刑に処せられる。しかし、炎が燃え上がった瞬間、マカンダルが荒々しく呪文を唱えると縄はぷつりと切れ、体が宙に舞い上がり、蛾となって飛び去っていったそうだ。

それ以来、マカンダルは奴隷たちの精神的支柱となり、ブードゥー教の儀式や呪文などで、魔除けや毒殺、魔術師といった意味合いでマカンダルの名前が唱えられるようになったそうだ。

ブードゥー教の生ける死者ゾンビ

近年、ホラー映画などで知られるゾンビは、もともとブードゥー教という宗教の文化圏に伝わる「生ける死者」の呼び名である。カリブ海にあるハイチでは、古くからゾンビの目撃があり、黒魔術で人間がゾンビ化すると信じられている。ブードゥー教の呪術師がもつ、人骨や動物の骨を調合した秘薬「ゾンビパウダー」を人間に用いることで、その人を仮死状態にして意のままに操ることができると言われている。

一九六二年、ハイチでは有名な「ゾンビ事件」が起きた。小さな村に住んでいたクレアヴィル・ナルシースという男性が病死し、墓地に埋葬された。一八年後、彼の妹は、村の市場でクレアヴィルと名乗る男に遭遇した。その男の衣服はボロボロで、虚《うつ》ろな目をしていた。クレアヴィルの説明によれば、何者かが墓を掘り起こし、頬を叩いて目を覚まさせられたあと連れていかれ、奴隷として働かされたが、逃げてきたということだった。村では、「クレアヴィルがゾンビパウダーを使われて、ゾンビになって戻ってきた」と大騒ぎになった。

ゾンビは、小説や映画の世界では生者を襲う怪物として人気の題材となっている。ジョージ・A・ロメロが監督した映画『ナイト・オブ・ザ・リビングデッド』や、アメリカのテレビドラマ『ウォーキング・デッド』などが有名だ。

パナマ共和国

パナマの黄金文化

パナマは、北米大陸と南米大陸の境に位置する、弓のような形をした国家。紀元二五〇年頃から一六世紀頃まで、パナマにはコクレ人と呼ばれる人々が一大文化を築いていた。

コクレ人は豊富な金を優れた技術で加工し、様々な黄金細工を作り出していた。首都パナマシティにあるサン・ホセ教会には巨大な黄金祭壇があり、これもコクレ文化の黄金で作られたそうだ。一九二〇年にパナマ南部の墳墓から発掘された長さ二〇センチほどの遺物は、古代の重機ではないかという説から「黄金のブルドーザー」として、水晶ドクロ（詳しくはメキシコ合衆国の**古代マヤの水晶ドクロ**の項目を参照）などと同様にオーパーツに数えられている。

二〇一〇年、パナマ中部のエル・カーニョ遺跡の首長の墳墓から、西暦七〇〇年から一〇〇〇年頃に作られた黄金の装飾品が多く見つかり、これまで発見されたコクレ文化の遺跡の中でも最大規模の黄金墳墓として話題になった。生贄《いけにえ》と思われる二五名以上の遺体も見つかり、そのすぐそばには非常に強い毒をもつフグの骨や、首長の息子のものと思われる黄金の衣装なども見つかった。

コクレ人は文字をもたなかったため、その文化や慣習などの多くが謎に包まれたままだ。しかし、これらの遺物がパナマの黄金文化を解明する重要な手がかりになるかもしれない。

バハマ国

海賊キッドの財宝伝説

一七〇一年、世に名高い海賊キャプテン・キッドが、ロンドンの海賊処刑場で処刑された。しかし、処刑前日、キッドは財宝の存在を書き記した手紙をしたためていたのだ。キッドは「西インド諸島で一〇万ポンドもの財宝を手に入れた。縛り首を免除するなら、その財宝を政府に差し出そう」と手紙で申し出たが、却下されて処刑された。

それから二〇〇年以上経った一九二九年、キッドの話がはったりではないと思わせる証拠が見つかった。キャプテン・キッドと銘が刻まれた一七世紀のオーク材の机から、古い羊皮紙に描かれた地図が見つかったのだ。その後、キッドの遺品から新たに三枚の地図も見つかり、それらの地図はほぼ同じ場所、シナ海のひとつの島を指していたそうだ。

　キッドの隠した財宝のありかについては、カリブ海や、北方のノバスコシア沖（詳しくは北米・カナダの**オークアイランドに眠る財宝**の項目を参照）、あるいは日本の沖縄県の大神島《おおがみじま》に眠っているなどという噂もあり、今も熱心な探索が続いている。

カリブの海賊

「カリブの海賊」といえば、映画や漫画などで知られる有名な海賊だが、カリブ海に海賊がいたというのは本当の話。一八世紀前半には、バハマ諸島のニュー・プロビデンス島の首都ナッソーに三〇〇〇人ほど海賊が住んでいたそうだ。イギリス、スペインなどの商船に乗っていた元水夫や、町の罪人などで構成され、商船を襲いながら海で暮らしたことから「海賊」と呼ばれるようになった。ウェールズの私掠船《しりゃくせん》の船長キャプテン・ヘンリー・モーガン。スティーブンソンの『宝島』にも登場するブラック・バードことバーソロミュー・ロバーツ。女性の海賊アン・ボニーなど、個性豊かな海賊たちが多い。

　なかでも有名な海賊といえば、史上最強と恐れられた海賊、「黒ひげ」の通称をもつエドワード・ティーチだ。黒ひげを編み込み、帽子に燃えるものをつけたその姿を見ただけで、船乗りたちは投降したという。映画『パイレーツ・オブ・カリビアン』の主人公、ジャック・スパロウのモデルの一人とも言われている。

　黒ひげは、イギリスの私掠船の元乗組員で、クイーン・アンズ・リベンジ（アン女王の復讐《ふくしゅう》）号に乗って、カリブ海沿岸やアメリカ東海岸の海を荒らし、金銀財宝を略奪した（詳しくは北米・アメリカ合衆国の**黒ひげの秘宝**の項目を参照）。一七一八年にノースカロライナ沖のオクラコーク島で捕まり斬首となるが、頭を切り落としたにもかかわらず、体は水面に浮かんだまま、船の周りを二周泳ぎ回って頭を探していたという伝説が残る。今も、オクラコーク島沖のティーチの穴という海域には、黒ひげの首なし幽霊が取り憑《つ》いているという噂がある。

豚が泳いでいるビーチ

　バハマ諸島北部に、点々と連なる三六〇もの島と岩礁からなるエグズーマ諸島。その真ん中あたりに位置する小さな無人島ビッグ・メジャー・キーには、豚が泳いでいる「ピッグ・ビーチ」と呼ばれる場所がある。

　言い伝えによると、かつてこの島には富裕層が暮らしていたが、いつしか島は放棄され、島で家畜として飼われていた豚だけが取り残されてしまった。豚はその後、自力で泳ぎを覚えたという。今では二〇頭ほどの豚が住んでいて、船や人間が近づくと、餌をもらうためにブッシュから次々に現れ、沖まで泳いでくるそうだ。この光景が近年、ＳＮＳなどで広まり、ピッグ・ビーチは観光名所となっている。

パラグアイ共和国

グアラニー族を誇りとする国

パラグアイ共和国は、南米大陸の中央付近にある国で、国名は「豊かな水量」という意味のパラグアイ川にちなんで名づけられた。紀元前一〇〇〇年から紀元前五〇〇年頃にこの地にやってきたグアラニー族が暮らしていた土地で、その後、他の南米諸国と同様に植民地化が進み、スペイン人とグアラニー族の混血が進んでいった。

パラグアイの人々は祖先のグアラニー族を大切な誇りとしていて、現在も通貨やホテルの名前など、あちこちにグアラニー語を見ることができる。パラグアイという名前は「鳥の冠を被った人々の国」というグアラニー語だとする説もあり、人々は積極的にグアラニー語を話そうとするという。

国内には、世界遺産に登録されているトリニダー遺跡、ヘスス遺跡など、先住民への布教を行ったイエズス会伝道所の遺跡群が残り、グラウニー族が住まう集落にもなっていたようだ。

バルバドス

動く棺桶《かんおけ》

カリブ海の東に浮かぶバルバドスは、種子島ほどの面積の小さな島国だ。この島には、怪奇現象で有名な教会墓地がある。一八〇七〜二〇年頃に、地元の有力者だったトマス・チェイスが埋葬された際、地下納骨堂内で、すでにあった棺桶《かんおけ》に奇妙なことが起きていた。きれいに並べられていたはずの棺桶が、勝手にひっくり返ったり、搬入時とは逆の向きになっていたりした。この時点では誰かのいやがらせだろうと結論づけられたが、四年後、ふたたびその地下納骨堂が開けられると、またしても棺桶の位置が乱れていた。

そもそも、鉛でできた棺桶は約二五〇キロと非常に重く、大理石の蓋《ふた》はセメントで固められていた。墓地の入口をセメントで固めるなどの対策をし、床には砂を撒《ま》いたが、その後も棺桶が動く現象は起き、床の砂には誰の足跡もなかった。人間によるいたずらや自然現象の可能性は低いと結論づけられた。

一家を恨んだ者による呪いだ、棺桶のひとつに入っていた自殺して死んだ女性の霊によるものなどの噂が立ったが、原因は不明のままだった。最終的に、一家の棺桶を別の場所に埋葬し、この地下納骨堂は空にされたという。

プエルトリコ自由連合州

稀代の悪党 ペドロ・デ・ウルデマラス

プエルトリコに伝わる、ペドロ・デ・ウルデマラスという狡猾《こうかつ》な悪党の伝説。

マヌエルという男に借金をしていたペドロは、マヌエルを騙《だま》して、火にかけなくても自然に煮える鍋だと言ってただの鍋を売りつけた。騙されたマヌエルが怒ってやってくると、今度は母親とひと芝居うち、死んでも生き返る笛だと言って、ただの笛を高価で売りつけた。マヌエルは信じて妻を殺してしまって捕まり、牢獄の中で死んでしまった。王様はペドロを捕らえて袋に入れて崖から落とそうとしたが、ペドロは今度は通りすがりの羊飼いを騙して自分の身代わりにし、羊を連れてまんまと逃げた。そして王様も騙して崖から突き落としてしまった。

ペドロ・デ・ウルデマラスというのは悪党を代表する名前で、特にセルバンテスをはじめとする一六世紀から一七世紀にかけてのスペインの作家の間で、この人物を主人公にした物語が多く描かれている。

チュパカブラ

プエルトリコで目撃されている、恐ろしい吸血獣の伝説。

一九九五年、羊やヤギなどの家畜が血を吸われて死んでいるという事件が起きた。目撃した地元の人々の間では、チュパカブラという吸血獣の仕業であると噂されるようになった。「チュパカブラ」とは、スペイン語で「ヤギの血を吸う生物」という意味だ。身長は約一メートル、二足歩行で、熊のような頭をもち、背中にはトゲがある生き物だという。全身は灰色の毛で覆われているとする説と、鱗《うろこ》があるという説がある。チュパカブラの噂はあっという間に広がり、同年には二〇〇件以上の目撃情報があったそうだ。

九〇年代半ば以降には、プエルトリコだけでなく、メキシコやアメリカ、さらには中国でも同様の事件が相次いだ。チュパカブラの正体は皮膚病に感染したコヨーテや狐ではないかとする説もある。しかし、二足歩行などの特徴とは合致しない部分もあるため、議論は続いている。

ブラジル連邦共和国

黄金の母

ブラジルで一五〇年以上信じられている狐火のことを「黄金の母」や「マンイ・デ・オーロ」と呼ぶ。人間の頭ほどの大きさで、黄色がかったオレンジ色の火がゆっくりと動く。

一九八〇年、シンシアという女性が黄金の火を目撃した。彼女はふらふらと宙をさまようオレンジに光る球体を見つけた。一緒にいた庭師が触ろうとすると、球体は消えてしまったという。そして、一五フィート（約四・五メートル）ほど離れた場所に球体がふたたび出現したことで、球体には意思があるのだと信じたという。

別の話では、黄金の母を見つけた者は、光る球体が横切った最初の水面を覗くと自分の運命を見ることができるという言い伝えもある。

カエルとコンドル

ブラジルやチリに伝わるカエルの民話。ある時、天で動物たちのパーティーが行われることになった。ヒキガエルが歌の練習をしていたところに、ギターが得意なコンドルが飛んできた。コンドルは、ヒキガエルは空を飛べないので天のパーティーには参加できないだろうとバカにしていた。しかしカエルは、コンドルのギターの中にこっそり入って天まで行くことができた。

ギターから現れたヒキガエルは動物たちを驚かせ、自慢の歌を聞かせて大きな拍手をもらった。騙《だま》されたコンドルは帰りもギターの中に忍び込んだカエルを空から落とす。地面に落ちたヒキガエルは背中を石にぶつけてしまう。ヒキガエルの背中にでこぼこのイボがあるのは、このことが原因だという。

幻の黄金郷Ｚ伝説

謎の遺跡「Ｚ」を求めて、密林に消えた伝説の探検家がいる。「不死身の男」と呼ばれたイギリスの探検家パーシー・ハリソン・フォーセット大佐だ。

フォーセットは一九二〇年、ブラジルのリオデジャネイロの図書館で古い手書きのメモを発見する。それはポルトガル人の探検家が一八世紀に記した「手稿五一二番」で、太古の大都市がブラジルのジャングルに存在すると記されていた。その都市は銀に覆われ、古いアルファベットに似た文字が記された壁に囲まれているという。

実はフォーセットは昔、探検家の父親とともにアマゾンを調査した際、密林のどこかに黄金の都市遺跡「Ｚ」があるという噂を耳にしていた。そこでフォーセットは、メモの都市こそＺであり、ブラジルのマトグロッソ西部の秘境に眠っていると考えて探索を始めた。

　しかし、一九二〇年の最初の遠征は失敗。一九二五年四月に、息子のジャックと友人、現地人二人という少数精鋭チームでジャングルに入り、一ヶ月後に前回の探索地点まで到達した。だが、フォーセットは妻に無事を伝える手紙を送ったあと、ぷつりと消息を絶ってしまう。イギリスからは一三回に及ぶ救援隊が派遣されたが、一〇〇名以上もの救援隊が次々と行方不明になったそうだ。

　フォーセットが目指していたシングー川上流付近には、大規模な施設跡のあるクヒクグ遺跡が見つかっており、これがZではないかとする説もあるが、謎の失踪を遂げたフォーセット探検隊の痕跡は見つかっておらず、今も関連性は不明だ。幻の都市を探し続けた探検家フォーセットは、冒険映画『インディ・ジョーンズ』の主人公インディアナ・ジョーンズのモデルのひとりだと言われている。

レンソイス・マラニャンセスの奇跡の湖

ブラジルの北東部に、レンソイス・マラニャンセスという国立公園がある。ポルトガル語で「マラニョンのシーツ」という意味で、東京都二三区が二つ分収まる、約一五万五〇〇〇ヘクタールに及ぶ広大な砂丘が広がっている。石英の砂が太陽光を反射して白く輝き、風によって波状に形作られた風景が魅力の名所だ。

　この砂丘には、不思議な湖が存在する。五月から一〇月の雨季になるとラゴーアと呼ばれるエメラルド・グリーンの美しい湖が何百個も出現し、乾季になると湖は消滅する。この湖ではたくさんの魚や亀が泳いでいるのが目撃されている。湖の水は地底に溜まった地下水が湧き出てきたものと考えられているが、乾季には水がなくなる湖で、なぜか魚が生息しているのだ。その理由はいまだに解明されていないという。まさに奇跡の湖である。

ベネズエラ・ボリバル共和国

イェクアナ族の夜の創造

ベネズエラ南部、ブラジルとの国境に近いパリマ山地を源に、大西洋へ注いでいるオリノコ川。この河川上流に住んでいるイエクアナ族には、善良な創造神ワナディと邪悪な悪魔オドシャとの戦いの伝説が残されている。

　ある時、ワナディは、生と死を支配する力を見せつけて、悪魔オドシャを黙らせようと考えた。そこでクマリアワという女性を創るとすぐに殺して、埋葬した。彼女を生き返らせるつもりだったので、ワナディは、彼女が生き返るまでオドシャが手出しできないよう、クデワという名前のオウムに墓を守らせることにした。さらに、甥《おい》のイアラカルに夜の闇を封じた薬袋を与えて、決して開かないようにと伝えて狩りに出かけた。

しかし、ワナディの計画を知った悪魔オドシャは、彼女を蘇らせまいとして墓に火を放ち、骨まで焼き尽くした。クデワは慌てて大声で叫んだが、ワナディは遠くにいたため聞こえなかった。さらにオドシャは、イアラカルを誘惑して薬袋を開けさせて、世界に夜を解き放ってしまった。オドシャとの勝負に負けたワナディは落ち込み、天界へと帰ってしまったそうだ。熱帯地域に住むオレンジ色の翼をもつオウムの鳴き声は、まるでクデワが叫んでいるように聞こえるのだという。

カタトゥンボの灯台

カリブ海に面したベネズエラの北西部には、南米大陸最大のマラカイボ湖がある。この湖に流れ込むカタトゥンボ川の河口部の村では、夜八時頃から明け方までの間に頻繁に雷が落ちる。落雷の数は年間の半分以上、一時間で最大数千回に及ぶという。世界でもこのエリアだけに見られる現象で、世界でもっとも雷の落ちる場所として二〇一四年のギネス世界記録に認定された。

音はなく、高さ二～一〇キロに達する稲光はとても幻想的だという。大航海時代には、落雷の光が灯台の代わりになることから「カタトゥンボの灯台」と呼ばれて目印にされていたそうだ。なぜこの地域だけに落雷が多発するかの原因はわかっていないという。

ベネズエラの人類最後の秘境

ベネズエラのボリバル州にあるギアナ高地は、その地殻は二〇億年前のものだという。先住民ペモン族が様々な伝承を残しているこの地には、未踏の場所がいまだに存在しており、「人類最後の秘境」と呼ばれている。

ペモン族からは「もっとも深い地にある滝」と呼ばれているエンジェルフォールもそのひとつだ。ギアナ高地のカナイマ国立公園内にあるエンジェルフォールは、台形状のアウヤン・テプイ（「悪魔の山」という意味）から水が流れ落ちるが、その高さが東京タワー三本分にも及ぶため、途中で水が霧となり滝壺が存在しない。言い伝えによれば、アウヤン・テプイには悪魔が棲んでいるので、決して頂上を見てはいけないという。

ギアナ高地には最高峰のマウンテンテーブル、ロライマ山（「巨大な木の切り株」という意味）もそびえ立つ。コナン・ドイルの小説『失われた世界』の舞台としても知られていて、これに着想を得て映画『ジュラシック・パーク』が生まれたそうだ。まさに太古の恐竜が生き残っていそうなこの山は、古生代後期から中生代にかけて存在したと考えられている超巨大大陸、ゴンドワナ大陸の痕跡を残す地球最古の大地と考えられている。

ワラオ族と丸木舟の発明

ベネズエラ南部を流れるオリノコ川の河口は「オリノコ・デルタ」と呼ばれ、複雑に入り組んだ世界最大級のデルタ地帯となっている。ここに住んでいるワラオ族の人々は、一日のほとんどを小さな丸木舟に乗って過ごす。水や丸木舟と深い関わりをもつワラオ族には、次のような伝説がある。

オリノコ川のほとりに、二人の姉妹が住んでいた。そのうちの一人にはアブリという名前の赤ん坊と夫がいたが、ある時、夫が悪霊に殺されたため、姉妹はアブリを連れて森へと逃げた。姉妹は、森の奥で魔法使いの老女ワウタに出会う。ワウタは魔法でアブリを大人に成長させると、アブリは木を切り倒し、幹をくりぬいて丸木舟を作った。そしてオリノコ川に丸木舟を浮かべ、母親と叔母とともに漕《こ》ぎ続けて安全な北方の山に辿り着き、そこで暮らしたそうだ。

こうしてワラオ族は最初に丸木舟を発明した。ワラオ族は今もカチカモの木を使って丸木舟を作るが、その形はアブリが最初に作った舟の形と信じられている。

なお、伝説には続きがあり、丸木舟の変身譚《たん》へと続く。アブリの作った丸木舟は長い間放置されていたが、ある時、不思議なことに蛇女に変わった。この蛇女は、この地域に住んでいたワラオ族の人々に「森の母」または「ダウラニ」と呼ばれ、敬われた。森の母はワラオ族のもとで過ごすことになり、最初のシャーマンとなって治療薬の知識で人々を助けたという。

ベリーズ

シュナントゥニッチ遺跡の幽霊

一九八一年にイギリスから独立したベリーズは、アメリカ大陸でもっとも新しい国であり、カリブの宝石と称される美しい海と珊瑚礁《さんごしょう》が有名だ。国民の一割がマヤ族の末裔《まつえい》であり、マヤ文明の時代の遺跡が多く残っている。九世紀頃に栄えたと言われているシュナントゥニッチ遺跡もそのひとつだ。

「シュナントゥニッチ」とは「石の女」という意味。一八九二年に、白い服を来た赤い目の女の幽霊が目撃されている。「石の女」という名前はこの幽霊にちなんでつけられたという。

ペルー共和国

岩島になった娘カビヤカ

アンデスのヤウヨス地方では、創造神はコニラヤ・ヴィラコチャと呼ばれており、トリックスターとして知られている。ヴィラコチャは自らの創造物の様子を見てまわるため、よく地上を訪れては物乞いに身をやつし、人々の間を放浪していた。

ある時、ヴィラコチャは美しい娘カビヤカに一目惚れする。カビヤカがルクマという木の下で休んでいたので、ヴィラコチャは美しい鳥になって近づき、己の子種をまるめてルクマの実に変えてカビヤカに食べさせた。するとカビヤカは妊娠して、男の子を出産した。

子どもが一歳になると、カビヤカは息子の父親を探ろうと、男性の神々を家に招いた。カビヤカが子どもを大地に置くと、子どもは末席にいたヴィラコチャのもとへ這っていった。ボロをまとった卑しい男に汚されたと思ったカビヤカはショックのあまり、息子を連れて家を飛び出す。

ヴィラコチャがカビヤカを追いかけると、その途中でコンドルに出会った。コンドルは「すぐに追いつけますよ」と励ましてくれたので、お礼に力強い飛翔力を与えた。次に狐に会ったが、「追いかけても無駄ですよ」と不快なことを言ったので、狐に人々から嫌われて追いかけられる呪いをかけた。その後も、好ましい返答をしたプーマと鷹には祝福を与え、忌々《いまいま》しい返答をしたオウムやスカンクには罰を与えた。

しかし、ヴィラコチャがようやく追いついた時にはすでに遅く、カビヤカと息子は、パチャカマの海岸に浮かぶ岩島になっていた。

その後、とぼとぼと海岸を歩いていたヴィラコチャは美しい姉妹に出会うが、逃げられてしまい腹を立てていたので、姉妹の母が大事にしていたウルピ・ワチャクの池を壊してしまった。その池で飼われていた様々な魚が海に放たれたため、海に魚が住むようになったそうだ。

現在、ペルーの中央海岸地帯にあるパチャカマ（「天地の創造者」という意味）海岸には、パチャカマ神殿の遺跡と、ウルピ・ワチャクの池、海に浮かぶ二つの母子の岩島が、今もあるという。

インカ帝国の黄金伝説

一五世紀から一六世紀にかけて栄えたインカ帝国。文字をもたず、現在伝わるインカ帝国像は、征服者であるスペイン人の宣教師らが口述記録したものという特殊性も相まって、神秘的なイメージが強い。

なかでもインカ帝国といえば、黄金伝説が必ずつきまとう。そもそも帝国の首都クスコの建設伝説に「金の杖《つえ》」が登場するなど（詳しくは**古代都市クスコの始まり**の項目を参照）、インカ帝国と金の関わりは深い。この地域はもともと鉱山資源に恵まれており、インカ帝国は金銀細工や鉱物資源の開発で栄えたようだ。現在もペルーは金、銀、銅といった鉱物資源の産出国でもある。

　しかし、一六世紀にスペイン人のフランシスコ・ピサロ率いる征服者たちに敗北し、帝国は滅亡してしまった。インカ帝国の皇帝アタワルパは数万に及ぶ兵を率いながらも、わずか一八〇人というピサロの手勢に敗れた。ピサロはアタワルパから膨大な身代金を強奪したうえに処刑し、帝国中の黄金や金細工をかき集めた。ピサロたちはそれらを次々に溶かして金の延べ棒に変え、海外に持ち出した。延べ棒は三トンにも及び、約一〇〇億円はくだらないと言われている。

　その後、スペイン軍はさらに奥地へ侵入し、インカ帝国最後の都とされるビルカバンバを征服するが、インカ帝国が保有していたはずの莫大《ばくだい》な黄金の財宝は見当たらなかった。インカ帝国の遺跡からの出土品にも、ほとんど金は含まれていなかった。スペイン人に侵略される前に、ビルカバンバを治めていたインカ皇帝トゥパク・アマルらが隠したという噂もある。これらの秘宝の探索は幾度も試みられたが、いまだに発見されていない。

インカ帝国の創世神話

インカは、一五世紀末から一六世紀頃、ペルーを中心としたアンデス山脈一帯に栄えた帝国である。インカの起源を記した神話はいくつかあるが、もっとも有名なものは、創造神コン・チキ・ヴィラコチャ（「水の泡」という意味）の伝説である。仮面を被り、両手に稲妻をもったヴィラコチャの石の彫刻を、インカ帝国の首都であるクスコの古代遺跡で見ることができる。

　ある時、原始の暗闇の中、現在のペルー南部にあるチチカカ湖の底から、創造神ヴィラコチャが姿を現した。ヴィラコチャは最初に巨人族を創造した。巨人たちはしばらく暗闇で暮らしていたが、考える力をもたず、大地を活用できなかった。そのため失望したヴィラコチャは、洪水で最初の時代を終わらせ、巨人たちを石に変えた。今もチチカカ湖近くのティアワナコ遺跡に残されている石像がそれである。

　洪水が引いたあと、ヴィラコチャは新たに人間を作ることにした。まずは太陽、月、星を創り出して軌道を定め、湖の岸辺で多くの石の彫像を創って命を吹き込み、人間を創造した。その後、ヴィラコチャは、入口が三つある洞窟に人間たちを入れ、中で待つように命じた。

　やがて外に出るべき時が訪れ、第一の入口から最初の男性マンコ・カパックと、妻のママ・オクリョが、親族たちを引き連れて出てきた。彼らはクスコに都市を築き、インカ帝国の最初の支配者となった。他の二つの入口からは、農民や王家に仕える人々が現れ、最初のインカの集落ができあがった。この洞窟は、現在のクスコから約二五キロ南西にあるパカリタンボ（「夜明けの宿屋」という意味）という場所にあったという説もある。なお、インカの初代皇帝は、創造神ヴィラコチャではなく、太陽神インティによって遣わされたとする伝説もある。詳しくは**古代都市クスコの始まり**の項目を参照。

ヴィラコチャは、人間たちに作物の育て方や言葉、文化を教えたあと、海の中へ消えていった。その後、ヴィラコチャは自らの創造物の様子を見るため、物乞いに変装してペルーにこっそり戻った。しかし、人々は物乞いを神と見抜けずに無視し続けたため、ヴィラコチャは悲しみ、世界から去ってしまったそうだ。いつの日かヴィラコチャが戻ってきた時、巨人族の時と同じように、人類を洪水によって滅ぼすだろうと言われている。ヴィラコチャのお面が涙を流しているのは、このためだそうだ。

別の伝承では、ヴィラコチャは様々な人間の民族や動物を粘土で作り、それぞれの場所に配置した。そして、二人の人間の息子たちをチチカカ湖に残して仕上げを手伝わせ、ヴィラコチャは二人の息子とともに外套《がいとう》を舟の代わりに海に浮かべ、「再来する」と言い残して西方へ去っていったという。一五三二年、インカ帝国にスペイン人が現れた際、インカの人々は彼らをヴィラコチャの帰還と勘違いして招き入れたという説もある。

古代都市クスコの始まり

インカ帝国の初代皇帝は、太陽のシンボルのついた黄金の杖《つえ》を手にした絵で描かれることが多い。これは、初代皇帝が太陽神インティによって遣わされ、インカを支配したとする伝説があるためだ。

人々がまだ獣のように暮らしていた頃。人々を憐《あわ》れんだ太陽神インティは、チチカカ湖から生まれた息子のマンコ・カパックと、娘のママ・オクリョを、地上に送ることにした。インティは、マンコに黄金の杖（笏《しゃく》）を与え、チチカカ湖から出発して立ち止まる際には必ず杖を地面に突き刺し、杖が地中深く沈むところに都を作るよう命じた。杖が地に沈むのは、柔らかく肥沃な土壌の証であるからだ。

マンコはこの言葉に従って旅に出て、ワナカウリ山の地面に刺した杖が地面に沈んでいったので、その地に都を建てた。これがインカ帝国の首都クスコであり、太陽神の子孫であるマンコ・カパックは初代皇帝となり、ママ・オクリョを妻としたという。

別の伝承もある。カレク・タンプという地にウチュ、カチ、マンコという三兄弟がいた。力の強かったカチを恐れたウチュとマンコは、共謀してカチを殺してしまう。兄弟殺しの罪を悔いるウチュとマンコのもとに、死んだはずのカチが翼を生やして現れ、「クスコに都市と神殿を築け」と命じる。二人はこの言葉に従ってワナカウリに行くと、そこにはカチがいて、王の証となる房飾りと儀式の方法をマンコに教えたあと、ウチュとともに石になった。残されたマンコは親族を呼び、クスコの皇帝となったそうだ。

なお、インカの初代皇帝は、創造神ヴィラコチャが作った最初の人間とする伝説もある。詳しくは**インカ帝国の創世神話**の項目を参照。

天から落下した狐

ペルーやボリビア周辺のアンデス高地の先住民に伝わる話。ある時、鳥たちが参加している天の宴会に参加してみたくなった狐は、コンドルに頼んで、無作法な振る舞いはしないことを条件に天へと連れていってもらった。

狐は、天の宴会で美味しい食事をたっぷり食べ、コンドルの食べ残した骨をかじったり、他の鳥たちと喧嘩をしたりと無作法を繰り返した。怒ったコンドルは狐を天に置き去りにしたが、親切な鳥が地上までロープを垂らしてくれたおかげで、狐は天から降りることができた。しかし、狐はロープで降りる途中で出会ったインコたちをからかったため、ロープを噛《か》み切られ、地上へと真っ逆さまに落ちていった。地面に叩きつけられた狐の体は熟れたオレンジのように破裂し、宴会で食べたトウモロコシ、ジャガイモ、大麦などが飛び散った。こうして先住民は天国の穀物を手に入れて、栽培するようになった。

アンデスの農民にとって、腐食肉を残さず食べるコンドルは山の霊の使いであり尊敬の対象で、畑を荒らす害獣である狐は貪《どん》欲《よく》で軽蔑のシンボルとされた。他に、破裂して飛び散った狐の内臓がサボテンになったり、腹からたくさんの狐が生まれたりするなどの類話も多い。

ナスカの地上絵はなぜ描かれたか？

ペルー南西部の沿岸にあるナスカ高原には、不思議な地上絵が描かれている。ハチドリやコンドル、犬、猿、クモなどの生き物の絵、台形や四角形、渦巻などの幾何学模様など、なかには直径二〇〇メートルもあり、地上から見ると絵と判別することの難しい謎に満ちた地上絵を巡って、これまで様々な仮説が立てられてきた。暦や占星術などの天文学的な意味があるという説、宗教的な踊りの舞台という説、なかには地球外生命体によって描かれたという説、ＵＦＯで空からやってくる宇宙人へ向けたメッセージという説、幾何学模様の地上絵はＵＦＯの軌跡を描いたものという説まである。

有力な説としては、紀元前一〇〇年頃から紀元八〇〇年頃までのナスカ文化を築いた人々が、神への捧げ物として描いたというもの。同じナスカの大地にあるカワチ遺跡は、神聖な儀式が執り行われていた場所と考えられており、一部の地上絵を見下ろせるだけでなく、地上絵のモチーフと同じ図柄の土器や、人間の首のミイラなどが出土している。この神殿の神官は、儀式を行う際に幻覚を引き起こす薬を利用していたという。神官たちが原始的な熱気球に乗り、上空から地上絵の図案を指示していたという説もある。

フクマリ

フクマリとは、ケチュア語でアンデスにいるメガネグマを表す言葉で、主にペルーのケチュア族に伝わる昔話である。

ある時、雄熊が羊飼いの先住民の娘をさらって洞窟に閉じ込め、夫婦となった。娘は妊娠して男の子を産むが、その子は半分は熊、半分は人間で、大変な力持ちだった。成長した男の子は母親とともに洞窟を脱出し、追いかけてきた父親熊を殺して村へ戻る。

母親は男の子に洗礼を受けさせて「ファン」と名づけ、学校へ通わせるが、熊のように力が強いファンは同級生となじまなかった。母親は司祭にファンの養育を頼むが、大食いのファンに手を焼いた司祭は、彼を殺す計画を立てる。最初に屈強な男たちの刺客を雇ったが、ファンの敵ではなかった。次にライオンのいる山へファンを向かわせたが、猛獣を従わせて村へ帰ってきた。最後に霊が出る屋敷へ送ったが、ファンは霊との勝負に勝ち、莫大《ばくだい》な財産を譲られる。こうして金持ちになったファンは、母親といつまでも幸せに暮らしたのだった。

雪祭りとして名高い、インカ時代から行われているクスコの巡礼祭「コイリュリティ（雪の里という意味）」などでは、「フクマリ踊り」と呼ばれる熊に変装した踊りが披露される。また、クリスマスシーズンには、フクマリの物語を彷彿とさせる、熊が娘を背負って逃げている土人形の民芸品も飾られるそうだ。フクマリの伝承は、今も民俗の中に息づいている。

マチュピチュ遺跡の謎

ペルーの空中都市マチュピチュは、アンデス山脈の標高二四五〇メートルの山頂に位置する。一九一三年に探検家ハイラム・ビンガムによって発見され、「失われたインカ帝国の都市」として世界中が注目した。

一四五〇年頃に建てられた都市で、見事な石の建造物はほとんど漆喰《しっくい》を使っていない。正確に切り出された石が、カミソリの刃一枚すら通さないほど隙間なく積み上げられており、地震にも強かった。

発見当初、マチュピチュは、インカの支配者がスペイン人侵略から逃れて辿り着いたとされる伝説の古代都市ビルカバンバと考えられていた。インカの太陽神に捧げられた神聖な「太陽の乙女たち」が暮らしていた場所という説もあった。

近年では、マチュピチュは聖地であり、クスコから続く巡礼の地だった可能性も指摘されている。伝説によれば、最初のインカ人はチチカカ湖にある太陽の島を出て旅をしたが（詳しくは**古代都市クスコの始まり**の項目を参照）、その伝説の旅路をイメージしてインカトレイルという巡礼の道を切り開き、聖地マチュピチュに入る心構えをさせたのではないかという。

　しかし一五七〇年、この天空の都市は突然、放棄されてしまった。この都市を築いた目的、その住人、都市を放棄した理由などマチュピチュにはいまだに多くの謎が秘められており、新たな手がかりと発見を求めて研究は続いている。

ボリビア 多民族国

チチカカ湖に浮かぶ太陽の島と月の島

　ボリビアとペルーが領有し、富士山よりも高い標高三八〇〇メートル以上の高地にあるチチカカ湖。琵琶湖の約一二倍という海のように広い湖のほぼ中央には、「太陽の島」と呼ばれる島がある。

　この島は、太陽神インティが、インカ帝国を築いたとされる初代皇帝マンコ・カパックと妻のママ・オクリョを創造した場所だと伝えられている。誕生した二人はその後、黄金の杖《つえ》を頼りに旅を続け、のちにインカ帝国の首都となるクスコを建築する（詳しくはペルー共和国の**古代都市クスコの始まり**の項目を参照）。マンコ・カパックが生まれたところは太陽の島ではなく、チチカカ湖南岸のティワナク（詳しくは**プマプンク遺跡のＨ型ブロックの謎**の項目を参照）という説もある。

　太陽の島から七キロ離れた場所には「月の島」という小島がある。ここはインカの創造神ヴィラコチャが月を操った場所だという伝説があり、ここに建つ遺跡は「月の神殿」と呼ばれ、太陽神インティの妻である月の女神ママ・キルラを祀るために建てられたと言われている。当時は男子禁制の島であり、特定の身分をもつ女性しか住むことはできず、月の島は神殿と修道院の二つの役割を果たしていたそうだ。

プマプンク遺跡のＨ型ブロックの謎

　南米ボリビアとペルーの国境にあるチチカカ湖の南岸に、プマプンク遺跡という謎の巨石遺跡が残されている。およそ二〇〇〇年前に建てられたとされ、ここには子どもが積み木遊びをしたかのように、花崗岩《かこうがん》のブロックが散乱している。このブロックはどれも八メートル近い一枚岩でできたＨ型で、まるでレーザーでカットされたように歪《ゆが》みもへこみもない精巧な加工が施されている。その高度な技術には、電動工具が使われていた可能性まであるという。一個あたり何十トンもの大量の巨石を、石切場からどのように運んだかもわかっていない。

　伝説によれば、プマプンクは「大洪水に襲われたあと、別世界から現れた巨人が、わずか一晩で文明を築き上げた」と語られている。「ラッパの音で巨石を宙に浮かせて組み立てていた」という噂もあることから、高度な技術をもった宇宙人がこの地にやってきて建造したという宇宙人建設説も根強い。

さらに、プマプンク遺跡のすぐそばにはもうひとつの謎の古代遺跡、ティワナク遺跡がある。インカ帝国よりも以前に栄えた広大な巨石文明の跡地で、紀元前二〇〇年頃を起源とし、一一世紀頃まで栄えていたという。このティワナク遺跡は、プマプンクよりもあとに建てられたこと、建築様式が異なることなどから、プマプンクに神様または宇宙人が降臨したことを祝うためにあとから建てられた巡礼地だったのではないか、とする説がある。

ティワナク遺跡の「半地下神殿」は信仰の拠《よ》り所だったとされ、様々な人種をかたどった彫刻が建物の側面に埋め込まれているが、宇宙人のような別世界の存在も刻まれているそうだ。さらに入口と思われる「太陽の門」の上部には、空からの来訪者のような五〇体ほどの鳥人間の彫刻が、謎の神様（インカ帝国の創造神ヴィラコチャという説もある）を囲むように刻まれている。

はたして古代遺跡プマプンクは、驚異的な技術をもつ異星人によって建てられたのか。文字をもたないうえ、破壊と風化が進んでいるため、これらの巨石遺跡にはいまだに多くの謎が隠されている。

ホンジュラス共和国

石の都・コパン遺跡

マヤ文明の遺跡の中でも、最大の文字や彫刻を残しているのがグアテマラとの国境付近、コパン川岸にあるホンジュラスのコパン遺跡である。紀元五世紀から約四〇〇年にわたってマヤ南東部を支配した大都市遺跡で、驚くほど見事な石造りの彫刻や神殿が並んでいて、貴重なマヤ文字がぎっしり刻まれている。そのコパンにまつわる伝説がある。

かつて、繁栄を極めたコパンの都も、いつしか衰退の時を迎えていた。都市には迷信がはびこり誰もが新しい宗教に取り憑《つ》かれていたが、一人の男はこれを退け、皆を説得しようとした。神を冒瀆《ぼうとく》した罪で捕らえられた男は丘の上で処刑されることになった。死刑執行人が最後に男に望みを尋ねると、男は顔をあげ、「呪われた町よ、私が死んだら何もかも石になれ！」と叫んだ。そして男が処刑されると、男の言葉が現実のものとなり、建物も人も動物も町じゅうのあらゆるものがあっという間に石と化したという。

それから数世紀後、廃墟《はいきょ》となったコパンの町が発見されたが、畑を耕している男、果物籠を頭に載せた女などの石像があり、まるで町の時間が止まってしまったかのようだったという。そして丘の上には、男と死刑執行人らしき者の石の像も見つかったそうだ。

密林に眠る白い町

古くから、ホンジュラス東部のモスキティア地方のジャングルには、マヤ文明とも異なる失われた古代都市があるという噂があった。「シウダー・ブランカ（白い町）」あるいは「カカオの実るところ」と呼ばれる場所である。そこはエデンのような楽園で、訪れて戻ってきたものはいないという。

伝説の白い町を探し求めて多くの探検隊がこの地を訪れるなか、一九四〇年、探検家のセオドア・モルデは密林の中で数千個の遺物を発掘したという。モルデの話によれば、原住民から高い石の台座に猿神の像を祀った神殿について聞いたというが、略奪の恐れがあるという理由から場所を明らかにしなかったという。

その後、二一世紀になり初めてこの遺跡が特定された。二〇一二年、二人の映画製作者が航空調査したところ、ホンジュラスの渓谷で半分ほど埋まった居住地跡の輪郭が明らかになったのだ。二〇一五年にはホンジュラスとアメリカの合同遠征隊が調査を行い、さらに多くの発見があった。そこには確かに古代都市が存在していることに加え、白い町は伝説にあるようなひとつの町ではなく、たくさんの古代都市のひとつにすぎないということだ。モスキティア地方には、言い伝えよりもはるかに大きい、新たなる「失われた文明」が眠っている可能性がある。考古学者による様々な出土品の調査は、今も行われている。

メキシコ合衆国

アステカ神話（一）〜アステカ神話の天地創造

一五世紀から一六世紀にかけて、メキシコ中央部で栄えたアステカ王国のアステカ人は、現世が始まる前には別の世界があったと信じていた。アステカ神話によれば、今の世界は五番目に創造されたもので、これまでに滅びた四つの時代と太陽があった。時代が変わるごとに太陽となる神も、その世界に住む人々も変わったという。この神話は様々なパターンがあるが、『絵によるメキシコ人の歴史』や『太陽の伝説』という先住民の神話の書には、以下の伝説が記されている。

一三層からなる天上界の最上層で、創造神は四人の息子を設けた。一番上が赤いテスカトリポカ、二番目が黒いテスカトリポカ、三番目がケツァルコアトル、四番目がウィツィロポチトリである。

四兄弟は火、天、地、海、地下界、一組の男女、聖なる暦を作り、最初の時代「土の太陽」は黒いテスカトリポカが治めた。巨人たちが住んでいたが、テスカトリポカはケツァルコアトルの大槌《おおつち》（戈《ほこ》）で海に突き倒され、どう猛なジャガーの群れによって巨人たちは滅びた。テノチティトラン付近で発掘されたマンモスなどの大動物の化石こそ、神話に登場する巨人の骨だと、アステカ人は考えたという。

次の時代「風の太陽」は、ケツァルコアトルが統治者となった。しかしジャガーに変身したテスカトリポカによって蹴倒され、人々や家や木を吹き飛ばした。この時、生き延びて森の木々に逃げた人々が猿になった。

三番目の時代「雨の太陽」は、雨の神トラロックが支配した。ケツァルコアトルは天から炎の雨を降らせた。すべての家は焼かれ、人々は滅びて七面鳥になった。

四番目の時代「水の太陽」は、トラロックの妻で川と水を司るチャルチウトリクェ（翡翠《ひすい》のスカートの女）が治めたが、この世界では雨が激しく降り続け、人々は魚に変わり、洪水のため天空が崩れ落ち、太陽が破滅した。

そして現在につながる第五の時代は、ケツァルコアトルが支配する「動きの太陽」である。今の太陽を創る際、神ナナワツィンが犠牲となったことから、アステカでは心臓を神に捧げる生贄《いけにえ》の儀式が行われるようになった。詳しくは**アステカ神話（二）～五番目の太陽トナティウの創造**の項目を参照。

アステカ神話（二）～五番目の太陽トナティウの創造

アステカ神話に登場する四人の兄弟は、絶えず争い世界の創造と破壊を繰り返していた（詳しくは**アステカ神話（一）～アステカ神話の天地創造**の項目を参照）。四度にわたる世界の破壊のあと、ケツァルコアトルは兄テスカトリポカと協力して邪悪な海の怪物トラルテクトリを倒し、その体でもう一度世界を甦らせた（詳しくは**アステカ神話（三）～怪物トラルテクトリを退治した兄弟神**の項目を参照）。

その後、神々はテオティワカンに集まり、誰が太陽になるべきかを議論した。そこでテクシステカトルという傲慢《ごうまん》な神と、ナナワツィンという病弱で謙虚な神が選ばれた。二人の神は、四日間、丘で断食と苦行を行ったといい、その場所が現在も残る「太陽のピラミッド」と「月のピラミッド」だと言われている。

四日後、神々はテオティワカンの聖なる炉の前に集まり、儀式を行った。まずはテクシステカトルが炎へ飛び込もうとしたが、あまりの熱さに尻込みしてしまった。続いて、勇敢なナナワツィンはすぐに炎の中へ飛び込んだ。それを見て、腹を決めたテクシステカトルが炎に身を投げ、続いて鷲、ジャガーも飛び込んだ。鷲の羽は焼け、ジャガーには黒い斑点ができた。このために鷲とジャガーは、アステカ戦士の勲章となった。

やがて東の空から、五度目の太陽トナティウとして生まれ変わったナナワツィンが現れた。太陽はあまりに眩《まぶ》しく、誰もまともに見ることができなかった。続いて、テクシステカトルも東の空に昇ったが、世界が明るくなりすぎることを恐れた神が、テクシステカトルにうさぎを投げつけたため、テクシステカトルは傷つき、太陽より輝きの弱い月となってしまった。

その後、トナティウは神々に忠誠の証を求めて、空中から動こうとしなかった。そこで、ケツァルコアトルが神々の心臓をひとつずつ取り出し、トナティウに捧げたため、現在の「動きの太陽（ナウィ・オルリン）」が誕生したそうだ。太陽を動かし続けるためには、犠牲となった神々のように、人間もまた、心臓と血を太陽に捧げなければならないと考えられていた。

アステカ神話（三）〜怪物トラルテクトリを退治した兄弟神

アステカ神話の兄弟神である、風や太陽の神ケツァルコアトルと夜の神テスカトリポカはライバル関係にあるが、二人の兄弟が協力して天地を創造した話がある。

四度にわたる世界の破壊のあと（詳しくは**アステカ神話（一）〜アステカ神話の天地創造**の項目を参照）、二人の兄弟が空から舞い降りると、大地の怪物トラルテクトリが姿を現した。怪物は、肘や膝など体中の至るところが口であり、歯ぎしりをしていた。このような野蛮な獣がいては天地創造ができないと考えた兄弟は、二頭の大蛇に変身した。一頭がトラルテクトリの左手と右足を押さえ、もう一頭が右手と左足を押さえつけ、怪物を真っ二つに引き裂いた。そうしてトラルテクトリの上半身は大地となり、空中へ投げ出された下半身から天が創られた。

だが、トラルテクトリが惨殺されたことで、他の神々は怒り、怪物を慰めようと大地からあらゆる植物を生やすようにした。夜になると大地が悲痛な叫び声をあげるので、怪物をなだめて作物の実りをもたらすには、人間の生贄《いけにえ》の血肉を与えなければならないという。

アステカ神話（四）〜ケツァルコアトルと人間の創造

一三〇〇年頃から一五二一年にかけて、現在のメキシコ高原に栄えていたアステカ王国。ケツァルコアトルは、アステカ人にとって、もっとも大切な神様の一人である。「ケツァル」とは、アステカ語で「羽毛のある」「貴重な」という意味、「コアトル」は「蛇」という意味で、羽毛に覆われた蛇の姿で描かれることが多い。

ケツァルコアトルの神話には、人間を復活させるために骨を冥界まで取りに行く話がある。四度にわたる破壊（詳しくは**アステカ神話（一）〜アステカ神話の天地創造**の項目を参照）のあとで世界を甦らせたケツァルコアトルは、魚に変えられて洪水で流された人間たちを冥界から取り戻すことにした。そこでケツァルコアトルは風の神エヘカトルに変身し、地下界ミクトランへ向かった。

　ケツァルコアトルは、冥界の支配者ミクトランテクトリから人間の骨を盗んで逃げ出すが、途中でウズラにつつかれ骨を傷つけてしまう。地上に戻ったケツァルコアトルは、タモアンチャンという地で骨を女神シワコアトルに渡した。女神は骨を粉々に砕き、ケツァルコアトルは自らの血を注ぎ、新たな人間を生み出した。しかし、ウズラにつつかれて骨が変形していたことを見落としていたため、人間の体格はバラバラになり、いつか死ぬ運命になってしまったという。

　その後、ケツァルコアトルは人間が飢えないように穀物を与えたという話もある。ある日、数匹の蟻《あり》がポポカテペトル山の裂け目に、トウモロコシの実を運んでいた。ケツァルコアトルは気になって、蟻に変身して追いかけると、裂け目の先には広大な洞窟が広がり、様々な穀物や種があった。この食べ物を人間に与えようと考えたケツァルコアトルは、他の神々の力を借りて雨と稲妻で山を壊した。そうしてトウモロコシなどの穀物が国中に散らばり、人々の食糧になったそうだ。

アステカ神話（五）～夜の神テスカトリポカ

　アステカ神話におけるもう一人の重要な神が、テスカトリポカである。風や太陽を司る弟の神ケツァルコアトルのライバルであり、争いと変化を表す夜の神である。「テスカトリポカ」とは「煙を吐く鏡」という意味で、暗闇の時間を旅することから「黒い太陽」とも呼ばれている。もとは太陽神だったが、兄弟神との争いでその地位を追われて冥界の神となり、破壊と戦争を好むようになった。

　黒い体、黒と黄色の縞模様《しまもよう》の顔、黒曜石の鏡（もしくは蛇）が後頭部と右足についている姿で描かれることが多い。黒いジャガーの姿で現れ、大熊座（ジャガー）の化身でもある。ジャガーの神テペヨリョトル（山の心臓）と呼ばれることもある。

　テスカトリポカは夜になるとジャガーの姿で吠《ほ》え、その声は岩や噴火する火山の音となった。骸骨姿で地上を歩き回ることもあり、テスカトリポカを負かすには、あばら骨の後ろに見えている心臓をちぎり取る以外、方法はないそうだ。また、テスカトリポカは人々の心を見抜くための鏡を持ち歩いていた。鏡に映る像を見ることのできる人には、未来を垣間見せてやったとも言われている。

恐竜の土偶

　メキシコシティの北西約一〇〇キロのところにあるアカンバロという町で、一九四五年に奇妙な土偶が発見された。発見者はアマチュア考古学者のヴァルデマール・ユルスルート。この地では、大量の土偶が発見されており、犬やラクダ、サイなどの動物に混じって明らかに恐竜の姿にしか見えないものがあった。ティラノサウルスやステゴサウルスなどに酷似したこれらの土偶は、紀元前四〇〇〇年~紀元前一〇〇〇年頃のものだという、炭素年代測定の結果も出ている。

恐竜は人類誕生以前の約六六〇〇万年前に、巨大隕石《いんせき》がユカタン半島に衝突して絶滅したとされている。土偶が作られた頃の人々に恐竜の姿を知るすべはなかったはずだ。また、アカンバロ付近では、人骨と恐竜の骨が一緒に発掘されることもあるという。つまり、この恐竜の土偶は、紀元前四〇〇〇年時点で生き延びていた恐竜がいて人間と共存していた証拠になるのではないかと注目された。

しかし、のちに、この土偶はその時代の土で発見者が作った捏造《ねつぞう》だとする説が有力となり、恐竜生存説の裏付けにはならないとされている。地球史を揺るがすオーパーツかと話題になった恐竜の土偶だが、現在は市役所近くの博物館で保管、展示されているそうだ。

巨大都市遺跡テオティワカンの謎

テオティワカンとは、メキシコシティから五〇キロほど北東のメキシコ高原にある、アメリカ大陸最大規模の巨大な古代都市遺跡。紀元前二世紀頃に作られ、四~六世紀には最盛期を迎えたと考えられているが、この巨大都市を誰が作ったのかはわかっておらず、様々な謎に包まれている。

テオティワカンは、巨大なピラミッドや神殿、大通り、下水道の完備など、計画的な都市作りが行われていたようだ。ピラミッドは年に二回、太陽が真上に、そして真正面に太陽が沈むように設計されていた。神殿から人骨が見つかっていることなどから、日常的に生贄《いけにえ》が行われていたこともわかっている。しかし、これほど素晴らしい発展を遂げた都市にもかかわらず、八世紀頃に突然、滅びてしまうのだ。

その後、空白の時期がしばらく続き、一三世紀頃にアステカ人がこの地に現れた。年月を経てすっかり廃墟《はいきょ》と化していた、この名もなき巨大都市遺跡を発見したアステカ人は感動し、この都市に「神々の集う場所」という意味の「テオティワカン」の名を与えた。そして、この遺跡を活かして新たに都市を築き、祝いや礼拝の儀式に使い始めたという。

現在、テオティワカンにある「太陽のピラミッド」「月のピラミッド」「ケツァルコアトルの神殿」といった遺跡の名前はすべて、アステカ人がつけたもので、アステカ神話が投影されている。最初に都市を建設した人々のルーツに関する記録はなく、かつて都市に住んでいた人々がどこから来て、どこへ消えたのかは、今も明らかになっていない。

グアダルーペの聖母

メキシコではカトリック信者が九〇%を

占めると言われているが、なかでもメキシコの人々に崇拝されているのが、グアダルーペ寺院に祀られている褐色の肌をもつグアダルーペの聖母である。

一五三一年冬、メキシコシティ郊外のグアダルーペに住むフアン・ディエゴが、テペヤックの丘で褐色の肌に黒髪の少女と出会った。彼女は、自分は聖母マリアだと言い、この丘に聖堂を建ててほしいと司教への伝言を頼んだ。ディエゴは司教に伝えたが、司教は信じてくれなかった。

後日、ディエゴの前にふたたび少女が現れ、丘に咲く薔薇《ばら》を摘んで司教に見せてほしいと言った。冬の時期に薔薇が咲くはずがないと思いながら丘を登ったディエゴは、薔薇を見つけた。その薔薇を摘んで自分のマントに包み、司教の前でマントを開いて薔薇を見せたところ、マントの内側には、褐色の肌に黒い髪の聖母の絵が描かれていた。これを見た司教は、ディエゴの話を信じて聖堂を建てたという。

その教会が、テペヤックの丘に建つグアダルーペ寺院。聖堂内には、ディエゴのものと伝わるマントが今も飾られている。

湖上都市だったテノチティトラン

メキシコの首都メキシコシティは、現在は盆地にあるが、かつてはテスココという湖に浮かぶ古代都市だった。

一三〇〇年頃、この地にはアステカ王国という国の首都テノチティトランがあった。「テノチティトラン」とは、ナワトル語で「石のように硬いサボテン」を意味する。この都は、アステカの人々が「蛇をくわえた鷲がサボテンに止まっている地に都を建てよ」という神託に従い、湖上の島に建設したという。石造りの立派な都市で、水路や橋が張り巡らされていた。最盛期には約三〇万人も住んでいたというが、一五世紀頃にエルナン・コルテス指揮下のスペイン軍が植民地にすると、テスココ湖を埋め立てたため、現在のような盆地になったそうだ。

初めてテノチティトランを目にしたスペイン人は驚き、「夢幻の世界とはこれかと、我々は口々に言った。高い塔、神殿、建物などが水中にそそり立ち、兵士の中には夢を見ているのではないかと我が目を疑う者もあった」と書き記したという。

古代都市パレンケと宇宙人

メキシコ南東部、チアパス州の密林にある古代都市パレンケは、メキシコのマヤ文明を代表する遺跡である。三世紀から一〇世紀に繁栄した、石造りの神殿や広場が特徴の壮大な都市である。この遺跡から、宇宙人や宇宙船と思われる絵の描かれた謎の石棺が見つかっていることから、パレンケを治めていた王たちは地球外生命体だったのではないかという説がある。

一九五二年、パレンケの調査をしていた考古学者によって、遺跡の神殿地下から石棺（墳墓）が発見された。七世紀頃にパレンケを治めていたパカル王のもので、地下の墓室に安置された巨大な石棺の中には、パカル王の遺骸と、翡翠《ひすい》の仮面などの副葬品が残されていた。この石棺の蓋《ふた》に描かれたレリーフを横にして見ると、神官がエンジンを噴かせた宇宙船のような乗り物を操縦しているようにも見える。

さらに、マヤ人は高度な天体観測技術をもち、正確な暦を使っていた。車輪が存在しなかったのに巨大なピラミッドを建設できた理由も不明で、九世紀頃からなぜか都市は放棄され、一〇世紀末には無人の廃墟《はいきょ》と化した理由もわかっていない。高度な文明を築いたにもかかわらず、その興亡について謎が多すぎるパレンケに、地球外生命体の存在を疑うような説が浮上するのもうなずける。メキシコシティの国立人類学博物館には、パレンケの石棺から見つかった翡翠の仮面や、復元した碑文の神殿の王墓が展示されている。

古代マヤの水晶ドクロ

メキシコやベリーズで見つかった、水晶でできた頭蓋骨。「クリスタルスカル」とも呼ばれる。中南米三大オーパーツのひとつである。世界に十数個の水晶ドクロがあるとされ、下顎《したあご》を外すことができるほど精巧に作られているものもある。古代マヤ文明の時代に制作されたもので、発見当時は、現代の技術でも作ることが不可能として話題になった。工芸品としての美しさが評価されただけでなく、古代の叡智《えいち》が詰まっている、不思議な力をもっているなどと信じられた。水晶ドクロの一部は、ロンドンの大英博物館、アメリカのスミソニアン博物館などに所蔵されている。

しかし、のちに博物館が科学的な分析を行ったところ、水晶ドクロの制作に一九世紀以降の道具が使われていたことが判明。近年では、水晶ドクロはマヤ文明の時代に作られたものではないとする説が主流である。ただし、水晶の年代を調べることはできないこと、造りが精巧なのはマヤ文明には高度な技術があったからだとする説も存在している。

ソチミルコの人形島

ソチミルコは、メキシコシティにあるのどかな運河の町。かつて大きな湖だった場所を埋め立て、浮島を結ぶ運河としている。そのソチミルコの中に、ひときわ異様な島がある。無数の人形が島のあちこちに吊るされている「人形島」だ。ちぎれた手足、もぎ取られた首、四肢のない胴体など、どの人形も古びて壊れているものばかりで、かすかな風で不気味に揺れている。

島に人形を吊るしたのは、ドン・フリアン・サンタナ・バレッラという一人の男性。五〇年以上前、サンタナは一人でこの島に住んでいたが、ある日、瀕死《ひんし》の少女がこの島に流れ着いた。サンタナは蘇生を試みるも、少女は息を引き取ってしまう。翌日、島に女の子の姿をした人形が流れ着いた。サンタナは人形を少女のものに違いないと考え、島の木に吊るした。以降、サンタナは少女の霊の供養のため、人形を集めては次々に島の木々にくくりつけていった。少女の霊に悩まされたため、人形をたくさん捧げて喜ばせようとしたという説もある。

ところが数十年後の二〇〇一年、サンタナが川で溺れて死んでいるのを、彼の甥《おい》が発見した。その場所は奇しくも、少女が亡くなった場所だったという。人々は、島の壊れた人形たちに悪霊が棲み着き、サンタナを取り殺したのだと噂した。今では観光客がこの島に訪れ、形見の人形を供養するために島の木に吊るしていく人もいるという。「何者かの視線を感じた」「囁《ささや》き声を聞いた」といった怪奇現象に遭遇した人もいる。

太陽の石アステカ・カレンダー

メキシコの国立人類学博物館では、直径三・六メートルの巨大な円盤に刻まれたアステカ・カレンダー（別名、「太陽の石」）を見ることができる。

中央でだらりと舌を出している太陽神の周りには、四つの四角形に囲まれた文様がある。これは、これまで創世と破壊を繰り返してきた四つの宇宙の時代を表しているそうだ。時代ごとに新たな太陽が生まれては滅び、現在は中央にある五番目の太陽トナティウの時代なのだという（詳しくは**アステカ神話（二）～五番目の太陽トナティウの創造**の項目を参照）。五番目の時代が終わったあとの、第六の時代については明示されていない。

アステカの人々は、二〇日を一ヶ月とし、一年一八ヶ月、それに空白の五日間（閏日《うるうび》）を加えて、一年三六五日と定めていた。さらに、アステカ文明はマヤ文明の影響も色濃く受け継いでおり、二六〇日を一サイクルと数える儀式や占いのための暦も存在していた。アステカの人々もまた、カレンダーに従って農耕を行い、節目ごとに生贄《いけにえ》を捧げる儀式を行っていたのである。

誰もが死んだらミイラになる町

メキシコの美しき世界遺産都市グアナファトの西外れには、一風変わった観光名所がある。一〇〇体以上のミイラがずらりと並ぶミイラ博物館である。ここに安置されているミイラは、エジプトのミイラのように、死後に特別な処置をされたものではなく、普通の埋葬体。鉱物質の特殊な土壌と乾燥した気候から、埋葬された遺体は誰でも自然とミイラになるという。公共墓地に埋葬されない遺体のうち、状態のいいものを展示するようになってからというもの、本物のミイラが見られるということで地元でも人気の観光名所になっているそうだ。

チチェン・イッツァに降臨する神

古代都市遺跡チチェン・イッツァは、マヤ文明の聖地である。

チチェン・イッツァを象徴する階段ピラミッド、エル・カスティーヨには、一年に二度、神様が姿を現すという。その神様とは、生命と豊穣《ほうじょう》を司るマヤ神話の神ククルカン。「羽毛の生えた蛇」という意味で、人々に学問や文化、トウモロコシの栽培法なども教えたという最高神である。

春分の日、秋分の日の太陽が沈む時、真西から照らされた階段の西側に一直線の影が差す。その影は北側の階段の最下段に飾られた蛇頭の彫像とつながり、蛇の姿をしたククルカンがピラミッドに現れるのだ。この神秘的な現象は、二〇〇七年に新世界七不思議にも選定されている。

エル・カスティーヨは九段の階層からなる階段ピラミッドだが、四面の段数に最上段の神殿一段を足すと、階段は三六五段となり、太陽暦の一年に一致する。さらに九段の階層は中央の階段で二分されて一八段となり、マヤ暦の一年（一八ヶ月と五日）を表していることから、「暦のピラミッド」とも呼ばれている。

なお、マヤ神話のククルカンは、アステカ神話の主要な神様ケツァルコアトルと同一視されている。詳しくは**アステカ神話（四）～ケツァルコアトルと人間の創造**の項目を参照。

チチェン・イッツァの呪い

九～一二世紀頃にユカタン半島に栄えたチチェン・イッツァ（詳しくは**チチェン・イッツァに降臨する神**の項目を参照）は、マヤ文明の中心的な都市だった。ピラミッド状の遺跡であるエル・カスティーヨ神殿などがあり、現在は観光名所として有名だ。

「チチェン・イッツァ」とは、マヤ人の言葉で「井戸（または泉）のほとりのイッツァ人」という意味だが、この都市には呪われた井戸があるという。この地は、雨水が吸収されてしまう石灰岩台地にあり、川ができないせいで常に水不足に悩まされていた。そのため、雨の神がいる井戸に財宝や若い女性、子どもを生贄《いけにえ》として捧げる雨乞いの儀式が行われていた。

二〇世紀になると、アメリカの探検家エドワード・Ｈ・トンプソンが財宝を探しにチチェン・イッツァを訪れた。そして直径約五・八メートル、深さ二〇メートルの巨大な井戸を発見する。トンプソンは井戸の中から財宝を引き上げようとした。しかし、トンプソンが高熱で倒れる、浚渫機《しゅんせつき》が故障する、作業員が現地の部族に襲われて命を落とすなどの災難に見舞われる。これらは、かつて生贄が捧げられたこの井戸にかかっている呪いのせいで、財宝を奪おうとする者への天罰だという。

高熱から復帰したトンプソンは、最終的に時価五〇〇万ドルに及ぶ三〇〇点もの財宝を持ち帰った。しかし、トンプソンをガイドしていた人が消息不明となっている。ガイドは、トンプソンの代わりに呪いを受けたのではないかと言われている。

ポラドーレスの儀式

メキシコ湾岸の観光都市パパントラには、高さ三〇メートル以上の柱の上から、縄に縛られた四人の人間が、空中を一三回回りながら地面まで降りてくるという、古くから伝わる宗教儀式「ポラドーレス（空飛ぶ人）」がある。

一説によれば、天空から降り立った神様を目撃した先住民たちが、神を崇《あが》めて再訪を祈った儀式とも言われている。四人の人間たちは、獲物を狙って舞い降りる鷲のように人間の心臓をめがけて降臨してくる太陽神に見立てているそうだ。この儀式は、古代遊戯の発祥地とも言われるエルタヒン遺跡をはじめ、ベラクルス地方一帯で見学することができる。

魔法使いが建てたピラミッド

メキシコにあるウシュマル遺跡は、チチェン・イッツァと並び称される、マヤ文明を代表する都市国家の遺跡。そこには高さ三八メートルの大きなピラミッドがあり、「魔法使いのピラミッド」「小人のピラミッド」と呼ばれている。

マヤの伝説によれば、魔法使いの老婆が卵を温めたところ、小人が生まれた。その小人がたった一夜のうちに造り上げたという話から、このピラミッドの名前がつけられた。正面の階段には、雨神チャックと考えられているカギ鼻の神様の像が、ずらりと頂上まで続いている。

マヤ神話（一）～トウモロコシから生まれた人間

メキシコにあるグアテマラ高地の先住民キチェ・マヤ族の神話には、次のような創世物語が伝わっている。

初めは海と空だけが広がっていた。ある日、「天の心」と呼ばれる神々が「大地！」と叫ぶと、大地が海から霞《かすみ》のように現れ出た。山々が立ち上がり、谷間ができ、杉林や松林が生えていった。続いて神々は、森の番人として鹿、鳥、ピューマ、ジャガー、蛇を創造して「しゃべれ！」と告げたが、動物たちは泣きわめくばかりだったので、生贄《いけにえ》となり、食べられる運命となった。

神々は人間を創ることにして、最初に泥をこねたが体が柔らかくすぐに崩れて失敗した。次に、年老いた占い師たちの助言により、木で人間を創ったが、木の人間は魂も知恵もなかったため、神々は大洪水を起こし、木の人間は猿になって森の中へと逃げていった。神々は、まだ世界に人間を生み出す時期ではないのだと思った。

その後、太陽と月が生まれ、世界に秩序がもたらされた。ある時、神々は山猫、山犬、オウム、カラスが教えてくれたトウモロコシを大いに気に入った。そこで黄色い穂と白い穂のトウモロコシを挽《ひ》いた粉をこねて人間を創った。こうして四人の男たちが誕生した。四人の賢くて美しい男たちは才能に恵まれ、この世のあらゆるものを見渡し、知り尽くすことができた。しかし、これを快く思わなかった神々は、四人の男たちの目に霞を吹きかけて近くにあるものしか見えなくしてしまった。その後、神々は四人の女たちを創り、男たちに与えた。こうしてキチェ族（マヤ人）の先祖が誕生した。さらに人間が神に火を求めたところ、感謝の印に生贄を捧げるという条件で火を与えられたという。

　この伝説は、一六世紀半ば頃にマヤ族の象形文字をキチェ・マヤ語に写して記録された『ポポル・ヴフ』という書物に書かれている。

マヤ神話（二）～双子の英雄伝説・父親編

　グアテマラ中西部に住むキチェ・マヤ族により書かれた『ポポル・ヴフ』（民衆の書）には、マヤ神話における双子の英雄の話が残されている。

　創世神話（詳しくは**マヤ神話（一）～トウモロコシから生まれた人間**の項目を参照）に登場する占い師たちには、フン・フンアフプとヴクブ・フンアフプという双子の息子がいた。彼らは無類のゲーム好きで、球戯場でのボール遊びが大好きだった。しかし、この球戯場の地下にはマヤの冥界シバルバがあり、頭上からの騒音に耐えかねたシバルバの王たちは、双子に遊戯の試合を申し込んだ。冥界に誘い込み、双子の息の根を止めようとしたのだ。

　挑戦を受けることにした双子は、シバルバに向かった。しかし、そこは想像以上に危険な場所だった。シバルバの王たちは、双子に焼け石の腰かけに座らせるなどの数々の恐ろしい試練を受けさせた。さらに「闇の館」という家に双子を泊まらせ、タバコと松明《たいまつ》を渡し、「この火を絶やしても、元の大きさより小さくしてもいけない」という無茶な難題を吹っかけた。

　朝になり、燃え尽きたタバコと松明を見たシバルバの王たちは、双子に神の財産を損なった罪として死刑を宣告し、二人を殺してしまった。双子は球戯場の土に埋められたが、フン・フンアフプの首は、見せしめとして木に吊るされた。するとその木にはヒカロ（ひょうたん）の実が実り、首は木の実に紛れて見えなくなった。それで今でもヒカロの実は、フン・フンアフプの実と呼ばれるそうだ。

　この不思議な木を見ようと、シバルバの王の娘シュキックが木に近づき、実をもぎ取ろうとした。フン・フンアフプは「この実はすべて髑髏《どくろ》でできている」と伝えたが、構わず実を摘もうとした娘にフン・フンアフプは唾を吐きかけると、シュキックは妊娠した。やがてシュキックは双子の息子を産んだが、この二人がのちに双子の英雄として知られることになる、フンアフプとシュバランケである。成長した双子の伝説は、**マヤ神話（三）～双子の英雄伝説・息子編**の項目を参照。

マヤ神話（三）〜双子の英雄伝説・息子編

双子の英雄の冒険譚《たん》は、『ポポル・ヴフ』と呼ばれるマヤ神話を描いた書物の主要な部分である。

ある日、双子の兄弟フンアフプとシュバランケは、父親と叔父が、マヤの冥界シバルバの王たちに殺されたことを知った（詳しくは**マヤ神話（二）〜双子の英雄伝説・父親編**を参照）。

敵討ちを決意した双子は、シバルバの王たちを怒らせるために球戯場でゲームをしながら大声で騒いだ。案の定、王たちは怒り、双子を殺すために冥界へ呼び出した。

双子が冥界に到着すると、シバルバの王たちは次々に試練を吹っかけ、双子は毎晩、異なる館に泊まらされた。最初に泊まった「闇の館」では、父親と叔父が命を落とした試練が待ち受けていたが、双子は蛍の光を使うことで関門を切り抜けた。続いて、動く剣とカミソリが仕組まれた「カミソリの館」、氷で覆われた「寒冷の館」、空腹のジャガーがうじゃうじゃいる「ジャガーの館」、炎が燃え盛る「炎の館」と続いたが、双子はどの試練も知恵と勇気で耐えた。

しかし、最後の試練となるコウモリが舞う「コウモリの館」では、不意をつかれたフンアフプの首が飛ばされ、球戯場に吊るされてしまった。ところがシュバランケは諦めず、大きなカボチャを使って新しい頭を作り、フンアフプの胴体にくっつけて、王たちが待つシバルバの球戯場へ向かった。

シバルバの王たちは、フンアフプの首をボール代わりに、球戯（二チームに分かれ、膝、肘、尻を使って相手の石の輪にボールを入れるゲーム）を始めた。シュバランケは、わざとボールを場外の森へ飛ばす。ボールに化けたうさぎが王たちの注意を引きつけている間に、シュバランケはフンアフプの首を取り戻し、胴体にくっつけて彼を蘇らせた。その後、別のボールで試合を再開し、双子は見事、シバルバの王たちに勝利したのである。

双子が勝利を収めるとシバルバの王たちは怒り狂い、双子を殺そうと決めた。双子を焼き殺し、骨を挽《ひ》き、灰を川に撒《ま》き散らしたが、不思議なことに六日後に双子が蘇り、戻ってきた。双子は「死者を生き返らせる方法を見つけたからだ」と主張し、それを証明するため、シュバランケがフンアフプの首をはね、心臓を取り出したあと、すぐに生き返らせてみせた。

これを見て興奮した王たちは、「自分を殺してみせてくれ」とせがんだので、双子は注文通りに王を殺し、今度は生き返らせなかった。

こうして双子にいっぱい食わされ、冥界シバルバは陥落した。冥界の力を弱めた双子の英雄は地上に戻ると太陽と月になった。そうして天地に光が生まれ、地上には人間を創造するための準備が整った。神々はふたたび人間創りにチャレンジして、トウモロコシから人間を創ることに成功したのである。詳しくは**マヤ神話（一）～トウモロコシから生まれた人間**の項目を参照。

マヤ文明終焉《しゅうえん》の謎

メキシコ、ユカタン半島の密林の奥地に、都市や神殿を残したまま、ある時、忽《こつ》然《ぜん》と姿を消してしまったマヤ文明の人々。マヤ文明の終焉については、様々なミステリーが囁《ささや》かれている。

紀元前一八〇〇年頃に誕生したとされるマヤ文明は、二五〇年から九〇〇年頃にかけて、ユカタン半島で繁栄した。統一の政治機能はもたず、様々な地域の都市群からなる都市文明であったマヤは、メキシコのパレンケ、カラクルム、グアテマラのティカル、ベリーズのカラコル、ホンジュラスのコパンといった数十の都市国家が栄えていたが、一〇世紀頃に滅びてしまう。各都市について詳しくは**古代都市パレンケと宇宙人**、グアテマラ共和国の**マヤ文明最大の都市・ティカル遺跡**、ホンジュラス共和国の**石の都・コパン遺跡**の項目を参照。

マヤ文明は、世界中の多くの文明と異なり、鉄器類をもたず、馬などの大型家畜も飼育していなかった。技術水準は低いものの、チチェン・イッツァ（詳しくは**チチェン・イッツァに降臨する神**の項目を参照）などの壮大な建築群や美術品といった高度な創作物を数多く残している。さらに驚くほど正確な天文学知識をもち、金星や、当時の技術では難しいとされた木星の軌道なども把握しており、独特な暦（詳しくは**マヤ暦と終末予言**の項目を参照）も使っていた。マヤ文明は「時の文明」とも呼ばれることもあり、宇宙人が飛来して暦をマヤ人に教えたのではないかという説もあるほどだ。

マヤ文明が滅びた理由については、今もなお論争が繰り広げられている。自然災害、気候変動、都市間の抗争、終末予言による都市の放棄など様々な説があるが、どれも突如消えたマヤ文明を十分に説明しきれないそうだ。

マヤ暦と終末予言

マヤ人は古来、天文学に通じていて、最古のマヤ暦は少なくとも紀元前六世紀に遡る。一三と二〇のサイクルを組み合わせてできる二六〇日の暦で、宗教儀式や祭りなどに使われた。その他、現代の暦に似た太陽暦もあり、ほぼ誤差のない精密な金星暦、火星暦、さらには冥王星の暦まであった。

近年、そのような優れた天文学の知識をもつマヤの人々が、「二〇一二年に世界が滅びる」という終末を予言したとして、世界中で話題になったことがある。実際には、世界の終末を予言しているわけではなく、古代マヤ文明の暦のひとつである、長いスパンの暦バクトゥンの周期が二〇一二年に終わるというものだった。この長期暦は約一四万四〇〇〇日を一バクトゥンとし、これを一三倍した約五一二五年を、暦の一周期としている。この暦は紀元前三一一四年八月一三日頃から始まり、現在の第五周期（第五の太陽の時代）の終わる日が、二〇一二年一二月二二日だったことから、世界の終末と誤解され、話題になったそうだ。

予言とコルテス

一五～一六世紀にかけて、メキシコ中央部で栄えたアステカ王国の伝承によれば、羽毛の生えた蛇の神ケツァルコアトルが、夜の神テスカトリポカの策略により追放された際、「葦《あし》の一の年に戻る」と告げて東の海に去ったという。金星に姿を変えて天高く飛び立ったとする説もある。

一五一九年にスペイン人の征服者エルナン・コルテスがメキシコ東岸に到着した時、ケツァルコアトルの予言した葦の一の年だった。加えて、スペイン人はケツァルコアトルが化身した風貌と同じ、黒いひげに白い肌で、十字架の紋章をもっていた。そのため当時の王モクテスマ二世は神の再来と信じ、コルテスらを王都へ入城させてしまったという説がある。

コルテスが到着してからわずか二年でアステカ王国が滅んだのは、こうした歴史の皮肉もあったのかもしれない。

ロマンティックな口づけの小道

メキシコの中央高原の山並みにある美しき世界遺産都市グアナファト。中世ヨーロッパを思わせる都市で、山の斜面に建てられているために住居地域は密集しており、間道は人一人通るのがやっというくらい狭い。向かい合った家のバルコニー越しに恋人同士がキスできるほどというたとえから「口づけの小道」と呼ばれていて、メキシコ版ロミオとジュリエットといえる伝説が残されている。

昔、ライバル同士だった二軒の家が向かい合わせに立っていた。その家の息子と娘が恋に落ち、夜になると二階の窓辺から身を乗り出し、口づけをしていた。そんな二人を目撃した娘の父親は激怒し、自らの手で娘の命を絶ってしまったという。

中南米全域

ヴァージン諸島の由来

ヴァージン諸島は、カリブ海北東、プエルトリコの東側海上に浮かぶイギリス領とアメリカ領の島群。一四九三年にコロンブスが二回目の航海で到達した際、透明な海、美しいビーチ、樹木に覆われた島々を目にしたコロンブスは、その汚れなき大自然の美しさからか、聖ウルスラの伝説にちなんで「ヴァージン」の名をつけたそうだ。

聖ウルスラとは伝説の聖女の名前で、四世紀頃に実在したとされるブリトン人の王の娘。ウルスラは異教徒の王子に求婚され、「キリスト教の改宗」「ローマへの巡礼」「同伴者をつける」という三つの条件を出した。王子はこれを許可し、巡礼後に結婚式を行うことになったウルスラは、一万一〇〇〇人の未婚の少女たちを連れてローマへ巡礼の旅に出かけた。ところが帰り道でフン族に襲われて乙女たちは虐殺され、ウルスラも矢を胸に受けて死亡した。のちに一万一〇〇〇人の天使たちが現れ、フン族を追い払ったという説もある。

ケイマン諸島の宝島伝説

カリブ海西部に浮かぶ三つの島、グランド・ケイマン、ケイマン・ブラック、リトル・ケイマンからなるケイマン諸島。なかでもケイマン・ブラックは、イギリスの有名な小説家ロバート・ルイス・スティーヴンソンの冒険小説『宝島』の舞台にもなった、海賊の島でもある。

一五〇三年、コロンブスの四度目の航海により発見されたケイマン諸島は、のちにイギリス領となり、入植が進んだ。最初の島民は海兵や難破船の船員だったと言われているが、次第に海賊がケイマン諸島に侵入。黒ひげ（エドワード・ティーチ）、ヘンリー・モーガンといった名だたるカリブの海賊たちが、根城のひとつとしていた。

ケイマン・ブラックにある多数の洞窟に財宝を隠したという伝説があるが、現在まで誰も発見できていない。この伝説にちなみ、毎年一一月六日から一六日までの一一日間、海賊に扮した参加者が歌って踊る「海賊フェスティバル」が行われ、島中が海賊ムードに染まる。黒ひげの財宝については、北米・アメリカ合衆国の**黒ひげの秘宝**の項目を参照。

タールぼうや

南アメリカに広く伝わる有名な昔話。

あるところに、いたずら好きなうさぎがいた。狐がうさぎを懲らしめようと、コールタールで作ったぼうやの人形を道端に置いた。通りかかったうさぎが挨拶をしたが、人形は何も答えない。腹を立てたうさぎはゲンコツで人形の顔を叩くと、手が人形にくっついた。うさぎは怒ってもう片方の手で叩き、両足で蹴っ飛ばし、頭突きをくらわしたが、手も足も頭も人形にくっついてしまい、身動きが取れなくなってしまった。

そこで狐がニヤニヤしながら現れた。狐のしわざと気づいたうさぎは悲しそうに「野薔薇《のばら》の茂みにだけは入れないでくれ」と懇願した。狐はそれを聞くと、人形からうさぎを引き剝《は》がして野薔薇の茂みに投げ込んだ。すると茂みからうさぎの元気な声がして、「俺は野薔薇の茂みで育ったから、野薔薇が俺を助けてくれたんだ」と言って笑って逃げていった。

このような賢いうさぎは、ブレア・ラビットと呼ばれる。知恵を使ってライバルを出し抜く様子は、アフリカのトリックスター、アナンシ（詳しくはアフリカ・ガーナ共和国の**クモのアナンシ伝説**の項目を参照）の物語に似ている。アフリカの人々が奴隷として南米諸国へ連れてこられた際、アナンシの物語が新たな舞台で、新たな物語となって語られたと考えられている。

バミューダ・トライアングル

「魔の三角海域」として恐れられているバミューダ・トライアングルでは、昔から様々な事故が多発している。もっとも有名なミステリーは米軍の航空事件史上に残る、一九四五年に起きた「フライト一九事件」だ。

フロリダ州フォートローダーデール海軍基地から飛び立ったアメリカ海軍の五機の訓練機が、バミューダ諸島を飛行中に「白い水の中にいるようだ」という謎のメッセージを残して消息を絶った。海軍はただちに救助機を派遣したが、その救助機までも次々に消失し、一日で一四名の搭乗員が消えてしまった。その後も、同海域で飛行機や船の謎の失踪事件が続いたことで、事件が多発するフロリダとバミューダ諸島、プエルトリコを結ぶ三角形の海域は、バミューダ・トライアングルと名づけられ、恐れられるようになった。

また、一九七〇年、パイロットのブルース・ガーノンが、バハマからフロリダ州のパーム・ビーチ国際空港に向かって飛行中、バミューダ・トライアングルで不思議な雲のトンネルに突入したという。雲のトンネル内ではまるで別次元の世界に引き込まれたような感覚に襲われ、結果的に通常の半分の時間でフロリダに到着した。かのチャールズ・リンドバーグも、一九二七年に奇妙な雲のトンネルに突入し、磁気異常を経験したと著書で語っている。

バミューダ海域の異常にはアトランティス大陸の生き残りや宇宙人が関わっている、などの噂も流れた。近年では、事故の背景には科学的な根拠があり、海底に積もったメタンガスの塊が海面や上空に噴き出すことで、船や飛行機を故障させるのではないかとの主張もある。

ラ・ジョローナ

中南米には、ラ・ジョローナという泣き女の伝説が各地にある。メキシコのマリアという女の伝説は特に有名だ。昔、マリアは貴族出身のスペイン兵士と恋に落ちた。二人は一緒に暮らし始めたが、マリアが双子の男の子を出産した頃、男が別の女に心変わりする。残されたマリアは、子どもたちのせいで男がいなくなったと思い、双子を川に投げ捨ててしまう。溺れて死んでしまった我が子を見て後悔したマリアも、川に身を投げて死んでしまったそうだ。

以降、川には悲しみと後悔の涙を流し続けるマリアの幽霊が現れるようになったという。その声を聞いた者には、不幸が訪れると言われている。

エルサルバドルにも泣き女の伝説がある。詳しくはエルサルバドル共和国の**泣き女シグアナバ**の項目を参照。

column 01

地図にだけある場所

世界には、地図に記載されているのに、現実には存在しない場所がある。

　たとえば一九二五年、アメリカ合衆国で発行されたある地図では、ニューヨーク州に「アグロー」という町が載っていたが、これは地図の制作会社が著作権対策として、他の会社がこの地図をそのまま使った際、すぐわかるようにするために創作した架空の町だった。

　一八世紀末の文献にあるのに二一世紀に入ってから実在していないことが判明した「サンディ島」という島もある。フランスの領海内にあると考えられていたこの島は、二〇一二年になってそのあたりには何もなく、ただ海が広がっていることがわかった。

　近年ではGoogleマップ上でイギリスのランカシャー州に記されていた町「アーグルトン」が実在していなかったという事件もあった。この町は二〇〇九年に発見されてから大きな話題を集めたが、同年の末に地図から消されてしまった。

　二〇一二年、日本でもｉｏｓのアプリケーション「マップ」上に「パチンコガンダム駅」という謎の駅が出現した。東京都の青梅線上に現れたこの駅は、翌年三月にはアプリから消え去った。

　このほかにも、南太平洋のマリア・テレサ礁、アメリカの町ゴブルとビートスなど、こういった例はたくさんある。

　もしかしたら、あなたが普段見ている地図にも、存在しない場所があるかもしれない。

欧州

Europe

1 アイスランド共和国
2 アイルランド
3 アゼルバイジャン共和国
4 アルバニア共和国
5 アルメニア共和国
6 アンドラ公国
7 イギリス
（グレートブリテンおよび
北アイルランド連合王国）
8 イタリア共和国
9 ウクライナ
10 ウズベキスタン共和国
11 エストニア共和国
12 オーストリア共和国
13 オランダ王国
14 カザフスタン共和国
15 北マケドニア共和国
16 キプロス共和国
17 ギリシャ共和国
18 キルギス共和国
19 クロアチア共和国
20 コソボ共和国
21 サンマリノ共和国
22 ジョージア
23 スイス連邦
24 スウェーデン王国
25 スペイン王国
26 スロバキア共和国
27 スロベニア共和国
28 セルビア共和国
29 タジキスタン共和国
30 チェコ共和国
31 デンマーク王国
32 ドイツ連邦共和国
33 トルクメニスタン
34 ノルウェー王国
35 バチカン市国
36 ハンガリー
37 フィンランド共和国
38 フランス共和国
39 ブルガリア共和国
40 ベラルーシ共和国
41 ベルギー王国
42 ポーランド共和国
43 ボスニア・ヘルツェゴビナ
44 ポルトガル共和国
45 マルタ共和国
46 モナコ公国
47 モルドバ共和国
48 モンテネグロ
49 ラトビア共和国
50 リトアニア共和国
51 リヒテンシュタイン公国
52 ルーマニア
53 ルクセンブルク大公国
54 ロシア連邦

アイスランド共和国

月を捕まえようとした話

アイスランドに伝わる民話。

ある晩、村人たちは南の山のてっぺんに大きな満月がかかっているのを見た。月が手元にあれば冬の夜も明るく過ごすことができると思った村人たちは、山のてっぺんに登って月を捕まえようとした。ところが、村人たちが山の頂上に着くと、月は高い空を走って南のほうへ行ってしまった。村人たちは急いで山を下り、今度は南の高い山に向かった。ところが、またしても月はさらに遠い空へ行ってしまった。

村人たちは、月は自分たちを怖がっているのだと思い、できるだけ優しく呼びかけた。しかし月は甘い呼び声に答えることなく、どんどん空のかなたに行ってしまい、村人たちはぐったりしながら帰宅した。

このように、月を捕まえようとする話は世界各地にある。

道路工事を中止させた妖精たち

二〇一五年八月、アイスランドで「エルフの岩」とされている岩石を、道路工事中に誤って埋めてしまった。それからというもの、現場周辺では、道路が冠水したり、現場作業員が負傷したり、重工業用機械が壊れたりと、様々な災難が続いているという。エルフたちの怒りを鎮めるために、アイスランド道路管理局は、エルフの岩の掘り出し作業を行い、きれいに泥が洗い流されたという。この岩は、二〇一二年に妖精遺産保護法で妖精の遺物と定められた岩だった。エルフの岩を巡る奇怪な事件は、一九七一年にも起きている。

アイスランド人にとって、エルフたちは生活の一部に溶け込んでおり、何百人もの人々が小さなエルフの存在を感じたり、実際に目撃したりしているという。

願い事が叶う聖なる山ヘルガフェル

妖精伝承が数多く残るアイスランドのスナイフェルスネス半島。アイスランド人にとっての聖地であり、氷河、溶岩原、火山、滝、洞窟、海岸線など圧倒的な大自然に浸ることができる。アイスランドの歴史物語集『サガ』にも頻繁に登場し、ジュール・ヴェルヌの小説『地底旅行』では、地球の中心に通じる入口があるとされる場所でもある。

この半島にある、標高七三メートルの小さな山ヘルガフェル（「聖なる山」という意味）には、一度も振り返らず、誰とも言葉を交わさずに、山頂までまっすぐ歩いていき、山頂にある石の囲いの中で東に向いて願うと、三つの願いが叶うという言い伝えがあるらしい。「アイスランド人のサガ」

の作品に登場する架空のヒロインが埋葬された場所とも言われている。

アイルランド

オイングスの夢

オイングスは、アイルランド神話に登場する愛の神。最高神ダグダ（詳しくは**お粥《かゆ》好きの神ダグダ王**の項目を参照）と、川の女神ボアンドとの間に生まれた息子である。マク・オーグ（「若い息子」という意味）とも呼ばれる容姿端麗な若い神で、変身能力をもち、伝承では悩める恋人たちを助ける場面で活躍する。オイングス自身が白鳥の娘と恋をする話もある。

ある時、オイングスは夢の中で美女カイルに恋をした。しかし、カイルは普段白鳥の姿をしていて、人間の姿に戻るのは一年に一度だけだった。オイングスは自ら白鳥の姿に変身し、白鳥のカイルに近づく。カイルはオイングスを受け入れ、魔法の歌を歌ってくれた。二羽の白鳥はオイングスの宮殿へ向かい、幸福に暮らしたそうだ。

アイルランドの首都ダブリン北部、ボイン川下流は、ブルー・ナ・ボーニャ（「ボインの宮殿」という意味）と呼ばれている。伝承ではオイングスの住居があったとされる場所で、二羽の白鳥はこの付近に飛んできたのかもしれない。この地域は紀元前三〇〇〇年頃に作られたとされるハート形の石室墓ニューグレンジなど、謎の巨石群が多く残されており、「ボイン渓谷の遺跡群」として世界遺産に登録されている。

お粥《かゆ》好きの神ダグダ王

アイルランド神話によれば、ケルト族より先に、最初にアイルランドにやってきたのがトゥアハ・デ・ダナーン神族である。妖精の先祖とも言われ、人間の姿をした容姿端麗な神々だったという。彼らを束ねる最高神の王がダグダ（「善き神」という意味）だ。

ダグダは並外れた魔力をもち、中身が尽きない「ダグダの大釜」と、片方で殴れば殺し、もう片方で殴れば生き返る「魔法のこん棒」という不思議な魔法の道具を二つ持っていた。大変な怪力の持ち主で、戦に強く、戦場では戦いの女神モリーガンがカラスの姿でダグダのそばにいて、予言を与えてくれた。

ダグダには陽気でおどけた一面があり、笑いを誘うような伝説が残されている。ある時、ダグダは対立していたフォウォレ神族との戦いをやめるために、敵陣に停戦をもちかけた。フォウォレ神族は承知したが、ダグダを罠《わな》にかけて殺す計画を立てた。両軍の和平を祝う宴の場で、フォウォレ神族は、宴に集まったトゥアハ・デ・ダナーン神族の者たち全員が満足するほどの粥を作り、ダグダに一人で粥を食べ切らなければ殺すと脅した。フォウォレ神族は到底一人で食べきれる量ではないと思っていたが、ダグダは粥が大好物だったので、大量の粥をペロリと平らげて眠りこけてしまった。拍子抜けしたフォウォレ神族は大笑いし、両陣営は戦わずに済んだ。

アイルランド東部、ナヴァン南郊には「タラの丘」という丘が今も残る。のちに古代ケルト人が王の戴冠式を行うなど聖地として使ったが、もとはトゥアハ・デ・ダナーン神族の聖地だったという伝説がある。彼らはやがて土地を去り、妖精となっていったそうだ。

ケルト最強の英雄クー・フリン

クー・フリンは、アイルランドのケルト神話における英雄の一人。太陽神ルー（ルグ）と、北アイルランドの王国アルスターの王コンホヴァル・マク・ネサの妹との間に生まれた半神半人で、アルスター王国の赤枝騎士団に所属する少年兵である。

もとはセタンタという名前だったが、まだ幼い頃、クランという鍛冶屋の庭にいたどう猛な番犬を素手で倒してしまった。そこで少年は、クランが別の犬を見つけるまで自分が番犬になると申し出たことから、クー・フリン（「クランの猛犬」という意味）と呼ばれるようになった。

ある時、コナハト王国の女王メイヴが、アルスター王国のシンボルであるクーリー（クアルンゲ）の赤牛を奪うため、大軍で攻めてきた。呪いをかけられたアルスターの戦士たちは病気にかかり、動けなくなったが、神の血を引くクー・フリンには呪いが効かなかった。クー・フリンは成人前だったが、戦えないアルスターの戦士たちに代わり、一人でコナハト軍に立ち向かう。

激しい戦いが続く中、クー・フリンは死の前兆とも言えるような不吉な幻を見た。グラスのワインが血に変わる幻影や、血染めの衣服と武器を泣きながら洗っている少女の幻影を見たのである。しかし、クー・フリンは幻を振り払い、フェル・ディアドとの一騎打ちに勝利する。実はフェル・ディアドは騙《だま》されてコナハト王国の兵として戦っていた、彼の盟友だった。

クー・フリンは戦い続けたが、とうとう槍がクー・フリンの体を貫いた。クー・フリンは石柱まで這っていくと自分の体を縛りつけ、直立したまま息絶えたという。

アイルランドの首都ダブリンの一角に、猛犬との戦い、フェル・ディアドとの死闘といったクー・フリンの生涯を描くモザイク壁画がある。クロカファーモアには、クー・フリンが死ぬまで体を縛りつけていたという伝説の立石が残されている。

聖パトリックの煉獄《れんごく》

アイルランド、ドニゴール州のダーグ湖に浮かぶ島には、恐ろしい煉獄へと続く門「聖パトリック（聖パトリキウス）の煉獄」があるという。

五世紀頃、キリスト教信者のパトリックは、神の声に従って湖へやってきた。湖に浮かぶ島のどこかにある地獄へと続く洞窟に入り、天国と地獄の存在を知って帰還せよ、というお告げだった。

パトリックは、霧深いダーグ湖を小舟で渡った。すると浅瀬から荒ぶる戦の神コーラが巨大な姿で現れ、彼をひと飲みしてしまう。パトリックは、コーラの体内を切りながら進み、二昼夜かけて脱出した。その際、苦しみ悶《もだ》えるコーラの血で湖が真っ赤に染まったことから、「赤い湖」という意味のダーグ湖という名前になった。コーラの体が二つの大きな岩になり、湖に浮かぶ二つの島になった。

パトリックは片方の島で、地獄への門を見つけた。門を開けて入ると背後で門が閉まり、洞窟に閉じ込められてしまった。パトリックは覚悟を決めて暗闇の中を突き進むと、無数のうめき声が聞こえてきて煉獄へと辿り着いた。パトリックは一昼夜、地獄の光景を目撃したあと、地上に戻る道を見つけた。生還したパトリックはさらなる荒行に励み、死後に聖パトリックとして聖人の仲間入りをしたという。

この「聖パトリックの煉獄」を巡って、のちに様々な伝説が残されている。そのひとつに、イングランドのスティーヴン王に仕えていた騎士オーウェンの伝説がある。オーウェンは暴力的で堕落的な暮らしを送っていたが、ある時、己の罪を深く悔い改めようとして、聖パトリックの煉獄で罪滅ぼしの苦行を行うことにした。洞窟の奥を進み、煉獄に辿り着くと、オーウェンは煮えたぎる金属の穴に落とされて焼かれるなどの責め苦に耐え忍ぶ。丸一日地獄を味わったあと地上に戻ると、オーウェンの罪は赦《ゆる》され、残りの人生を敬虔《けいけん》な心で過ごしたという。

太陽の戦士ルー

その名に「輝く者」という意味をもつルー（ルグ）は、アイルランドのケルト神話に登場する金髪で美青年の太陽神。父はデ・ダナーン神族、母は魔族という混血で、天界と冥界の血を受け継ぐ彼は知識、医術、魔術、音楽などあらゆる才能をもっていたため、「イルダーナフ（「何でもできる男」という意味）」とも呼ばれていた。戦士としての活躍もめざましく、母方の祖父にあたる魔眼バロールに苦しめられていたデ・ダナーン神族のヌアダ王を助けるため、ルーは神々の軍勢を率いて戦い、魔眼バロールと一騎打ちをして勝利をもたらしたと言われている。

ルーの出生や魔眼バロールとの戦いについては数多くの言い伝えがあり、たとえば次のような伝説がある。

いずれ孫に殺されるという予言を受けたバロールは、娘のエスリンをトオリイ島の塔に閉じ込める。ある日、技術の神の息子キアンが塔の中の美しい乙女エスリンを見かけ、二人は密かに愛し合う。やがて子どもが生まれるが、バロールに見つからないようにと、キアンは子どもを連れて逃げた。気づいたバロールが追いかけてきたが、キアンはアイルランドの守護神にして海の神マナナン・マク・リルに頼み、海に逃れる。バロールが嵐を起こすとマナナンは魔法で静め、バロールが海を火に変えるとマナナンは石に変えた。無事に逃れたキアンにマナナンは報酬を望み、キアンはこの子しかあげられるものはないと言うと、マナナンは子どもを連れて海の王宮に連れて帰り、ドル・ドナ（「全知全能」という意味）と名づけて育てた。やがてドルが成長し、弓の達人になった。ある日、遠くに小舟が見えたのでドルが矢を放つと、小舟の人に当たり、それが魔眼バロールだったという。

ちなみに、海の神マナナン・マク・リルはアイルランドの守護神として親しまれており、時に魔法の武器や道具を授けて、英雄たちを救った存在だ。神の戦士ルーには、どんな荒波も越えられる船「静波号《ウェーブ・スウィーパー》」と、どんな相手にも勝てる剣「応答丸《フラグラッハ》」と、陸だけでなく海も走れる馬を与え、最強の戦士クー・フリン（詳しくは**ケルト最強の英雄クー・フリン**の項目を参照）には面兜を授けたという。

ディアドラとノイシウの悲恋

アイルランドのケルト神話で語られる悲恋物語。

アルスター王国の宮廷に仕える語り部の娘ディアドラは、将来とても美しくなると予言された。そのため、国王のコンホヴァル・マク・ネサは、ディアドラを密かに育てさせ、年頃になったら妃にしたいと思っていた。

ある日、ディアドラは捌《さば》かれた子牛の血が白い雪にしたたり、カラスが雪をついばみその血を飲んでいるところを目撃した。この光景が心に焼きつき、カラスのように漆黒の髪、雪のように白い肌、血のように赤い頬をした男性と結婚したいと願った。

やがてその条件にぴったりの男性が現れた。国王の騎士の一人ノイシウ（ノイシュ）である。二人は恋に落ち、国王から逃げようと駆け落ちした。二人は嵐の海を渡ってスコットランドへ逃げたが、王は二人をおびき寄せてアルスター王国へ帰還させ、ノイシウを処刑した。王はディアドラを説得し結婚を迫ったが、ディアドラはノイシウを裏切ることなく、馬車から飛び降りて命を絶ったのだった。

伝説の異界・常若《とこわか》の国

古代アイルランド人は、この世のどこかに「常若の国」があると信じていた。この異界では、歳をとることはなく、病気にもかからず、魔法使いや怪物たちが暮らしている。この国に行った若い恋人たちの伝説がある。

アイルランドの若者オシーンは、英雄フィン・マク・クウィル（詳しくは**フィン・マク・クウィルと魔法の鮭**の項目を参照）の息子である。父親同様、フィアナ騎士団の勇敢な戦士であると同時に、優れた吟遊詩人であり、好奇心旺盛な冒険家でもあった。ある日、狩りに出かけた時、立派な白馬に乗った美しい女性に出会った。その女性はニアヴ・キン・オイル（「金髪のニアヴ」という意味）という名前で、伝説の常若の国の王女だった。恋に落ちた若い二人は、ニアヴの白馬に乗って常若の国へ向かうと、そこで長い間幸せに暮らした。

やがて、オシーンは故郷の様子が気になり、ニアヴにアイルランドへ戻りたいと告げる。ニアヴは白馬を貸し、国に着いても絶対に馬から降りないように、と忠告した。オシーンは了解して白馬に乗り、アイルランドに辿り着いたが、故郷はすっかり様変わりしているばかりか、知り合いはみな死んでいた。

オシーンは、若者たちが巨大な岩を持ち上げようとしているところを通りかかり、手伝おうとうっかり馬から降りてしまった。すると両足が地面に着いた途端、オシーンはたちまち年老いた。アイルランドでは、常若の国で過ごしていた時間よりもはるかに長い時間が過ぎていたのだ。オシーンは二度と常若の国へは戻れないと悟り、死んでしまった。

オシーンの運命は、日本の浦島伝説を思わせる。

フィン・マク・クウィルと魔法の鮭

フィン・マク・クウィルは、ケルト神話に登場する神の血を引いた英雄だ。アイルランドのフィアナ騎士団の指導者で、死んだ父のあとを継いだ勇敢な戦士で、その強さゆえ、古代ケルトの神ルー（ルグ）と同一視されることもある。

フィンは力だけでなく知恵者でもあった。フィンがまだディムナ（デウネ）と呼ばれていた若い頃、「預言者フィン」と呼ばれる詩人のもとで修業をしていた。詩人は、七年かけて、世界中のあらゆる知識を得られるという「知恵の鮭」をボイン川で釣り上げ、その鮭をディムナに焼くよう言いつけた。ディムナは鮭を焼いている時に親指を火傷し、思わず指をくわえた。このことを詩人に報告すると、詩人は「鮭を食べる資格があるのはディムナだ」と言い、その日からディムナは詩人の名前を受け継ぎ「フィン」と呼ばれるようになった。鮭を食べたフィンはそれ以降、親指をくわえるとなんでもわかるようになり、予言ができたという。

やがてフィンは勇敢な戦士へと成長した。アイルランドに迫る多くの敵を撃退し、時には恐ろしい怪物から人々を守った。毎年、タラの町にアレーン・マク・ミーナという、炎の息を吐く異形の楽師が現れ、衛兵を竪琴《たてごと》の音色で眠らせたあと、宮殿を焼き尽くしていた。タラの戦士たちはフィンに助けを求めたところ、フィンは、毒入りの魔法の槍を用意し、竪琴の音色が聞こえてきたら、槍の先から漏れる毒の蒸気を吸って眠気を覚ました。そして、姿を見せたアレーンに槍を突き刺し、宮殿を救ったのだった。

ケルト神話や伝承においてしばしば登場する「魔法の鮭」。知恵や知識の象徴とされ、神聖な存在と考えられていたようだ。

北アイルランドの中心都市ベルファストを流れるラガン川の河口では、巨大な鮭のモニュメントを見ることができる。

幻の島ハイ・ブラジルの謎

ハイ・ブラジルとは、ケルト神話に登場する西の島の名前。この神話上の小島が、一四世紀から一九世紀の間、ヨーロッパ製の世界地図に実際に描かれていた。アイルランド西沖にあるとされ、何度も探索が行われたが発見に至らなかったという。

伝説によれば、ハイ・ブラジルは魔法がかかっているため、普段は濃い霧に閉ざされて見えないが、七年に一度だけ姿を見せるという。この伝説を信じた船乗りたちは、次々に探索へ出かけた。一五世紀のブリストルの記録によれば、ブラジル島を探すためにトーマス・クロフト船長が二隻の船で出航したが、発見に至らなかった。一四九八年に北アメリカに向けて出航し、行方不明となってしまった探検家のジョン・カボットも、ハイ・ブラジルの発見を視野に入れていたという説がある。

一七世紀頃、スコットランドの船長ジョンが、フランスからアイルランドに航海中に島を発見し、四人の部下が上陸して一日過ごしたと主張している。島には大きなうさぎ、石の城、一人の魔術師がいて、魔術師は金銀財宝をくれたという話が伝わっている。

また、イギリスのレンデルシャムの森で起きたUFO騒動（詳しくはイギリスの**レンデルシャムの森のUFO**の項目を参照）と何か関連があるのではないかとする説もある。

ワイルド・ローズ

アイルランドの幽霊伝説。

ある町にエリザ・デイという名前の美しい女性がいた。彼女は川のほとりで育った野薔薇《のばら》のように美しかったため、「ワイルド・ローズ（野薔薇）」と呼ばれ、親しまれていた。

ある日、一人の男が町にやってきてエリザと恋に落ちた。一日目、男はエリザの家を訪ね、彼女にキスをした。

二日目、男はエリザに赤い薔薇を一本持ってきて、彼女に今まで出会った女性の中でもっとも美しいと言い、明日、野薔薇が赤く育つ川のそばで会いたいと言った。

三日目、男はエリザをその川に連れていき、エリザは土手で静かに流れる川を見つめていたが、男は彼女の唇にキスをした後、背後に回ってその頭を石で殴りつけた。「すべての美しいものは死ななければならない」男はそう囁《ささや》き、彼女の口に赤い薔薇を置いてから、死体を川に投げ込んだ。エリザの体はゆっくりと水中に沈み、死体は見つからなかった。

それからというもの、この川のほとりでエリザ・デイの幽霊がさまよっている姿が目撃されるようになった。

彼女は頭に怪我をして、赤い血を流している。また、その手には赤い薔薇が握られている。

その幽霊は、生前彼女が呼ばれていた名前と同じ「ワイルド・ローズ」と呼ばれているという。

アゼルバイジャン共和国

ナスレッディン・ホジャのとんち話

ナスレッディン・ホジャは主にトルコに伝わるとんち話の主人公だが、アナトリア半島を中心に東欧や北アフリカ、中央アジアまで広く知られている。アゼルバイジャンにも次のような話がある。

ある日、ホジャは友人に親切にされたお礼に、「自分の持ち物のなかから欲しい物をひとつあげよう」と言った。友人は悩み「じっくり考えたいので、明日まで時間がほしい」と言った。翌日、友人がホジャのところへやってきた。友人が「約束の物をもらいに来た」と告げると、ホジャは「お前が『明日まで時間がほしい』と言ったから、時間をあげたじゃないか」と言い返して、何もあげなかったという。

ホジャの話は、中東・トルコ共和国の**ナスレッディン・ホジャと鍋を産む鍋**の項目も参照。

バクーの乙女の望楼伝説

カスピ海の西側に位置するアゼルバイジャン。首都バクーは、カスピ海に突き出たアブシェロン半島南部にある。かつては港町として栄え、イチェリシャハルと呼ばれる旧市街エリアには当時の面影が残っており、世界文化遺産に登録されている。旧市街にある乙女の望楼（乙女の塔、クイズ・ガラスイ）は、一二世紀に建てられた高さ約三〇メートルの要塞だ。

昔、望まない相手との結婚を迫られた王女がいた。王女は塔の建設を結婚の条件とする。そして塔が完成すると、王女は塔の上から身を投げて死んでしまったという。塔の名前は、この悲劇の伝説に由来する。

預言者ヒズルと命の薬

ヒズルとは、アラビア語で「緑の人」を意味する言葉。預言者ヒズルは、水と不死を司ると言われている。あらゆる病を治し、永遠の若さを与えるという「生命の水」のありかをアレクサンドロス大王に教えた人物がヒズルだという。イスラム教にもヒズル信仰があり、イスラム教徒が多いアゼルバイジャンにも、預言者ヒズルの伝説がある。

シアザンの近くにあるベシュバルマグ山で、ヒズルは「命の薬」を探していた。すると頂上に泉を見つける。その水を飲むと、不老不死を得られたという。

アルバニア共和国

麦粒ばあさん

アルバニア各地で語られているという有名な民話。

昔、ある村にひと粒の麦を持っていたおばあさんがいた。ある時、おばあさんは「ミサを聞きたいから、私の麦を見ていてほしい」と、近所の人に頼んだ。その人は「うちには雌鶏がいるから、そいつが食べてしまうよ」と断ったが、おばあさんは構わず麦を置いていった。案の定、おばあさんが戻ると雌鶏《めんどり》が麦を食べてしまっていた。おばあさんは「じゃあ、代わりにその雌鶏をおくれ」と言って、雌鶏をもらって出ていった。

次におばあさんは、別の家で豚がいる家で雌鶏を預けた。すると豚が雌鶏を食べてしまったので。豚をもらって出ていった。今度は、馬がいる家で豚を預けた。すると馬が豚を殺してしまったので、馬をもらった。次に、馬肉が好きな娘のいる家に馬を預けた。すると娘が馬を食べてしまったので、おばあさんは娘を袋に入れて連れていった。

おばあさんは袋をかついで別の家に行き、袋を置いて出ていった。その家の人は、袋の中に娘がいることに気づいて助けてやると、代わりに犬を入れておいた。やがて戻ってきたおばあさんはうちに戻り、袋を開けたらどう猛な犬が飛び出してきて、おばあさんを食べてしまったそうだ。

日本の昔話『わらしべ長者』に似ているが、最後は破滅するところが興味深い。

アルメニア共和国

聖グレゴリウス伝説

かつてアルメニアの領土にあったアララト山は現在、トルコ領にあるが、古代から現在に至るまでアルメニア人にとっての聖地である（詳しくは中東・トルコ共和国の**アララト山のノアの方舟《はこぶね》伝説**の項目を参照）。アルメニアは世界で初めてキリスト教を国教にした国である。アララト山の麓にあるホルヴィラップ修道院には、国教化に尽力した聖グレゴリウスにまつわる伝説が残っている。

この地で布教活動を行っていたグレゴリウスだったが、当時のアルメニア王は古代からの神々を信仰していた。グレゴリウスは捕らえられ、地下牢に幽閉された。一三年の月日が流れた頃、アルメニア王が病に冒される。王の姉の勧めでグレゴリウスが解放されると、王の病が治ったという。この功徳が認められ、三〇一年、アルメニアはキリスト教を国教とした。グレゴリウスが閉じ込められた地下牢があった地に建つのが、ホルヴィラップ修道院だ。アルメニアの言葉で、「ホル」は「深い」、「ヴィラップ」は「穴」という意味だ。現在の建物は一七世紀に再建されたものだが、敷地内にはグレゴリウスが投獄された地下牢が残っている。

ロンギヌスの槍はアルメニアにある？

北西部のアララト平野にある古都エチミアジンには、四世紀初頭に建設され、世界最古と言われる大聖堂がある。この国内でもっとも崇《あが》められているエチミアジン大聖堂には、ロンギヌスの槍が保管されているという。

ロンギヌスの槍とは聖槍《せいそう》の通称であり、聖杯（詳しくは欧州全域の**聖杯伝説と聖杯の行方**の項目を参照）と並ぶ、代表的なキリストの聖遺物のひとつだ。十字架に磔《はりつけ》にされたイエス・キリストが死亡しているかを確認するために、ローマ兵のロンギヌスがイエスの脇腹を刺したとされる槍である。ロンギヌスは、槍から滴ったイエスの血が目に入り、弱っていた視力が回復したという。その後、洗礼を受けて聖者となったと伝わっている。

現在、ロンギヌスの槍とされるものは複数存在する。ひとつがバチカンのサン・ピエトロ大聖堂にある。エルサレムから東ローマ帝国に渡ったものがローマ教皇の手元に辿り着いたものだ。現在、非公開だが、大聖堂にある聖槍を手にした聖ロンギヌス像の下に保管されているという。二つ目が、オーストリアのウィーンにある、歴代の神聖ローマ皇帝の居城だったホーフブルク宮殿。十字架が刻まれた聖釘《せいてい》（イエスの手足を十字架に打ちつけた釘）が埋め込まれている。この聖槍は、イエスが磔刑《たっけい》に処されたよりも数世紀は後に作られたものだとする意見もある。アドルフ・ヒトラーの野望は、この聖槍を見た際に霊感を受けたことに始まるとする逸話で有名だ。

そして、エチミアジン大聖堂のロンギヌスの槍は、イエスの十二使徒の一人であるタダイによってアルメニアに運ばれてきたとされている。二〇〇〇年間、洞窟の中に隠されていたのちに、大聖堂に保管されることになったそうだ。ただし、この槍はローマ兵ではなく、ユダヤ人兵士が使っていたものだという。

他にもロンギヌスの槍はアーサー王伝説（詳しくはイギリスの**アーサー王は実在したか？**の項目を参照）に登場したり、カール大帝が聖槍の力でイスラム軍を撃破したりと多くの伝説があり、この槍を持つ者は世界征服を成し遂げるという。

日本では、庵野《あんの》秀明《ひであき》監督のアニメ『エヴァンゲリオン』シリーズに登場するアイテムとしても有名だ。

アンドラ公国

メリチェイの薔薇《ばら》の奇跡

アンドラ公国は、ピレネー山脈東部にある、フランスとスペインの国境に挟まれた小さな国。

アンドラ北部、カリーニョ教区のメリチエイという村には、アンドラの守護聖人・メリチェイの聖母を祀る教会があり、こんな伝説がある。ある日、メリチェイの村人が道端に季節外れに咲いた薔薇の花の下に聖母子像が置いてあるのを目撃した。村人は聖母子像を教会に安置したが、何度動かしても、不思議と聖母子像は道端の薔薇の下に戻っていた。しかも真冬でも薔薇の周辺だけは雪が降り積もらなかったという。この奇跡から、メリチェイの人々はそこに教会を建てて、聖母子像を安置したという。アンドラ公国では、毎年九月八日をメリチェイの聖母の祝日とし、国内外から多くの巡礼者が訪れるという。

イギリス（グレートブリテンおよび北アイルランド連合王国）

アーサー王は実在したか？

五世紀後半から六世紀にかけて、ブリテン島南西部で活躍した英雄アーサー王。アーサー王と円卓の騎士の物語は、古来、多くの人々に愛され、芸術家たちの想像力をかき立ててきた。

石に刺さった剣を引き抜いた人がイングランドの正統な王になるとされ、多くの人々がこれに挑戦したが、失敗。この剣を見事抜いたのが、弱冠一五歳のアーサーだった。彼はその後、名剣エクスカリバー（詳しくは**エクスカリバーが眠る湖**の項目を参照）を手に入れ、数々の冒険に出かけ、勇敢な円卓の騎士たち、かけがえのない師であり助言者の魔術師マーリンなどの力を借りて、立派に国を治めていく。

アーサー王は、一五世紀にトーマス・マロリーの小説『アーサー王の死』などに描かれた創作上の人物とされる一方、アーサーが実在する可能性を示す遺跡も発見されているという。

一九六〇年代後半、イングランドのサマセットにあるキャドベリーの丘で、六世紀頃に堅固な要塞が存在していたことが明らかになった。とある武装集団がここを拠点に活躍していたといい、その首領がアーサーと呼ばれていた。六世紀頃といえばアーサー王が活躍していたとされる時代でもある。地元の伝説によれば、アーサー王と家臣たちは今も、この丘の下の洞窟で眠り続けており、国に危機が迫れば目を覚まし、国のために戦うのだという。洞窟の入口は鉄門で守られているが、七年に一度の夏至の頃、バプテスマのヨハネの祝日に門は開き、アーサー王と家臣たちは馬にまたがり狩りに出かけ、サットン・モンティスの教会のそばにある泉で馬たちを休憩させるとも噂されている。

古い文献にも、アーサー王の実在を思わせる記述がある。八三〇年頃、ウェールズ人の歴史家ネンニウスが記した『ブリトン人の歴史』にはアーサー王の一二の戦いを記録しており、一二世紀にジェフリー・オブ・モンマスが記した『ブリタニア列王史』には、王に昇格したアーサー、王妃グィネヴィア、魔術師マーリンといった人物の名前が登場する。さらに一〇世紀に書かれた『ウェールズ年代記』には、アーサー王が五三八年に死亡したという記述もあるそうだ。

アイリーン・モア灯台守失踪事件

大西洋の真ん中に浮かぶフラナン諸島の最大の島アイリーン・モア島では、いまだに解決できていないミステリアスな失踪事件が起きている。

一九〇〇年一二月一五日、この付近を通りかかった船が、灯台の明かりが消えていることに気がついた。翌日、ジョゼフ・ムーア船長が調査に向かうと、いるはずの三人の灯台守はいなかった。テーブルには食事途中のマトンとジャガイモが置かれ、一二月一五日の灯台日誌には「嵐はやみ、海は穏やか。何事もなし」と書かれていた。灯台の中は何事もなかったかのように静まり返り、ただ三人の灯台守だけが痕跡を一切残さずに消えてしまったのである。

三人は巨大な波にさらわれたのではないかという説もあるが、当日の海は穏やかだった。防水コートが一着残っていたことから、一人は灯台の中に残っていたと推測され、三人全員が突堤から足を滑らせたとは考えにくい。島で噂のバイキングの霊に取り憑《っ》かれ、連れ去られてしまったのだろうか。今日に至るまで謎は解明されないまま、灯台は現在もそこにあり、遠隔操作で制御されている。

アヴァロン島と聖杯の眠る地

英雄アーサー王が殺されて埋葬された場所とされているのが、アヴァロンと呼ばれる島である。西方の海上にある想像上の島とも、ウェールズのどこかにあるとも言われている。アーサー王は殺されたのではなく、戦いで負った傷を癒すため魔女モルガン・ル・フェイ（詳しくは**エクスカリバーを盗んだ魔女**の項目を参照）によって連れていかれた場所という説もある。

イングランドのサマセットにある円錐形の丘グラストンベリー・トーは、かつては三方を川に囲まれ、湿地帯が広がっていた。丘は島のように顔を出しており、この丘こそ伝説のアヴァロン島だという言い伝えがある。一一九一年、アーサー王と王妃グィネヴィアの名前が記された棺が、グラストンベリーの大修道院から見つかったのだ。ただし、墓は略奪で荒らされ、遺骨は廃棄されてしまっていた。

グラストンベリー・トーはまた、聖杯伝説の舞台とも言われている。弟子のヨセフがこの地に聖杯を埋め、その場所から今も水が湧き出ているといい、それがグラストンベリー・トー近郊の「聖杯の井戸」と呼ばれる井戸であるという（詳しくは欧州全域の**聖杯伝説と聖杯の行方**の項目を参照）。

その他、グラストンベリー・トーは、ケルト神話の妖精王グウィン・アプ・ネッズに縁ある土地とも、ケルト神話に登場する異界アンヌンへの入口がある場所とも噂されている。アンヌンは、形も時間の流れもない異空間で、精霊と魔物だけが住んでいる。一四世紀の詩を集めた『タリエシンの書』にも登場し、愉悦と不死を与え続ける「豊穣《ほうじょう》の鍋」を求めて、アーサー王と円卓の騎士がアンヌンを旅するエピソードが描かれている。

悪魔の投げた石

イングランド南部の列石群遺跡ストーンヘンジの入口には、高さ五メートルの細長くとがった石がある。「ヒールストーン」または「修道士のかかと」と呼ばれるこの石には、こんな伝説が残る。

ある時、悪魔がアイルランドの女から石をたくさん購入し、一枚の布に包んでソールズベリー平原に運んできた。運び終えて「この石がどのようにここへ運ばれたか、誰も解けるやつはいないだろう」と悪魔が得意げに叫んでいると、偶然、修道士が通りかかり、悪魔の傲慢《ごうまん》な言葉を聞いて笑った。独り言を聞かれてしまい、しかも笑われた悪魔は怒り狂って、石のひとつを修道士めがけてぶん投げた。石は修道士のかかとに当たって地面に深く突き刺さった。それ以降、その石は「ヒールストーン」または「修道士のかかと」と呼ばれるようになったそうだ。

エクスカリバーが眠る湖

アーサー王伝説は、魔法の力をもつ名剣エクスカリバーとともに語られることが多い。名剣を収める鞘《さや》には治癒の力があり、もっているだけで切られても血を流さず、深手を負うことがないため、アーサー王に数々の勝利をもたらしたという。

エクスカリバーを手に入れた経緯には様々な伝説があるが、一五世紀に書かれたトーマス・マロリーの『アーサー王の死』によれば、謎めいた「湖の乙女」から授かったものだという。

アーサー王が長く愛用していた剣が、ある時、決闘で折れてしまった。この剣は、アーサーが若い頃に石から引き抜いた名誉ある剣だった（詳しくは**アーサー王は実在したか？**の項目を参照。伝説によっては、石に刺さっていた剣をエクスカリバーとする話もある）。剣を失って数日後、湖にやってきたアーサーは、湖の真ん中に白い豪華な絹をまとった腕がにゅっと出ているのを見つける。その手には美しい剣と鞘が掲げられていた。これを見たアーサーは、将来、望みを叶えると約束して、姿を見せない謎めいた存在の「湖の乙女」から剣と鞘を受け取った。これがアーサー王を助ける伝説の名剣エクスカリバーである。

　しかしのちに、異父姉モルガン・ル・フェイ（詳しくは**エクスカリバーを盗んだ魔女**の項目を参照）に盗まれ、アーサーは治癒の鞘を失ってしまう。そのためにアーサーは戦いで致命傷を負い、配下の騎士ベディビアにエクスカリバーを湖の乙女に返却するように命じた。ベディビアは二度ためらい、三度目にようやく剣を湖に投げると、湖の中央から腕が伸びてきて剣を受け取り、水面に沈んでいったという。

　『アーサー王の死』に出てくるとされる湖のひとつが、コーンウォール地方のドズマリー湖。二〇一七年、七歳の少女がドズマリー湖を遊泳中、湖の底に横たわる中世風の剣を発見した。地元紙は「エクスカリバーか？」と注目したが、娘の父親は否定的で「映画で使われた小道具だろう」とコメントしている。

エクスカリバーを盗んだ魔女

　アーサー王の異父姉の魔女モルガン・ル・フェイ（「ル・フェイ」とは妖精という意味）が名剣エクスカリバー（詳しくは**エクスカリバーが眠る湖**の項目を参照）を盗む話がある。伝説によれば、アーサーに敵意を抱いていたモルガンは、ある夜に彼の部屋に忍び込んだ。アーサーは、鞘《さや》から出した状態のエクスカリバーを握りしめて寝ていたが、そのそばには魔法の鞘が置いてあった。そこでモルガンは鞘を摑んで馬で逃げ出し、追っ手に気づくと湖のもっとも深いところに鞘を投げ込んだ。こうして魔法の鞘を失ったアーサーは、のちに致命傷となる傷を戦で負うことになる。

　モルガン・ル・フェイは魔術師マーリンの弟子でもあり、人を惑わせる魔法や変身術、空を飛ぶ術などに長けていた。魔法の島アヴァロンを統治する女王とも言われている。アーサーの息子モルドレッドの養母でもあり、父親の悪口を息子に吹き込んで父子を不仲にさせた。その一方、魔法を使ってアーサーを助けることもあり、気まぐれな魔女だったようだ。

エディンバラ城の怪奇現象

　イギリス、スコットランドのランドマーク的な建物であるエディンバラ城。一六世紀頃、岩山の上からエディンバラの市街地を見下ろすように建てられたこの要塞には、数々の超常現象が噂されている。

　たとえば、城の外壁では、リズムを刻みながら立つ首のない鼓手の幽霊が目撃されている。伝説によれば、一二九六年、イングランド王エドワード一世によって包囲された際、三日目の包囲の日に、イングランド軍が総攻撃を開始しようとしていることに気づいた鼓手が、スコットランドの人々に伝えようとした。しかし、イングランド人の兵によって、鼓手は頭を耳から耳まで斬り落とされてしまった。これがイングランド人によって殺された最初の犠牲者だったと言われている。

一七世紀には、城から市街地に抜ける長い地下道が発見された。言い伝えによると、このトンネルの調査を若いバグパイプ吹きが命じられた。バグパイプを吹きながらトンネルを進むことで、地上からトンネルの進路を探ろうとしたのだ。ところが、音は途中で途絶え、バグパイプ吹きはトンネルの中で永遠に姿を消してしまった。その幽霊が、今でも地下道の中をさまよっており、この中を歩いていると、突然バグパイプの音が聞こえてくると言われている。

この城の広場では一六世紀初頭に、魔女裁判によって何百人もの魔女が火炙《ひあぶ》りの刑に処せられており、広場を囲む通路では、炎に焼かれて泣き叫ぶ女性の姿を見たり、実際に炎に焼かれたような感覚を覚えたりする人もいるようだ。

ちなみに、Ｊ・Ｋ・ローリングの『ハリー・ポッター』に登場するホグワーツ魔法魔術学校（ホグワーツ城）は、エディンバラ城がモデルと言われている。城や市街地を巡る様々なゴースト・ツアーも開催されており、ホラー好きの観光客に人気のスポットとなっている。

『王子と乞食』のモデル・エドワード六世

一六世紀のある秋の日の同日、イングランドのエドワード王子とこじきの子トムが生まれた。その二人が偶然出会い、そっくりだった二人は服を取り替えて入れ替わり、次々とピンチを乗り越えていく……。これは児童文学として広く親しまれている『王子と乞食』の物語。一八八一年にアメリカの作家マーク・トウェインが発表した小説だが、このイングランドの王子にはモデルがいる。

主人公のエドワード王子のモデルは、一五三七年生まれのイングランド、テューダー家のヘンリー八世の王子。わずか九歳で即位したエドワードは、病弱だったが早熟で慈しみ深い少年だった。情熱をかけて治世に取り組み、修道院を修理させて、貧しい児童と孤児のための教育施設やホームとしたり、いくつもの福祉施設に寄付したりしたという。残酷な当時の世にあって慈しみ深い政治が行われたが、少年王エドワード六世は一五五三年に結核で亡くなる。まだ一五歳という若さだった。

音楽霊媒師ブラウン夫人

ロンドンに住むイギリス人の主婦のもとに、フランツ・リストをはじめとする大作曲家たちの霊が現れ、自分たちの「新曲」を次々に口述筆記させていく。にわかには信じがたい話だが、一九六〇年代半ばから一九八〇年頃まで実際にあった出来事とされ、ＢＢＣがブラウン夫人のドキュメンタリー番組も制作している。

　ローズマリー・ブラウンのもとに音楽家が現れたのは、彼女が七歳の時。長い白髪を垂らして黒いガウンを着た霊が「あなたを音楽家にしてやろう」と告げたという。のちにその霊はフランツ・リストだったとわかる。その後、しばらくリストの霊は現れなかったが、一九六四年にふたたび彼女の前に現れると、ベートーベンやシューベルト、ショパン、バッハなどの作曲家たちの霊も現れて、次々に作曲を始めた。頭の中に洪水のように流れる音楽を、ブラウン夫人はせっせと書き取っていった。

　夫人の曲は音楽評論家の間で評価が分かれたものの、曲調は各作曲家の作品とよく似ていたという。名だたる作曲家たちの音楽を偽作するにはかなりの音楽的素養が必要だが、ブラウン夫人は音楽の知識は乏しく、ピアノのレッスンは受けていたものの、自身で書き取った曲を演奏さえできなかった。音楽家や心理学者が調査を行ったが、詐欺の証拠は見つからなかった。

　一説には、彼女に霊媒の力があり、一種のテレパシーで作曲家の未発表作品の譜面を読み取ったのではないかと言われている。ブラウン夫人は最後まで、音楽家たちの霊から受け取った作品だと主張していたという。

奇跡の南極探検隊

　二〇世紀初頭、不屈の精神と強力なリーダーシップで南極の絶海から生還した奇跡の探検家がいる。イギリスの探検家、アーネスト・シャクルトンだ。

　一九一四年、シャクルトンは南極大陸横断という目標を掲げて、南極と南米大陸の中間地点にあるサウス・ジョージア島を出発したが、自身の船エンデュアランス号は流氷に閉じ込められてしまう。ここから、シャクルトンたち探検隊の生き残りをかけた過酷な戦いが始まる。

　シャクルトンは船を捨て、三隻の救命ボートで二七名の隊員たちと脱出し、なんとか全員無事にエレファント島に到着するも、そこは船の通ることのない絶海の入口だった。全員を生還させるため、シャクルトンは、サウス・ジョージア島に戻って救助船を要請することを決意する。だが、そのためには、一五〇〇キロにも及ぶ死の氷海を木造救命ボートひとつで乗り越えなければならなかった。正気の沙汰ではなかったが、シャクルトンはエレファント島に大半の仲間を残し、副船長に「必ず戻る」と約束し、信頼の置ける五名の船員を連れて絶海へと漕《こ》ぎ出した。一四日目、不眠不休で航海を続けた彼らは、サウス・ジョージア島の南端に辿り着く。しかし、救助船がある基地の北側に行くには、南極のアルプスと呼ばれる三〇〇〇メートルを超える山々を越えなければならなかった。シャクルトンは弱り切った船員三名を南岸に残し、不屈の精神で山越えを成し遂げて基地に辿り着き、救助船を呼んだ。翌日には南岸に残してきた仲間を救助し、南米諸国の援助を得て、エレファント島に残してきた隊員を全員救助した。エレファント島を発ってから四ヶ月後のことだった。

シャクルトンはその後、第一次世界大戦後にふたたび南極横断を目指したが、道半ばで病に倒れて一九二二年に亡くなる。探検そのものは失敗したが、不屈の闘志と強烈なリーダーシップをもって成し遂げた、シャクルトンの奇跡の生還劇は、人類探検史上最大の栄光のひとつとして語り継がれている。

巨人王ブランの頭

古代ブリテン島の王ブラン、またはベンディゲイドブラン（「祝福されたブラン」という意味）は、ケルトの民間伝承をまとめた『マビノギ（マビノギオンともいう）』に登場する。古代ブリテン島の人々を守った人気の英雄である。

ブランは超人的な巨人で、力が強く心優しい勇者だった。ある時、妹のブランウェンがアイルランド王マソルッフのもとへ嫁いでいったが、ひどい扱いを受けたため、仇を討つためアイルランドに宣戦布告した。しかし、死者を生き返らせる大釜をもつアイルランド軍は手強く、なんとか倒すことができたが、ブリテン軍の被害も大きかった。アイルランド軍の毒槍で致命傷を負ったブランは、自分の首をはねてブリテン島に埋めてほしいと仲間たちに頼んだ。

不思議なことに、ブランの首は言葉を話し、故郷に戻るまで皆を励まし続けた。そして埋葬後も魔除けとなり、ブリテン島を守り続けたという。

北ウェールズのスランゴスレンに残る一三世紀頃に建てられたディナス・ブラン（「ブランの要塞」という意味）の遺跡は、巨人王ブランの城跡だと信じられている。

吟遊詩人タリエシン

タリエシンは、六世紀後半、ウェールズのグランド北部で活躍していたとされる伝説的な吟遊詩人。一〇世紀頃になると、この伝説的詩人の作とされる『タリエシンの書』という詩集が編まれている。

ウェールズ王に仕えた吟遊詩人、魔術師として、ケルトの伝承やアーサー王伝説（詳しくは**アーサー王は実在したか？**の項目を参照）などにも登場しており、ケルトの民間伝承をまとめた『マビノギ（マビノギオン）』によれば、その出生のエピソードは不思議に満ちている。

タリエシンが少年だった頃、グウィオンと呼ばれていた。魔女ケリドウェンに仕えていたグウィオンは、魔女の作る霊薬をかき混ぜていたら煮立った霊薬が指にはね、熱さのあまりに指を舐《な》めた。すると霊薬の効果であらゆる知識を得ることができた。グウィオンが舐めたせいで霊薬の効き目がなくなり、ケリドウェンは怒り狂った。グウィオンは野うさぎ、魚、鳥に変身しながら逃げたが、最後に麦粒に変身したところ、ケリドウェンに食べられてしまった。

その後、魔女は一人で妊娠した。やがて産んだ子があまりに美しく、殺す気が失せて皮袋につめて海へ流したが、赤ん坊はグウィズノ王の息子エルフィンに拾われた。その子は、グウィオンの生まれ変わりだった。エルフィンが海で皮袋を見つけて開いた時、眩《まぶ》しく輝かしい額が見えたため、赤ん坊は「輝く眉」という意味のタリエシンと名づけられ、大切に育てられた。タリエシンが一三歳の時、エルフィンが叔父の機嫌を損ねて宮廷に囚われの身となったことがあり、タリエシンは単身で宮廷に乗り込み、詩吟と予言を披露してエルフィンを助けたという。

タリエシンはのちにアーサー王に仕える宮廷詩人となり、魔術師マーリンに招かれて、アーサー王の運命や宇宙の真理について話し合ったとも言われている。

古代エジプトから蘇った少女

ふとしたきっかけで前世を思い出すという感情を抱く人が世界中にいる。二〇世紀前半、古代エジプト人から転生したとして話題になったイギリスの少女がいた。

一九〇三年、ロンドンで生まれたドロシー・エディーは、三歳の時に階段から転落し、呼吸が止まって死の宣告を受ける。だが息を吹き返し、それ以来、自分の前世が古代エジプトの巫女《みこ》であり、セティ一世というファラオの愛人だったことを知ったという。三〇〇〇年前の記憶を取り戻した少女は、ある時、一家で大英博物館を訪れた際、古代エジプト遺物展示室に入ると半狂乱になり、彫像に口づけし、ミイラの棺にすがりつき、「私の仲間と私だけにしてほしい」と叫んだという。

やがてエジプトに移住し、エジプト考古学調査の助手として働き、セティ一世の建てたアドビス神殿に「帰郷」したあと、神殿に住み着き生涯を終えた。

コティングリーの妖精事件

一九二〇年頃、イギリスのコティングリーに暮らしている一六歳と一〇歳の姉妹が、妖精の写真を撮影して雑誌に投稿した。この写真を見て、シャーロック・ホームズの生みの親であるコナン・ドイルは大絶賛。写真の検証が行われ、手を加えた形跡がないことがわかると太鼓判を押したことから、写真の真贋《しんがん》について大きな議論が勃発した。ドイルは晩年、神秘主義に傾倒しており、妖精の存在を信じていた。それから六〇年後の一九八三年、これまで口を閉ざしていた撮影者の姉妹が、「絵本から切り抜いた妖精の絵を写真に撮ったものだ」と捏造《ねつぞう》を認めた。こうしてコティングリー妖精事件に終止符が打たれたが、姉妹は晩年、こんな言葉を残している。「自分たちが撮影した五枚の写真のうち、四枚は切り絵を撮ったものだが、最後の一枚だけは本物だった」。

サーンアバスの巨人

イングランドのドーセット州、サーンアバスという村から近い丘に、堂々とした裸の巨人の姿が描かれている。およそ一〇〇〇年前に描かれたもので、身長は五五メートル、横幅は五一メートル。右手に長さ三七メートルの巨大なこん棒を持っている。急斜面の草と土壌を削って溝を作り、石灰岩を露出させて描くヒルフィギュアという手法で描かれている。

この巨人の正体を巡って数多くの伝説があり、その中のひとつにデンマークから来て村人を脅かし、家畜を襲う本物の巨人だったという話がある。サーンアバスの村人たちはある晩、力を合わせて丘の上で寝ている巨人を倒した。そして恐ろしい巨人がいたことを忘れないために、死体の輪郭をなぞって丘に刻みつけたという。伝説には続きがあり、この巨人は夜になると蘇り、近くの川まで水を飲みにくるとも言われている。

また、サーンアバスの巨人の股間には男性のシンボルが描かれていることから、古来、ここで眠ると子宝に恵まれるという言い伝えがある。処女が巨人の周りを三回回って、恋人の心変わりを防いだという逸話も残されている。

歴史家によると、ギリシャ・ローマ神話に登場するヘラクレスがモデルであり、一八〇から一九三年頃に地元の神と融合した姿ではないかと考えられている。

今から三〇〇〇年前という有史以前、バークシャー・ダウンズの端の丘に描かれた長さ一一〇メートルの「アフィントンの白馬」も同じ手法で描かれており、近くのアフィントン城の人々が、馬への崇拝のシンボルとして作ったと考えられている。

シェイクスピアとは誰か

一六世紀頃に活躍したウィリアム・シェイクスピアは、『ハムレット』などの四大悲劇をはじめ、数々の名戯曲を残したイングランドの天才劇作家である。しかし、その人生は様々な謎に満ちている。

一五六四年、イングランドのストラットフォード・アポン・エイボンという田舎町で生まれたシェイクスピアは、手袋職人である父親をもち、平民の出自で、高等教育を受けていなかった。一八歳の時にアン・ハサウェイという女性と結婚して三人の子持ちになると、妻子を置いて姿を消してしまう。突然の蒸発後、彼はロンドンに現れ、二〇代で舞台役者兼、劇作家として成功を収める。三〇代半ばには人気劇作家にのし上がり、四九歳で引退後、故郷のストラットフォード・アポン・エイボンへ戻り、演劇と無縁の生活を過ごしたそうだ。そして一六一六年四月、シェイクスピアは友人たちと一夜飲み明かしたのち、亡くなったという。

シェイクスピアは文学や医学、法学、博物学といった専門的で幅広い知識を作品に盛り込んだが、これらの学問をどのように身につけたのだろうか。不思議なことに故郷には彼の逸話が何も残っておらず、彼が所有していたとされる蔵書や自分の作品の印刷本は、一冊も見つからなかった。つまり、ストラットフォードの温和な中年紳士のスケッチ像と、人気戯曲作家をつなぐ具体的なリンクが見つからないのである。これらの疑問から、一九世紀にひとつの説が浮上した。シェイクスピアの作品を書いたのは、別の人物ではないか？

　その正体について多くの説があるが、もっとも有力視されているのが、シェイクスピアとほぼ同時期に活躍していたイギリスの哲学者、法律家、文人のフランシス・ベーコン。ベーコンは身分も高く当時もっとも博識なインテリの一人であり、彼の文書類とシェイクスピアの戯曲に関わりがある点が見られることが根拠とされる。その他、イギリスの劇作家、詩人のクリストファー・マーロウ説、第一七代オックスフォード伯エドワード・ド・ヴェール説、彼を愛した尼僧アン・ホエイトレー説など六人もの別人候補がいて、「ウィリアム・シェイクスピア」とはペンネームであり、身分を隠したい高貴な身分の匿名の劇作家がいたのではないかという説が根強い。

　現在、彼の故郷ストラットフォードには生家が残され、シェイクスピアの息吹を感じようとする観光客で賑わっている。

政府の実験？洪水で壊滅した村

　一九五二年一二月、イングランド南西部、デボン州の荒野にあるリンマウスという美しい村は、壊滅的な洪水に襲われた。例年の二五〇倍もの雨が降り続き、長雨で水浸し状態だった土壌が崩れ、ダムを決壊させたのだ。一晩のうちに三四人の村人が犠牲になり、数百人が帰る家を失った。

　気象専門家によれば数日前に大西洋上に発達した寒冷前線が原因だったが、その後、国防省の科学者が、村の近くで人工降雨実験を行っていたことが判明した。三年前から英国政府で秘密裏に行われていた「積雲作戦」と呼ばれる気象実験である。ある物質を雲に散布することで人工的に雨雲を作り出し、敵の動きを封じたり、飛行場の霧を晴らしたりする軍事目的の研究だった。パイロットの一人は、洪水が起こる前、村近くの上空を飛行して降雨量を増やすための塩を散布したと証言したが、公開された公文書の一部は失われている。その後、英国気象庁は、そのような実験が一九五五年以前に実施されたことはないと発表した。大洪水が人工降雨実験の招いた人災だったかは不明のまま、研究の存在そのものを隠すかのような幕切れとなった。

雪原に残る奇怪な足跡

　一八五五年、イングランド南西部のデボンの雪野原に残された、謎の足跡にまつわる伝説。

　二月九日、デボンの土地に史上最大の寒波が襲い、一夜のうちに地表は五センチの降雪に覆われた。翌朝、雪野原には、鳥や獣の足跡に混じり、なんとも奇妙な足跡があった。サイズは長さ一〇センチ、幅七センチほどの割れた蹄《ひづめ》のようで、二〇センチおきに二本足で歩いたような跡だった。

　驚くべきことに、謎の足跡は約一六〇キ

ロにわたって続いていた。トートゥンズ教区の公園の中央から突然始まり、リトルハムの野原のど真ん中で忽然《こつぜん》と消えていたのだ。足跡はジグザグを描きながら納屋を抜け、庭を抜け、屋根を越え、直径一五センチの穴をくぐり抜け、下水管の中を這って通り抜けていた。中には熱いアイロンをあてたような足跡が凍りついた雪の上についており、蹄が高温だった可能性もある。

　この長い足跡は数百人もの人が目撃しており、犬を使ってこの足跡が通った茂みを調べようとしたら、犬は怯《おび》えて逃げ出してしまったそうだ。この足跡について、狐、猫、カワウソ、カンガルー、蹄鉄《ていてつ》が割れた小馬など様々な説が出たが、どれも納得のいく答えは得られなかった。割れた蹄を持ち二足歩行で歩く生き物といえば、悪魔に他ならないとし、日没後になると外出を控える人が続出したという。足跡の正体は今も不明だが、土地の人々は「悪魔の足跡」だと語り伝えている。

二匹の竜を目撃した魔術師マーリン

　世界でもっとも有名な魔術師のひとりが、ケルトの伝承に登場するマーリンだ。五世紀後半から六世紀にかけて、ブリテン島南西部で活躍したアーサー王やその父王ウーテル（ユーサ）を助けた大魔法使いで、ストーンヘンジの建設にも関わる。母親は、悪魔にかどわかされた南ウェールズの王の娘で、悪魔の子として生まれたマーリンは、強力な魔力や知識を受け継いだ。

　歴史書『ブリタニア列王史』によると、少年時代のマーリンのエピソードが語られている。ブリタニアのヴォーティガン王がウェールズのマウント・スノードンに塔を築くよう命じたところ、何度試みても塔が崩れるので占い師に尋ねたら、「父親のいない少年の血を塔の礎石にふりかけよ」と言われた。そこで条件に該当するマーリンが連れてこられたが、マーリンは王の前で「その占い師は間違っている」と指摘し、塔の下にある空洞で二匹の竜が争っていると告げた。その通りだったので、王はマーリンの命を助けた。さらにマーリンは、国の未来や、王の失脚などを次々に予言し、予言者としての名声を得た。

　その後、ウーテルをブリタニア王へと導き、コーンウォール公の娘イガーナへの想いを遂げさせるなど、アーサーの出生にも大きく関わる。マーリンはアーサーを養育し、アーサーが王になったあとも数々の助言をし、手助けした。マーリンの最期は、彼を愛しすぎて正気を失ってしまった湖の貴婦人ニムエ（ヴィヴィアン）による。マーリンは琥珀《こはく》の玉に閉じ込められ、ニムエは樫《かし》の木に変身すると彼のそばで静かに眠りについた。

　なお、魔術師マーリンの実在や、伝説のモデルとなった人物を巡っては、六世紀に実在した詩人・占い師であったミルディン説、祈禱《きとう》や占いを行うドルイドの僧など諸説ある。

ネス湖のネッシー伝説

スコットランド北部、ハイランド地方のネス湖のネッシーといえば、世界でもっとも有名な未確認生物（ＵＭＡ）である。ネス湖には古くから怪物が棲んでいるという伝説があり、もっとも古い記録は、五六五年のことだ。

言い伝えによると、聖コルンバとその弟子たちが湖岸を歩いていたら、無人の小舟が湖上に浮いているのを発見した。この小舟を回収してくるようにと言いつけられた弟子が水の中に入り、泳いで小舟に近づいた。すると、巨大な怪物が姿を現し、恐ろしい咆哮《ほうこう》を上げた。聖コルンバは十字架を取り出し、怪物に向かって害をなすなと命じると、怪物は向きを変えておとなしく湖底へ沈んでいったそうだ。

ネス湖の怪物がしょっちゅう話題に上がるようになったのは、一九三三年。同年四月、スコットランド人夫婦がネス湖の周りをドライブ中、突如湖面が波立ち、巨大な生物が身をくねらせながら大波に躍り込むところを目撃した。翌年にはネッシーが湖面から首を出した写真が撮影され、世界中でネッシー実在論争が繰り広げられた。

これまでに何度も、ネス湖で大規模な捜査が行われたが、現在に至るまでネッシー実在の証拠は見つかっていない。古代生物プレシオサウルスの子孫だと信じている人もいる。

花から生まれた妻とスレイの苦難

一二世紀頃に編纂《へんさん》されたケルトの民間伝承をまとめた『マビノギ（マビノギオン）』には、ウェールズ、古代ケルトの神話や伝説など、四つの大きな物語が描かれており、魔法使いが登場する話も多い。

ウェールズ北西部、グウィネズの領主マースの妻アランフロッドは、生まれた息子を忌み嫌い、名前を与えず、人間の妻を娶《めと》ってはいけないという呪いをかけていた。魔法使いのグウィディオンは、妹アランフロッドの息子を不憫《ふびん》に思い、妹を騙《だま》してスレイ・スラウ・ガフェス（「巧みな手をもつ輝く者」という意味）という名前をつけさせた。そして、魔術の力をもつマースと協力して、オーク、エニシダ、シモツケソウの花から美しい乙女を作った。乙女はブロダイウェズ（「見かけの花」という意味）と名づけられ、スレイの妻となった。

ところが、ブロダイウェズは高貴な男性グロヌウ・ペビルと恋に落ち、スレイを捨てる。そればかりか、グロヌウと協力して邪魔なスレイを殺そうと目論んだ。グロヌウの槍がスレイを刺した瞬間、スレイは鷲の姿になってオークの木に飛び去った。グウィディオンの魔法のおかげだった。

グウィディオンがスレイを人の姿に戻してあげると、スレイはグロヌウを報復のために殺した。ブロダイウェズは不実の罰として、グウィディオンによって夜の生き物であるフクロウに変えられた。フクロウとなったグウィイディオンは今でも、昼間に姿を現すことができなくなったそうだ。こうして苦難を乗り越えたスレイは、グウィネズの領主となったのだった。

魔術師マーリンとストーンヘンジ

ストーンヘンジは、イングランドのソールズベリー平原に立つ、世界中の人々を魅了する古代遺跡のひとつだ。

紀元前三〇〇〇年から紀元前二〇〇〇年の間に作られた列石群遺跡で、高さ四～五メートル、五〇トン近い重さの巨石が、直径約三〇メートルのサークル状に配置されている。何のために建てたのかは、誰も知らない。古代ドルイド教の祈りの場、巨人が作った湯治場、神々のモニュメント、広大な天文館装置、先祖を埋葬した神聖な地など様々な説があるが、いまだに謎に包まれている。

一二世紀にジェフリー・オブ・モンマスが書いたブリテン島の諸王の歴史の記録書『ブリタニア列王史』によれば、次のような伝説が語られている。

ブリトン人の王アンブロシウス・アウレリアヌスが、ソールズベリー平原を襲ったサクソン人によって殺されたブリトン人を弔うにはどうすればいいかと、魔術師マーリン（詳しくは**二匹の竜を目撃した魔術師マーリン**を参照）に相談した。マーリンは、「死者たちの葬られた土地に、朽ちることのない追悼碑を立てよ。アイルランドのキララウス山にある『巨人の舞踏』に人を送れ」と告げた。

アウレリアヌスやマーリンがアイルランドへ向かうと、巨石が並んだ不思議な構造物を発見する。神秘的な力が働いているのか、巨石はとてつもなく重く、人間には持ち上げることができなかった。マーリンは「この石はどれも治癒の効果がある」と言い、魔法を使って石をイングランドへ運び、キララウス山に立っていた時と同じように巨石を並べた。それが今のストーンヘンジだという。

ストーンヘンジにはアウレリアヌスや、アーサー王の父ユーサー・ペンドラゴンも埋葬されているとされ、魔術師マーリンがアーサー王に教育を施した場所もここだと言われている。アーサー王とストーンヘンジの結びつきが語られるようになったのは、モンマスの記述がきっかけのようだ。

二一世紀に入り、内側に配列されているブルーストーンは、遠方のウェールズの採石場より運ばれてきたこと、治癒を求めてこの地を訪れた人がいたことなどが判明した。ストーンヘンジを巡る謎の研究は、今も続いている。

レンデルシャムの森のＵＦＯ

サフォーク州にあるレンデルシャムという森で、一九八〇年にＵＦＯが目撃されている。森に入っていくＵＦＯのような物体をアメリカ空軍の監視レーダーが探知し、地上からも上空で光る飛行物体が目撃されている。軍の隊員二名が森に探索に向かうと、黒いＵＦＯを発見。その周囲は静電気のようなものが満ちていた。さらに、一人が機体に触れると脳内に〇と一の数字が流れ込んできたという。のちに彼が書き留めた数字を解析すると、〇と一の二進コードは、中米ベリーズのカラコル神殿、エジプトのギザのピラミッドなどの古代遺跡の座標を示していた。さらに、アイルランドのハイ・ブラジル（詳しくはアイルランドの**幻の島ハイ・ブラジルの謎**の項目を参照）の位置を指し示す暗号もあったという。

　これらのメッセージが意味するものが解読されれば、森に潜んでいたUFOの目的も明らかになるかもしれない。

ロビン・フッド伝説

　イギリスの歴史上、アーサー王に次ぐ有名な英雄といえば、ロビン・フッドだ。イングランド中央部にある王室林、シャーウッドの森に隠れ住み、金持ちから金を奪って貧しい人々に分け与える心優しい義賊である。弓の名手であり、無法者集団の愉快な仲間たちとともに、ノッティンガムの王名代（現代の警察長官）に対抗する。

　ロビン・フッドが登場する最初の文献は、一三七七年に書かれたウィリアム・ラングランドの詩『農夫ピアズ』。この頃からロビン・フッドの伝承が成立していた証拠だが、はたしてロビン・フッドにはモデルがいるのだろうか。

　実は、林務官だった父親が殺され、戦のせいで正当な相続権を剝奪《はくだつ》され、反逆者として森で逃亡生活を行わざるを得なかった若い元貴族ロバート・フッド（ロビンはロバートの短縮形）ではないかという説がある。ロビンは森での逃亡生活中、イングランド王に赦免され宮廷へ迎えられるが、やがて七日間だけ森へ戻る許可を王に願い出て森へ戻ったあと、二度と王宮へは戻らなかったそうだ。

　また、ウェストヨークシャーのカークリーズ女子修道院にはロビンの墓碑が刻まれた墓があり、彼が病に冒された際、女子修道院の院長に毒を盛られた、血を抜かれて殺されたなどの話も伝わっている。友のリトル・ジョンに頼んで修道院の窓から矢を射てもらい、矢の落ちた場所に埋葬されたそうだ。しかし一九世紀初頭、墓は鉄道の建設作業中に破壊され、ロビン・フッドの実在を示す痕跡は消滅してしまった。

　その他、ロビン・フッド伝説の起源は森の妖精説、ケルト系の神様説など様々な民間伝承があり、これまで詩や絵画、物語、民謡、映画、演劇など数え切れないほど多くの分野に登場している。

ロンドン塔に閉じ込められた二人の王子

　ロンドン東部のテムズ川北岸に立つロンドン塔は、ホワイト・タワーが中央にそびえ、城壁とその外側の周りの濠《ほり》で囲まれた城砦《じょうさい》だ。一一世紀にイングランド王ウィリアム一世が築いた由緒ある建造物は、世界文化遺産にも登録されているロンドン屈指の観光スポットである。一方で、牢獄、処刑場として使用されていたことでも知られており、トマス・モアやアン・ブーリンなど歴史上の人物たちがロンドン塔で処刑されている。そのため、数え切れないほどの幽霊目撃談が報告されている世界有数の心霊スポットでもある。

一五世紀、この塔に幽閉されたまま行方不明となった二人の王子がいる。ランカスター家との薔薇《ばら》戦争に勝利し、王位についたヨーク家のエドワード四世の息子たちだ。エドワード四世の死後、わずか一二歳の息子エドワード五世が王位を継承した。しかし、非嫡出子であるという理由で、父の弟であるグロスター公リチャード（のちのリチャード三世）によって退位に追い込まれる。そして、代わりに王位に就いたリチャード三世は、エドワード五世と九歳の弟をロンドン塔に幽閉した。その後、二人の王子の消息はわからなくなる。リチャード三世に殺されたに違いないと噂されたが、真相は不明のままだった。

事態が動いたのは約二〇〇年後、一六七四年にロンドン塔の地下で少年のものと思われる二つの頭蓋骨が発見された。無念のうちに亡くなった二人の王子は、幽霊となって今もロンドン塔をさまよっているという。この出来事をもとに、一九世紀の英国の画家ジョン・エヴァレット・ミレイは『塔の中の王子たち』を描いている。

また、ロンドン塔では、一六世紀に不義密通の疑いをかけられて処刑された、ヘンリー八世の妃アン・ブーリンの幽霊が自らの首を脇に抱えて歩き回っているという噂も有名だ。

イタリア共和国

アイスマン「エッツィ」の呪い

アルプス山脈のイタリアとオーストリアの国境付近にあるエッツ渓谷で発見されたミイラにまつわる都市伝説。

一九九一年、ある夫妻がエッツ渓谷を登山中に一体のミイラを発見した。氷の中に埋もれて冷凍保存されていたため、保存状態が良好なミイラだった。調査の結果、ミイラの正体は紀元前三〇〇〇年以前の石器時代の男性だと判明した。発見場所にちなんだ「エッツィ」や「アイスマン」の名で呼ばれている。

考古学的に重要な発見としてニュースとなったエッツィだが、数年後、別の話題で騒がれるようになってしまう。一九九三年、エッツィについて発表する学会に向かっていた法医学者のライナー・ヘンが事故死する。続いて、発見時にガイドをしていた人物、エッツィのドキュメンタリーを製作していた人物が死亡。さらに、発見者である夫が二〇〇四年に山で行方不明となり、エッツィ渓谷で遺体が発見された。遺体の発見者であるレスキュー隊員も一時間後に心臓発作で亡くなったという。その後も関係者の不審死が続き、計七名が命を落としている。これらは「エッツィの呪い」によるものだと噂されるようになる。現在はイタリアの考古学博物館で保管され、研究が続けられているが八人目の呪いの犠牲者は出ていないという。

ヴォイニッチ手稿の謎

ヴォイニッチ手稿とは、発見されてから一〇〇年以上経つものの、いまだに誰も解読することができない世界最大の奇書のこと。発見者は、ポーランド系アメリカ人の古書収集家ウィルフリード・ヴォイニッチ。一九一二年、ヴォイニッチは、イタリアのモンドラゴーネ寺院で不思議な手稿を見つけた。そこには見たことのない奇妙な文字や記号、地球上には存在しない植物の絵、裸婦の絵などが描かれていた。

ヴォイニッチが手稿の解読と研究を進めたところ、一緒に発見された書簡から、手稿は一五世紀後半から一六世紀頃に作られたこと、神聖ローマ帝国の皇帝ルドルフ二世が所有していたことなどがわかった。しかし、誰が何の目的で作ったのかまではわからなかった。

ヴォイニッチが世界中の学者や暗号の専門家に手稿の解読を依頼したところ、中世の暗号盤を使った説、満州文字という説、古代アステカのナワトル語という説など様々な説が浮上したが、今日に至るまで、この手稿を読み解けた者はいない。一六世紀頃に活動したジョン・ディーやエドワード・ケリーといった有名な錬金術師による悪戯の書物ではないかという説もある。

現在、ヴォイニッチ手稿は、謎を秘めたままアメリカのイェール大学に保管され、誰でも解読に挑むことができるよう、全二一三ページをスキャンした画像がインターネット上で無料公開されている。

カプチン修道会地下墓地の美しいミイラ

「世界で一番美しいミイラ」として有名な少女のミイラが、イタリア最南部、シチリア島の古都パレルモにあるカプチン修道会の地下墓地に眠っている。

その少女の名前は、ロザリア・ロンバルド。一九二〇年、二歳で亡くなったロザリアは、父親の願いでミイラとして収棺された。カプチン修道会はカトリックの中でも敬虔《けいけん》な宗派で、死後に復活することを信じて死者をミイラとして保管していたのだ。同じ時期の他のミイラはほとんど白骨化しているが、ロザリアだけは時が止まったような美しさを保ち続けている。どのような方法でロザリアをミイラ化したのか、その技術ははっきりわかっていない。

聖痕を刻んだ神父

身に覚えのない傷跡が体に浮かぶことがあり、その傷を聖痕と呼ぶ。聖痕の多くは、イエス・キリストが磔《はりつけ》にされた時に負った傷と同じ位置、主に手足と右の脇腹に浮かぶという。他にも、両肩の打撲は十字架を運んだ時の苦しみを、眉からの出血は茨《いばら》の冠を被った時に負った傷を表すとも言われている。

　第一次世界大戦後、キリストの傷跡を体現して「奇跡の人」として有名になった人物がいた。イタリアのピオ神父である。最初に聖痕が現れたのは一九一五年九月。ピオ神父は両手と両足、右脇腹に痛みを訴えたが、医学的な原因は見つからなかった。三年後の一九一八年九月、フォッジャの教会の祭壇で祈りを捧げている途中、両手足と脇腹から血が流れ、ピオ神父は苦痛のあまり気絶した。医師団が診察したが、これらの傷口を医学的に説明することはできなかった。

　ピオ神父は聖痕を所有するだけでなく、千里眼の持ち主としても知られ、死の時期を予言したり、遠く離れた場所にいながら姿を現したりした。ピオ神父の聖痕や透視力の名声は世界中に広がったが、神父は一九六八年に亡くなるまで売名や宣伝行為はせず、親切で穏やかな、敬虔《けいけん》なカトリック僧であり続けた。

　聖痕の原因は聖性の印、天啓、信者を惑わす悪魔の仕業、無意識の自己暗示、ストレスなど様々な説があるが、原因はいまだに解明されていない。

トリノの聖衣

　イタリアのトリノ大聖堂にある聖衣とは、イエス・キリストが磔《はりつけ》の刑に処された際、埋葬してから復活して昇天するまでの三日間、イエスの遺体を包んでいた亜麻布のことで、聖骸布《せいがいふ》ともいう。トリノ大聖堂のサボイア公礼拝所に安置された聖遺物箱に収められた長さ四・四メートル、幅一・一メートルほどの古い布である。奇妙なことに、この布には、ひげを生やした裸の男性の姿が写真で撮影したようにくっきりと浮かび上がっているのだ。

　一九〇二年、フランス人のイブ・ドラージュ博士が聖衣を調査したところ、亜麻布に包まれていたのは鞭《むち》打ちの刑を受けて磔にされた男性の遺体で、布に染み込んだ汗と香料で像が描かれたものだと報告した。一九三一年に写真家がこの布を撮影して調べた際も、亜麻布には絵の具や染料を使った形跡が見られなかった。さらに写真を詳細に調べ、亜麻布の像から手首に釘の傷跡があること、磔の後遺症ともいえる筋肉の歪《ゆが》みがあることなども明らかになった。

　これらの調査から、亜麻布に包まれていた遺体はイエス・キリストであり、イエスの姿形が像となって布に浮き出ていると主張した。一九八八年には初めて亜麻布を切り取って年代測定が行われ、その結果、聖衣は中世に作られたもの、つまりイエスの死よりずっと後の時代と判定されたが、二〇一三年にイタリアの研究者が再検査を行ったところ、紀元前三〇〇年から紀元四〇〇年、つまりイエスの時代のものだと判明した。聖衣のシミは画家の手によって作り出されたと主張する意見もあるが、どのような技法や理由で布にイエスの姿を写したかはわかっていない。

　聖衣が本物か偽物かの論争の決着はつか

ないまま、現在はトリノ大聖堂で銀製の棺の中に保管されており、約一〇〇年に数回、一般公開されている。

霊が教えた『神曲』原稿の行方

一四世紀のイタリア・ルネサンスの巨匠ダンテ・アリギエリの記した壮大な神聖喜劇『神曲』にまつわる伝説。ダンテが一三二一年に亡くなった時、『神曲』の原稿は一部欠落していたそうだ。息子のヤコボとピエトロは、父の遺品を数ヶ月かけて探したが、どうしても見つからなかった。

彼らが諦めた頃、ある晩にヤコボは父の夢を見た。白衣に身を包み光に照らされた父ダンテに、ヤコボが作品を完成させたかどうか尋ねると、ダンテはうなずき、彼の部屋の秘密の場所を教えた。

目覚めたあと、ヤコボは弁護士に立ち合わせ、夢で聞いた場所を探した。すると壁に小さな目隠しがあり、持ち上げると小さな戸棚が現れた。中を開くとカビに覆われた数枚の紙片があり、それが『神曲』の欠落していたページだったという。ヤコボの夢にダンテが現れなければ、傑作『神曲』は未完のまま発表されたかもしれない。

ウクライナ

キエフを築いた三兄弟

ウクライナの首都キエフにまつわる伝説。一二世紀に編まれたロシア最古の年代記『過ぎし年月の物語（原初年代記）』によると、五世紀末、スラブ人の有力部族ポリャーニン族がドニエプル川のほとりに、キィ、シチェク、ホレフの三兄弟と妹のルィビジが町を作ったという。六世紀から七世紀には、本格的な町が形成され、九世紀に成立したキエフ大公国（キエフ・ロシア、キエフ・ルーシ）の首都となった。これが現在のキエフの始まりであり、「キエフ」とは「キィの町」という意味だ。キエフ大公国が一三世紀にモンゴル軍の侵攻で滅びるまで、キエフはロシアの中心地として栄えた。

聖者のミイラが眠る洞窟

首都キエフのドニエプル川近くの丘にあるペチェルスカヤ大修道院（キエフ洞窟修道院）は、ギリシャからやってきた修道士たちが住むようになった洞窟を礎とする。一一世紀には、ロシア最古の修道院のひとつとして創建された。「ペチェル」とは「洞窟」という意味である。

修道士たちの手でさらに掘り進められた洞窟には、聖僧たちの遺体が葬られていた。自然の条件が重なり、遺体は腐敗せずにミイラ化した。これを人々は「奇跡」と言い、現在も一〇〇体のミイラが保存されており、厚い信仰の対象となっている。ミイラが安置されている場所には基本的には信者のみが立ち入りを許されているが、一部は信者以外にも一般公開され、キエフでも有数の観光スポットになっている。

『戦艦ポチョムキン』とオデッサの階段

ウクライナの南部に位置するオデッサは、黒海に面した港町。この町には、映画が原因で呼び名が変わった階段がある。一九二五年のエイゼンシュテイン監督によるソ連映画『戦艦ポチョムキン』のもっとも有名なシーンに登場する階段である。

そこで市民たちが兵士に虐殺され、階段を落ちていく乳母車が印象的なシーンだ。今もオデッサに残るこの階段は、一八三〇年代から四〇年代にかけて作られたもので、当時はリシュリュー階段などと呼ばれていた。しかし、映画によってあまりに有名になってしまったため、現在では「ポチョムキンの階段」と呼ばれている。

ウズベキスタン共和国

消えたソグディアナ

ソグディアナとは、中央アジアの古都サマルカンドを中心とする、ザラフシャン川周辺の古名だ。古くは農耕が盛んで、東西の交通の要所として栄えた。現在はウズベキスタンとタジキスタンの一部にあたる。

ここには紀元前からソグド人というイラン系の住民が暮らしており、独自の言語や文字を用いていた。ギリシャのアレクサンドロス大王やアラブ人のイスラム王朝などに支配されながらも、商才を活かして活躍の場を広げた。

ソグド人は唐の都、長安にも多数が進出し、唐代の軍人で安史の乱を主導した安禄《あんろく》山《ざん》の父もサマルカンド出身のソグド人である。「禄山」とは、ソグド語で「明るい、光」という意味だ。また、ソグド語はウイグル文字に借用され、モンゴル文字や満州文字に発達したと言われている。こうして中央アジアから東アジアに影響を与えたソグド人だったが、一一世紀を過ぎる頃には独自性が失われていく。ソグド人は各地に散り、ソグド語も死語となってしまった。

現在、サマルカンド近郊でソグド人の都市遺跡や文書が発見され、彼らの生活や文化が明らかにされようとしている。

エストニア共和国

止まらないくしゃみ

バルト海の北東岸にあるエストニアに伝

わる民話。ある時、汚い身なりの老人が大きな家の戸口を叩いて、ひと晩の宿を求めたが、奥さんは老人の姿をひと目見て追い払った。次に老人が隣の小さな家の戸口を叩いたら、おかみさんはすぐに家に入れてくれた。翌朝、老人は旅立つ時に「朝取りかかったことは、夕方まで続くでしょう」と言い残して去った。おかみさんはふと、子どもたちに余り切れで新しい服を縫ってあげようと思い立ち、余り切れに物差しをあてた。すると布がどんどん伸びていき、日が沈んでおかみさんがようやく測り終えた時には、布は使い切れないほど長くなっていた。

　この話を聞いた大きな家の奥さんは悔しがり、召使いに老人を探させると、無理やり家に泊まってもらった。老人は三日間も滞在したあとやっと出ていこうとしたが、何も言わなかった。奥さんが呼び止めると、老人は「朝取りかかったことは、夕方まで続くでしょう」と言って去っていった。奥さんは早速、物差しで布を測ろうとしたが、ふいに鼻がかゆくなり、大きなくしゃみをした。すると次から次へとくしゃみが出て、日が沈むまで止まらなかったそうだ。

魔法のスカーフと海の女王

エストニアに伝わる民話。ある年、エストニアの首都タリンにある漁港では、さっぱり魚が取れなくなった。困った漁師たちは、海の女王と親しいというカーレルじいさんに助けを求めたところ、カーレルじいさんは三角形の魔法のスカーフを貸してくれた。ひとつ目の角を結ぶと船が進み、二つ目の角を結ぶと魚が集まるが、三つ目の角は結んではいけないという。

　魔法のスカーフは、船を女王の海域へと送り、魚を少し分けてもらうものだった。しかし欲が出た漁師たちは三つ目の角も結んでしまう。すると女王の怒りを買ってしまい、嵐となり、海は荒れ、漁師たちは命からがら小さな島に漂着した。事情を聞いた島に住む小人が、魔法のスカーフの結び目をすべて解くと、嵐はぴたりとやんだ。反省した漁師たちは船を漕《こ》ぎだし、無事にタリンへ帰還できたという。

オーストリア共和国

呪いの車とサラエボ事件

サラエボ事件とは、一九一四年六月二八日に、ボスニア・ヘルツェゴビナのサラエボを訪問中だったオーストリアの皇太子フランツ・フェルディナント夫妻が、セルビア人の青年に暗殺された事件だ。この事件をきっかけにオーストリアはセルビアに宣戦布告し、第一次世界大戦のきっかけとなった。この時、夫妻が乗っていたのがのちに「呪いのベンツ」と呼ばれるベンツ五四〇という自動車だったという。

　この車は、夫妻と同乗していたポチオレック将軍のものとなったが、彼は戦争で敗れたのちに心を病んで死亡した。三人目の所有者となったドルメリア大尉は、車を受け取ったわずか九日後に交通事故を起こして、二名の命を奪ったうえに、自らも木に激突して亡くなった。車は修理されたが、その後も持ち主が変わるたびに事故や所有者の自殺などの不幸に見舞われた。もとは赤かった車体を青に塗り替えたものの不幸の連鎖は止まらなかった。次第に呪われた死の車であると噂されるようになる。

　現在、フェルディナント夫妻が乗っていた車はウィーンにある軍事史博物館に所蔵されている。今も見ることができるが、実はこの車はベンツではないうえに車体も黒い。はたして呪われたベンツは実在したのか、単なる都市伝説だったのか、なぜこのような噂が生まれてしまったのかは謎に包まれている。

モーツァルトの死因の謎

オーストリアが生んだ天才作曲家モーツァルト。一八世紀に活躍し、多くの名曲を残した彼はわずか三五歳で亡くなっている。モーツァルトの死には当時から謎が多かったようだ。

　モーツァルトは一七九一年の秋に病に倒れ、一二月五日に息を引き取ったとされる。公式には粟粒《ぞくりゅう》熱が原因だとされ、この伝染病は高熱と発疹に冒され、二、三時間で死に至ることもあったという。しかし、一五世紀から一六世紀に流行した病気であり、一七世紀に粟粒熱にかかることは珍しかったのではないか、と言われている。さらに、モーツァルトが妻に、「自分を嫉妬する者に毒を盛られた」という内容の手紙を残していたことから、モーツァルトのライバルだった宮廷楽長のサリエリによる毒殺だったとの噂が広まった。現在ではこの説は否定されているが、当時のモーツァルトに敵が多かったことは確かなようだ。

　また、モーツァルトは共同墓地に埋葬されたために、遺体は行方不明になってしまったという。現在、モーツァルトの墓があるウィーンの聖マルクス墓地にも遺骨は埋められていない。

オランダ王国

贋作王《がんさくおう》ファン・メーヘレン

　一九四五年に発覚した、絵画界を揺るがした贋作事件。

　フェルメールは一七世紀に活躍したオランダを代表する画家である。日本でも人気で、「真珠の耳飾りの少女」や「牛乳を注ぐ女」などが有名である。一九四五年、第二次世界大戦に敗れたナチスドイツの美術品が、オーストリアで発見された。その中に、フェルメールの作品と思われる「キリストと姦婦」があった。世に出ていないフェルメールの作品が発見されたとして、話題となった。そして、敵国に貴重な絵画を売り渡したとして、この絵画の元の所有者というオランダの画家で画商ハン・ファン・メーヘレンが国家反逆罪で逮捕された。

しかし、法廷で衝撃の事実が明らかになる。「キリストと姦婦」はフェルメールではなく、メーヘレン自身が描いた贋作であると告白したのだ。さらに、ロッテルダムのボイマンス美術館が購入していた「エマオの巡礼」など、美術専門家がフェルメール作と鑑定した作品もメーヘレンの手による贋作だと明らかにした。当初は、メーヘレンのような無名の画家にフェルメールの画風を模倣できるわけがないと懐疑的だった裁判所は、証拠として贋作を新たに作成させる。すると、メーヘレンは贋作「学者たちの間のキリスト」を作り上げる。こうしてメーヘレンは稀代の贋作王として有名になったのである。

若い頃、メーヘレンは絵の才能に恵まれて画家を目指していた。しかし当時のオランダでは抽象画や前衛的な作品が流行していた。古典技法を好んでいたメーヘレンは、芸術誌で当時の美術評論家たちを批判し、そのせいで画家として評価されることなく画壇から消えてしまったという。これをきっかけに復讐《ふくしゅう》心が生まれ、評論家たちを欺く贋作を生み出す動機になったと言われている。

カザフスタン共和国

カザフスタンの太陽信仰

現在はイスラム教徒が多数を占めるカザフスタンだが、古くより太陽信仰が根づいているという。イスラム教を国教とする国では、国旗にイスラム教を象徴する三日月と星のモチーフが用いられることが多いが、カザフスタンの国旗には中央に太陽と鷲が描かれている。

首都ヌルスルタン（旧アスタナ）には、高さ一〇五メートルのバイテレクタワーが建っている。「バイテレク」とは、カザフ語で「ポプラの木」を意味しており、これはカザフの神話に登場する「生命の木」を指すという。バイテレクの塔の頂には金色の球体が乗っているが、これは聖なる鳥サムルクの卵を表している。サムルクは毎年、生命の木に卵を産み、その卵が太陽なのだと信じられていたそうだ。

また、南東部のアルマトイ州にあるタムガリという峡谷には、紀元前一四世紀頃の遺跡があり、周辺には中央アジアで最大規模という岩絵が五〇〇〇点以上も残っている。世界遺産にも登録されている岩絵には主に動物たちが多く描かれているが、なかには神である太陽を囲む人間や動物を描いたものもあり、この地に太陽信仰があったことを示している。

ひとつ目のアリマスポイ人

古代ギリシャの伝承やヘロドトスの『歴史』には、黄金を守る怪鳥グリュプス（グリフォン）と戦ったという一眼の巨人族アリマスポイ人が登場する。アリマスポイ人はユーラシア大陸のステップ地帯に住んでいたという。この地がカザフスタンの草原にあたるという説がある（ヨーロッパ北方、モンゴル高原という説もあり）。

スキュタイ（スキタイ）人の言葉で「アリマまたはアリ」が「一」、「スプーまたはマスポス」が「目」という意味だという（「馬を愛する」という意味だとする説もあり）。スキュタイ人は、アリマスポイ人に攻められたイッセドネス人によって、さらに西へと追われた。そこでアリマスポイ人の存在がギリシャに伝わったようだ。

ちなみに、カザフスタン北東部の町カラガンダでは、約三〇〇〇年前に建設されたというピラミッド遺跡が発見されている。アリマスポイ人がピラミッド建設に関わっていたのではないかとする説もある。

北マケドニア共和国

アレクサンドロス大王の偉業と国名の由来

アレクサンドロス大王は、紀元前四世紀にマケドニア王国のフィリッポス二世の息子として生まれた。少年期は古代ギリシャの哲学者アリストテレスの教えを受け、国王に即位。王となったアレクサンドロス大王は東方遠征を行ってアケメネス朝ペルシアを打ち破ると次々を領土を広げた。そしてわずか一〇年で、エジプトから中央アジア、インド北西部に至る大帝国を築き上げたものの、三二歳の若さで急逝した。

アレクサンドロス大王の偉業は、英雄譚《たん》として世界各地で語られるようになる。次第に、歴史上の偉人の枠を超えて、フィクションのなかの英雄と化していった。エジプト王の息子とされたり、中東ではユダヤ教徒やイスラム教徒とされたりした。彼にまつわる伝説は、アゼルバイジャン共和国の**預言者ヒズルと命の薬**、欧州全域の**女戦士の国アマゾン**、中東・トルコ共和国の**ゴルディオスの結び目**の項目も参照。

これらの真偽が入り交じった数々の伝説を残しているアレクサンドロス大王だが、彼が成し遂げた功績は、死後二三〇〇年以上経った現在にまで影響を及ぼしている。

現在の北マケドニア共和国はバルカン半島の中部、ギリシャの北に接する国。六世紀から七世紀にスラブ人がこの地に定住し、一五世紀以降はオスマン帝国の支配下にあった。ユーゴスラビア社会主義連邦共和国の一員だったが、一九九一年のユーゴスラビアの解体にともない、マケドニア共和国として独立した。しかし、領内にマケドニア地方を有する隣国のギリシャが、この地方を狙う野心を秘めているのではないかとして、「マケドニア」を国名とすることに強く反対した。

また、ギリシャの主張の裏には、アレクサンドロス大王の偉業が大きく関わっているという説もある。アレクサンドロス大王とマケドニアの文化は、古代ギリシャ文明につながるものである。一方、「マケドニア共和国」に暮らす人々は、古代ギリシャ文明と関連がなく、ギリシャとは異なるスラブ語派に属する。したがって、国名に「マケドニア」を用いることにギリシャが抵抗感をもったのではないかと言われている。つまり、「マケドニア」はギリシャのものである、という主張である。

その結果、双方の合意のもとにマケドニア共和国は二〇一九年に憲法上の国名を「北マケドニア共和国」に変更した。

キプロス共和国

アフロディテが漂着した海岸

イタリアの画家ボッティチェリの名画「ヴィーナスの誕生」には、誕生間もない美と愛の女神アフロディテ（ギリシャ神話における名前。ローマ神話ではヴィーナスと呼ばれている）が帆立貝の上に立ち、西風の神によって海岸へ運ばれているところが描かれている。

伝説によれば、美と愛の神アフロディテは、ティタン族のウラノス（詳しくはギリシャ共和国の**神々の物語（一）～ウラノスvsクロノス**の項目を参照）の、海に放り出された男根から沸き立つ白い泡より生まれた。その後、キュテラ島からキプロス島へと渡ったため、これらの島はアフロディテのふるさととも言える。ローマ帝国になる前までは、アフロディテが守護神として大変信仰されていたそうだ。

アフロディテが流れついた伝説の海岸というのが、キプロス島の都市パフォスにあるペトラ・トゥ・ロミウ海岸。この海岸にある「アフロディテの岩」の周辺で泳ぐと永遠の美が得られるという言い伝えがあるが、波が荒いため、残念ながら遊泳は推奨されていないそうだ。

彫像に恋をしたピュグマリオン

キプロス島には、アフロディテの伝説が多く残されているが、自分で作った彫像に恋をしてしまった男の伝説がある。

ピュグマリオン王は、現実の女性に幻滅していた。ある時、白い象牙で一人の乙女の像を彫り始めた。それがあまりに美しい乙女像だったため、ピュグマリオンは本気で愛してしまう。その像は、美と愛の女神アフロディテにそっくりだった。キプロス島の守護神はアフロディテであり、王にとっての理想のタイプでもあったのだ。

ピュグマリオンはこの乙女像に命を吹き込んでほしいと、アフロディテに祈りを捧げ続けた。すると、像の肌がやわらかく、温かみを帯び始めた。アフロディテは彫像に恋する人間に同情し、ついに願いを叶えたのである。その乙女はガラテイア（「乳白の女」という意味）と呼ばれ、ピュグマリオンと結婚した。オヴィディウスの『変身物語』で広く知られる話となった。この伝説から生まれた心理学用語が「ピュグマリオン効果」で、他人から期待されることで成果が上がる現象を指している。

ちなみに、ガラテイアの子孫アドニスにも、アフロディテの伝説が残る。詳しくはギリシャ共和国の**恋する女神アフロディテ**の項目を参照。

ギリシャ共和国

アンティキティラ島の機械

一九〇〇年、ギリシャのエーゲ海西部、アンティキティラ島の沖合から古代の沈没船が見つかった。その残骸から見つかったのが、アンティキティラ島の機械と呼ばれる、古代ギリシャ時代に作られたとされる青銅製の歯車装置だ。

紀元前八〇年頃のものと推定された歯車には、古代ギリシャの文字で暦や星座に関する文字や目盛りが刻まれていた。研究チームが復元を試みた結果、この機械は、当時ギリシャで用いられていたいろいろな暦法や、星の運行を計算するための高度な天文観測機器であることがわかった。かなり精度が高いものであり、「世界最古のコンピュータ」と呼ばれている。

英雄伝説（一）～ペルセウスのメデューサ退治

ギリシャ神話に登場する英雄は、人間と神の半神半人であることが多い。英雄を意味するヒーローの語源は「ヘロス（半神）」であるように、神のように不死ではないものの特殊な力をもつ人間として、神話世界で活躍していく。

英雄ペルセウスは、ギリシャの町アルゴスを治めるアクリシオス王の娘ダナエと、最高神ゼウスの間に生まれた子どもだ。「ダナエの子に殺される」と神託が下っていたため、王はダナエと生まれた子ペルセウスを、木箱に入れて海へ流す。二人はセリポス島に流れ着き、ペルセウスは立派に成長したが、ある時、美しいダナエを我が物にしたいと思っていた島の王ポリュデクテスの奸計《かんけい》にはまり、三姉妹の怪物ゴルゴン退治に出かけることになる。三姉妹のうちメデューサは不死ではなかったが、見た者を石に変える力をもつ、頭に生きた蛇の生えた恐ろしい怪物だった。

これを見ていたゼウスが力を貸そうと、アテナ（詳しくは**女神アテナからの贈り物**の項目を参照）とヘルメスを遣わす。そしてヘルメスの空飛ぶ靴、ハデスの姿隠しの兜《かぶと》（詳しくは**神々の物語（二）～ゼウスvsクロノス**の項目を参照）、アテナの青銅の盾、ヘパイストスのダイヤモンドの剣という最強装備を託す。ペルセウスは大洋オケアノスのかなたにあるゴルゴンの島へ飛び、メデューサにそっと近づき、磨かれた青銅の盾にメデューサの姿を映すと、目を直接見ないように首を切り落とした。セリポス島に戻ったペルセウスは、母ダナエに襲いかかろうとしていた王をメデューサの首の魔力で石に変え、母の故郷であるアルゴスへと旅立った。メデューサ退治の帰り道に、メデューサの首で海獣を倒し、鎖につながれたエチオピアの王女アンドロメダを助け出して妻にする物語も有名だ。

ペルセウスはその後、過失により祖父のアクリシオス王を殺してしまう。図らずも神託通りになり、母の故郷アルゴスに戻っても国を治める気になれず、アルゴスに近いティリュンスという小国の王に領地換えをして慎ましやかに暮らしたという。

ペルセウスの死後は天に昇って星座となった。それが、片手は剣を振り上げ、もう片方の手にメデューサの首を下げた姿のペルセウス座だ。変光星アルゴルは、ペルセウスのもつメデューサの首の額に輝く星である。ペルセウス座のそばには妻のアンドロメダ座、妻の母親で美貌を誇るカシオペヤ座、メデューサの血から生まれた天馬のペガサス座、アンドロメダを食べようとして石にされた海獣のくじら座なども見ることができる。

ちなみに、ギリシャやローマの遺跡やヨーロッパの家屋の入口には、メデューサの首があしらわれたものが多く、見た者を石に変える魔力にあやかり魔除けの効果があるという。これが東方に伝わり、やがて鬼瓦の起源になったという説もある。

英雄伝説（二）
～ヘラクレスの十二の冒険

英雄ヘラクレスの名前は、「ヘラの栄光」という意味をもつ。ギリシャ最大の英雄として有名だが、ゼウスの妻ヘラの呪いに散々苦しめられ、その名前とは真逆の苦難に満ちた人生を送っている。

ヘラクレスは、英雄ペルセウスとアンドロメダの孫娘にしてミュケナイの王女アルクメネと、最高神ゼウスの間に生まれた子どもだ。アルクメネの美しさに惚れたゼウスが、彼女の夫になりすまして身ごもらせたのである。これに嫉妬したゼウスの妻ヘラは、赤ん坊のヘラクラスに毒蛇を送り込んだが、赤ん坊の時から力が強いヘラクレスは蛇を握りつぶしたのだった。

成人したヘラクレスが結婚して子をもうけると、ヘラはますます憎しみにかられ、ヘラクレスの正気をなくさせ、子どもを自らの手で殺《あや》めさせてしまう。我に返ったヘラクレスは絶望し、放浪の旅に出る。そしてデルポイのアポロンの神託で「贖罪《しょくざい》のため一二の試練を受けよ」というお告げに従い、ミュケナイ王からの一二の難題に挑むことになる。その難題とはライオン退治、大蛇ヒュドラ退治、畜舎掃除、クレタ島の暴れ牛の生け捕り、アマゾネスの女王の宝の帯獲得、黄金のりんごの入手、冥界の番犬ケルベロスの生け捕りなど困難なものばかりで命をかけた冒険の数々だった。試練の途中で、囚われのプロメテウス（詳しくは**神々の物語（四）～プロメテウスの火**の項目を参照）を助けたのもヘラクレスだった。ヘラは妨害を試みたが、ヘラクレスはこれらを見事に成し遂げたのである。その後も、ヘラクレスは様々な冒険を繰り広げるが、最期は妻の過失により命を落としてしまう。

ヘラクレスの死後は、生前の功績が認められ、オリュンポスへ迎え入れられて神となった。こうしてようやくヘラは、ヘラクレスを認めたのである。

ヘラクレスは星座となり、初夏の北天に見ることができる。その他、ライオンはしし座、大蛇ヒュドラはうみへび座、ヘラが妨害のため送り込むもヘラクレスに踏みつぶされたカニはかに座などのように、ヘラクレスの冒険に登場する怪物たちも星座として残されている。

英雄伝説（三）～テセウスのミノタウロス退治

ギリシャ神話で有名な英雄の中でも、テセウスは珍しく、神の血を引かない人間の英雄である。アテナイの王アイゲウスの子として生まれたテセウスは、古代ギリシャの首都アテナイのアッティカ地方で、特に人気が高い。テセウスの偉業で有名なものは、エーゲ海に浮かぶクレタ島を舞台にした牛頭人身の怪物ミノタウロス退治だ。

ミノタウロスとは、海神ポセイドンがミノス王への復讐《ふくしゅう》として、彼の妻パシパエに雄牛に欲情する呪いをかけて生まれた人と牛の子である。人肉を好む恐ろしい怪物で、ミノス王によって迷宮ラビュリントスに閉じ込められ、その中で生贄《いけにえ》を食べながら生きていた。そして、その生贄は、戦争で破ったアテナイから若い男女九名ずつを定期的に差し出させていた。

テセウスは父のために立ち上がり、生贄の一人として潜り込み、黒い帆をあげた船でクレタ島に向けて出発した。そして怪物を倒したら白い帆をあげて戻ってくると父に約束した。

クレタ島に着いたテセウスに一目惚れしたミノス王の娘アリアドネは、テセウスを助けようと、迷宮の製作者である名工ダイダロスに、脱出方法を聞き出す。そして、テセウスに糸の玉を渡し、糸をほどきながら進めば来た道を戻ってこられると教えた。こうしてテセウスは迷宮に入り、激闘の末ミノタウロスを倒すと、生贄の者たちを連れて迷宮を脱出した。ちなみにこの伝説から、迷宮入りした事件を解決する鍵のたとえとして「アリアドネの糸」という言葉が生まれた。

船に乗って帰国の途に着いたテセウスだ

が、白い帆を掲げて帰るという父との約束を忘れていた。アテナイの王アイゲウスは息子の帰りを待ちわびていたが、ある日、遠くから黒い帆船が近づいてくるのを見て息子が死んだと思い込み、絶望から海に身を投げた。王の名前から、飛び込んだ海はエーゲ海と呼ばれるようになったそうだ。

その後、アテナイ王となったテセウスは、アッティカ地方の町村を統合して、首都アテナイを中心とした統一国家を作った。より強い英雄にあこがれたか、ゼウスの娘である絶世の美女ヘレネを妻にしようとしたり、冥王の妻ペルセポネを冥界から誘拐しようとしたりと無謀な冒険を繰り返したため、ついには国を追放され、スキュロス島で非業の死を遂げる。

一九〇〇年頃、伝説の王ミノスが建造したと思われるクノッソス宮殿跡が発見された。紀元前一七世紀頃に建てられたもので、部屋の壁画には、当時の宗教儀式のひとつと考えられる「雄牛飛び」などが見られ、宮殿跡の出土品のモチーフには牛がよく登場するだけでなく、多数の小部屋が複雑に配置された迷路のような作りだった。このことから、英雄テセウスのミノタウロス退治の伝説となった迷宮は、このクノッソス宮殿ではないかと考えられている。

オルフェウスの哀歌

ギリシャ神話に登場する竪琴《たてごと》（リラ）の名手オルフェウス（オルペウス）は、ニンフ（精）の妻エウリディケを心から愛していた。しかし、ある日エウリディケは蛇に嚙《か》まれて死んでしまう。悲しんだオルフェウスは冥界へ妻を取り戻しにいく。オルフェウスは竪琴を奏でて番犬ケルベロスと、ステュクス川の渡し守カロンを突破し、ついに冥王ハデスと王妃ペルセポネのもとへ辿り着く。オルフェウスは二人の前で竪琴を奏でると、心動かされたハデスはエウリディケが地上に戻ることを許した。ただし、妻を連れて冥界から出るまでは後ろを決して振り返ってはいけないと言われた。オルフェウスは妻の手を引いて地上へ向かったが、あと一歩で冥界から出られるというところで、妻のほうを振り返ってしまう。その瞬間、エウリディケは冥界に引き戻され、オルフェウスは一人で外へ向かわねばならなかった。

冥界から出るまで後ろを振り返ってはならないといった物語は、キリスト教や日本の『古事記』にも見られ、小説や舞台、映画など様々な形で語り継がれている。

神々の物語（一）〜ウラノスvsクロノス

ギリシャ神話における天地開闢《かいびゃく》と万物の始まりの物語は、紀元前八世紀から紀元前七世紀にかけてヘシオドスの記した『神統記』が広く知られている。

はるか大昔、天地ができる前の宇宙にはあらゆるものが混じり合ったカオス（混《こん》沌《とん》）しかなかった。そのカオスから、突如、創造神が生まれた。大地の女神ガイアである。ガイアは誰とも交わらず天空の神ウラノスを生んだ。そして山や海、丘などを作り出して世界の形を整えたあと、ガイアは息子ウラノスと交わる。しかし、生まれてきたのは思いもよらない怪物たちだった。ひとつ目のキュクロプスと、五〇の頭と一〇〇本の腕をもつ巨人ヘカトンケイルである。ウラノスは父親でありながら奇怪な子どもたちを忌み嫌い、地底へ閉じ込めてしまう。その後、ガイアはのちにティタン神族と呼ばれる六人の男神と六人の女神を生んだ。

　ガイアは、怪物といえども大切な子どもであるキュクロプスとヘカトンケイルを地底へ閉じ込めた夫ウラノスを憎んだ。そこで末っ子のクロノスを呼び、巨大な鎌を渡してウラノスを倒すようにしかけた。

　母の頼みを引き受けたクロノスはこっそり待ち伏せし、ウラノスがガイアと交わろうとする無防備な瞬間を狙って鎌を一気に振り下ろした。果たして鎌はウラノスの男根に直撃し、切断。たちまち血がほとばしり、大地に染み込み恐るべき性格をもつ神々が生まれた。ガイアはちぎれた父の男根を摑むと、海に放り投げた。海に落ちた男根から白い泡が沸き立って生まれたのが、美と愛の女神アフロディテ（詳しくは**恋する女神アフロディテ**の項目を参照）である。

　去勢されたウラノスは、こうして世界の支配権を息子クロノスに奪われた。しかし消え去る前、息子に「お前も自分の息子に王座を奪われるだろう」と不気味な予言を残すのである。

神々の物語（二）～ゼウスvsクロノス

　天空神ウラノスが追放され、世界の支配権は息子クロノスとティタン神族が握ることになった。クロノスは姉妹のレアを妻とするが、父ウラノスの不気味な予言が頭から離れなかった。疑心暗鬼に陥ったクロノスは、とんでもない行動に出る。生まれてくる子どもたちを次々に飲み込んでしまったのである。

　これに激怒した妻レアは、六人目の子どもを救うため、クレタ島で密かに出産すると、ニンフ（精）たちに育てさせた。その子どもが、のちにギリシャ神話の最高神となるゼウスである。そしてレアは産着でくるんだ石をクロノスに渡すと、クロノスはそれを飲み込み、子どもを処分したと思い安心していた。

　やがて立派に育ったゼウスは、父クロノスを倒すことを決意する。ゼウスはクロノスを騙《だま》して吐剤を飲ませ、五人の兄姉たちを吐き出させることに成功した。こうして助け出されたのが兄のポセイドン、ハデス、姉のデメテル、ヘスティア、ヘラだった。兄妹たちは父の腹の中で立派に育っていた。

　ゼウスは救い出した兄姉たちとともに、クロノスとティタン神族に戦いを挑む。ゼウスたちが拠点を置いたのがオリュンポス山で、ティタン神族が拠点としたのがオトリュス山である。この時のオリュンポスの神々とティタン神族の総力戦を「ティタノマキア（ティタンとの戦い）」と呼ぶ。両者の力は拮抗《きっこう》し、一〇年にわたる熾烈《しれつ》な戦いとなった。

ゼウスは、祖父ウラノスによって地底に閉じ込められたままでいたキュクロプスとヘカトンケイルを救い出し、味方につけた。鍛治の技術に優れていたキュクロプスは、ゼウスには雷を、ポセイドンには三叉の鉾《ほこ》を、ハデスには姿隠しの兜《かぶと》を贈った。ヘカトンケイルは一〇〇本の腕で巨岩を次々に投げつけ、ティタン神族を岩の下敷きにした。敗れたティタン神族はゼウスらの手で地底に落とされ、ヘカトンケイルたちを牢番として、脱出できないようにした。こうしてクロノスは予言通り、息子ゼウスら三兄弟に敗れ、世界の支配権を手渡すことになるのである。

神話に登場するオリュンポス山は、ギリシャ中部の都市テッサリアとマケドニアの境界をなす山で、ギリシャ最高峰の二九一七メートル。ゼウスを最高神としたオリュンポス一二神のほか、多くのギリシャ神話の神々が山頂に館を構えていたとされる。

神々の物語（三）～ゼウスvsテュポン

ゼウスたちはティタノマキアに勝利したが、我が子のティタン神族たちが地底に閉じ込められたことで、今度は祖母ガイアが激怒した。

ガイアは、夫ウラノスの男根の血によって生まれたギガス（巨人）たちをけしかけて、オリュンポスの神々に戦争を起こした。この頃になると、ゼウスは戦いの女神アテナをはじめ多くの神々や、ヘラクレス（詳しくは**女神アテナからの贈り物**、**英雄伝説（二）～ヘラクレスの一二の冒険**の項目を参照）などの神と人間の間に生まれた英雄たちを誕生させており、両者はふたたび熾烈な総力戦となった。英雄ヘラクレスによってギガスが倒されると、怒り狂ったガイアは最終兵器として、最強最悪の蛇の怪物テュポンを生んだ。

テュポンは一〇〇の頭をもち、全身に羽が生えた蛇の怪物で、頭は天をつき、両手は東西の果てまで届くほど巨大だった。神々は何年もの間テュポンに苦しめられ、ゼウスも傷を負う。しかし、ゼウスはシチリアのエトナ山を持ち上げてテュポンに落とし、ついに勝利を収めた。ゼウスに沈められたテュポンは、今でもエトナ山の下敷きになっており、エトナ山が噴火するのは時折テュポンが火を吐くからだという。また、タイフーン（台風）やチフスという言葉は、熱気や湯気をはらむ現象から、怪物テュポンが語源とも言われている。

こうしてガイアは敗北し、ゼウスを最高神としたオリュンポスの神々が、世界の支配権を獲得したのだった。このガイアとの最終決戦は「ギガントマキア」と呼ばれている。

神々の物語（四）～プロメテウスの火

ギリシャ神話における人間の起源にはいくつか神話があるが、人間を創造したのは若きティタン族のプロメテウスという話がある。プロメテウスはティタン族ながらゼウスに味方した人物で、弟のエピメテウスとともに土を水でこねて鳥、魚、動物などを作り、神の姿に似せて人間を作り出すと、人間に船の動かし方、家の建て方、数や数字など生きていくための技術や知恵を授けた。

　また、神に生贄《いけにえ》として動物の肉を捧げる儀式も教えた。だが人間は、動物のどの部分を神に捧げて、どの部分を食料にすればいいかわからなかった。そこで人間の味方であるプロメテウスは、人間に美味しくて栄養のある肉と臓物を食べさせてあげようと思い、皮で肉と臓物を包んだものと、脂身で骨を包んでさも美味そうに見せかけたものを用意して、ゼウスに後者を選ばせるように仕向けた。

　騙《だま》されて怒ったゼウスは、罰として人間から火を奪った。責任を感じたプロメテウスは、神々の鍛冶場から火を盗み、人間に与えて、火を使った調理方法や金属の打ち方などを教えた。このことでますます激怒したゼウスは、プロメテウスを捕らえ、コーカサス山脈の岩山に縛りつけ、大鷲に肝臓をついばませた。しかも夜になると肝臓は再生するため、プロメテウスは永遠に罰を受け続けるのである。何百年ものち、英雄ヘラクレス（詳しくは**英雄伝説（二）～ヘラクレスの一二の冒険**の項目を参照）がやってきて大鷲を殺すまで、その苦しみは続くのだった。

　プロメテウスが捕縛されたコーカサスは、ロシア南西部、ジョージア、アゼルバイジャンとの境界にある山脈で、黒海とカスピ海との間に挟まれた地域にある。

　また、この火の神話にちなんで原子力のことを「プロメテウスの火」と呼ぶこともある。

神々の物語（五）
～パンドラの壺

　プロメテウスが火を盗んだあと、ゼウスは豊かになっていく人間たちを見て罰を与えようと思った。そこで生み出されたのが人類最初の女性パンドラで、プロメテウスの弟エピメテウスに送られた。あらかじめ兄から「ゼウスからの贈り物は受け取るな」と忠告されていたにもかかわらず、美しいパンドラに魅せられたエピメテウスは、妻として迎え入れてしまう。

　ゼウスは、神からの贈り物だと言って、壺をパンドラに持たせた。やがて好奇心を抑えきれなくなったパンドラは、壺の蓋《ふた》を開いてしまう。中から黒い不気味な煙が立ち上り、あらゆる災いや不幸がたちまち飛び去っていった。パンドラは慌てて蓋を閉じると、壺の中にはたったひとつ「希望」だけが残っていた。それで人間は、どんなに不幸な状況でも希望さえあれば救われるようになった。

　現代では「パンドラの箱」として有名な伝説だが、もとの神話では壺で、時代が下るにつれ生活様式が変化して箱となっていったそうだ。

column 02

ハイルブロンの怪人

この世には、科学技術の発達のため偶発的に生まれてしまった架空の人物がいる。一九九三年から二〇〇八年にかけて、国境を越え、様々な犯罪現場で同一のＤＮＡが検出された。犯罪すべてに一人の人物が関わっていると考えられ、検査の結果から女性の可能性が高かったため「顔のない女」、またドイツのハイルブロン市で起きた警官殺害事件をきっかけとしてＤＮＡの共通性が判明したため「ハイルブロンの怪人」と呼ばれた。

　ハイルブロンの怪人は様々な事件に関与していた。ドイツを中心に、殺人事件、麻薬取引、窃盗、薬物など、その数は四〇件以上に及んだ。また、ヨーロッパ全土を股にかけて次々と犯罪を行うハイルブロンの怪人には、多額の懸賞金が懸けられることとなった。

　しかし、次第におかしな点が発見される。窃盗事件を起こした少年の残したコーラの缶や、フランスで焼死体として見つかった難民の男性からも、ハイルブロンの怪人と同じＤＮＡが検出されたのだ。

　そこで詳細な調査が行われた。その結果判明した真相はこのＤＮＡは捜査に使用する綿棒を納入していた業者のものであるということだった。発達した科学技術が可能にした調査が、逆に架空の犯人を追わせる羽目になったのはなんとも皮肉である。

神々の物語（六）～大洪水と人類再生

大洪水の伝説は世界各地にあるが、ギリシャ神話にも洪水伝説が残されている。

プロメテウスが与えた火と、パンドラの解き放った災いによって、ますます堕落の道を辿る人類を見て、ゼウスは大洪水を起こして滅ぼそうと決めた。

囚われの身だったがプロメテウスはこれを察し、息子のデウカリオンに洪水が来ることを教える。やがて地上に大洪水が起こり、デウカリオンは妻と方舟《はこぶね》に乗り込んで九日九夜漂ったあと、パルナッソス山に押し上げられた。しかし、人類が滅びてしまったことを嘆き悲しんでいたところ、神々から「お前たちの母親の骨を後ろに投げてみよ」という神託が下った。夫婦は、母とは大地、骨とは岩のことではないかと思い、肩越しに石を投げてみた。するとデウカリオンの投げた石は男になり、妻の投げた石は女になって、動き出した。こうして人類はふたたび増えていったそうだ。

神に洪水を告げられ、方舟で逃れた人類がその後の祖となるという伝説は、『旧約聖書』の「ノアの方舟」伝説（詳しくはトルコ共和国の**アララト山のノアの方舟伝説**の項目を参照）に似ている。オリエントのチグリス川とユーフラテス川流域には、かつて実際に洪水が起こった形跡がいくつも残されている。古代バビロニアの『ギルガメシュ叙事詩』（詳しくは中東・イラク共和国の**ギルガメシュとエンキドゥの冒険**の項目を参照）をはじめ、西アジア地域には多くの洪水伝説が残されていることから、これらの伝説がノアの方舟伝説やギリシャ神話に影響を与えたのではないかと考えられている。

恋する女神アフロディテ

美と愛の女神アフロディテは、ティタン族のウラノス（詳しくは**神々の物語（一）～ウラノスvsクロノス**の項目を参照）の男根から沸き立つ白い泡から生まれた。オリュンポス一二神の一人で、ローマ神話ではヴィーナス（ウェヌス）と呼ばれている。

その出生から性愛の魅力に満ちたアフロディテは、鍛冶と工芸の神ヘパイストスという夫がいたが、彼は醜いうえ、仕事ばかりしていたので、アフロディテはしばしば夫を裏切り、神々や人間と愛し合った。

アフロディテは、キプロス島の美青年アドニスに恋をする。冥王の妻ペルセポネも彼を好きになり、奪い合いに発展するほどで、ゼウスが仲裁役に回らねばならなかった。アドニスもアフロディテを愛したが、不幸にもアドニスは狩りの途中で命を落とし、彼の血から赤い花アネモネが生まれたという。トロイア（トロイ、トロヤともいう）の美しい王子アンキセスに恋をし、人間の女性に化けて一夜を過ごしたこともある。二人の間に生まれたアエネアス（アイネアス）は、のちにトロイアの将軍となり、トロイアの都が陥落後は諸国放浪の末、ローマ建国の祖となった人物である。

一方、怒らせると怖い一面もあった。アフロディテの子であるエロスは、金の矢と鉛の矢で人の心を操り、アフロディテの怒りに触れた者はエロスの矢によって、愛の苦しみを味わうことになった。エロスは、ローマ神話ではクピド（キューピッド）と呼ばれている。

そしてローマが建設された

イタリアの首都ローマの建設にまつわる、トロイアの英雄アエネアス（アイネアス）の伝説。古代ローマの詩人ウェルギリウスの叙事詩『アエネーイス』による。

トロイア戦争敗北後、アエネアスは父を背負ってトロイアを脱出し、「イタリアで新たな都市の建設を助けることになる」という神託に従い、新天地を目指す。長旅の果てシチリア島で父を亡くし、漂着したカルタゴで女王ディドの恋人となるも、アエネアスはディドを置いてイタリアのテヴェレ川河口にあるラティウムに向かう。ディドはアエネアスが去った悲しみのあまり、自ら命を絶った。

アエネアスは辿り着いたこの地で王の娘ラウィニアと結婚し、ヴェレ川流域に新たな都市ラウィニウムを建設した。やがて、狼に乳を授けられて育ったという捨て子のロムルスとレムスという双子の兄弟が現れるが、この双子が実はアエネアスの血を引く子孫であった。こうしてロムルスとレムスにより、ギリシャ神話の世界が受け継がれる形でローマが建設されたのだった。

地球のへそにあるアポロンの神託所

オリュンポス一二神のうちでもエース級の神がアポロンだ。芸術や文学、医学、光の神であり、見目麗しい若き青年神である。アポロンは不幸な恋話が多く、ヒヤシンスの花になった少年ヒュアキントス、トロイアの女王カッサンドラなどが知られているが、なかでも有名なのは美しいニンフ（精）のダフネとの悲恋物語だ。

以前、アポロンとの弓矢の勝負でバカにされたことのある愛の神エロスは、アポロンにいたずらをすることにした。アポロンには金の矢を射てダフネという少女に恋するように仕向け、ダフネには鉛の矢を射てアポロンを拒絶するように仕向けた。その結果、ダフネはアポロンから逃げるため、ゼウスに頼んで月桂樹に姿を変えてしまった。我に返ったアポロンは、その月桂樹で冠を作って永遠に被ったという。オヴィディウスの『変身物語』による。

また、アポロンは予言の神でもあった。ある時、アポロンはデルフォイ（デルフィ、デルポイともいう）という町で暴れていた大蛇を倒す。感謝した町の人々はアポロンを祀る神殿を建ててくれたので、アポロンはお礼に神殿の巫女《みこ》の一人に予言の力を授けた。以来、神託を授ける巫女ピュティアのもとに、大勢の人が訪れ、神託が授けられるようになったという。

現在、デルフォイに残るアポロン神殿の神託所は、紀元前八世紀頃に建てられたとされる。最高神ゼウスが二羽の鷲を地球の両端から放ち、出会った場所がこの地だったと言われている。そのため古代ギリシャ世界では、この地は大地のへそ（地球の中心地）と考えられていた。

知将オデュッセウスの大冒険

知将の英雄オデュッセウスは、トロイア戦争で活躍したイオニア海の小島イタケ島（イタカ島、イタキ島ともいう）の王である。一〇年に及ぶ戦争を終えたオデュッセウスは、トロイアからイタケ島の故郷に戻ろうとしたが、その旅は地中海を漂流する苦難の旅路だった。ホメロスの叙事詩『オデュッセイア』には、ひとつ目の巨人キュクロプスと戦ったり、歌声で船人を惑わすセイレンの罠《わな》を乗り切ったりと、オデュッセウスの壮大な冒険譚《たん》が描かれている。

旅の途中、アイオリエ島に立ち寄ったオデュッセウスは、人を動物に変える力をもつ魔女キルケに出会う。オデュッセウス一行は、キルケに渡されたチーズと小麦粉と蜂蜜に忘却薬を混ぜたぶどう酒を飲み干し、豚に変えられてしまった。しかしオデュッセウスは、伝令の神ヘルメスからキルケの魔法を無効化する薬草をもらっていたので助かる。力を認め合った二人は恋仲になり、一行はキルケとともに一年を島で過ごした。また、ニンフ（精）のカリュプソの島に流れついた時は、カリュプソと親密な関係になり、島で九年間暮らしたりもした。こうして一〇年の船旅を経て、ようやくオデュッセウスは故郷のイタケ島に帰り、妻ペネロペに求婚しようとする者たちとの争いに勝利し、妻と再会したのだった。

現在、イオニア諸島に浮かぶ小島イタキ島が、ホメロスのいうオデュッセウスの故郷の島であると考えられており、オデュッセウスのブロンズ像や宮殿遺跡などゆかりの観光名所が立ち並ぶ。

ちなみにオデュッセウスの英語名は「ユリシーズ」といい、のちにホメロスの『オデュッセイア』を下敷きにして描かれたのが、アイルランドの作家ジェームズ・ジョイスの長編小説『ユリシーズ』である。

墜落したイカロス

イカロスは、ミノス島の名工ダイダロスの息子。ダイダロスは、怪物ミノタウロス（詳しくは**英雄伝説（三）～テセウスのミノタウロス退治**の項目を参照）に大きく関わっている。ミノス王の妻パシパエが雄牛と交わるための精巧な雌牛像や、ミノス王がミノタウロスを閉じ込めた迷宮ラビュリントスを作ったのがダイダロスである。

ある時、王の娘アリアドネに迷宮の脱出方法を教えてしまったことでミノス王の怒りを買い、ダイダロスと息子のイカロスは海に囲まれた塔に閉じ込められてしまう。

そこで、ダイダロスは鳥の羽を蠟《ろう》で木枠にくっつけ、二対の羽を作って塔から脱出を図った。父子は翼をつけて空に飛び出したが、空を飛んだ喜びでイカロスは父の忠告を無視してどんどん空高く上がっていった。その結果、太陽の熱で蠟が溶け出し、羽がバラバラになってイカロスは海へ落下してしまった。ダイダロスはシチリア島に辿り着き、息子の死を嘆いたという。イカロスが落ちた海は、のちにイカロス（イカリア）海と呼ばれるようになった。

子ども向けの楽曲「勇気一つを友にして」（片岡輝作詞・越部信義作曲）は、この伝説をモチーフにした歌詞である。

ディオニュソスの狂宴

世の中にぶどう酒を広めたゼウスの息子がいる。それがオリュンポス一二神の一人である豊穣《ほうじょう》と酒の神ディオニュソスで、ローマ神話における酒神バッカスのことだ。

アッティカ地方を訪れたディオニュソスは、快く迎えてくれたイカリオスという農民にぶどうの栽培とワインの造り方を教えた。イカリオスは喜び、村人たちにワインを振る舞ってあげた。しかし、酒に慣れていない人々は酔っ払い、毒を盛られたと勘違いしてイカリオスを殺害してしまう。すると村は飢饉《ききん》と疫病に襲われ、これを神の罰だと信じた人々は、ディオニュソスを信仰するようになった。

ディオニュソスを信じた人々は祭儀を行ったが、酒を飲み、男も女も陶酔し、狂喜乱舞し、獣を素手で捕まえて生肉を食らうといった乱痴気騒ぎを繰り返したという。この狂宴に母親も参加していると知ったテーバイ王のペンテウスは、信者やディオニュソスを捕らえて牢に入れた。しかし、ディオニュソスは簡単に抜け出して、ペンテウスを騙《だま》して秘儀の場に連れ出す。そして、陶酔状態だった彼の母親を含む女性たちに八つ裂きにさせた。己に歯向かう者には厳罰を下すことで、ディオニュソスはますます恐れられるようになったそうだ。

ちなみに、ぶどうの収穫や酒造りの際には、歌や踊りなどの祭りをともなうためか、ディオニュソスは演劇との関わりが深く、のちのギリシャ演劇の発生に関わるとも言われているという。

デロス島で生まれた双子の神

ギリシャ南東部のエーゲ海に、デロス（ディロス）島と呼ばれる小島が浮かぶ。古代ギリシャの海上交易や宗教の中心地だったこの島は、ギリシャ神話の双子アポロンとアルテミスの生誕の地として知られている。

最高神ゼウスと交わり、ティタン神族のレトという女神が妊娠した。しかし、生まれてくる子は大変美しいという予言を聞いたゼウスの妻ヘラが嫉妬し、太陽に照らされたことのあるすべての地にレトを出産させてはならないと命じた。身重のレトが途方にくれていたら、海にオルテュギアという小島が浮かび上がった。レトはここで出産しようと小島に渡ったが、ヘラがふたたび邪魔をして出産の神にレトのところへ行ってはならないと命じたため、レトは陣痛が始まっても子どもが生まれず、九日九晩苦しまねばならなかった。他の女神たちがレトの苦しみに同情し、出産の神を連れ出したため、レトはようやくアポロンとアルテミスを生んだ。双子が生まれた途端、島はまばゆい黄金色に輝いたので、小島は「光り輝く」という意味のデロス島と呼ばれるようになったという。

しかし、ヘラの嫉妬は収まらず、生まれた双子を殺そうと大蛇の怪物ピュトンを島に送り込んだ。生まれたばかりのアポロンは立ち上がり、黄金の弓で迫り来るピュトンを一矢で仕留めたという。ピュトンはもともと聖地デルフィの守護者であり、予言の力をもっていた。のちにアポロンがデルフィ（詳しくは**地球のへそにあるアポロンの神託所**の項目を参照）に行き、ピュトンを弔って自ら神殿の主となったため、予言の力を身につけたと言われている。こうしてアポロンは太陽神、アルテミスは狩りの神として、オリュンポス一二神に加わることになった。

現在、デロス島はアポロンを祀るアポロン神殿をはじめとして多くの遺跡が残り、世界遺産に登録されている。

トロイア戦争（一）～黄金のりんごを巡るパリスの審判

トロイア戦争は、紀元前八世紀頃、古代ギリシャの吟遊詩人ホメロスによる叙事詩『イーリアス』『オデュッセイア』にあるギリシャとトロイアとの戦争である。

かつては神話の出来事と考えられていたが、一九世紀のドイツの考古学者シュリーマンの遺跡発掘（詳しくは中東・トルコ共和国の**トロイアの都とシュリーマン**の項目を参照）以来、紀元前一三世紀頃に実際に起こった戦争をもとにした伝説である可能性が高いという。

戦争のきっかけは、トロイアのイダ山で起きた「黄金のりんご」事件。海の女神テティスの結婚式の際、争いの女神エリスだけ招待されなかった。エリスは腹いせに、結婚式を台無しにしようと「もっとも美しい女神へ」と書かれた黄金のりんごを式場に投げ入れた。すると、日頃から美貌に自信のあるヘラ、アテナ、アフロディテの三人の女神が、りんごは自分のものであると主張し始める。

困ったゼウスは、トロイアの王子パリスに審判を頼む。女神はそれぞれ権力、勝利、美女の見返りをパリスに与えると約束し、パリスは美女の見返りを約束したアフロディテを選ぶ。こうしてアフロディテは、絶世の美女ヘレネをパリスに与える約束をした。ヘレネは、最高神ゼウスとアイトリア出身のレダの間に生まれた娘で、ギリシャ中から求婚者が訪れるほどの美しさだった。争いが起きることを恐れた養父のスパルタ王は「誰がヘレネの夫になっても、求婚者は互いに助け合おう」という誓いを立てさせ、ヘレネはミュケナイの王子と結婚していた。しかし、そんな事情を知る由もなく、パリスはヘレネを誘拐してトロイアへ連れ去ってしまうのである。

妻を奪われたミュケナイの王子は大激怒。ヘレネ奪還を掲げ、兄でミュケナイ王のアガメムノンを総大将に、先の盟約に従った求婚者たちがギリシャ全土から続々と集結した。そのなかには、知将の英雄オデュッセウスと、不死身の英雄アキレウスもいた。

ペロポネソス半島北部の古代都市ミケーネ遺跡の墳墓からは黄金のマスクや黄金細工などが発見され、その一つであるアトレウスの宝庫は紀元前一三世紀頃のものとされ、アガメムノンの墓ではないかとも言われている。

トロイア戦争（二）～英雄アキレウスの暴走と盟友の死

総勢一〇万にも及ぶギリシャ軍が出航し、トロイアに上陸する。両軍は決着がつかないまま、戦いは九年間続いた。

ある時、アガメムノンはアポロンの神殿を襲い、巫女《みこ》の一人を誘拐した。怒ったアポロンは、ギリシャ軍に疫病を流行らせる。この惨状を収めるため、兵士たちは巫女を解放するようアガメムノンに求めた。アガメムノンはしぶしぶ承知したが、代わりにアキレウスの愛人を奪ったため、アキレウスは怒って戦線から離脱してしまった。

英雄アキレウスがいなくなり、ギリシャ軍は形成不利となった。アキレウスの盟友パトロクロスが説得するも、アキレウスは動かない。そこでパトロクロスは、アキレウスの鎧《よろい》を借りて戦線に戻り、軍を鼓舞した。しかし、パトロクロスをアキレウスと勘違いしたトロイアの王子ヘクトルによって殺されてしまう。

盟友が自分の身代わりに死んだことを知り、怒りに燃えたアキレウスは戦場に復帰する。そしてヘクトルと一騎討ちの末、仇を打つ。それでも怒りが収まらなかったアキレウスは、ヘクトルの遺体を戦車につないで引きずり回した。トロイア王プリアモスの嘆願によって遺体は返されたが、この蛮行は神々の怒りを買った。

その後、アマゾン（詳しくは欧州全域の**女戦士の国アマゾン**の項目を参照）の軍勢やエチオピアの戦士メムノンなどの軍勢がトロイアの援軍として戦ったが、アキレウスは次々に打ち破っていく。しかし、次第に暴走していくアキレウスを見て、神々はついに見放した。アキレウスがトロイアの城門に迫った時、兄ヘクトルを殺された王子パリスは、アポロンの指示でアキレウスの踵《かかと》を狙って弓を射た。不死身を誇るアキレウスだったが、唯一の弱点である踵を射抜かれて死亡した。アキレウスは海の女神テティスの子で、生まれた時に冥府の川に浸して不死身の体になっていたが、テティスがアキレウスの踵を摑んで川に浸したため、踵だけ不死身にならなかったのだ。

アキレス腱《けん》というのは英雄アキレウスから生まれた言葉で、この伝説にちなみ「強者がもつ唯一の弱点」という意味でも使われている。

トロイア戦争（三）～秘策！　トロイの木馬作戦

英雄アキレウスの死により、ギリシャ軍は意気消沈するものの、トロイア陥落まで目前だった。しかし、トロイアの町を取り巻く城壁は強固でいかなる攻撃も通用しなかった。

そこで知将の英雄オデュッセウスが秘策を思いつく。いわゆる「トロイの木馬」と呼ばれる作戦である。ギリシャ軍は、巨大な木馬を作りトロイアの城門の前に置く。そして陣営を焼き払い、船を沖合に移動させた。これを見たトロイア軍は、ギリシャ軍が撤退したものと思い込み、神からの贈り物と信じて門の前に置かれていた木馬を城内へ運び入れた。

この時、神官ラオコーンや、トロイアの王女カッサンドラが不吉を予感して制止するも、聞き入れられることはなかった。ラオコーンはアポロン（またはアテナ）の怒りに触れ、息子もろとも大蛇に絞め殺され、カッサンドラはアポロンによって、予言が決して人から信頼されない呪いをかけられていたためだ。神の怒りで殺されたラオコーンを見たトロイア人は、木馬は神の贈り物であるとますます信じた。

しかし、木馬の中にはギリシャ軍の精鋭が隠れていた。そしてトロイア軍が夜になって寝静まると、木馬の中から一斉に飛び出してトロイアの町を破壊した。町は焼け、略奪と殺戮《さつりく》が繰り広げられ、あっという間に壊滅した。こうして一〇年にわたるトロイア戦争は終結し、ギリシャ軍が勝利したのだった。

現在、トルコのヒッサルリクの丘で発掘された遺跡が、トロイアだと考えられている。詳しくは中東・トルコ共和国の**トロイアの都とシュリーマン**の項目を参照。

ハデスの恋と四季の由来

最高神ゼウスの兄である冥界の王ハデスは、ある時、豊穣《ほうじょう》の女神デメテルの娘ペルセポネに恋をして、冥界にさらってしまう。娘を失ったデメテルの嘆きは凄《すさ》まじく、大地は枯れ果て、世界中が飢饉《ききん》に陥ってしまった。見かねたゼウスが娘を返すように求め、ハデスもこれを了解したが、ペルセポネは冥界にいるうちにザクロの実を三分の一ほど食べてしまっていた。冥界のものを口にした者はその住人になるという決まりがあったため、ペルセポネは地上で永遠に過ごせなくなり、一年のうち三分の一は冥界で暮らさなければならなくなった。

その結果、ペルセポネがいない間はデメテルが嘆くので、実りのない寒い冬となり、地上に戻ってくると明るい春となり、草木の伸びる夏と収穫の秋が訪れるようになったそうだ。

悲劇の英雄オイディプス物語

オイディプスは、ギリシャ神話に登場するテーバイ王ライオスと王妃イオカステの息子。ライオスは「息子が生まれたら殺される」というデルフォイの神託を受けたため、生まれたオイディプスを山中に捨てさせる。オイディプスは羊飼いに拾われ、コリントス王の子として育てられた。

成人後、オイディプスは「父を殺し、母

を妻とする」というデルフォイの神託を受け、コリントスには戻らない決意をする。旅の途中、偶然出会ったライオスを実父と知らぬまま殺し、スフィンクス退治をした功績でテーバイ王となり、実母と知らぬまま結婚して子どもをもうけてしまう。のちに真相を知ったオイディプスは自ら目をついて盲目になり、娘のアンティゴネとともにテーバイを去り、やがてアテナイ王となっていた英雄テセウス（詳しくは**英雄伝説（三）～テセウスのミノタウロス退治**の項目を参照）に看取られ冥界へ旅立った。

この伝説は、古代ギリシャの劇作家ソフォクレスの書いた悲劇『オイディプス王』でよく知られている。セネカ、コルネイユ、ジイドなど多くの作家が題材にしているほか、ロシアの作曲家ストラヴィンスキーがオペラ・オラトリオ「エディプス王」を作曲するなど、時代を超えて語り継がれている。ちなみに、フロイトの心理学用語である「エディプス・コンプレックス」はこの伝説から命名された。

女神アテナからの贈り物

聖なる山オリュンポスに暮らす神々は、ゼウスを最高神とし、その兄弟姉妹や子どもたちで構成されたオリュンポス一二神が神々の上位に位置する。オリュンポス一二神の中でも多くの物語に登場し、活躍が目覚ましいのが知恵と戦の女神アテナである。

アテナは思慮の女神メティスとゼウスの子だが、ゼウスは父クロノスから「生まれる子に王位を奪われる」と不吉な予言を受けていた。これを危惧したゼウスは、お腹に子どもを宿しているメティスごと飲み込んでしまう。こうしてゼウスは思慮深さを手に入れたのだが、お腹の子どもはゼウスの中で着実に成長を続けていた。ある時、ひどい頭痛に悩まされたゼウスは、息子であり鍛冶と工芸の神ヘパイストスに命じて、斧《おの》で自分の頭を割らせる。するとパカッと割れたゼウスの頭から、槍を手に完全武装した女神が飛び出してきた。これがアテナで、彼女は父を脅かすことはなく、もっとも信頼される神の一人となった。

アテナはある時、叔父の海神ポセイドンとアッティカ地方を巡って争いになり、市民がより喜ぶ贈り物をしたほうを勝者とすることにした。ポセインドンは三叉の鉾《ほこ》で地面を打って塩水を出した。アテナはオリーブの木を出して近くの丘に植えた。人々は、食用にもなるし、絞れば油が採れるオリーブを好み、アテナの勝ちとした。ギリシャで栽培しやすいオリーブは、今でも貴重な輸出品となっている。

こうしてアテナはこの都市の守護神となり、都市はアテナの名にちなんで「アテナイ」と名づけられた。守護神となったアテナは、のちに登場するヘラクレス、オデュッセウスといった名だたる英雄たちの危機を何度も救っている。

古代ギリシャの首都アテナイがあったアクロポリスの丘の上には今も、女神アテナを祀るパルテノン神殿が建つ。神聖な黄金比で建てられた美しい神殿で、パルテノンという名前はギリシャ語の「処女宮」に由来し、処女神であるアテナを表している。

夜空に瞬くギリシャ神話の世界

実は我々は、天の星座や惑星を通してギリシャ神話の世界に毎日触れている。星をつないで動物や英雄の星座が生まれたのは、紀元前三〇〇〇年頃のメソポタミア地方と言われるが、星座はやがてギリシャへと伝わり、ギリシャ神話の物語が結びつけられるようになった。

たとえば、冬の星座オリオン座は、海神ポセイドンの子であり、巨人にして美男の狩人オリオンが星座になったものだ。オリオン座の下に昇るおおいぬ座の主星シリウスは、オリオンの猟犬である。オリオンはアポロンの妹アルテミスに恋をするが、快く思わなかった彼女の兄アポロンの罠《わな》で、アルテミスに射殺されて死ぬ（サソリに刺されて死んだという話もある）。死後、オリオンと猟犬は天に登り、アトラスの七人娘のプレイアデス（おうし座のプレアデス星団）を追いかける一方、猛毒のサソリ（さそり座）を恐れて天空を逃げ回っているのだという。

また、惑星にはギリシャ神話における重要な神々の名前がつけられている。最高神ゼウス（ローマ神話ではユピテル）は木星（Jupiter）、海神ポセイドン（ローマ神話ではネプチューン）は海王星（Neptune）、冥王ハデス（ローマ神話ではプルート）は冥王星（Pluto）、愛と美の女神アフロディテ（ローマ神話ではヴィーナス）は金星（Venus）、戦の神アレス（ローマ神話ではマルス）は火星（Mars）、伝令の神ヘルメス（ローマ神話ではメルクリウス）は水星（Mercury）など。

ほかにも、コーヒーショップのスターバックスのマークには海の魔物セイレーンが使われていたり、スポーツメーカーのナイキの名前は勝利の女神ニケからきていたり、「ナルシスト」「ピュグマリオン効果」（詳しくはキプロス共和国の**彫像に恋をしたピュグマリオン**の項目を参照）といったギリシャ神話の逸話を基にした心理学用語も多い。ギリシャ神話は我々のすぐ身近に潜み、現代でも生き続けているのである。

キルギス共和国

スカスカ渓谷の竜の伝説

キルギスのスカスカ渓谷の「スカスカ」とはロシア語で「おとぎ話」という意味。奇岩が連なる渓谷には、竜にまつわる伝説がある。

昔、この地には一匹の竜が棲んでいた。近くの村には妖精のように美しい少女が暮らしていた。竜は少女に呪いをかけ、そのせいで村に洪水が起きてしまう。自らの行いを悔いた竜は、体を岩に変えたという。これが今のスカスカ渓谷であり、この伝説にちなんで「妖精の峡谷」とも呼ばれている。鋭くとがった岩が連なる光景が、竜の背のように見えたのかもしれない。

切り立った岩が壁のように連なっているため、「万里の長城（グレートウォール）」と呼ばれることもある。

クロアチア共和国

ヴラナ湖に沈んだ姉妹

クロアチアでもっとも大きな湖であるヴラナ湖。この湖の成り立ちにまつわる伝説が残されている。

現在、ヴラナ湖のある場所は野原だった。そこにはガヴァンカ家の二人の姉妹が住んでいた。姉は大金持ちで大きな家に住み、妹は貧乏で小さな家に住んでいた。

ある日、白いひげの老人が妹の家に施しを求めてやってきたが貧しいから施せるものがないと言うと、老人は「あなたの焼く白いパンがありますよ」という。妹は何も入っていないはずのパン焼きの覆いをとって確かめると、不思議なことに本物の小麦の丸パンがあった。さらに、老人の指摘に従ってぶどう酒の貯蔵室を覗くと、空っぽのはずの樽には最高のぶどう酒がたっぷり入っていた。

老人はパンとぶどう酒を味わうと、自分が帰ったあとに、大きな音が聞こえるから振り返らずに逃げること、雷が鳴り空から矢が降ってきて意地悪な姉が罰を受けること、「かわいそうなお姉さん」と言ってはいけないことを告げて、去っていった。

その後、老人の言う通り大きな音が聞こえ、雷が鳴って矢が降ってきた。妹はやはり心配になって振り返り、「かわいそうなお姉さん」と叫んでしまった。その瞬間、地面に穴が開いてガヴァンカ家の姉妹は二人とも穴の中へ落ちてしまった。しばらくして野原には水があふれ、家は流され、穴に水が溜まってヴラナ湖ができたという。

湖ができたての頃、魚をとろうとすると、かつての大きな家の屋根が網に引っかかったという。

コソボ共和国

プリズレンの水飲み場

コソボ南部にあるプリズレンは、オスマン帝国領だった時代の建物が残る都市である。旧市街にあるシャドルヴァーン広場には、メフメット・パシャのトルコ式公衆浴場や、シナン・パシャのモスクなどが残っている。この「シャドルヴァーン」とは

「水飲み場」という意味で、「ここの水を飲むと、もう一度プリズレンに戻ってこられる」という言い伝えがあり、観光名所となっている。

マザー・テレサゆかりの地

コソボ共和国には、マザー・テレサにゆかりのあるスポットがある。マザー・テレサは、オスマン帝国のコソボ州（現在は北マケドニア共和国の首都スコピエ）に生まれた。現在のコソボはアルバニア人が九〇%以上を占め、そのほとんどがイスラム教徒である。少数派であるカトリック教徒の両親とともに、幼少の頃からコソボ南東部の町にある教会に通っていたという。

現在、首都プリシュティナには、「マザー・テレサ」の名を冠した大聖堂や大通り、広場がある。また、コソボ美術館にはホチキスの針で描かれたマザー・テレサの肖像画が所蔵されている。これは二〇一六年にアルバニア人アーティストであるサイミル・ストラティが手がけたもので、一五〇万個のホチキス針を使用したモザイク画としては世界最大。ギネスにも登録されている。

サンマリノ共和国

石工マリーノの建国伝説

イタリア半島北東部に位置するサンマリノは、ヨーロッパ最古の共和国と言われている。ティターノ山の山頂部に首都を構える、イタリア共和国に取り囲まれた小さな国だ。「サンマリノ」とは「聖マリーノ（マリヌス）」という意味で、カトリックの聖人の名に由来する。

四世紀にマリーノというキリスト教徒の石工がいた。当時のローマ皇帝ディオクレティアヌス帝によるキリスト教迫害から逃れてきたマリーノは、ティターノ山に立て籠もった。彼の元にはキリスト教の信徒が集い、共同体を築く。マリーノの信仰心に感動した領主は、岩山をマリーノに与えたという。これがサンマリノの建国の始まりの伝説である。

ジョージア

人と暮らした獣人アルマス

アルマスとは、コーカサス地方で古くから目撃情報がある未確認生物だ。イエティやビッグフットなどと同様の獣人、猿人タイプである（詳しくはアジア・アジア全域の**ヒマラヤ山脈のイエティ**、北米・北米全域の**獣人ビッグフット**の項目を参照）。体長は人間と変わらない一・五～二メートルほどで、全身は赤茶色の毛で覆われている。足が速く、時速六〇キロほどのスピードで走るという。人間のように言葉を使うという報告もある。

　ロシアを中心に何千件もの目撃情報があるが、ジョージアにあるアブハジア自治共和国では、人とともに生活したというアルマスの記録が残っている。ソ連のボリス・ポルシェネフ博士の著書によると、一九世紀末、アブハジアの山でアルマスと思われる特徴を備えた生物が捕獲されたという。村に連れてこられたアルマスは雌で、ザナと名づけられた。ザナは、村に来たばかりの頃は暴れることもあったというが、次第に村の生活になじんでいった。ザナの身体能力は高く、足は馬より速く、冬でも衣服を必要としなかったそうだ。そして人間の男と結婚し、四人の子を産んだと記されている。

　その後、二〇世紀になって未確認生物研究家がこの村を訪れた。ザナの子とされる人物の墓を調査したところ、その子は現生人類のホモ・サピエンスではなく、ネアンデルタール人の特徴を備えていたという。ネアンデルタール人は、同時代に生きていたホモ・サピエンスよりも脳が大きく、たくましい体つきをしていた。高い身体能力を備えたザナは、絶滅したはずのネアンデルタール人の生き残りであるという可能性が示唆されたのだ。

　しかし、二〇一五年には、墓の子の母親であるザナは現生人類だった可能性が高いという、英国の遺伝学者による調査結果も出ている。また、近年の研究では、アフリカ系を除く現代人の多くはネアンデルタール人の遺伝子を二％ほど受け継いでいることが判明した。アルマスの正体には、人類史に大きく関わる謎が潜んでいるかもしれない。

スイス連邦

ホムンクルスを作った錬金術師パラケルスス

中世時代、数多《あまた》の錬金術師たちはホムンクルスを製造しようとしていた。ホムンクルスとは、ラテン語で「小さな人」という意味。主に錬金術師が生み出す「人造人間」の呼び名として使われる。

　ホムンクルス実験として残る最初の記録は、一六世紀のスイスの有名な錬金術師パラケルススが行ったものだ。彼の著書『物の本性（物性）について』によると、人間の精子を四〇日間、蒸留機で密閉して腐敗させたあと、人間の血液を補給することで小さな人、つまりホムンクルスを生み出せるという。

　パラケルススは、金属の化合物を内服薬

として初めて採用し、医化学の道を拓いた医化学の祖としても有名だ。本名はフィリップス・アウレオールス・テオフラストゥス・ボンバストゥス・フォン・ホーエンハイムという。あまりに名前が長いので、三五歳頃からフォン・ホーエンハイムをギリシャ・ラテン風に呼んでパラケルススと名乗るようになったそうだ。彼はヨーロッパの各地で医学を学び、バーゼルで医師兼大学教授となった。しかし、中世から続く古典医学に批判的だった彼は、権威ある医学書を燃やしたり、当時主流だったラテン語ではなくドイツ語で講義を行ったりといった行為が宗教改革者のルターになぞらえられて「医学界のルター」とも呼ばれたという。その結果、たった一年でバーゼルを追放されてしまい、以降は生涯、各地を放浪したという。

　革命的で波乱に満ちた人生を送ったパラケルススは、膨大な量の医学書、錬金術書を残している。彼にとっての錬金術は、金を生み出すことではなく、人々を救う薬を作ることだった。人間のための研究の過程に、ホムンクルスの製造があったのかもしれない。ホムンクルス実験はパラケルススの著書以外に物的証拠がなく、実験が成功したかは不明である。ちなみにパラケルススの逸話はのちに、ドイツの詩人ゲーテに影響を与えたといい、『ファウスト』にも人造人間ホムンクルスが登場しており、パラケルススがファウストのモデルだったとする説もある。

スウェーデン王国

雷神トールの最強の武器 ミョルニル

北欧神話の最高神オーディンの息子であるトールは、アース神族の中でも最強を誇る豪快な雷神だ。トールのトレードマークと言えば、投げてもブーメランのように手元に戻ってくる魔法のハンマー、ミョルニル（「粉砕するもの」という意味）だ。トールは持ち前の怪力でハンマーを振り回し、圧倒的な強さで神族や人間を巨人族の攻撃から守り、数々の武勇伝を残した。しかし、そんな自慢の武器を一度だけ盗まれたことがある。

　犯人は巨人族のスリュム。美しい女神フレイヤと結婚したかったスリュムは、ミョルニルと交換でフレイヤを嫁によこせと要求した。トールがロキ（詳しくは北欧の**悪だくみの神ロキ**の項目を参照）に相談すると、ロキの提案で、トールは花嫁衣装を着たフレイヤに変装し、ロキは侍女のふりをして巨人族の国を訪れることになった。

　スリュムの館では宴会が開かれ、花嫁姿のトールは、雄牛一頭、鮭八尾、三樽の蜂蜜酒をペロリと平らげて巨人族を驚かせた。無事にミョルニルを取り返すと、トールは花嫁衣装を脱ぎ捨てて、宴会に集まった巨人たちを皆殺しにしたという。

スウェーデン南東のエーランド島からは、ミョルニルをかたどったペンダントが、中部のセーデルマンランド地方からは、ミョルニルの絵が描かれたルーン石碑が見つかっている。トールは農民たちを中心に信奉されており、彼の加護を求めたヴァイキングは、ミョルニルをかたどったお守りを身につけていたそうだ。

スペイン王国

掃除をするエルフのドゥエンデ

スペインでは、家に住み着き、夜になると現れるドゥエンデ（デュエンデ）というエルフがいると信じられている。女のドゥエンデは、見た目は中年女性で、緑や赤、灰色の服を着ていることが多い。指が長いのが特徴だ。男のドゥエンデは、つばなしの帽子か暗い色の頭巾などを被っている。

ドゥエンデは、夜になると壁から出てきて、朝まで家の掃除や修理をしてくれる。ただし、家を片づけない者には悪さをすることもあるそうだ。また、性格の悪いドゥエンデもいる。彼らは掃除などはせずに、部屋を散らかしたり、物を破壊したりする。しまいには、眠っている家の者に、悪夢を見せることもあるそうだ。

フストじいさんの手作り大聖堂

スペインのマドリッド郊外にあるメホラダ・デル・カンポという町で、一人きりで大聖堂を作り続けている人物がいる。一九二五年生まれのフスト・ガジェゴ・マルティネスだ。フストは一九六一年に神の啓示を受けて、建築の知識もないのに大聖堂を作り始めた。工場などから廃棄物をもらい、少しずつ作っているという。二〇〇五年に、大聖堂を作っている模様が企業のコマーシャルで放送されると話題になった。大聖堂はフスト・ガジェゴ・マルティネス大聖堂と呼ばれ、大聖堂の前の通りはガウディ通りと呼ばれている。

スロバキア共和国

一二の月の兄弟

一九九三年にチェコスロバキアから独立した、スロバキアに伝わる民話。

マルーシカは、継母と連れ子の娘ホレーナに毎日、いじめられてこき使われていたが、美しく優しい心を失わなかった。ある時、春に咲くスミレの花が欲しいと言い出した気まぐれなホレーナのおかげで、マルーシカは継母から真冬の森へ追い立てられてしまう。マルーシカは雪降る森で凍えそうになるが、森の小高い山で出会った一月から一二月の月の精に助けられて、スミレを手に入れる。

　その後も、ホレーナは夏に成るイチゴや、秋に成るりんごが欲しいとわがままを言い、マルーシカはそのたびに継母に家から追い出されるが、月の精に助けてもらった。マルーシカの持ち帰ったりんごがあまりに美味しかったので、欲張りなホレーナはありったけのりんごを取ってこようと袋を持って真冬の森へ飛び出した。継母はホレーナのあとを追いかけていき、二人はとうとう戻らなかった。マルーシカは家の主人になり、春がくると美しい若者と結婚して、幸福を手に入れたのだった。

　この民話をもとにしてロシアの児童文学作家マルシャークが書いた話が、児童劇の『一二月《じゅうにつき》』。日本では『森は生きている』という題名で親しまれている。

スロベニア共和国

幻獣ズラトロクとエーデルワイス

　ズラトロクは「金の角」という意味の名前で、立派な金の角が生えた白い雄のシャモア（日本のカモシカのような動物）に似た幻獣である。スロベニアのユリスケ（ユーリッシュ）・アルプスにある標高二八六三メートルのトリグラウ山一帯に住んでいるという。

　伝承によると、ズラトロクはトリグラウ山の頂上のどこかにある宝が隠された楽園を守りながら、三人の乙女と暮らしていた。ところが、ある時、狩人に見つかり射抜かれて死んでしまう。ズラトロクの流した血は大地を駆け巡り、湖を切り裂いた。するとエーデルワイスの花が初めて咲き、ズラトロクを生き返らせた。エーデルワイスは「アルプスの永久花」と呼ばれ、乾燥しても色や形が変わらないことから「不死」の象徴とされている。ズラトロクは狩人に復讐《ふくしゅう》すると、山頂の楽園を破壊して宝とともに、どこかへ去っていったそうだ。

セルビア共和国

岩柱が並ぶ悪魔の町 アボリジャバロ

　セルビア南部の町プロロムバンジャ近郊にあるアボリジャバロは、柱のような岩が立ち並ぶ景勝地だ。岩柱の高さは、二〜一五メートル。火山灰が堆積した地層が隆起し、浸食された結果、二〇二本もの尖塔岩が森のように並ぶ景色ができあがった。

「アボリジャバロ」は、セルビア語で「悪魔の町」という意味で悪魔にまつわる伝説がある。昔、この地に兄と妹が暮らしていた。二人の前に悪魔が現れ、兄妹でありながら結婚することを強いられる。二人の結婚式には、二〇二名の参加者が集まった。しかし、兄妹での結婚は神の怒りに触れ、神はみなを岩に変えてしまったという。

セルビアの吸血カボチャ

ポドリマあたりに暮らすロマ族の人々の間では、満月の夜にカボチャを家の外に置いたままにしておくと、吸血鬼に変身すると信じられている。特にカボチャやスイカのように、人の頭の形に似ているものが吸血鬼になりやすいそうだ。吸血鬼と化したカボチャを退治するには、熱い湯に浸してたわしでこするのが有効だという。

他の地域にも、生のカボチャを年末までそのままにしておくと吸血鬼に変身してしまうという伝説がある。

タジキスタン共和国

湖面の怪物と戦おうとした虎

旧ソ連のタジキスタン、ウズベキスタンなどに住むタジク族に伝わる民話に、こんな話がある。

ある森に、凶暴な虎の王がいて、森の動物たちは毎日一匹ずつ、順番に貢物を捧げなければならなかった。ある時、一匹の白うさぎに順番が回ってきて、昼食にされることになった。白うさぎは恐怖のあまり喉が渇き、湖の水を飲みにいった。そこで湖面に映る姿を見て、素晴らしいアイデアを思いついた。

虎が腹を空かせながら待っていると、白うさぎが息を切らしながら走ってきた。虎が早速食べようとすると、白うさぎは、貢物の弟を恐ろしい怪獣に奪われてしまったという。腹を立てた虎は、白うさぎに怪物のいる場所へ案内させた。そこで白うさぎは虎を湖畔まで連れていき、湖水を指差して「この下を見ると、あなたの目の前にいます。信じられないなら私をくわえて覗いてください」と告げた。

虎が下を見ると、確かに一匹の凶暴そうな虎が歯をむき出し、貢物のうさぎをくわえて自分を睨《にら》みつけている。虎はくわえたうさぎを放り出し、大声で威嚇しながら深い湖面に飛びかかった。ドブン、という音がして、虎は湖に落ちて死んでしまった。

南に足を向けては寝られない？

日本では古くから、仏教の影響で「頭を北へ向けて寝る北枕は縁起が悪い」というジンクスがある。ブッダが入滅した際、北に頭を向けていたためだ。枕の方向に気を遣うのは、実はタジキスタンにも同じような風習がある。

タジキスタンはイスラム教徒が多く、家庭にはそれぞれイスラム教の聖地メッカの方角に聖書のコーランとアッラーの印が置いてある。タジキスタンからメッカは南の方角にあることから、家の一番南側に置いてあることが多いという。メッカとアッラーの印に足を向けることは失礼なので、南に足を向けることはないそうだ。

チェコ共和国

プラハのゴーレム伝説

ユダヤの伝承に古くから登場するのが、泥でできた動く人形、ゴーレムである。「ゴーレム」とは、ヘブライ語で「胎児、形なきもの」という意味で、もとはアダムが神によって生み出される前の胎児の状態を指していたという。伝説上の泥人形のゴーレムは、額にヘブライ語で「エメト（emeth、真理）」と記すと動き出し、そこから一文字取り除いて「メト（meth、彼は死せり）」とすると動きを止めて土に還ると伝わっている。

チェコの首都プラハにはゴーレムの伝説が多く残っている。神聖ローマ皇帝ルドルフ二世の治世下にあった一六世紀、プラハに住むユダヤ人たちはキリスト教徒の市民と対立していた。そこでラビ（ユダヤ教の律法師）のレーブ（レーフ）が川の泥からゴーレムを生み出し、彼らを守ったという。ゴーレムは命令に忠実に従っていたが、ある日、ゴーレムへの命令を忘れてしまう。ゴーレムはプラハの町で暴れ出し、レーブはゴーレムを土に戻したという。

ゴーレムの伝説は多くの小説や演劇、映画で描かれており、オーストリアの作家グスタフ・マイリンクの小説『ゴーレム』、ドイツのパウル・ヴェーゲナーが監督、主演の映画『巨人ゴーレム』などが有名だ。

現在、プラハの旧市街の広場にはゴーレム像が立っている。ユダヤ人のお守りでもあるゴーレムのマスコット人形が土産品になるなど、人気のキャラクターになっているそうだ。

ホウスカ城の地獄の門

ブラッツェにあるホウスカ城は断崖の上に建つ、ゴシック式建築。この城にある礼拝堂の敷石の下には、底が見えないほどの深い穴が空いている。魔物の通り道となっており、夜な夜な恐ろしい怪物たちが出入りしているという言い伝えがあることから、「地獄の門（穴）」と呼ばれている。穴から出てきた魔物たちは、地元の人々が飼っている家畜を襲うという。

ある時、穴について調べようとした貴族がいた。刑の軽減を条件に、縄をつけた死刑囚の男を穴に入らせたのだ。死刑囚が穴に入っていってしばらくすると、突如、叫び声が聞こえてきた。慌てて縄で死刑囚を引き上げると、男の髪は真っ白になっており、精神に異常をきたしていたそうだ。

他にも穴から気味の悪い声が聞こえた、城の近くで悪魔を見たといった目撃情報は絶えず、日が沈むと人々は決してこの穴には近づかないという。

デンマーク王国

オーディンが獲得したルーン文字

ルーン文字とは、主に直線と斜線で構成された古代スカンディナヴィアの文字で、北欧の一部では一七世紀頃まで用いられていた。ルーンというのは「秘密・秘術」という意味で、現在でも占いやおまじない、アクセサリーなどで人気のモチーフとなっている。

北欧神話によれば、最高神オーディンが身につけた文字だと言われている。オーディンとは、つば広の帽子をかぶりマントを羽織った老人で、手には槍グングニルをもち、肩に止まる大ガラスのフギン（思考）とムニン（記憶）を使い魔として、世界中の情報を収集している。

オーディンは戦いの神であると同時に、知識や魔術を司る神でもあった。世界樹ユグドラシル（詳しくは北欧の**宇宙樹ユグドラシルと九つの世界**の項目を参照）の根っこのひとつにはウルズの泉という泉があり、ここから神秘のルーン文字が生じていた。この知識を獲得したかったオーディンは、己の体をユグドラシルの幹に縛りつけて逆さ吊りになり、さらに槍で刺されたまま九日九夜を過ごす苦行の果てに、ルーン文字の秘密を体得したと言われている。

ルーンはそれぞれの文字に独自の意味をもち、魔力を秘めている。古代スカンディナヴィアの神官たちは、ルーン文字そのものやその配列に魔力が宿っていると信じ、呪文を書いたり、死者を弔うのにルーン文字を使ったりした。しかし、一〇世紀から一一世紀にキリスト教がこの地に広まると、異教を連想させるルーン文字は次第に衰退していったという。

デンマークのイェリングには、ルーン文字が刻まれた石碑で有名なイェリング墳墓群や、ルーン文字石碑群がある。巨大な石碑には、当時のデンマーク人がキリスト教を受け入れて改宗すると記された文章もルーン文字で彫られている。

ベーオウルフ物語

八世紀頃に中世イギリスで書かれたとされる作者不詳の『ベーオウルフ』は、古英語（アングロ＝サクソン語）で書かれた現存する最古の叙事詩である。英雄ベーオウルフが、その力と勇気と友情で、恐ろしい怪物を退治していく物語だ。

ある時、スウェーデン南部のイェーアト

族の王子であるベーオウルフは、デンマークに旅に出た。デンマークでフロースガール王と会ったベーオウルフは、夜な夜な恐ろしい怪物グレンデルが館に乱入し、人を殺して食べているという話を聞く。ベーオウルフは王に怪物退治を申し出て、怪物を待ち伏せて素手で戦って殺した。

しかし、息子の死を聞いて激怒した怪物グレンデルの母親は、復讐《ふくしゅう》を目論んだ。そこでベーオウルフは彼女のすみかである沼に向かい、母親と激闘を繰り広げた。母親の皮膚は鱗《うろこ》に覆われて分厚く、普通の武器では歯が立たない。そこでベーオウルフは、彼女の武器庫から鋭い剣を盗み、その武器で母親を倒した。こうしてデンマークに平和をもたらしたベーオウルフは、イェーアト族の国に戻り、王となった。

五〇年後、年老いたベーオウルフ王は最後の戦いに挑む。ある時、泥棒が竜の宝物庫に忍び込んで貴重な杯を盗んだために、激怒した竜がイェーアト族の人々を襲い、暴れ回っていたのだ。ベーオウルフ王は、勇敢な戦士たちと竜に挑んだが、その戦いは厳しいものだった。多くの戦士が恐怖に震えて逃げ出すなか、ベーオウルフ王と忠実な戦士ウィーイラーフだけが戦い続けた。ベーオウルフ王が剣で斬りかかり、竜に首を摑まれたその時、ウィーイラーフは竜の脇腹に短剣を突き立てた。二人の連携攻撃で竜は弱り、ついに倒れて死んだ。しかし、ベーオウルフ王もまた、致命傷を負っていた。最後までつき従ったウィーイラーフを後継者に選ぶと、王は自らの武器と甲冑《かっちゅう》を与えて息を引き取った。

漁師を救う魔法使いアンゲコック

デンマーク王国に属しながらも独自の自治政府をもつグリーンランドは、北アメリカの北東に位置する世界最大の島。アンゲコックとは、グリーンランド人に古くから知られている魔法使いのような存在だ。医者のような役割も果たし、グリーンランド人の病気を診てくれるという。

漁師たちの間では、アザラシ漁が不漁の時にアンゲコックを呼ぶという。アザラシが獲れないのは、不思議な力をもつ女のせいであるらしい。女はアザラシが番を務める海底の家に暮らし、その美貌と魔力でアザラシたちを虜《とりこ》にしているという。そこで、アンゲコックが女を探し出し、彼女の魔力を打ち破る。すると女に魅せられていたアザラシたちが正気に戻る。アンゲコックのおかげで、グリーンランドの漁師たちの不漁が解決するというわけだ。

ドイツ連邦共和国

カスパー・ハウザーの出生の秘密

一八二八年、ニュルンベルクで身元不明

の少年が保護された。着ている服はボロボロで、足はふらつき、言葉をほとんど知らない一〇代半ばと見られる少年だった。彼は「カスパー（カスパル）・ハウザー」という名前だけを書くことができたという。野生児同然に育った彼の存在はドイツ国内でも話題となった。彼は一時的に監獄に入れられたが、連日、大勢の人がカスパーを見物するために訪れたという。しかし、カスパーは多くの見物人を気にもしていなかったそうだ。数ヶ月で言葉を覚えたカスパーによると、窓が板で打ちつけられた穴のような小さな暗い部屋で、水とパンだけを与えられて育ったという。

　結局、カスパーは市に保護されることになった。地元の人々は彼の身元を明らかにしようと大いに関心を寄せたが、カスパーの両親は誰なのか、なぜ閉ざされた場所で育てられたのか、などの詳細が明らかになることはなかった。

　翌年、カスパーが何者かに襲われる殺人未遂事件が発生した。一八三三年にふたたび襲われ、何者かに脇腹をナイフで刺され、死んでしまった。現場には鏡文字で書かれた「ハウザーは犯人の正体を知っている。それはバイエルンの州境からきたM・L・Oだ」というメモが残されていた。犯人は捕まらず、カスパーの死後は彼の正体ばかりが話題となった。ナポレオン一世やバーデン公カール・フレデリックといった高貴な身分の血を引いていた、地主に嫁ぐ娘の不義の子だったため存在を隠されたとする説などだ。彼が襲撃された事件についても、相続争いに巻き込まれたという説から、注目を浴びるためにカスパー自身が起こした自作自演という説まであった。

　いくつもの噂が流れたが、いずれも確定情報のないまま現在に至っている。

ナチスの闇資金

　アドルフ・ヒトラーを党首とし、一九三三年から一九四五年までドイツの政権を握っていたナチスは、第二次世界大戦を引き起こし、敗戦した。同時にナチスも崩壊したが、ヒトラーや党の幹部たちが隠し持っていたとされる闇資金の行方は明らかになっていないものが多いという。

　ヒトラーの資金は、南米に移動されたとする説がある。一九四五年四月に死亡したヒトラーだが、自身も南米に逃亡したという噂がある（詳しくは中南米・アルゼンチン共和国の**ヒトラーは南米で生きていた？**の項目を参照）。それを裏づけるかのような事実がある。一九九七年にブラジルの中央銀行で開けられた金庫に、約五億円相当の金が入っていた。所有者が死亡したため、遺族が開示を求めたことで判明した。所有者は、大戦中にドイツから移住してきた男性。彼はナチスの南米への逃亡の協力者だったのではないかと言われている。

　ナチスの全国宣伝部長だった幹部のゲッベルスも資金を隠していたのではないかという疑惑がある。彼は、新聞、放送、出版、映画などを掌握し、それらの売り上げはゲッベルスの懐に入っていたと言われている。しかし、私生活での彼は非常に吝嗇《りんしょく》だったという。一説には南米か日本への亡命のためにすでに海外に運ばれていたとも言われている。ゲッベルスはヒトラーの後を追って自殺したため、真相は闇の中だ。

他にも、金塊を飛行機で輸送途中に撃墜されてアルプスの湖に沈んだ、海外へ輸送しようとしていたがドイツが敗戦したために大量の貴金属が湖に捨てられた、バチカンの金庫に預けられている、資金を載せたUボートが沈没した、などナチスの闇資金にまつわる噂は後を絶たない。これらも噂のごく一部であり、多くの可能性が指摘され続けている。

ニーベルンゲンの歌

一二〇〇年頃に書かれた『ニーベルンゲンの歌』は、王子ジークフリートの活躍と死を描いた英雄叙事詩である。

この話は、古代スカンディナヴィアや、中世ドイツで広く知られていたシグルズの物語（詳しくは北欧の**シグルズの竜退治**の項目を参照）をもとにして書かれている。ジークフリートはシグルズのドイツ名だ。

この北欧とドイツの伝説をもとにして、ドイツの作曲家リヒャルト・ワーグナーが楽劇四部作『ニーベルングの指環』を作詞作曲した。

呪われたUボート

呪われた軍艦の伝説は世界中にあるが、「呪われたUボート」として有名なものが、第一次・第二次世界大戦でドイツ海軍が運用した「Uボート65号」という潜水艦にまつわる伝説だ。

Uボート65号は、一九一六年にベルギーのブルージュで建造されたが、建造中から不吉な事故に見舞われた。造船中の落下事故で作業員一人が死亡した。最初の航海では機関室に煙が充満し、閉じ込められた作業員三名が窒息死した。次のテスト航海で甲板から落下事故により水兵一人が行方不明になった。潜水テストでは、艦の沈下が止まらず、海床に落ちて一二時間も動かなかった。検査に合格し、初出撃の準備中に水雷の弾頭が爆発し、作業員一一名が死亡した。この時の犠牲者に一人の少尉がいて、その後、少尉の幽霊が腕組みをして艦首に立つ姿が何人もの乗組員に目撃された。

その後、初出撃から基地に帰還したUボート65号は大空襲に遭った。無事に乗り切ったように思えたが、艦長が上陸用の渡し板に足を踏み入れた途端、爆弾が落ちて破片に当たって死亡した。

さすがに事態を重く見たドイツ帝国海軍当局は、Uボート65号を牧師に厄払いさせたものの、次の出撃時に、砲手一名が発狂し、装填手《そうてんしゅ》一名が溺死し、機関長が骨折した。そして一九一八年七月、アイルランド沖を漂流していたUボート65号を発見したアメリカの潜水艦が攻撃しようとしたその時、Uボート65号は大爆発を起こし、海の底へ消えたという。大爆発の直前、アメリカの潜水艦の艦長は、潜望鏡でUボート65

号のへさきに、腕組みをして立つ怪しい「人ならざる者」を目撃している。

ただ、Uボート65号にまつわる史実と伝説では多少の食い違いがある。頻発する艦の不幸な事故と甲板に立つ亡霊の噂が広まるにつれ、「呪われたUボート」の伝説が完成したのかもしれないとする説もある。

ハーメルンの笛吹き男

中世のドイツで起きた、「ハーメルンの笛吹き男」で有名な、子どもたちの集団失踪事件。この事件はグリム兄弟によって童話にされ、現代まで広く知られる伝説となっているが、実際にあった事件がもとになっている。

一二八四年、ハーメルンの町に見慣れない一人の男が現れた。男はネズミ退治を生業にしており、笛を吹くと町じゅうのネズミがぞろぞろと集まった。そして笛の音に引き寄せられるようにネズミたちは男の後をついていき、川まで連れていかれて溺れ死んだという。男は報酬を求めたが、町の人々が支払いをしなかったため、怒って町を出て行った。

後日、帽子を被り、狩人の衣装を着た男がふたたびハーメルンの町にやってきた。男が笛を吹き始めると、どこからともなく町の子どもたちが集まった。子どもたちは男の笛の音に導かれて山に入っていき、わずかな子どもたちだけを残して一三〇人が姿を消してしまった。行方不明となった子どもたちは帰ってくることはなく、前代未聞の失踪事件となった。

ヒンターカイフェック一家惨殺事件

一九二二年、ミュンヘン近くにあるヒンターカイフェックという小さな村で起きた未解決事件。

被害者は二歳の子どもを含む一家六人。子どもとメイドを除く四人は、納屋で殺害されていた。納屋にはつるはしで脳を打ち抜かれた死体が並び、一人ずつ呼び込まれた形跡があったという。自宅には現金が残されていたこと、犯人が数日間家に滞在した跡があったことから、強盗ではなく知り合いによる怨恨の線で捜査が進められた。

一家は地元住人との交流が少なく、容疑者は見つからなかった。そのため、六人の頭部を切り落とし、頭部を媒体とした霊媒師による捜査も行われたという。しかし、結局犯人を捕まえることはできず、今も未解決のままである。

フランケンシュタイン城と伝説

フランケンシュタインといえば、イギリス人作家のメアリー・シェリーが描いた小説に登場する、大きな頭の不気味な大男の怪物を連想するが、その名を冠する城がドイツにある。ドイツのフランクフルト近郊、ミュールタールの山の上に立つ、フランケンシュタイン城だ。一三世紀頃、フォン・フランケンシュタインという貴族が所有していたことから、フランケンシュタイン城と呼ばれるようになった。

伝説によれば、一六七三年にこの城で生まれたヨハン＝コンラート・ディッペルは、宮廷錬金術師として働くかたわら、遺体の解剖実験を行っていた。遺体から魂を取り出して別の体に入れるという噂が立ち、フランケンシュタイン城のどこかで死体から怪物を作り出したという噂話が囁《ささや》かれるようになったと、のちにグリム兄弟が記録している。

　メアリーがフランケンシュタイン城の話を伝え聞いたかどうかは不明だが、小説の登場人物であるスイスの科学者ヴィクター・フランケンシュタインが人間の遺体をつぎはぎしながら怪物を造る物語は、ディッペルのエピソードとの共通点が多いので、彼が小説のモデルになったのではないかとも言われている。

夢の住人ザントマン

ザントマン（英語名サンドマン）は、ドイツの睡魔で、砂男ともいう。彼の背負う袋に入った魔法の砂をかけられると、たちまち眠ってしまう。夜ふかしする子どもがいると、その目をえぐり取るため、ドイツの子どもたちに恐れられているそうだ。

ルートヴィヒ二世の幽霊

一九世紀のバイエルン王ルートヴィヒ二世は、退位させられて三日後、湖で死亡していた。死の真相を巡っては自殺説、他殺説、事故説など今も論争が絶えない。

　近年、ルートヴィヒ二世が建てたノイシュヴァンシュタイン城では彼の幽霊を見たという噂があり、こんな体験談がある。

　一三歳の少女が城内で行方不明になり、その後、約八〇キロ離れた別の城で見つかった。少女の証言によれば、城の寝室で王の幽霊が現れたが、兵隊たちが王を湖へ連行していき銃殺した。その後、少女が目覚めると別の城にいて、そこは王が亡くなる直前まで幽閉されていた城だったという。

　また、こんな話もある。ルートヴィヒ二世は生前親しかった従姉妹のシシィ（のちのオーストリア・ハンガリー帝国の皇后エリザベート）の夢枕に立ち、シシィの運命には多くの悲しみがつきまとうこと、死は突然訪れることを予言した。その後、シシィが辿った運命は王の予言通りとなった。

　現在、ルートヴィヒ二世が亡くなった湖畔には、王の魂を鎮めるために礼拝堂や十字架が立てられている。

トルクメニスタン

ダルヴァザの地獄の門

首都アシガバットの北二六〇キロに位置する村ダルヴァザのカラクム砂漠には、五〇年間燃え続けている穴がある。穴の中で業火が燃え盛る様から、地元で「地獄の門」と呼ばれているその穴は、直径約九〇メートル、深さ約三〇メートルの巨大クレーターだ。

一九七一年、ソ連の地質学者たちが天然ガスを調査している際に地盤が崩落、巨大な穴が開いてしまう。地下から有毒ガスが漏れ続けることを懸念した当時のソ連当局は、穴を埋めずに火を点《つ》けることでガスを処理しようとした。しかし、ガスは漏れ続け、今も炎を上げている。一九九一年にトルクメニスタンが独立して以降も、ガスの燃焼を防ぐ手立てがなく、いつまで燃え続けるのか誰にもわからないという。

観光地化を望んだ政府により、周囲の集落が破壊されるなどの問題も起きているが、現在は海外からの観光客が訪れる絶景スポットになっているそうだ。

ノルウェー王国

海の怪物クラーケン

古くから信じられている海に棲む伝説の怪物。ヨーロッパの海に出没し、ノルウェーやスウェーデンでの目撃情報が特に多い。約一〇〇〇年前に、ノルウェー王スヴェン一世が本の中で「クラーケン」と記したものが最初の記述だとされている。

デンマークの司教ポントピダンの著書『ノルウェー博物誌』によると、クラーケンは全長一・五マイル（約二・四キロ）もあり、海藻をまとった体は、島と見間違えるほどだという。

見た目はタコやイカ、エビのような姿で描かれることが多いが、はっきりと定まっていない。渦巻きを起こし、船を転覆させたりするため、ヨーロッパの船乗りの間に恐れられている。船の乗員が全員行方不明となったメアリー・セレスト号の事件（詳しくは北米・北米全域の**メアリー・セレスト号事件**の項目を参照）も、クラーケンの仕業だとする説もある。一方で、クラーケンの性格は温厚だとする伝説もある。

クラーケンの正体として、巨大なダイオウイカであるとする説が有力だが、地球上の生物で最大と言われているシロナガスクジラでさえ、全長二〇〜三〇メートルほどであることを考えると、現在知られている生物に当てはまるとは考えづらいとする意見もある。いまだ謎の多い深海にクラーケンは潜んでいるのかもしれない。

恋に破れたトロルとトルガッテンの岩

トロルとは、北欧の伝承に登場する毛むくじゃらの妖精だ。巨人や小人の姿で描かれることが多い。トロルにまつわる伝説の岩がノルウェー中西部のブレンネイスンにある。六億年前に大陸同士の衝突でできたという花崗岩《かこうがん》で、トルガッテンと呼ばれる。高さ二五八メートルの巨大な一枚岩の中央に、小さな穴が開いているのが特徴だ。

昔、あるトロルが人間の娘に恋をした。美しい娘だったが、トロルの思いは叶わなかった。しかし、娘を他の誰にもとられたくないと思ったトロルは、いっそのこと娘を殺してしまおうと考える。娘に向けて矢を放ったその時、山の王が現れて帽子を投げた。帽子は矢から娘を守った。その翌朝、帽子は巨大な岩になっていたという。岩に開いている小さな穴は、トロルが放った矢が開けたものだと伝わっている。

トロルに関連のある岩は、ノルウェー南部のオッダにもある。ノルウェー語で「トロルの舌」という意味の、トロルトゥンガという名前の岩だ。岩盤がフィヨルドの断崖に突き出しており、巨人トロルの舌のようであることから名づけられた。

バチカン市国

女教皇ヨハンナ

八五五年、教皇レオ四世が亡くなったあと、英国紳士であるマインツのヨハネが地位を継ぎ、教皇ヨハネとなった。ところが教皇になってから二年後、ヨハネはローマでの行列の途中で、強烈な痛みに襲われて意識を失う。その後、なんとヨハネは息子を出産して死亡した。教皇ヨハネの正体は、女教皇ヨハンナだったのだ。

この伝説は一三世紀頃に噂が広まり、人々は何世紀もの間、女教皇が存在したことを史実と信じてきた。ローマ教皇の行列は、ヨハンナが出産したとされる場所は避けて通ったと言われている。だが、実際にはレオ四世の跡を継いだのはベネディクト三世であり、女教皇が実在したと言及する文書は残されていない。教皇庁は女教皇の存在を否定しており、今では実在の可能性は低いとされている。

システィナ礼拝堂の絵の秘密

ミケランジェロの描いた、システィナ礼拝堂の壁画「最後の審判」にまつわる伝説がある。最下段右側の地獄にいる冥官ミノスは、時の法王庁の儀典長ビアージョの顔に似せたと言われている。仕事にケチをつけられて腹を立てたミケランジェロが、彼を地獄の鬼として描き、絵の中で復讐《ふくしゅう》をしたのだ。復讐はこれだけではなかった。

この絵は当初、全員丸裸で腰布をつけていなかった。しかし、聖職者から卑猥《ひわい》だという批判の声が殺到したため、完成後、すべての人物に腰布を加筆しなければならなかった。近年、絵の修復作業で腰布の一部を取り除いてみたところ、ミノスの性器はしっかりと蛇にくわれていたのだった。

ハンガリー

血の伯爵夫人 エリザベート・バートリ

一六世紀末から一七世紀初頭のハンガリー王国で、伯爵夫人にたくさんの少女が惨殺されるという事件が起きた。「血の伯爵夫人」と呼ばれる、エリザベート・バートリ（バートリ・エルジェーベト）の伝説。

ハプスブルク家とも血縁関係にあるトランシルバニアの名門貴族に生まれたエリザベートは、一五七五年にフェレンツ・ナダスティ伯爵と一五歳で結婚する。現在のスロバキアにあるチェイテ城を居城とするが、留守の多い夫を待つ日々を過ごすうちに、彼女は領地の若い女性たちを城に呼び込んでは惨殺を楽しむようになる。

美貌の持ち主だったエリザベートは、美の衰えを防ぐためには、若い女性の血が必要だと考えるようになる。城の一室に手足を縛った女性を閉じ込め、全身に針を刺したり、下男に喉を切り裂かせたりして流れ出した大量の血を飲んだり、浴びたりしていたという。血を得るための方法は次第に凄惨さを増していき、拷問器具が用いられるようになる。内側に鋭い棘《とげ》が飛び出した籠に女性を入れて、宙に吊るして揺らすことで血のシャワーが降り注ぐ「鉄の鳥籠」、人ひとり入れる大きさの鉄製の人形の中が空洞になっており、内部に女性を閉じ込めて内側に仕掛けられた棘や刃で血を搾り取る「鉄の処女」。こうして得た血はエリザベートが浸かる浴槽を満たしたという。

彼女の犯行は一〇年に及び、犠牲となった娘は五〇〇人とも六〇〇人ともいわれている。一六一〇年、ついに悪事が露見する。裁判の結果、エリザベートはチェイテ城に監禁され、四年後に五四歳で死んだという。

呪われた曲『暗い日曜日』

『暗い日曜日』は、一九三六年に発表され、ヨーロッパで大ヒットしたシャンソンの曲だ。フランスのシャンソン歌手ダミアが歌った曲で、日本でも淡谷《あわや》のり子などがカバーしている。第二次世界大戦直前の世相も影響してか、暗さ、悲しさを漂わせる歌詞が人々の共感を得たという。しかし、この曲を聞いた人は自殺するという噂が立ち、「自殺の聖歌」と呼ばれるようになってしまう。ハンガリーだけでも一五七名がこの曲を聞いて自殺したと言われており、ドイツ、フランス、アメリカでも自殺者が続いた。イギリスでは『暗い日曜日』を放送禁止にしたという。

さらに、この曲を作曲したセレシュが、元恋人に連絡を取った翌日、元恋人が「暗い日曜日」というメモを残して自殺、セレシュ自身も三〇年後に自殺をしている。

『暗い日曜日』と自殺者の自殺理由の直接

的な因果関係は明らかにされていないが、「呪われた曲」というレッテルを貼られたまま現在に至っている。

フィンランド共和国

狐火が夜空を舞う村

フィンランドの最北部に位置するラップランドは、ほとんどが北極圏内に入る極寒の地で、オーロラの名所でもある。

オーロラはどこから現れるのか。この地方のイナリ村に暮らす先住民族サーミ人の伝説によれば、狐が北極圏の雪原を駆ける時、尻尾が雪原に触れて火花を飛び散らせる。それが夜空に舞い上がり、オーロラとなるのだという。その伝説から、フィンランドではオーロラのことを「狐火」という意味のレヴォントゥレットと呼ぶ。

サーミ人はもともと遊牧や狩猟を行って暮らしていたが、現在はほとんどが定住生活を営み、トナカイの飼育などを行っている民族。この地にキリスト教が広がる以前、サーミ人は森羅万象に宿る精霊たちを信仰していた。ディズニー映画『アナと雪の女王2』に登場する、架空の民族ノーサルドラの人々は、サーミ人がモデルと言われている。そのため、この映画のエンドクレジットには、サーミ人への感謝の意が記されている。

魔術師ロウヒと魔法の臼サンポ

魔術師ロウヒは、フィンランドの英雄ワイナミョイネン（詳しくは**老人の姿で生まれたワイナミョイネン**の項目を参照）の冒険物語に登場する。

フィンランドの大地に降り立ったワイナミョイネンは、巨人のヨウカハイネンの妹であるアイノと結婚したいと望んだ。そこでヨウカハイネンに音楽合戦を持ちかけ、勝負に勝つ。ワイナミョイネンは優れた吟遊詩人でもあったのだ。しかし、アイノは年老いたワイナミョイネンの嫁になることを拒んで、海に身を投げてしまった。

アイノに失恋したうえ、深く傷ついたワイナミョイネンは、北方地方へ旅に出て、北の大地ポホヨラに辿り着く。その地の支配者であった魔術師ロウヒに会うと、ロウヒは「もしサンポを作ることができたら、娘のポホヤと結婚させよう」とワイナミョイネンに約束した。サンポというのは、塩、小麦粉、金を生み出すことができる魔法の臼のことだ。ワイナミョイネンは、優れた鍛冶屋であった彼の弟イルマリネンにサンポの鋳造を頼み、苦労の果てにサンポを作ったイルマリネンは、ロウヒの娘ポホヤとの結婚を許された。ロウヒが約束したのはサンポを「作った者」との結婚だったことを失念していたワイナミョイネンはふたたび失恋した。

しかしのちに、クレルヴォという奴隷によってポホヤが殺され、ワイナミョイネン、イルマリネン、そして、かつてポホヤに求婚したことのある向こう見ずな戦士レンミンカイネンが加わった三人が集結する。ポホヨラの地が、魔法の臼サンポによって得た富で富や食べ物を独占していることを聞いた彼らは、三人でサンポを盗み出してフィンランドへ持ち帰ろうと計画を立てた。

　三人はポホヨラに着くと、ワイナミョイネンが魔法のカンテレ（ハープに似た弦楽器）を演奏した。この楽器の音色を聴いたものは魔法で深い眠りに落ちるのだ。ロウヒたちが眠りについている隙に、三人はサンポを運び、舟で沖に向かった。しかし、目を覚まして追いかけてきたロウヒの攻撃により、サンポは海の底へと沈んでしまう。小麦粉と金を生み出す部分は壊れてしまったが、サンポは今もなお海の中で塩を生み出し続けているということだ。ワイナミョイネンは可能な限りサンポのかけらを集め、フィンランドの人々に分け与えたという。

　フィンランドの叙事詩『カレワラ』による。フィンランドの作曲家ジャン・シベリウスは、『カレワラ』からインスピレーションを受け、交響詩『ポホヨラ』や『クレルヴォ』などを作曲している。

老人の姿で生まれたワイナミョイネン

　フィンランドには次のような創世神話が伝わっている。

　太古の昔、大気の女神イルマタルが、果てしない波間に漂っていた。イルマタルは身ごもってお腹が大きくなっていたが、子どもがなかなか生まれてこない苦しみにうめいた。すると、イルマタルの膝上に一羽の鴨《かも》が舞い降りてきて、七つの卵を産んだ。イルマタルが動くと卵が落ちて砕け、そのかけらから世界が生まれた。殻の半分は空になり、もう半分は陸地となった。

　お腹の子どもは、七〇〇年を子宮の中で過ごしてからようやく出てきたが、生まれた時はすでに老人になっていた。これが、この世に生まれた最初の人間にして、老齢の魔法使いワイナミョイネンである。大海原を漂うワイナミョイネンの膝の上に、鷲が舞い降りて六つの卵を産みつけ、その卵が水中へ転げ落ちて世界が作られたという別伝もある。

　ワイナミョイネンは八年間、海を漂ったのち、フィンランドとなる陸地に辿り着く。やがて北方地方へ旅立ったワイナミョイネンは、魔術師ロウヒ（詳しくは**魔術師ロウヒと魔法の臼サンポ**の項目を参照）からの難題をこなすなどの数多くの冒険を経たのち、太陽の沈む方角へと船を漕《こ》ぎ出した。いつかフィンランド人が必要とした時、ワイナミョイネンはふたたびこの地に戻ってくると言われている。

　フィンランドの叙事詩『カレワラ』による。

フランス共和国

カルナック列石の謎

フランス北西部のブルターニュ地方にあるカルナックに、三〇〇〇以上の石が約三キロにわたって並ぶ巨石記念物がある。カルナック列石と呼ばれるこの石たちは東西にまっすぐ並んでおり、一つの石が柱状に立った「立石（メンヒル）」や、複数の石で巨大な石を支えた「支石墓（ドルメン）」などで構成されている。

何千年も前の新石器時代から青銅器時代の頃からあったとされるが、誰が何のために置いたものなのかはわかっていない。そのため、これまでに様々な説が唱えられてきた。

カルナックの守護聖人、聖コルネリが異教徒の兵士に追われて海岸までやってきた時に、聖コルネリが兵士たちを石に変えたという伝説が残っている。ただし、カルナック列石はキリスト教の成立より前からあると考えられているため、古代の人々が神々を祀った、精霊や巨人が巨石を置いたとする説もある。他にも、列石が並ぶ東西のラインを西に延ばすと一〇月末の日没の位置になる。ブルターニュ地方の冬作の小麦の種蒔《ま》きの時期のため、農耕に関する暦だったとする意見もある。

死の舞踏とストラスブールの舞踏病

一四世紀にヨーロッパでペスト（黒死病）が流行した際、ペストが蔓延《まんえん》した地域では、人々が踊り狂うという事象があった。これは「死の舞踏」と呼ばれ、死の恐怖に陥った人々が集団ヒステリーに陥るせいと言われている。一五世紀になるとペストに対するお祓《はら》いの行事になっていったそうだ。

一五八一年には、フランス北東部、ドイツとの国境近くにあるストラスブールで「死の舞踏」にまつわる事件が起きている。ある日、一人の女性が突然、道で踊り出した。すると踊りに参加する人が加わり、一ヶ月後には四〇〇人ほどになったという。役人が止めようとしても人々の踊りは止まらず、飲まず食わずで踊り続けた結果、一〇〇人が心臓発作や過労で亡くなってしまったそうだ。原因不明の騒動となったが、集団ヒステリーによるとも、ライ麦パンについていた麦角《ばっかく》菌の影響とも言われている。

また、「メメント・モリ（死を思え）」というキリスト教の終末観とリンクし、中世末期のヨーロッパでは「死の舞踏」は芸術のモチーフとされた。死の象徴である骸骨が輪になって踊る様子が壁画や版画に描かれたりしている。後の世でも、ハンガリーの作曲家フランツ・リストが『死の舞踏』という曲を残している。

ジャンヌ・ダルク生存説

一四三一年、ジャンヌ・ダルクはイギリス軍に捕まり、火炙《ひあぶ》りの刑に処せられた。一九歳だった。ジャンヌ・ダルクは一三歳の時から天使の声を聞き始め、フランス北部のオルレアンの町が包囲されたという知らせが彼女の住む小さな村に届くと、天使は「行って包囲から町の人々を救いなさい」とジャンヌに命じた。わずか一年足らずでジャンヌは目覚ましい活躍を見せ、ランスでシャルル七世の即位に立ち会う。しかし、ブルゴーニュ王国の軍隊に捕らえられ、イギリス軍へ売り渡されて魔女の烙印《らくいん》を押され、生きたまま火に焼かれた。

ところがジャンヌが処刑されてから五年後の一四三六年、ロレーヌに処女ジャンヌを名乗る一人の女性が現れた。偽者がジャンヌの名前をかたったと思われたが、ジャンヌの二人の弟、プティジャンとピエールは、「女が弟たちに会いたがっている」という話を聞いて彼女に会った途端、息を呑んだ。二人の目の前にいたのは姉のジャンヌだったという。二人の弟以外にも、イギリス軍と戦った頃の彼女を知っている様々な人が、彼女をジャンヌとして歓待していたという。彼女はのちにロベール・デ・アルモアールという貴族と結婚し、アルモアール夫人となって二人の子どもを産み、メッツで静かに暮らしたそうだ。

当時、裁判や看守の中にも彼女を支持する数人の味方がいたことや、彼女の処刑の際、見物客はかなりの距離に遠ざけられ、処刑される女性が識別できない措置をとられていたことなどから、ジャンヌを救出する陰謀が成功した可能性はある。

ただ、空白の五年間について彼女から明確に語られなかったこと、フランス王に謁見した際、王が彼女を偽者と断定したことなどから、アルモアール夫人が本物のジャンヌ・ダルクだったかどうかは、うやむやなままである。

シュヴァルの理想宮

ジョゼフ＝フェルディナン・シュヴァルという郵便配達員が、たった一人で作り上げた宮殿がある。フランス南東部のドローム県オートリーヴ村に現存する、古今東西のさまざまな建築様式やモチーフが混在した、空想的な宮殿である。

ある時、シュヴァルが変わった形の石につまずいて「大きな宮殿を作ろう」と決意。建築や石工の知識を持たないまま、たった一人で石を拾い集め、三三年もの年月をかけて理想宮を完成させた。シュヴァルの死後、詩人のアンドレ・ブルトンや画家のピカソなどが絶賛し、一九六九年には、フランス政府の重要建造物に指定。現在では、世界中から見物客が訪れる一大観光スポットとなっている。この実話は二〇一八年に映画化され、翌年日本でも『シュヴァルの理想宮 ある郵便配達員の夢』として公開された。

正体不明の鉄仮面の男

一七〇三年一一月一九日、一人の囚人が、フランスのバスティーユ監獄で獄死した。その男は入獄していた三四年間、顔に鉄の仮面をつけられ、仮面をとったら直ちに殺せと命令が出ていたという。彼の身元を知る者はごくわずかであり、囚人は翌日、「マルシオリー」の名前で埋葬された。

多くの研究家が、この鉄仮面の謎に挑もうとした。ヴォルテールは『質疑応答百科全書』という本の中で、ルイ一四世の妻であるオーストリアのアンヌが、宰相マザラン枢機卿の子どもを生み、のちに生まれたルイ一四世と容貌が似ているという噂が立つことを恐れて、息子の顔を仮面で隠し、牢獄に幽閉したというのだ。

小説家のアレクサンドル・デュマは、一八四七年に小説『鉄仮面』のなかで、謎の囚人はルイ一四世の双子の兄弟だと明かし、鉄仮面の男の謎は一気に世間へ広まった。この説は、小説が出版される半世紀以上前、ルイ一三世時代の宰相リシュリューの回想録によって提示されている。

様々な奇想天外な説が囁《ささや》かれるなか、鉄仮面の男はリシュリューが雇った「種つけ男」の息子とする説がある。ルイ一三世には性的不能者の噂があった。そこで若くハンサムな銃士隊隊長フランソワ・ドジェ・ド・カヴォアイエが、リシュリューによって種つけ男として選ばれ、アンヌは懐妊した。しかしドジェの息子である二人の兄弟ユスタッシュとルイは、ルイ一四世と容貌が似ていた。弟ルイは王への忠誠を誓ったが、もともと素行の悪かった兄ユスタッシュは、王に対してゆすりを働くなどしたために密かに幽閉されたというものだ。

この説が正しいとすると、鉄仮面の男はルイ一四世と顔つきの似た同父異母の兄であり、王自身も不義の子ということになる。真相は不明のまま、一人の囚人に死ぬまで仮面の着用を強いるという奇怪な事件だけが、歴史の事実として残されている。

少年十字軍

一二一二年の春から夏にかけて、ドイツとフランスで奇妙な民衆運動が立て続けに起こった。春、ドイツのケルン付近で、ニコラスという少年が天使からメッセージを受け取ったとして、数千人の農民や牧夫たちを引き連れてイタリアまで行進を始めたのだ。その目的はエルサレムの解放で、武器はなく、無装備のまま歩いて海を渡る計画だった。

一方、同じ年の夏、フランスのクロア村（現在のシャルトル南方）で、エティエンヌという牧童が巡礼姿のキリストに会い、フランス王宛ての手紙を託されたとして、彼の周囲に集まった三万人もの少年少女たちとエルサレムに向けて出発した。

しかし、その無防備な旅の結末は悲惨なもので、地中海に船出した子どもたちは海難に遭ったり、悪徳商人の手で奴隷に売られたりして、大半の子どもたちは行方不明となってしまった。行軍の参加者は膨れ上がり、数万人に達したともいい、のちの歴史家がこの一連の運動を「少年十字軍」と呼んで伝説となった。

波の下の国イス

古代ケルトの伝承によると、波の下の国についての伝説がいくつか残されている。なかでも有名なものが、大陸系ケルト人たちによって建設された、イスという都だ。

イスは五世紀頃、現在のフランスのブルターニュ地方にあったとされる都市で、グラドロン・マールという立派な王によって作られた頑丈な堤防によって守られていた。しかし、グラドロン王の娘ダヒュが水門を開いてしまった。酒に酔ったから、邪悪な人物にそそのかされたからなど、理由は伝承によって異なるが、いずれにせよ大量の海水がイスの都を襲い、大洪水によってイスは波の下に沈んでしまった。消えたイスの都は海底で繁栄を続けていると信じる者もいて、ブルターニュの海岸を通る時には、波の音に混じって教会の鐘の音が聞こえてくると言われている。

不死身のサンジェルマン伯爵

一八世紀のフランス、パリの社交界を中心にヨーロッパの宮廷社会に彗星《すいせい》の如く現れ、時空を超えるタイムトラベラーとして噂された男がいる。不老不死を自称するサンジェルマン伯爵である。

サンジェルマンが初めて歴史に登場するのは、一七一〇年頃のベネチアである。フランスのフォン・ゲルギー伯爵夫人が伯爵に会った際、彼は五〇歳前後に見えたという。それから四〇年後の一七五〇年頃、サンジェルマン伯爵はパリの社交界に颯爽《さつそう》と現れ、上流階級の人々に注目されるようになったが、伯爵の外見は不思議と四〇年前と同じ五〇歳前後だった。フォン・ゲルギー伯爵夫人が、ポンパドゥール夫人のパーティーでサンジェルマン伯爵に再会した際、少しも年をとらない伯爵の姿を見て驚き、声をかけたところ、サンジェルマン伯爵は、「私は四〇年前にあなたにベネチアでお目にかかった者です。変わらないように見えるでしょうが、私は非常に年をとった人間なのです」と笑みを含んで答え、ベネチアについての詳しい話を披露したので、夫人は、彼を信じないわけにはいかなかったという。

サンジェルマン伯爵は、黒のベルベットの服に身を包み、白のサテンのネクタイを結んだ小柄な男だった。物腰は洗練を極め、多言語を操り、医学や音楽、絵画、化学、文学など豊かな知識と教養をもち、金持ちで、カリスマ性を兼ね備えており、多くの召使いを従えていた。自らを三〇〇歳とも四〇〇〇歳とも言い、イエス・キリストやシバの女王に会ったこともあると述べていた。

イタリアの冒険家、作家のカサノヴァも、サンジェルマンと直接言葉を交わした人物である。その著書『回想録』にその時の体験談を次のように書き記している。

「この奇怪な男は万能薬の製法に精通しており、森羅万象を自分の意のままに動かすことができ、ダイヤモンドを溶かせるなどと語った。厚かましい山師だと思ったが、不思議と不愉快な気持ちにはさせられなかった」

一七四八年には、フランス国王ルイ一五世に謁見して傷一つないダイヤを献上し、一七七四年にはルイ一六世とマリー・アントワネットに謁見し、夫婦の不幸な未来を予言したとも言われている。一七八四年にドイツで死去したと言われているが、死後もサンジェルマンと会ったという噂が絶えない。外見は当時と変わらない五〇歳前後のまま、フランスのナポレオン、英国の首相チャーチルと会談したという噂もあった。まさに時を超えて存在していたとしか思えないサンジェルマン伯爵。彼は今も、世界のどこかを旅しているかもしれない。

星になったサン＝テグジュペリ

フランスの小説家であり、空を愛する飛行士でもあったサン＝テグジュペリの最期にまつわる、こんな伝説がある。

一九四四年、テグジュペリは偵察飛行に出かけたまま消息を絶った。彼の最期は長らく謎に包まれていたが、二〇〇四年、マルセイユ沖でテグジュペリの飛行機らしき残骸が発見された。その後、元ドイツ軍パイロットが、彼の飛行機と知らずに撃墜したことを証言。実はパイロット自身、テグジュペリの書いた小説『星の王子さま』のファンだったことが明かされたのだった。

ルルドの泉

ピレネー山脈の麓にある小さな町ルルドにある、奇跡の泉の伝説。一八五八年、ルルドに住む貧しい少女ベルナデッドが、洞窟の近くで薪拾いをしている時に白い服をまとった美しい貴婦人に遭遇する。貴婦人はベルナデッドの前に何度も現れ、ある日、貴婦人の導きで地面を掘ると泉が湧き出たという。発見された泉の水に触れた人の病が治るという奇跡が起き、「奇跡の泉」としてヨーロッパ中に知られることとなる。かの貴婦人は聖母マリアであるとされ、洞窟には大聖堂が造られ、入口にはマリア像が建てられた。

カトリックの聖地とされ、毎年、五〇〇万人もの人々が奇跡を求めて世界各地から訪れている。

ブルガリア共和国

ポビティー・カマニーの石にされた巨人

ブルガリア東部にあるヴァルナは、黒海

に面した港町。紀元前に古代ギリシャの植民都市オデッソスとして建設された歴史をもつ、由緒ある都市である。現在は国内有数のリゾート地となっており、国内外から多くの人が訪れている。このヴァルナから二〇キロほどのところにある砂漠地帯に、新たに注目スポットとなりそうな場所があるという。

　ポビティー・カマニー（ストーン・フォレスト、カメンナタ・ゴラ）と呼ばれる奇石群だ。高いものでは一〇メートルもある、まっすぐに立つ円柱型の岩が並ぶ光景は、建造物の柱の遺跡のようにも見える。実際は自然現象によって形成されたものだが、この岩にまつわる伝説がある。

　昔、この地に一人の青年が住んでいた。青年は神と約束を交わし、不死を手に入れた。約束とは、「神の秘密を話さない」というものだった。しかし、ある日、青年に恋する娘が海の巨人たちに捕まってしまう。巨人たちは「神の秘密を明かせば娘を助けてやる」と青年に言った。娘を助けるために、青年は不死の体を失う覚悟で神の秘密を話そうとする。そこに神が現れ、海の巨人たちを石に変えてしまった。青年は無事に娘を救うことができた。この時、石にされた巨人たちが、ポビティー・カマニーの奇石群だという。

　他にも、この石は複数の巨人によって並べられた、古代より聖地とされた場所だったとする説もある。

ベラルーシ共和国

イワンと悪魔

　ロシア文化圏では、イワンという名の三人兄弟の末っ子が主人公の昔話が多い。日本では、ロシアの小説家トルストイが書いた『イワンのばか』が有名だ。ベラルーシにも、イワンが登場する民話がある。

　昔、両親と三人の兄弟の百姓一家がいた。とても貧しく、母が亡くなり、父も病気になった。父は貧しいながらも息子たちにそれぞれに贈り物をした。長男には黄色い猫、次男には挽《ひ》き臼、三男のイワンにはわらじを作るための木の皮を残し、父は死んでしまった。

　ある日、長男が黄色い猫を連れて他の国へ旅に出た。夜になり、民家に泊めてもらおうとすると、「我が家はネズミだらけですよ」と言われた。長男は「それでもかまいません」と言って泊めてもらうと、翌朝には猫が大量のネズミを捕まえていた。猫というものを知らなかった民家の人は、猫を欲しがったが長男は譲らなかった。猫の話はその国中に広まり、長男は王様に呼び出される。王様の家でも大量のネズミを退治すると、王様が猫を欲しがったので長男はたくさんの銀貨と猫を交換した。お金持ちになった長男は、自分の国に帰って結婚し、幸せに暮らした。

長男を見て、次男も挽き臼を持って旅に出ることにした。次男は森の近くで見つけた小屋に泊まることにした。すると夜中に泥棒たちが小屋に入ってきた。次男に気づかないまま泥棒たちは盗んだ金貨を数えていた。その時、次男が寝返りをうって挽き臼にぶつかり、大きな音がした。驚いた泥棒たちは小屋から逃げ出し、次男はたくさんの金貨を手に入れた。そして自分の国に戻って幸せに暮らした。

　三男のイワンも、兄たちと同じように旅に出た。旅の途中でわらじが壊れてしまった。沼地のほとりで、わらじを直すために父からもらった木の皮でひもを作っていると、沼から悪魔が現れた。悪魔から「何をしているのか」と尋ねられたので、イワンは「お前たち悪魔を捕まえて売ろうとしている」と答えた。驚いた悪魔は、「捕まえないでいてくれるなら、代わりになんでも欲しいものをやろう」と言った。そこでイワンは「帽子いっぱいの金貨が欲しい」と答える。悪魔が沼の中に金貨を取りに行っている間に、イワンはこっそり地面に穴を掘り、その上に穴を開けた帽子を置いた。

　悪魔が戻ってきて帽子に金貨を入れるが、帽子はいっぱいにならない。不思議に思いながらも悪魔がふたたび沼から金貨を持ってきて、ようやく帽子いっぱいになった。しかし、帽子を持ち上げた時に穴を掘っていたことがばれてしまう。騙《だま》されたことに気づいた悪魔は怒り、沼から力持ちの悪魔を連れてきて、すもうに勝てば金貨を渡すと言った。イワンは近くにいた熊を見つけ、「あれは私のおじいさんだ。先におじいさんとすもうをとってくれ」と言った。さすがの悪魔も熊には勝てなかった。次に足の速い悪魔を呼んできて、かけっこ勝負をすることになった。イワンは近くにいたうさぎを見つけて「あそこにいる私の子どもとかけっこ勝負をしてくれ」と言った。悪魔がうさぎに近づくと、驚いたうさぎは逃げ、悪魔でも追いつくことはできなかった。最後に口笛が得意な悪魔がやってきて勝負を挑んだ。イワンは悪魔に「目を閉じていないと大変なことになる」と言った。目を閉じた悪魔の額めがけて、イワンは棒を振り下ろした。驚いた悪魔に「次はもっとすごい笛を吹くぞ」と言うと、悪魔は金貨を置いて逃げていった。

　こうしてイワンは悪魔からたくさんの金貨を手に入れ、国に戻ったという。

聖霊大聖堂の奇跡のイコン

　ロシアとポーランドの間に位置するベラルーシは、一九九一年のソビエト連邦の崩壊にともなって独立した国だ。ロシアの影響が色濃く、国民の八割以上がロシア正教を信仰している。

　首都ミンスクのスヴィスラチ川近くの丘にある聖霊大聖堂は、一七世紀に建てられたバロック式の建築物。もとはカトリックの教会だったが、一九世紀半ばにロシア正教会の教会となった。ここに、奇跡を起こすイコンがあるという。イコンとは、主にロシア正教やギリシャ正教など東方正教会で崇拝の対象となっている聖画像のことだ。イエス・キリストや聖母マリア、聖人を描いたものが多い。

聖霊大聖堂にある「ミンスクの聖母」は、聖母と幼少の頃のイエスを描いたイコンだ。一五世紀半にモンゴル軍と争った際に、キエフ（現在のウクライナの首都）のドニエプル川に投げられたイコンがあった。イコンは川を上って上流にあるミンスクまで流れ着いたという。この出来事以降、「ミンスクの聖母」は奇跡を起こすと信じられている。

ベルギー王国

モンスの天使

第一次世界大戦中の一九一四年、イギリスとフランスの連合軍がドイツ軍（プロシア軍）と、ベルギーのモンスで交戦していた。モンスは、ベルギー西部のエノー州の州都。

連合軍はドイツ軍に包囲され、絶体絶命のピンチに陥った。その時、上空に光るものが現れた。光は黄金の衣をまとった三名ほどの人影に見えたという。そのうちの一名は大きな翼を広げているように見えた。連合軍の兵士たちは天使が降臨したと考え、神の加護を受けたと信じた彼らは、ドイツ軍の包囲を破って生還したという。上空に輝く光は、敵兵であるドイツ軍も目撃しており、光に包まれた瞬間に身動きがとれなくなったという。この奇跡は「モンスの天使」と呼ばれて語り継がれている。

実は、このエピソードはイギリスの作家アーサー・マッケンが一九一五年に発表した小説『弓兵』と酷似している。アーサー自身も、モンスの敗戦の記事を新聞で読み、その後、教会で小説の内容を思いついたと語っている。おそらく、実際の事件と小説の内容が混同され、事実のように認識されるようになったのではないか、と言われている。

ただし、イギリス旅団長が一九一四年九月に書いた手紙にモンスの天使についての記述があったり、モンスで傷ついた兵士たちを看護した看護師が兵士たちから天使の話を聞いていたり、小説の発表以前から天使の目撃談はあったという。モンスの天使による奇跡が本当に起きたのかは、まだ議論の余地が残されているようだ。

ポーランド共和国

ナチスの財宝を載せた黄金列車

第二次世界大戦末期、ナチスドイツは支配下にあったポーランドに、財宝を積んだ列車を埋めたという伝説がある。二〇〇億円相当と言われる金塊や宝飾品、芸術品を載せたとされる列車は「黄金列車」と呼ばれ、世界中のトレジャーハンターが発掘を試みてきた。

一九四五年、ソ連（現在のロシア）の軍が迫ってきた際に、ナチスはポーランドに建設したトンネルの中に財宝を隠したという。あくまで地元に伝わる噂にすぎないと思われていたが、二〇一五年、事態が大きく動いた。ドイツ人とポーランド人のトレジャーハンターが、ポーランド南西部にあるバウブジフという町で調査を行い、地中レーダーでナチスの列車が埋まっている地点を突き止めたと発表したのだ。

彼らによると、地下八〜九メートルに一〇〇メートルほどの列車が埋まっていると主張し、二〇一六年に発掘作業を行った。作業は二週間行われたが、黄金列車の発見には至らなかった。しかし、地中に何かが埋まっていることは確実視されており、調査の継続が期待されている。

ボスニア・ヘルツェゴビナ

ヴィソコの巨大ピラミッド

首都サラエボの北西にあるヴィソコの町に、エジプトのピラミッドよりも古いとされる巨大ピラミッドがあるという。アメリカのアマチュア考古学者のセミール・オスマナジッチが提唱する説で、二〇〇六年から発掘調査が行われている。ピラミッドのように整った四角錐の丘陵は、約一万二〇〇〇年頃に作られた人工の建造物だという。現在は、オスマナジッチは一帯の土地を購入し、ピラミッド公園としている。癒しの力を秘めたパワースポットとして多くの人が訪れているという。

ただし、考古学者たちの間では、山の形は自然に形成されたものであり、人工のピラミッドだとする説については疑問視する声が多いという。

メジュゴリエの聖母

ボスニア・ヘルツェゴビナの南部の山間にある、メジュゴリエという小さな町で起きた聖母マリアにまつわる伝説。一九八〇年代から、この町には聖母マリアが現れるという奇跡が起きているという。一九八一年、地元の若者たちが丘を歩いていると、聖母マリアを目撃した。以降、目撃談が相次いだため、噂は町の外にも広まる。そして、多くのカトリック教徒がメジュゴリエに巡礼するようになった。現在では、人口数千人の小さな町に年間二〇〇万人の信者が訪れるという。

ただし、メジュゴリエの聖母の出現については、バチカンのローマ法王庁が調査は進めているものの公式には認めておらず、現時点では議論が続いているという。

ポルトガル共和国

長崎に沈んだ マードレ・デ・デウス号

江戸時代初期、長崎の沖合に沈んだポルトガルの貿易船がある。金銀や生糸を大量に積んでいたマードレ・デ・デウス号だ。日本、マカオ、中国で交易を行い、長崎に寄港した船だった。

当時、肥前国（現在の長崎県）の島原藩とポルトガルの間ではトラブルが生じていた。デウス号が寄港する一年前、島原藩の船がマカオにいた際に、ポルトガル人ともめて日本側に死傷者が出ていたのだ。デウス号には、この問題を解決するための行政官アンドレ・ペソアも乗船していた。

ペソアが徳川家康に直接謝罪することで事態を治めようとしたが面会はすぐに実現せず、ポルトガル人商人と長崎奉行の間にも諍いが起きたことから、ますます島原藩との関係が悪化する。

ついに、長崎奉行と島原藩は幕府からペソアを捕まえる許可を得る。危機を察知したペソアはデウス号を出港させることにしたが、長崎奉行と島原藩の船と兵の総攻撃により、デウス号は炎上し、海に沈んだ。

幕府は、海底に沈んだデウス号の積荷を回収した。大変な手間をかけて七〇箱の銀が引き上げられたが、当時の記録によると銀は一五〇箱はあったという。

残された半分の銀を含むポルトガルの宝は、今も長崎の海の底に沈んでいる。

ファティマの聖母の奇跡

一九一七年五月一三日、ポルトガルの首都リスボンの北東一一〇キロほどのところにあるファティマという小さな村で、三人の子どもが謎の貴婦人を目撃した。

正午頃、子どもたちがコーバ・ダ・イリアという丘で羊の世話をしていると、突然稲妻の光とともに強い風が起きた。そして、柊《ひいらぎ》の木の近くに、まばゆい光に包まれた貴婦人が現れた。白い服に金色のマントを羽織った貴婦人は右手首に銀色のロザリオをつけており、「世界平和のため祈りなさい」という言葉を残し、毎月一三日に現れることを約束して去ったという。翌月の一三日、どこから噂がもれたのか、丘には見物人が集まっていた。貴婦人はふたたび現れ、子どもたちに語りかけた。しかし、見物人には貴婦人の姿は見えなかったという。翌月以降も見物人は増え続け、三人の子どもたちは人心を乱すとして当局に拘束されてしまい、八月は丘へ行けなかった。しかし、それがかえって話題を呼び、九月一三日、ますます群衆は増えていた。子どもの一人は、自分たち以外にもわかるよう奇跡を起こしてほしいと貴婦人に告げる。

そして次の一〇月一三日、奇跡は起きた。八万から一〇万人に膨れ上がった群衆の目の前で、貴婦人は子どもたちにしか姿を見せなかったものの、去り際に太陽を動かしたという。降り続いていた雨が止み、雲間から顔を出した太陽が様々な色に光ったり、回転して急降下したりしたのだ。その異常現象は集まった群衆にも目撃され、その場にいた記者が翌日の新聞に報じた。のちに教皇庁によりファティマの聖母による奇跡と認定された。

六ヶ月間の子どもたちとの対話の中で、聖母は三つの予言を授けたという。その内容は教皇庁に伝えられたが、第三の予言については公表されなかった。時のローマ教皇は失神するほどの衝撃を受け、第三の予言を封印したという。その封印は今も破られていない。

ファティマには一九五三年に聖堂が建てられ、ローマ・カトリックの聖地として毎月一三日に巡礼者が訪れるようになった。特に五月と一〇月は、多くの巡礼者が集まるという。

マルタ共和国

マルタは幻のアトランティスか?

イタリア、シチリア島の南に位置し、「地中海のヘソ」と呼ばれるマルタ島。その隣のゴゾ島には、マルタ巨石神殿と呼ばれる謎の遺構が三〇以上残されている。もっとも古いジュガンティーヤ遺跡（「巨人の塔」という意味）は、エジプトのギザのピラミッドより一〇〇〇年以上も古い、紀元前三六〇〇年頃に作られたとされる人類史上最古の神殿のひとつだ。

神殿には意味不明の共通した渦巻き文様が刻まれ、土器や装飾品、人骨などが見つかっている。しかし、ここに住んでいた人々の正体は不明で、エジプト文明やギリシャ文明が興るはるか昔の新石器時代に、車輪も金属も使わずどのように巨石を運び、神殿を建設したのかも不明だ。

さらに謎を呼ぶ遺跡が、カート・ラッツだ。幅・深さ一メートルほどの二本ひと組の平行な溝が、この時代にあるはずもない車輪の轍のように刻まれている。シチリア島やアフリカ大陸でも同じような轍跡があることから、マルタがまだ陸続きの時代に作られたものではないかと推測され、なかには一万二〇〇〇年前の旧石器時代からマルタに人が住み、巨石神殿を建てる高度な文明があったと唱える学者もいる。

一説によると、幻の大陸アトランティス（詳しくは欧州全域の**アトランティス大陸は実在するか**の項目を参照）のモデルとなった都市だという。今から紀元前二二〇〇年頃、マルタ島とフィルフラ島（現在は無人島）を結ぶ陸橋が海底の地溝活動によって崩壊。巨大な津波が発生し、マルタ島は大洪水に見舞われて謎の巨石文化の何もかも消滅したと考えられている。この時消失した巨石文化が、古代エジプトの年代記に記されてギリシャに伝わり、この伝説をモデルとして紀元前五世紀から紀元前四世紀頃、プラトンが「アトランティス」として記したのではないかとする説もある。

モナコ公国

国名とヘラクレスの奇妙な関係

　南ヨーロッパの地中海側に位置する、フランスに囲まれた小国モナコ。紀元前一〇世紀頃に古代フェニキア人が入植した港町で、その後、ギリシャに支配された。かつて英雄ヘラクレスを祀る神殿があったとされ、その神殿をモナイコス（「唯一の」という意味）と読んだことから、モナコという国名になったそうだ。ヘラクレスは、一二の不可能な難業に挑んだギリシャ神話最大の英雄で、詳しくはギリシャ共和国の**英雄伝説（二）～ヘラクレスの一二の冒険**の項目を参照。

　現在、モナコは国教をカトリックとしており、デヴォートという聖女が人気で崇拝されている。聖女デヴォートは四世紀頃、息絶えた状態で小舟に乗って漂着した伝説の女性で、その漂着地とされるゴマート峡谷には聖デヴォート教会が建てられている。聖女信仰の根強い国の名前が、異教の英雄に縁あるという点が興味深い。

モルドバ共和国

牛を追いかけ国家建設

　ルーマニア北東部に位置するモルドバ共和国。一七世紀に書かれた『モルダヴィア年代記』によれば、モルドバ建国には次のような伝説がある。

　ある時、ルーマニアのトランシルバニア北部のマラムレシュに暮らすドラゴシュ・ボダが、狩りに出かけて一頭の野牛を見つけた。ドラゴシュは野牛を追いかけて野山を分け入り、川のほとりまで追いつめてようやく仕留めた。ふと見回すと、その広大なその地が気に入って、牛を仕留めた土地に住み着いて初代モルダヴァ公になったという。モルドバの国旗の中央に牛が描かれているのはこのためだ。

　また、野牛を川まで追いつめた際、愛犬モルダが力尽きて倒れてしまった。ドラゴシュは愛犬の死を悲しみ、その川を愛犬の名前にちなんでモルドバ川と名づけたことで、その川一帯の地域がモルドバと呼ばれるようになり、ひいてはその土地の名前が国名となった。つまりモルドバという国名は、犬の名前から生まれたのだった。

モンテネグロ

奇跡が起きるオストログ修道院

首都ポドゴリツァから車で一時間ほどのところにある、オストログ修道院は、一七世紀に聖ヴァシリエが創設した。断崖絶壁の山肌に沿うように建っているこの修道院では、奇跡が起きるとして有名だ。

奥の教会に安置されている聖ヴァシリエの遺体に祈りを捧げると、奇跡が起きるという。第二次世界大戦が激化する中、オストログ修道院には一発の銃弾も当たらなかったという伝説が残っている。

現在も、国内最大の巡礼地として毎年多くの信者が訪れており、決まりを守れば他宗教の人でも聖ヴァシリエの遺体と対面することができる。

ラトビア共和国

うさぎの尻尾が短い理由

ラトビアには、うさぎの尻尾にまつわる昔話がある。

昔、うさぎが森のはずれで口笛を吹いていた。その素晴らしい音色を聞きつけた犬は、吹き方を教えてほしいと頼む。うさぎは、犬の口の形は細すぎるのでうまく口笛が吹けないと答える。犬は、どうすれば口を広げることができるかと尋ねると、うさぎはのこぎりで切ればいいと言う。犬は痛いのを我慢してのこぎりで口を広げ、うさぎの真似をして口笛を吹いてみた。しかし、「ガフガフ」と音がするばかりで、きれいな音色は出なかった。怒った犬はうさぎを追いかけるが、うさぎは穴に逃げ込んだ。しかし長い尻尾だけが穴からはみ出していたので、犬に噛《か》み切られてしまった。

これがうさぎの尻尾が短い理由であり、犬はうさぎを見つけると追いかけるようになったという。

英雄ラーチュプレーシスの伝説

ラトビアは、北のエストニア、南のリトアニアに挟まれたバルト三国のひとつ。ラトビア人やリトアニア人、プロイセン人の間では、バルト神話の神々が信じられていた。一二世紀末のドイツ騎士団による異教撲滅を目的とする侵攻以降はキリスト教が布教されていくが、現在も歌謡や習俗の中にバルト神話の影響が残っているという。

一九世紀後半に詩人のプンプルスによって書かれた『ラーチュプレーシス』には、ラトビアでは誰もが知っている伝説の英雄ラーチュプレーシスの活躍が描かれている。キリスト教伝来以前のバルトの神々や魔女の物語、夏至祭の様子などが記されており、ラトビアの古い文化・風習を知る資料にもなっている。

　熊の母から生まれたラーチュプレーシスは、無敵を誇る気高き勇士だった。彼は、剣を片手にいつも外敵から人々を守っていた。ある時、ラトビアを攻めてきたドイツの騎士団とも勇敢に戦ったが、弱みを知られてしまう。母から受け継いだ熊の耳が弱点だったのだ。弱点を攻められたことでラーチュプレーシスは敗れてしまったとも、仇敵のドイツの暗黒騎士もろとも崖から落ちて川に沈んだとも言われている。

　一一月一一日は、一九一九年にラトビアからドイツ軍を撤退させた歴史的な日であるという。ドイツの黒騎士と戦ったラーチュプレーシスの姿と重なることから、毎年この日は「ラーチュプレーシスの日」として祝うイベントが行われている。

ダウガヴァ川の水の精

　ダウガヴァ川は、ロシアを水源にベラルーシを通ってラトビアに流れ、リガ湾に流れ込む国土を二分する川だ。この川には水の精が住んでいるといい、首都リガの住人に問いかけをするという。それは「リガはもう完成した?」という質問で、もし「完成した」と答えると、町は洪水で沈んでしまうという。従って、リガの人々は水の精に尋ねられたら「まだできていない」と答えなければならないという。

リトアニア共和国

バルト諸国の聖なる双子

　東ヨーロッパのバルト海沿岸地域で語られたバルト神話。この地域にキリスト教がもたらされる一三世紀以前の創世神話によると、聖なる双子が世界を作ったという。

　かつて、ディーウス（ディエバス）という空の神と、ヴェルンスという聖なる双子が、大海のど真ん中にある岩の上で争い、そののちに世界が作られた。彼らが戦っていた岩が世界の中心地となった。

　ディーウスは天高い山の天界に宮殿を構え、農園や馬をもっている。容姿は美しく、天界では銀色のマントをまとっているが、地上に降りる時は灰色の亜麻のマントをまとって老いた物乞いに姿を変えるという。世界を創造したあとはよく地上を訪れ、農民の畑に近づいて穀物の種を蒔《ま》いてやったり、穀物畑の穂に触れながら歩いたりして、人々に豊穣《ほうじょう》をもたらしたそうだ。対照的に、ヴェルンスは大地に泥を吐き出して邪魔な山々を作るなど、トリックスターとして人間たちの邪魔をしていく。

　その他、星座のガウンをまとい、灰色の馬が引く戦車に乗って空を旅する月の神メーヌオ（メーネス）、銅のひげを生やし、斧《おの》を片手に雄ヤギが引く二輪の戦車を轟《とどろ》かせながら空を駆ける雷神ペルクーナスといった天界の神々、大地の母ジェーミナ（ゼメス・マーテ）といった地界の神々など、多彩な神々がバルト神話の世界に登場する。

リヒテンシュタイン公国

リヒテンシュタイン家が守った至宝

リヒテンシュタイン公国（侯国）は、オーストリアとスイスに挟まれた小国。一七一九年に、神聖ローマ皇帝のカール六世がシェレンブルク公領とファドゥーツ公領を統一し、リヒテンシュタイン家に与えた。

リヒテンシュタイン家の歴史は美術品と深い関わりがある。一七世紀、初代当主カール一世の美術品コレクションを当時の神聖ローマ皇帝ルドルフ二世が気に入り、侯爵位を与えられる。以降、リヒテンシュタイン家は、素晴らしい美術品の収集を家訓としてきた。ルーベンスの「聖母の被昇天」や、金箔《きんぱく》で飾られたロココ風の「金の礼装馬車」など、個人コレクションとしては英国王室に次ぐ数を誇っている。

リヒテンシュタイン家の美術品がもっとも危機を迎えたのが第二次世界大戦時だ。多くのコレクションが置かれていたオーストリアがナチスドイツに併合され、美術品の国外への持ち出しも禁止される。当時の当主フランツ・ヨーゼフ二世は、コレクションを守るためにリヒテンシュタイン公国の首都ファドゥーツへ秘密裏に移送する計画を立てた。絵画の名前を偽ったり、「金の礼装馬車」は解体して運び出したりと、車や貨車を使った移送は命がけとなった。こうして、リヒテンシュタイン家の至宝は戦火から守られたのである。

長らく公開されていなかった美術品たちは、二〇〇四年、ウィーンの夏の離宮でようやく公開された。

ルーマニア

串刺し公ブラド三世と吸血鬼ドラキュラ

人や家畜を襲って血を吸う吸血鬼は、東欧を中心に世界各地に伝わる怪物である。もっとも有名な吸血鬼といえば、一九世紀末に書かれたブラム・ストーカーの怪奇小説『ドラキュラ』や、それをもとにした演劇、映画などに登場する不死の貴族ドラキュラ伯爵だろう。ルーマニア中部のトランシルヴァニア地方を舞台に活動し、黒いマントに身を包み、夜な夜な棺の中から抜け出しては美女の生き血を求める。生き血を吸われた者もまた吸血鬼と化してしまう、という物語だ。

今ではすっかりイメージが定番化したドラキュラのモデルとなったと言われているのが、一五世紀に実在したブラド・ツェペシュ公爵である。トランシルヴァニアに生まれ、ワラキア公国の領主となったブラドは、オスマン帝国との戦いで活躍した勇将だが、残忍な性格だったことでも知られている。ある町の住民三万人をたった一日で虐殺した、戦場で何千人ものオスマン帝国軍の兵士を杭《くい》で串刺しにして殺した、生きたまま人間の皮を剝《は》いだ、釜茹でや火炙《ひあぶ》りの刑を行った、など残虐行為を繰り返した。特に串刺しを好んだことから、「ブラド・ツェペシュ公爵（「ブラド串刺し公」という意味）」と呼ばれるようになった。

事実は小説よりも奇なりというが、ブラド公の所業は、怪物の吸血鬼の行いよりもよっぽど恐ろしいものだったようだ。

死せる吸血鬼ストリゴイイ

ルーマニアで、「死せる吸血鬼」と呼ばれている妖怪がストリゴイイだ。赤い髪の毛と青い瞳が特徴で、心臓を二つもつ。普通ではない死に方をした者が、スゴリゴイイになるという。人々は死者がストリゴイイにならないよう、死体の心臓に鎌を刺したり、糸を紡ぐ道具で体を貫いたりと、対策するそうだ。もし死体の左目だけが開いてこちらを睨《にら》んでいるようであれば、ストリゴイイになる兆候だと言われている。

ルクセンブルク大公国

人魚姫メルジーナと二つの約束

人魚姫の伝説は欧州のあちこちにあるが、ルクセンブルクには、建国にも関わるメルジーナという人魚姫の伝説がある。

ある時、ジークフリート一世が狩りの途中、アルゼット渓谷に迷い込んだ。すると高くそびえ立つ岩壁の上から美しい歌声が聞こえてきた。見上げると、そこにはローマ人の城跡に腰かけたメルジーナという美女がいた。ジークフリートはメルジーナに惹かれて愛を告白する。メルジーナもまた彼を好きになり、求婚を受け入れる代わりに二つの条件を出した。ひとつは、この崖に住まいを築くこと。もうひとつは、週に一度、一人きりの時間を与えてほしいということだった。ジークフリートはもちろん承諾し、アルゼットの渓谷に居城を築く。これがルクセンブルクの起源である。

結婚後、二人は幸せに暮らしていたが、ある時、友人にそそのかされたジークフリートは、妻との約束を破ってしまう。メルジーナが一人きりの時間にこっそり部屋を覗くと、彼女は豊かなブロンドの髪をとかしながらお風呂につかっていて、その足は鱗《うろこ》が光る魚の尾になっていた。姿を見られたことに気づいたメルジーナは、恥ずかしさのあまり窓から身を投げ、アルゼット川に飛び込んだ。そして二度とジークフリートのもとへ戻ってこなかったという。

　アルゼット渓谷には、伝説にちなんで川を見つめるピンク色のメルジーナ像が置かれている。この話には続きがあり、メルジーナは七年に一度、アルゼット川に姿を現し、川から救い出してくれる人を待っていると言われている。メルジーナが現れる年になると新聞でも報じられ、二〇一八年には人魚を目撃したという噂もあったそうだ。次にメルジーナが現れるのは、二〇二五年だという。

ロシア連邦

アナスタシア生存説

　一九一八年七月、ロシア皇帝ロマノフ朝の最後の皇帝ニコライ二世とアレクサンドラ皇后、五人の子どもたち（オルガ、タチアナ、マリア、アレクセイ、アナスタシア）は、エカテリンブルク近郊のイパチェフ館に閉じ込められた。そして女中や医師ら四名とともに、全員が処刑されて秘密の場所に埋められたとされている。

　ところがしばらくして、末娘のアナスタシアが支援者に助けられて秘密裏に連れ去られたという噂が流れた。一九二〇年には、ベルリンの橋から身投げしたところを見つかったアンナ・アンダーソンという女性が現れた。彼女の容貌はアナスタシアとの共通点が多く、本人しか知らない宮廷時代のことを語った。メディアが注目したり、ニコライ二世の親族の一部も彼女を本物と認めたことから、約五〇年にわたって、アンナ・アンダーソン＝アナスタシアの議論が続いた。

　一九九一年には皇帝一家らしき遺骨が発掘され、ＤＮＡ鑑定が行われたが、五人の遺体しか見つからなかったため、アナスタシア生存説の期待が高まった。しかし、二〇〇七年に遺骨発掘現場の近郊で男の子と女の子の遺体が見つかり、ＤＮＡ鑑定により二人とも皇族であることがわかり、ニコライ二世の一家全員が殺害されていたことが確定した。

　アナスタシアを名乗ったアンナ・アンダーソンは、ＤＮＡ鑑定によってポーランド人の工場労働者フランツィスカ・シャンツコフスカであったことが判明した。こうしてアナスタシア生存説に終止符が打たれようとしている。

うるわしのワシリーサ

有名なシンデレラのように意地悪な継母にいじめられる子どもの話は様々な地域にあるが、ロシアにもワシリーサという少女の物語がある。

ワシリーサという美しい少女は、継母や義姉妹たちに嫉妬され、毎日家事をすべてやらされ、嫌がらせをされていた。しかし、ワシリーサは生前に母親からもらった魔法の人形を持っていた。この人形がいろいろ教えてくれるおかげで、ワシリーサは面倒な雑用をこなすことができたし、寂しくなかった。

ある時、継母は、森に住む恐ろしいバーバ・ヤガー（詳しくは**妖婆バーバ・ヤガー**の項目を参照）から明かりをもらってくるようにとワシリーサに命じた。ワシリーサが会いにいくと、意地悪なバーバ・ヤガーは、「明かりをやる代わりに、混ぜ合わさった豆と芥子《けし》の実を選り分けろ」といった意味がなく途方もない仕事を次々に彼女に命じて、楽しんだ。真夜中になり、ワシリーサは人形の助言に従って、庭で光る頭蓋骨をひとつ取ると、魔女の家をそっと逃げ出した。そして無事に家に帰ると、ワシリーサは継母と義姉妹たちの前で頭蓋骨の明かりを掲げた。すると頭蓋骨の燃え立つ光を浴びた継母と義姉妹は、一瞬で灰になってしまったそうだ。

永久凍土から蘇った太古のウイルス

天然痘は長らく人類を苦しめてきた感染力の強い伝染病だが、一九八〇年に、ＷＨＯ（世界保健機関）によって根絶が宣言された。しかし、二〇一四年、シベリアの永久凍土の奥深くから、三万年以上前の新種のウイルスが発見された。ロシアとフランスの研究チームが発表したもので、全長〇・六ミクロンの巨大ウイルスで、「ピソウイルス・シベリクム」と名づけられた。

研究の結果、人体には無害だとされたが、ピソウイルスの増殖過程は、天然痘ウイルスと似ていたという。研究チームは、氷の中には人体に有害なウイルスが眠っている可能性があると指摘する。このまま地球の温暖化が進めば、太古のウイルスが復活するかもしれないのだ。

また、二〇一九年九月に、シベリアの都市ノボシビルスク近くの研究施設で爆発事故が起きた。この施設は、世界で二ヶ所だけの天然痘ウイルスを保管している研究センターだ。幸いにも事故によってウイルスが近隣へ危険を及ぼすことはなかったそうだ。

しかしいつどのようなきっかけで、危険なウイルスが人類を脅かすようになるかわからないといえるだろう。

オルロフダイヤモンドとグレート・ムガル

オルロフダイヤモンドとは、一八世紀のロシアの女帝エカテリーナ二世に、愛人だったグレゴーリ・オルロフが贈った約一九五カラットのダイヤモンドである。貴族であり軍人だったオルロフは、当時は皇太子だったピョートル（のちのピョートル三世）の妃であるエカテリーナと恋に落ち、ピョートル三世に対するクーデターを仕向けたとされている。エカテリーナが女帝となってからも愛人関係を続けて高い地位を得た。

その後、エカテリーナの命を受け、オルロフはトルコとの政治交渉の任務につく。距離が開き、政敵の策略や彼女の新たな愛人の存在により、エカテリーナの心はオルロフから離れつつあった。心変わりを恐れたオルロフは、オランダのアムステルダムで巨大なダイヤを手に入れて彼女に贈り、王笏《おうしゃく》にはめられることになったそうだ。しかし、エカテリーナの心を取り戻すことはできなかったという。

実はこのダイヤの正体は、「グレート・ムガル」と呼ばれるインド最大のダイヤだとする説がある。このダイヤはインド南部の都市マドラス（現在のチェンナイ）にあるヒンドゥー教寺院に祀られていた女神像の目にはめられていたが、一七世紀に行方不明となったという。一八世紀にフランス人兵士が盗み出し、幾人かの手に渡った末にオランダのアムステルダムに辿り着き、オルロフに購入されたというのだ。グレート・ムガルは、英国のヴィクトリア女王に献上されたという説もある。

現在、オルロフダイヤモンドは、王笏に飾られた形でモスクワのクレムリン宮殿に所蔵、展示されている。

ツングースカ大爆発

一九〇八年六月三〇日。シベリアのポドカメンナヤ・ツングースカ川の近くで、巨大な爆発が起こった。それは広島や長崎に落とされた原爆の何倍もの威力で、面積二一〇〇平方キロメートルの森の木々が破壊されたのだ。奇跡的に犠牲者は出なかったが、爆発の衝撃波はマグニチュード五の地震に匹敵したという。一体何が起きたのだろうか。

爆発の目撃者によれば、空に青白い光の柱が現れたあと、激しい閃光《せんこう》とともに大砲のような音が轟《とどろ》き、数百キロにわたって衝撃波が広がったという。

一九二一年、地質学者のレオニード・クーリックが本格的な科学調査を初めて行った時、すでに事件から一三年も経過していた。当初は巨大な隕石《いんせき》の衝突によるものと考えられていたが、検証のため現地調査に赴いたクーリックは、小惑星がぶつかったような巨大クレーターはどこにもなかったことを知る。隕石ではなく氷の彗星《すいせい》だった、小惑星が空中爆発した衝撃だった、大気圏に突入した彗星が核融合反応を起こした、ブラックホールが地球を通過したなど様々な説が浮上した。

天才科学者ニコラ・テスラが発明したという「殺人光線（強大な威力の光線兵器）」実験の事故という説もある。テスラの死後、殺人光線の研究資料が行方不明になったという噂もあり、凄《すさ》まじい威力の破壊兵器を危険とみなし、テスラ自らが技術を封印したというのだ。

　事件から一〇〇年以上経つが、いまだに爆発の原因はわかっていない。本格的な調査が開始するまで一三年もかかった理由も不明で、ロシア当局がなんらかの事実を隠《いん》蔽《ぺい》したのではないかという見方もある。

ディアトロフ峠の九人怪死事件

一九五九年にソ連（現在のロシア）のウラル山脈で、男女九名が謎の死を遂げた事件が起きた。

　大学生のイーゴリ・ディアトロフをリーダーとする若者九名は、スキーをするために雪山に入り、消息不明となる。その後の捜索で五名が遺体で発見され、数ヶ月後に残る四名の遺体も発見される。彼らはホラート・シャフイル山（現地のマンシ語で「死の山」という意味）の斜面にテントを張っていたが、発見時のテントは内側から裂かれていた。遺体の状態は不可解な点が多かった。衣服を脱いでいた、頭蓋骨や肋《ろっ》骨《こつ》が押しつぶされたように折れていた、眼球や舌がなかった、遺体に放射能汚染が見られた、などである。

　彼らに何が起きたのかは進展がないまま、突如、捜査は中止される。多くの謎を残したこの事件の現場はリーダーの名前にちなんで「ディアトロフ峠」と呼ばれている。彼らの死因については様々な憶測、陰謀論が生まれ、遺品のカメラのフィルムに発光体が写っていたことから、ＵＦＯによるものだとする説も浮上した。当初は雪崩の起きにくい場所だとされていたが、近年の研究によると雪崩によって遺体が損傷したとする意見もある。

妖婆バーバ・ヤガー

バーバ・ヤガー（「ヤガーばあさん」という意味）は、スラブ人の様々な民話や伝承に登場する魔女。怪物のような犬や黒猫とともに森の奥に住むシワだらけの老婆で、見つめた者を石に変える力をもつという。バーバ・ヤガーの好物は幼い子どもの肉で、森を徘徊《はいかい》しては迷子の子どもを探している。森を移動する時は巨大な石臼に乗り、杵《きね》をオールのように使って空を漕《こ》いで飛び、嵐を巻き起こすそうだ。森の奥には、バーバ・ヤガーの魔法の家がある。家の土台には雌鶏《めんどり》の足がついていて走ることができ、庭の柵には、彼女が食べた人間の頭蓋骨がずらりと並び、夜になるとランタンのように明かりが灯るそうだ。

　ロシアに伝わる民話に、このような恐ろしい魔女を出し抜いた、マリアーサという勇敢な少女の話がある。ある時、意地悪な継母に命じられてマリアーサは針と糸を借りにバーバ・ヤガーのもとへ出かけた。彼女は途中で叔母の家に寄り、魔女の家にいる犬に噛《か》まれない方法と、黒猫に話しかける方法を教えてもらった。バーバ・ヤガーに閉じ込められそうになったマリアーサは、叔母に教わった方法で黒猫に話しかけてみた。すると親切な黒猫は、タオルと櫛《くし》を持って逃げるようにと教えてくれた。
マリアーサが隙を見て逃げ出すと、バーバ・ヤガーはすぐに追いかけてきた。そこでマリアーサはタオルを投げると、たちまち川ができ、櫛を投げると、櫛は森になった。魔女は行く手を阻まれ、マリアーサは無事に逃げることができたという。

ロシア・東欧

少年イワンと火の鳥

火の鳥は、スラブ民話にしばしば登場する。羽が炎のように輝く色彩豊かな空想上の鳥で、火の鳥を捕まえようとする者に災いが降りかかるという。ロシアの昔話では、火の鳥を生け捕りにするという難題に取り組んだ若者の話がある。

あるところに、黄金のりんごの果樹園をもつ王がいた。夜になると誰かが果樹園からりんごを盗んでいくので、厩番《うまやばん》の少年イワンに調べさせたところ、火の鳥がりんごをついばんでいた。美しい鳥だったので王はイワンに火の鳥を捕まえろと命じた。イワンが火の鳥を追いかけていると、灰色狼が現れて火の鳥の捕まえ方を教えてくれた。その通りにすると火の鳥は簡単に捕まり、イワンは宮殿に持ち帰った。イワンの働きに満足した王は、今度は妃にしたいと思っている王女エレーナ姫を探して連れてこいと命じた。

エレーナ姫と出会ったイワンは、互いに恋に落ちた。しかし王がエレーナ姫と結婚したがっているので、二人が結ばれることは難しかった。そこへ灰色狼がふたたび現れ、イワンを助けてくれた。狼は姫の姿に変身して王のもとへ行き、王が姫に口づけをしようとした瞬間に変身を解いたので、王は驚いて死んでしまった。こうしてイワンとエレーナ姫は結婚し、イワンは新たな王となった。火の鳥を逃してやり、時折、果樹園に現れてりんごをついばんでも、気にしなかった。

火の鳥の物語にはいくつかバージョンがあるが、主な登場人物は同じだという。イワンは王の末息子で後継ぎの試練として火の鳥を捕まえるが、嫉妬した兄たちに殺され、灰色狼の魔法で生き返るという話もある。変身能力をもつ灰色狼は、スラブの民間伝承によく登場する魔法の狼だ。

火の鳥のイメージは芸術家に影響を与え、ロシア文学や絵画のほか、ロシアの作曲家イーゴリ・ストラヴィンスキー作曲のバレエ音楽『火の鳥』など、多くの芸術作品の題材になっている。

不死身のコシチェイの最期

悪の化身コシチェイ（「古い骨」という意味）は、スラブ民族の神話や伝説に登場する化け物だ。骸骨のような姿で、罪もない少女をさらい、しかも不死身として知られていた。

　ある時、ハンサムで若いイワン王子が、女王戦士マリヤ・モレーヴナと出会い、互いに恋をして結婚した。イワン王子はモレーヴナの宮殿で暮らすことになったが、ある日マリヤが出征することになり、留守中に宮殿の鍵をかけた地下牢だけは覗かないでほしい、と言って出かけていった。ところがイワンは好奇心に負けてしまい、地下牢を開けた。そこには痩せこけた老人が鎖につながれていた。彼は水を求め、老人を哀れに思ったイワンは水を与えた途端に、老人は鎖を引きちぎり、イワンを捕らえて宮殿から抜け出した。この老人こそ不死身の悪人コシチェイで、マリヤとの戦いに敗れて捕らえられていたのだった。

　マリヤが戻ると、何が起きたかすぐに察して夫の救出に向かった。しかし待ち伏せしていたコシチェイに敗れ、マリヤは全身を切り刻まれてしまう。そこにマリヤの三人の兄が現れ、ハヤブサ、カラス、鷲に変身し、バラバラになった遺体に命の水を降り注ぐと彼女を生き返らせてくれた。しかしその頃には、コシチェイは馬で遠くへ逃げてしまっていた。

　コシチェイに追いつける馬の持ち主を、マリヤは一人だけ知っていた。森に住むバーバ・ヤガー（詳しくはロシア連邦の**妖婆バーバ・ヤガー**の項目を参照）だ。マリヤがバーバ・ヤガーに頼むと、情けない顔の子馬を分けてくれた。マリヤがまたがると子馬は不思議と駿馬《しゅんめ》に変わり、とうとうコシチェイに追いつく。そしてコシチェイの馬が石につまずいたところを狙い、マリヤは地面に投げ出されたコシチェイを剣で突き刺した。その体を焼くと、コシチェイの魂は戻る場所を失い、二度と生き返らなかった。こうして勇敢なマリヤはイワン王子と宮殿に戻り、平和に暮らしたという。

水のニンフ・ルサルカの悲恋

スラブ民族の国に古くから伝わる、水のニンフ（精）の悲恋にまつわる物語。

　水のニンフであるルサルカは、仲間たちと湖の中で暮らしていた。ある時、ルサルカは湖にやってきた王子と出会い、二人は恋に落ちる。ルサルカは陸地で王子と暮らしたいと願ったが、湖の魔女は、陸地で暮らせば不死身でなくなり、声を失う。さらに二人の愛が終わると王子に悪いことが起こると予言した。それでもルサルカは陸に上がり、やがて王子と結婚した。

　しかし、王子は別の国の王女に心を奪われ、ルサルカへの愛情が薄れ始める。ルサルカは王子といても幸せになれないと悟って湖に戻ろうとするが、すでに不死身ではないため湖の中に戻れば死んでしまうと気づいていた。魔女は、王子を殺せば不死身に戻れるとルサルカに提案したが、ルサルカはまだ王子を愛していたのでそれを拒んだ。その時、王子がルサルカを探して湖までやってきたので、ルサルカは王子に別れのキスを送る。すると、王子はキスが原因で死んでしまうのだった。予言が的中し、絶望したルサルカは命尽きるまで湖の中に潜った。

ルサルカの悲恋話は、プーシキンやゴーゴリなどの文学や、チェコの作曲家アントニン・ドヴォルザークのオペラ『ルサルカ』の音楽など幅広く取り扱われている。『人魚姫』といえばデンマークのアンデルセン版が有名だ。それによく似たこのスラブ民話版『人魚姫』は、アンデルセン版に影響を与えたのかもしれない。

北欧

宇宙樹ユグドラシルと九つの世界

フィンランドを除くスカンディナヴィア半島のノルウェーとスウェーデンに、デンマーク、アイスランドを加えたゲルマン語族の人々によって口承で受け継がれてきた北欧神話。一二世紀頃に文字化され、アイスランドでまとめられた『詩のエッダ』と『スノリのエッダ』、四つの『サガ』（「物語」という意味）』に伝説が残されている。

その世界観は独特で、世界の中心には巨大な一本の宇宙樹（世界樹ともいう）がそびえ立ち、その木の周りに神々の世界や人間の世界、巨人の世界など九つの世界が存在しているという。

世界には最初、「霜の巨人」と呼ばれる原初の巨人ユミルと、大勢の巨人たちがいた。しかし、あとから生まれた神族のオーディンとその兄弟が巨人たちを殺戮《さつりく》し、原初の巨人ユミルの体をバラバラに解体。頭蓋骨は天になり、肉は大地になり、脳みそは雲になり、骨は山や岩になり、血は海や川になり、こうして世界は創造された。

大地の中央は山のように盛り上がった場所があり、そこにアース神族という神々の住む国アースガルズがあり、そこから見下ろせる場所には人間の国ミズガルズがある。ミズガルズはユミルのまつ毛によって作られた巨大な柵に囲まれており、そこから遠く隔てた地には、生き残った巨人たちの住む国ヨトゥンヘイムがある。その他、死の国、霜と氷の国、火の国、白妖精の国、黒妖精の国、ヴァン神族の国がある。

北欧神話のこうした世界観は、小説、漫画、映画、ゲーム、芸術作品などで人気のモチーフとなっており、神話の世界を新たな視点から楽しむことができる。近年では、マーベル・コミックの映画『アベンジャーズ』などに、神の国アスガルド（アースガルズ）の王の息子ソー（トールの英語名）や、その弟ロキが登場し、人気となっている。

ちなみに、曜日のいくつかは北欧神話の神々が由来となっていて、火曜日は戦いの神チュールの日（Tuesday）、水曜日は最高神オーディンの日（Wednesday）、木曜日は雷神トールの日（Thursday）、金曜日は愛と豊穣《ほうじょう》の女神フレイヤの日（Friday）として、北欧の神々は意外と身近な存在でもあるのだ。

運命を司る三女神

宇宙樹ユグドラシルのウルズの泉を守る女神はノルンと呼ばれる三姉妹で、それぞれウルド（「過去」という意味）、ヴェルザンディ（「現在」という意味）、スクルド（「未来」という意味）という。

三姉妹は、ユグドラシルが枯れないように泉の水を管理したり、人間の赤ん坊が生まれると訪問し、寿命や運命を定めたりしたという。ノルンの訪問により、不思議な運命を辿ったノルナゲストという男の伝説が残されている。

デンマークのある家に、赤ん坊が生まれた。その時、運命の三姉妹が現れて予言を行い、最後の女神スクルドは、枕元に立てたロウソクが燃え尽きると同時に彼は息絶えると予言した。父親は赤ん坊にノルナゲスト（「ノルンの客」という意味）と名づけ、ノルナゲストの母はロウソクを吹き消してタンスの中に隠した。そのため、ノルナゲストは三〇〇歳を過ぎても元気に生きていた。しかし、キリスト教に改宗したあと、ノルンの呪縛から逃れたことを証明するためにロウソクを取り出し、火をつけた。するとノルナゲストはみるみる老いていき、燃え尽きると同時に息絶えたと言われている。彼が語ったシグルズなどの英雄伝をまとめたものが、四つの『サガ』のひとつ、『ノルナゲストのサガ』と呼ばれている。

シグルズの竜退治

北欧の有名な物語として、アンドヴァリという小人（ドワーフ）の呪いがかかった指輪を身につけた勇者シグルズの物語がある。通称、ウォルスング物語といい、のちに中世ドイツの英雄叙事詩『ニーベルンゲンの歌』のもとになった伝説でもある（詳しくはドイツ連邦共和国の**ニーベルンゲンの歌**の項目を参照）。

呪いのかかったアンドヴァリの指輪と宝（詳しくは**悪だくみの神ロキ**の項目を参照）を手にしたアンドヴァリは、宝を息子に分け与えなかったため、息子のファヴニールとレギンに殺された。ファヴニールは欲望に目がくらんで竜と化し、宝を独り占めして荒野で宝を守っていた。弟のレギンはヴォルスング家の王シグムンド（詳しくは**ベルセルクになった英雄シグムンド**の項目を参照）の息子シグルズを養育していたが、シグルズをそそのかして竜となったファヴニールを殺させるよう仕向ける。シグルズは見事に竜を倒すが、その際に返り血を浴びて動物の言葉がわかるようになり（竜の心臓を火で炙《あぶ》っている時に竜の血が指に跳ね、熱さで思わず指を舐《な》めたという説もある）、レギンが自分を殺して宝を独り占めするつもりであることを知った。そのためシグルズはレギンの首をはね、指輪と黄金を手に入れると遍歴の旅に出た。

その後、シグルズは、オーディンに仕える戦乙女ヴァルキューレ（ワルキュリエ）のシグルドリーヴァ（人間界ではブリュンヒルドと名乗る）と出会い、シグルズは指輪を渡し、結婚の約束をして別れる。けれど、忘れ薬を飲まされたシグルズは結婚の約束を忘れ、ギューキ王の娘と結婚。しかも、シグルドリーヴァがほかの男性と結婚するように計らってしまった。シグルズを憎んだシグルドリーヴァは、策略でシグルズを義兄弟に暗殺させたあと、自らも胸を刺し貫いて死ぬ。やがてギューキ王の一族も滅び、呪いの指輪も宝も行方不明になってしまったそうだ。

世界の終わりラグナロク

ラグナロクは北欧神話の神々が没落する運命の日。巨人や魔物たちが神の国アースガルズに攻め入り、一大決戦が行われたのち両者ともに全滅すると予言された世界の滅亡である。

ラグナロクの不吉な予言を誰よりも不安視していたのが、最高神オーディンだ。オーディンが支配しているヴァルハラ宮殿には、死んだ人間の戦士たちの魂エリンへリアルが集まる場所があった。選ばれた勇敢な戦士たちは、毎日練習場で戦いを繰り返し、夜になると傷は癒え、館に戻って宴会を楽しむという。オーディンはこうして優秀な戦士を集めて、最終戦争ラグナロクに備えていたのだった。戦場で戦士の運命を定め、ヴァルハラへ連れていく魂を選ぶのは空飛ぶ馬にまたがって戦場を駆け抜ける戦乙女ヴァルキューレ（ワルキュリエ）。英雄の魂欲しさに、わざと戦死させることもあったという。

光の神バルドル（詳しくは**悪だくみの神ロキ**の項目を参照）の死が前兆となり、三年もの間、世界は寒い冬に閉ざされた。飢《き》饉《きん》が起こり、人心は乱れ、太陽が消えて暗闇の混乱のさなか、バルドル殺害の罪で囚われていたロキは戒めを解き、狼フェンリル、大蛇ヨルムンガンド、冥界の女王ヘルとともに霜の巨人たちを率いて、神の国アースガルズを攻撃する。ヘイムダルの角笛が鳴り、神々が集結すると全面戦争が勃発した。

オーディンは狼フェンリルに飲み込まれ、トールは大蛇ヨルムンガンドと相打ちになり、チュールは冥界の番犬と相打ちになり、フレイは炎の国の巨人スルトに倒されるなど、主要な神々が次々に倒れていった。最後には、巨人スルトの剣により大地が炎に包まれ、世界は海に沈んで滅亡する。これが古代北欧人の想像した世界の運命だった。

しかし、その後の世界の復活も短く予言されている。沈んだ大地が海から浮かび上がって再生し、光の神バルドルは冥界から蘇った。生き残った神々と一組の人間によって、現在につながる新しい世界が再建されたという。

ドイツの作曲家リヒャルト・ワーグナーが作詞作曲した四部構成の歌劇『ニーベルングの指環』の最終章「神々の黄昏《たそがれ》」として知られている。

トネリコの木から生まれた人間

北欧神話によれば、世界の中心には宇宙樹（世界樹）（詳しくは**宇宙樹ユグドラシルと九つの世界**の項目を参照）が一本、立っているが、その木はトネリコの木であると言われている。

トネリコの木は人類誕生にも関わっており、ある時、最高神オーディンが海岸を歩いている時に見つけたトネリコの流木から、最初の人類の男性アスクを作り出したという。トネリコは木質が頑丈で様々な道具を作るのに役立ち、堂々とした大樹に生長することからも、古くからヨーロッパでは不思議な力があると信じられていたようだ。北欧では、トネリコの木にルーン文字を刻んで護符を作っていた。ヨーロッパでは、トネリコの若枝を割いてその間に病気の子どもを通すと回復する、雷から人を守るといった伝承もあった。水源や鉱脈を見つけるダウジングで使われる占い棒は、トネリコの若枝がよく使われるという。

ちなみに、北欧神話では最初の人間の女性はイチイの木の流木から生まれたという話もある。イチイの木もまた、長寿なことから神が宿る神聖な木としてヨーロッパでは崇拝されており、人々を見守るように墓や教会に植えられていたという。

ベルセルクになった英雄シグムンド

北欧神話の最高神オーディンに鼓舞された命知らずの戦士が、狂戦士ベルセルク（バーサーカー）と呼ばれる男たちだ。鎧《よろい》の代わりに熊の毛皮を羽織り、たとえ武器を失っても素手で戦い、歯で相手の武器を噛《か》み砕き、喉笛を食いちぎるという野獣のような戦いぶりだったという。狼や熊の姿になって戦うとも言われ、北欧神話に伝わるヴォルスング家の英雄シグムンドは、一族の復讐《ふくしゅう》のため狂戦士となり、狼に変身して戦ったとも言われている。

ある時、ヴォルスング家に館に謎の老人が現れ、りんごの大樹に剣を突き刺して「引き抜いた者に捧げる」と告げて立ち去った。シグムンドだけが剣を抜くことができたが、のちに魔剣グラムと呼ばれたこの剣を欲したガウトランド王により、ヴォルスング一族が皆殺しにされてしまう。シグムンドは変身した妹と知らずに女性と交わり、生まれた息子とともにガウトランド王を倒して復讐を遂げるが、妹や息子を失う。のちに結婚して子どもを生むも、妻を巡って他国と戦争が勃発。ある時、謎の老人が現れて魔剣グラムを叩き割られ、シグムンドはあえなく戦死した。

彼に魔剣を与え、そして奪った老人こそオーディンで、シグムンドは英雄だったがゆえにオーディンに目をつけられ、戦死した魂はヴァルハラへと迎え入れられた。シグムンドがのちに生んだ息子が英雄シグルズで、ヴァルキューレに愛されて復讐されたという伝説もある。詳しくは**シグルズの竜退治**の項目を参照。

なお、伝承によればノルウェー最初の統

一王とされる九世紀のハーラル一世（美髪王とも呼ばれる）の親衛隊の一部は、死をも恐れないベルセルクだったとも言われている。

悪だくみの神ロキ

ロキは、北欧神話に登場する神の一人。外見は美しいが、性格は気まぐれでひねくれ者。手先が器用で悪知恵が働き、神々や人間を困らせる賢くもあり愚かでもあるトリックスターだ。巨人の両親から生まれたが、オーディンたちアース神族に迎え入れられ、雷神トール、虹の番人ヘイムダルとの関わりも深い。北欧神話には様々な不思議なアイテムが登場するが、そのほとんどはロキが小人（ドワーフ）を騙《だま》して作らせ、神々に与えたものだ。敵か味方か曖昧《あいまい》でミステリアスな悪神ロキが巻き起こした悪行は、ほんのいたずらから、のちに重大事件を引き起こす悪意ある行為まで様々だ。

◎トールの妻の髪を丸刈りにする

ある朝、トールの妻シヴが目覚めたら、丸刈りになっていた。夜の間にロキが忍び込み一本残らず切ってしまったのだ。激怒したトールに脅されたロキは、小人たちに黄金のカツラを作らせて命拾いした。ロキに褒められ気をよくした小人たちが作った、魔法の槍グングニルと魔法の船スキーズブラズニルは、のちに神々に献上された。

◎アンドヴァリの呪いの指輪

ある時、ロキ、オーディン、ヘーニルが人間界ミズガルズを旅していた時、ロキが食料のためカワウソを殺した。実はそのカワウソはオッタルという人間の男が化けていたもので、息子を殺された父親のフレイズマルは怒って神々を縛り上げ、身代金の黄金を要求した。黄金を集める役として解放されたロキは、アンドヴァリという小人に残らず黄金を差し出させ、大切にしていた指輪も奪った。アンドヴァリは怒り、「その指輪と黄金をもつ者は不幸な死に見舞われる」と呪いをかけた。ロキは、素知らぬ顔をして呪いのかかった指輪と宝をフレイズマルに渡し、オーディンらを解放してもらうのだった。そのアンドヴァリの指輪をめぐって勃発する事件は、**シグルズの竜退治**の項目を参照。

◎光の神バルドルの殺害

オーディンと妻フリッグの間に生まれたバルドル（「光り輝くもの」という意味）は、すべての神々に愛された清らかな光の神だ。ある時、バルドルが死の悪夢に悩まされたため、母フリッグは心配し、世界中のあらゆる生物に頼んでバルドルを傷つけないよう誓わせた。神々はバルドルに石や槍を投げてみたが、何物も彼を傷つけない。これを見て面白くないロキは、フリッグを騙して、若いヤドリギだけは大目に見て、誓いを立てさせるのを遠慮したことを聞き出した。そしてバルドルの盲目の弟神ホズにヤドリギの若木で作った矢を手渡した。ロキの指示に従ってホズが矢を投げると、その矢はバルドルを貫き、彼は絶命した。神々の驚愕《きょうがく》と悲嘆は計り知れず、この出来事をきっかけに始まる終末戦争については、**世界の終わりラグナロク**の項目を参照。その後も、ロキの策略によってバルドルを冥界から蘇らせることができなくなってしまった。復讐《ふくしゅう》にかられた神々の手によりロキは捕縛され、世界の終末まで幽閉されることとなる。幽閉されたロキが毒蛇の毒液に苦しめられるたび、大地は揺れ、地震が起こるのだという。

欧州全域

アトランティス大陸は実在するか

紀元前四世紀の古代ギリシャの哲学者プラトンが記述した伝説の島、それがアトランティスだ。対話篇『ティマイオス』『クリティアス』の中で、プラトンは、ヘラクレスの柱（ジブラルタル海峡の入口）と呼ばれる海峡の前にある強大な力をもつ島が、ヨーロッパやアジア全体の支配に乗り出したが、神の罰によってわずか一昼夜のうちに大地震と洪水で壊滅した、と記している。

　これは、大噴火によって滅びたエーゲ海のティラ島（サントリーニ島）にヒントを得たプラトンが、強大な国々の傲慢《ごうまん》さを揶《や》揄《ゆ》する寓話《ぐうわ》としてアトランティスの物語を描いたのではないか、と言われている。

　アトランティスの物語が歴史的事実かはわからない。だが、今も世界中の探検家たちを熱狂させ、スペイン、バハマ諸島、インドなど多くの海底で古代都市らしき痕跡は見つかっている。一九世紀に活躍したプラトンの翻訳者ジュエット博士はこう記している。「アトランティスは雲の中に浮かぶ島のようなものだ。信じる者にはどこででも見えるのかもしれない」

女戦士の国アマゾン

アマゾン族とはギリシャ神話に登場する女だけの部族である。軍神アレスと、ニンフ（精）のハルモニアとの間に生まれた子孫とされ、弓矢を手に戦い、馬術に長けた勇猛な女戦士たちだ。年に一度だけ他国に赴き、男と交わって女の子が生まれると戦士に育て上げたという。

　起源は古く、様々なギリシャ神話の伝承に登場する。トロイア戦争（詳しくは**ギリシャ共和国のトロイア戦争（一）〜（三）**の項目を参照）では、アマゾン族の女王ペンテシレイアもトロイア勢の応援のために駆けつけ、ギリシャの英雄アキレウスと対決した。ペンテシレイアはアキレウスに討たれてしまうが、ペンテシレイアが亡くなる直前、あまりの美しさにアキレウスは恋をしたという悲劇のほか、様々な伝承に登場している。英雄ヘラクレスや英雄テセウス（詳しくはギリシャ共和国の**英雄伝説**

（二）、（三）の項目を参照）と戦った伝承もある。マケドニアのアレクサンドロス大王に降伏を勧められ、受け入れたという話もある。

アマゾン族は、黒海からトルコ付近、ロシアのスキタイにかけて住んでいたとされ、武器を副葬品とする女性の墓が見つかっている。女性の遺体には戦争で負傷した傷も見られ、体に入れ墨を施していた。

コロンブスはアマゾン族の伝説を信じて、新大陸で遭遇することを期待していたという。実際にアマゾン族らしき部族と遭遇した事件もあり、一五四一年、スペイン人の植民者フランシスコ・デ・オレリャーナが南米を探検中、河川流域のある集落で冷酷な女指揮官たちのいる部族に襲撃されたと伝えられている。そのため、アマゾン族から名前をとって「アマゾン川」と呼ぶようになった。

正体不明の君主 プレスター・ジョン

一二世紀のヨーロッパで、十字軍を助ける救世主的存在として信じられた英雄がいる。謎のキリスト教国の偉大な王プレスター・ジョンである。

一一六五年頃、ビザンチン帝国皇帝のマヌエル・コムネノスは奇妙な書簡を受け取る。送り主は、東方の国を統治しているプレスター・ジョンという君主で、七二の王国を従えており、歴史上もっとも偉大な王に匹敵する人物とされた。領土には象やグリフィン、サテュロス、巨人、鬼女などがおり、貧者や泥棒などは存在しない豊かで魅惑的な王国だという。プレスター・ジョンはキリスト教徒であり、聖地に軍隊を派遣してムスリムと戦おうと記されていた。

教皇アレクサンデル三世は喜び、同盟を結ぼうと返書を送ったが、プレスター・ジョンから返事はもらえなかった。その後、プレスター・ジョンを探そうと数百年間にわたり、中央アジアやアフリカで捜索が続けられたが、結局、プレスター・ジョンも強大なキリスト教王国も見つけることができなかった。マルコ・ポーロ、バルトロメウ・ディアス、ヴァスコ・ダ・ガマといった探検家も、東方にいるというプレスター・ジョンを探したが、見つけることができなかった。

やがて、一一六五年頃に届いた書簡は大胆な悪戯であり、プレスター・ジョンは架空の人物ではないかという結論に落ち着いたという。

聖杯伝説と聖杯の行方

聖杯は、イエス・キリストが最後の晩餐《ばんさん》で使ったとされる杯状の容器であり、磔《はりつけ》となったイエスの血を受けた器でもあるとされる。ブリテン島の英雄アーサー王が探し求めたアイテムとして有名であり、聖杯（グラール）を巡る「聖杯伝説」は中世ヨーロッパ文学で人気のモチーフだったという。多くの伝説では、聖杯には病気を治癒する力があるとされている。ロンギヌスの槍（詳しくはアルメニア共和国の**ロンギヌスの槍はアルメニアにある？**の項目を参照）と同様に、イエス・キリストの聖遺物のひとつである。

　アーサー王伝説（詳しくはイギリスの**アーサー王は実在したか？**の項目を参照）によると、イエスの弟子ヨセフによって、エルサレムからイギリスのアヴァロン島に運ばれたという。その後、聖杯の行方はわからなくなり、見つけだすことが騎士の使命とされた。ランスロットの息子であり、円卓の騎士で最も高潔とされるガラハッドの一行が、冒険の末に聖杯を見つけだした。ガラハッドの前にヨセフが降臨し、聖杯が現れた瞬間にガラハッドは光に貫かれて昇天し、聖杯も天に昇ったという。

　その後の聖杯の行方はわからないが、聖杯は実在したとする説は根強く、世界各地に「聖杯」が現存している。聖杯はもともとエルサレムの神殿に置かれていたが、一世紀にローマ軍に侵略してきた際、神官たちによってヨーロッパへ移された。その神官たちがテンプル騎士団となり、聖杯を隠して守り続けてきたのだという。一四世紀にテンプル騎士団が異端とみなされ滅ぼされた際も、聖杯は守られてセント＝クレアの礼拝堂に移されたという伝説も残る。

　その他、イギリス・ウェールズの「ナンテオス聖杯」、イタリアのジェノバ大聖堂の「ジェノバ聖杯」、スペインのバレンシア大聖堂の「バレンシア聖杯」、トルコで発見され、現在はアメリカのメトロポリタン美術館にある「アンティオキア聖杯」などが、聖杯だとされている。

　また、イギリスのイングランド南西部にあるグラストンベリーは、アーサー王の墓があるとされる町だ（詳しくはイギリスの**アヴァロン島と聖杯の眠る地**の項目を参照）。この地にヨセフが聖杯を埋めたという伝説があり、聖杯から水が湧き出ているという「聖杯の井戸（チャリスウェル）」がある。二〇〇〇年以上、水が枯れたことがないという泉だ。鉄分を多く含み、血のような味がするという聖なる水を求め、人々が訪れる観光名所となっている。

　古くから多くの文学、絵画、映画などの芸術作品の中で、重要なアイテムとして登場してきたイエスの聖杯。その行方は杳《よう》として知れない。

column 03

伝説の剣

神話や伝説などに登場する武器は数多くあるが、その中でもよく知られているのは剣ではないだろうか。

日本神話において三種の神器のひとつに数えられる草薙《くさなぎ》の剣、イギリスの『アーサー王物語』でアーサー王の剣とされたエクスカリバーなどは有名だろう。アーサー王の伝説には、他にも円卓の騎士であるランスロットが持つアロンダイト、ガウェインが持つというガラティンなど、様々な剣が登場する。

その他の物語にも、剣が登場するものは多い。キリスト教の聖人のひとりに数えられる聖ゲオルギウスにも、アスカロンという名前の槍もしくは剣を使い、悪竜を退治したという伝説が残されている。ケルト神話のアルスター伝説と呼ばれる物語には、英雄フェルグス・マック・ロイが使うカラドボルグという、刀身が伸びる剣が登場する。中世ドイツの叙事詩『ニーベルンゲンの歌』では戦士ジークフリートが愛剣とし、数々の功績を得たというバルムンクが語られているし、アイルランドの民話の中で頻繁に登場する光の剣クラウ・ソラスというのもある。

このように、少し探せば様々な名剣の物語と出会うことができる。今も小説や漫画、ゲームといった創作の中で使われていることも多い。長い時を超えて人々の間に受け継がれるからこそ、これらは伝説の剣なのかもしれない。

中東

Middle East

1. アフガニスタン・イスラム共和国
2. アラブ首長国連邦
3. イエメン共和国
4. イスラエル国
5. イラク共和国
6. イラン・イスラム共和国
7. オマーン国
8. カタール国
9. クウェート国
10. サウジアラビア王国
11. シリア・アラブ共和国
12. トルコ共和国
13. バーレーン王国
14. パレスチナ/イスラエル国
15. ヨルダン
16. レバノン共和国

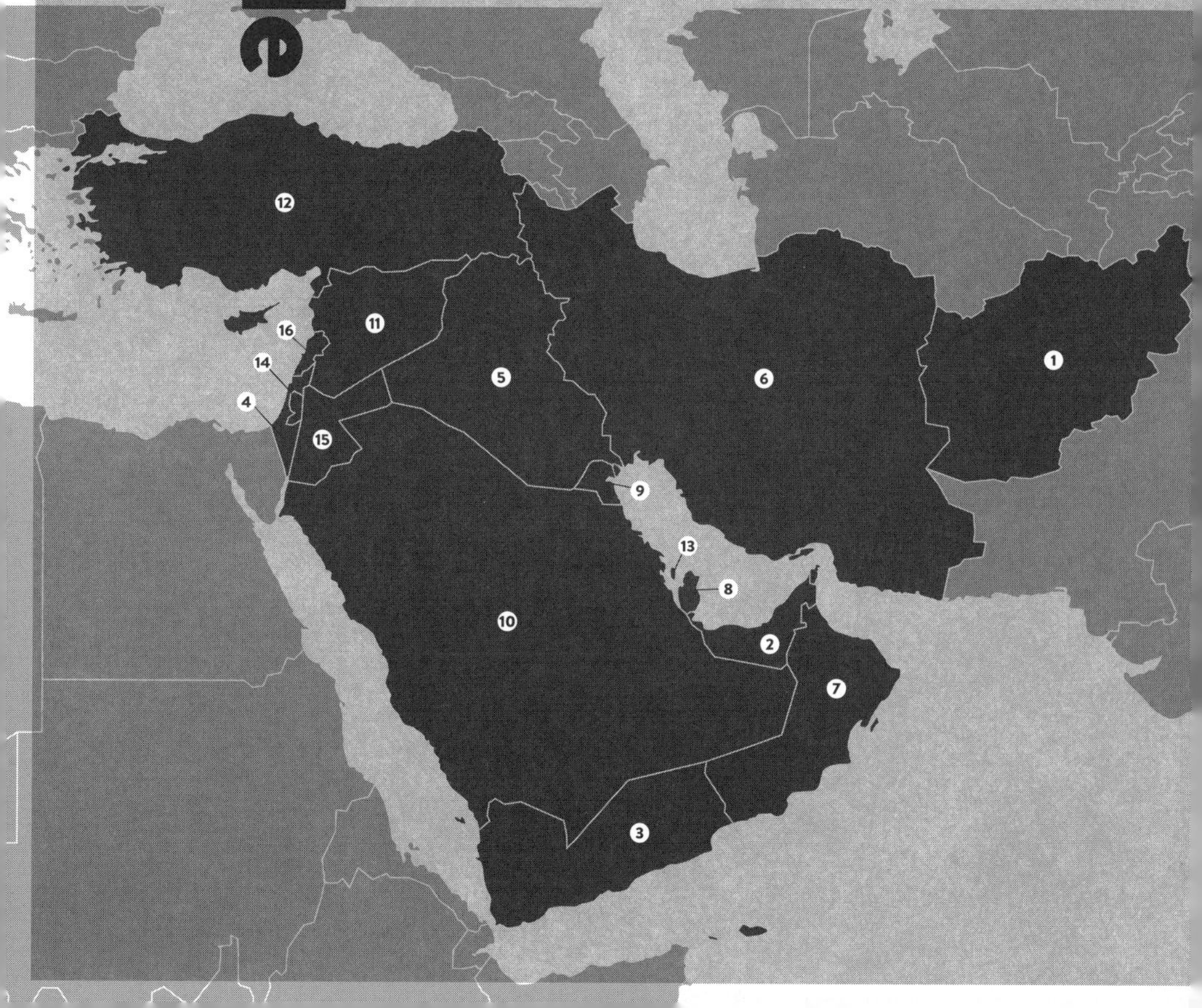

アフガニスタン・イスラム共和国

バンデ・アミール湖の癒しの水

バーミヤン地方にあるバンデ・アミール湖は、「砂漠の真珠」と称されることもある美しいコバルトブルーの湖だ。六つの湖からなり、二〇〇九年には国内初の国立公園に指定された。

この湖とハズラト・アリーにまつわる伝説がある。ハズラト・アリーは、イスラム教スンニ派の第四代カリフ。この地で竜と戦って勝利したアリーは、特別な力を用いて六つの湖を作り出したという。湖の水には病気を治す力があると信じられており、湖に浸かる信者が多いそうだ。湖のひとつバンデ・ハイバットの近くには、アリーがいたとされる場所がある。現在は小さな廟《びょう》が立っており、たくさんの巡礼者が訪れている。

ヤギを奪い合う国技ブズカシ

アフガニスタンには、ブズカシという独特な国技がある。起源は定かではないが、中央アジアで古くから行われている競技である。「ブズカシ」とは「ヤギを引きずること」という意味だが、現在は頭を落とした子牛を使用している。

一〇人ずつの二チームに分かれ、馬に乗った者たちがヤギを激しく奪い合う。ヤギはボールの代わりなのだ。ヤギをゴールに入れることができれば点が入る。首都カブールで行われる選手権は公式ルールに則《のっと》って行われるが、北部の地域では、一度に五〇〇人の選手が参加したり、騎手たちが単独で戦ったりと自由なルールで行われているそうだ。非常に巧みな乗馬の技術や強靭《きょうじん》な肉体が必要とされる競技であり、「チョパ・アンドース」と呼ばれる中心的選手は、英雄として扱われる。

一説には、かつて中央アジアを席巻したモンゴルの馬乗りたちに影響を受けたとも言われている。彼らが馬に乗ったまま戦利品の羊やヤギを奪う様子を見たアフガニスタン北部の住人たちが、対抗手段として騎馬隊を結成したことがブズカシにつながったのではないかとする説だ。

現在は、内戦が長く続いたことにより、伝統文化ブズカシの存続が危ぶまれているという。

優しいマトウと動物の内緒話

アフガニスタンに伝わる民話のひとつ。マトウという青年が旅の途中、山の洞穴で一晩過ごした時に、オオカミ、狐、虎の内緒話を聞いて、数々の秘密を知った。

親切なマトウは、羊飼いにオオカミが羊たちを狙っていることを教えてやった。また、狐が言っていた方法で万能薬を作り、王国の姫の病を治してあげた。そして、虎が言っていた宝物が埋めてあるという大きな石のある山に住居を構えて、姫と結婚して幸せに暮らしたという。

かつて、マトウから馬を奪ったことのある悪党は、マトウの話を聞いて真似をしようとしたが、報いを受けた。

アラブ首長国連邦

パスポートをもつハヤブサ

鷹狩りはアラブの遊牧民ベドウィンの伝統的な文化。世界の鷹匠の半数以上が、アラビア半島に住んでいると言われている。銃が伝来する以前の時代、遊牧民にとってハヤブサによる狩りは生きるための手段だった。コーラン（クルアーン）でもハヤブサが捕らえた生物は清浄であり、食べてもよいものとして認められているという。

現在は狩猟目的ではなくなったものの、祭りやスポーツ的な競技として存続している。ただし、ハヤブサが狩る鳥の激減にともない、鷹狩りは中央アジアや北アフリカの一部の地域のみでしか行うことができなくなった。鷹狩りを楽しめるのは国外まで行くことのできる富裕層に限られてしまっている。

この国では、貴重なハヤブサの密猟を防ぐために、ハヤブサ一羽ずつに人間同様パスポートが支給されている。足輪の識別番号と同じものがパスポートに記されており、ハヤブサが移動する際は、入国管理官の審査やパスポートへの押印、日付の記入などが必要だ。

二〇〇〇年代初頭には、ドバイの王子が鷹狩りを一般市民も楽しめるように賞金を設けた競技会を開始。以降、ハヤブサを飼育する市民が急増しているそうだ。

イエメン共和国

シバの王国

シバの王国は、現イエメン共和国の南部付近にあったとされる謎の古代王国。旧約聖書「列王記」によれば、紀元前一〇世紀頃、シバの王国から美しい女王が、イスラエル王国の賢王ソロモンに会うためにやってきた。女王は、金銀財宝や乳香などの多数の宝物をラクダに載せており、ソロモン王の叡智《えいち》を試す質問を出し、その答えに感心した女王は財宝を献上したという。

伝承によれば、ソロモン王はシバの女王に一目惚れし、やがて二人は結ばれて子どもをもうける。その子どもがのちのエチオピア（アクスム王国）の初代皇帝メネリク一世になり、その際に契約の箱（詳しくはアフリカ・エチオピア連邦民主共和国の**失われたアークの行方**の項目を参照）がエチオピアにもたらされたと言われている。

シバの女王は、コーランではビルキス、エチオピアではマケダという名前で呼ばれる。現在、イエメン西部の都市マーリブの周辺からはサバ王国という古代王国の遺跡が多数発見されており、シバとつながりがあると見る研究者もいるが、シバの女王が実在したかどうかは今も議論の的となっている。

世界最古の都市・サナア旧市街

アラビア半島南端にあるイエメンの首都サナアには、「人類最古の都市」と呼ばれる旧市街という地域がある。この地域では、石と日干しレンガを積み上げた、直方体の形をした塔のような建物に人々が暮らしている。一〇〇〇年以上前、イスラエル人によって作られたという。旧約聖書に登場するシバの王国（詳しくは**シバの王国**の項目を参照）もこの地にあり、ローマ人に「幸福のアラビア」と呼ばれるほどの繁栄だったという。

この地に初めて街を築いたのは、ノア（詳しくはトルコ共和国の**アララト山のノアの方舟《はこぶね》伝説**の項目を参照）の息子のセムであるという伝説があり、「マディーナット・サーム（セムの街）」と呼ばれることもあるそうだ。

ソコトラ島の竜の血を流す木

ソコトラ島は、インド洋のガラパゴスともいわれる、イエメン南部のアデン湾に浮かぶ小さな島。人口四万二〇〇〇人ほどで、島にはほとんど手つかずの自然が残されている。独特の生態系が発達しており、この島に生息する八〇〇種以上の植物のうち三七％が固有種だ。

なかでもソコトラ島を代表する種が「竜《りゅう》血樹《けつじゅ》」と呼ばれる、竜の血を流す木である。こぶのある太い枝が広がり、葉が傘のような屋根を作る奇妙な見た目だ。太い幹を傷つければ、血のように真っ赤な樹液が出てくる。

島の伝説によれば、ある時、二人の兄弟が死ぬまで戦い、彼らの流した血から生えた木だという。象と戦って傷ついた竜の血から生まれたという伝説もある。竜血樹から採取される竜血は、古来、希少品として知られていて、薬や顔料、化粧品などに用いられてきた。中国では漢方薬の材料として重宝されてきたそうだ。

イスラエル国

王子と黄金のりんご

昔あるところに、一人の王様がいた。王様には三人の息子がいて、三男のマレク・

ジャムシードがもっとも勇気のある王子だった。ある年、王様がもっているりんごの木に黄金のりんごが七つ実った。しかし、毎晩一つずつりんごが盗まれてしまう。王子たちはりんごを見張ることになるが、長男と次男は居眠りをしてしまう。三男のマレクだけが起きていて、りんごを狙う毛むくじゃらの手が現れたので剣で切った。血の跡を追うと、井戸の中に逃げていったようだ。井戸は大変熱く、兄二人は入ることができない。マレクだけが井戸に入り、中にいた竜（悪魔の場合もあり）を剣で退治した。竜は三人の娘を捕らえており、マレクは彼女たちを井戸から助け出した。しかし、マレクは兄二人に騙《だま》され、井戸に取り残されてしまう。

　その後もマレクは、鷹のヒナを狙う蛇を倒したり、とある姫を救出したり、暗黒界に落ちて七つの頭をもつ悪魔と戦ったりと、襲いかかる様々な困難を乗り越え、助けた鷹によって地上世界に戻ることができた。最後は、獅子《しし》を倒す（棒を割る、鎖をちぎるなどの場合もあり）競技に兄たちと参加し、マレクがもっとも優秀な成績を収め、王位を継ぎ、姫と結ばれたのだった。

　イランではよく知られる民話で、類話がいくつも存在する。また、主人公が地底から三人の王女を救い出し、仲間に裏切られながらも最後は王女と結婚するという話は、フランスなどにも伝わっている。

消えたイスラエル一〇部族

　イスラエル一〇部族（支族）とは、旧約聖書に記されているものの歴史の途中で記録から姿を消した部族のことだ。

　旧約聖書によれば、紀元前一〇世紀頃、約束の地カナン（詳しくは**古代カナン人と謎の女王**の項目を参照）には一二の部族がいた。彼らは祖父アブラハムの孫ヤコブの息子や孫を祖先としており、祖先の名前を部族名としていた。紀元前九三〇年には、アセル、ダン、エフライム、ガド、イサカル、マナセ、ナフタリ、ルベン、シメオン（レビ）、ゼブルンの一〇部族からなるイスラエル北王国と、ユダ、ベニヤミンの二部族からなるユダ王国に分裂。その二〇〇年後、イスラエル北王国はアッシリア王シャルマネセル五世によって侵略された。

　王国を失った一〇部族は、メソポタミアやメディア（現在のイラン、イラク、シリア）に脱出したらしいが、その後、どのような運命を辿ったかはわかっていない。九世紀、ユダヤ人の旅人が、サンバティオン川の対岸に一〇部族の姿を見たと証言している。さらに、南米やアフガニスタン、南アフリカ、ペルシア（現在のイラン）などで一〇部族の子孫を見たという旅行者もいる。自らを一〇部族の子孫と主張する者も多く、イスラエルの失われた一〇部族の行方は、今も多くの人々の関心の的となっている。

　ちなみに一〇部族は日本人と関係があるという主張もある。日本の神社の構造、ひらがなやカタカナがヘブライ語に似ているなどから、東へ進んだ一〇部族が日本へ到達し、日本人の祖となったとするという説で、「日ユ同祖論」と呼ばれている。

一〇部族の子孫が古代中国に辿り着き、秦の始皇帝の血筋につながるという説もある。詳しくはアジア・中華人民共和国の**始皇帝出生の秘密**の項目を参照。

奇跡の湖ガリラヤ湖

イスラエル北部にあるガリラヤ湖は、イエス・キリストが様々な奇跡を起こしたとされる聖なる湖。ガリラヤの海、ティベリアス湖、ティベリアスの海、キナレットの海などの異名をもつ。「海」と呼ばれるが淡水湖だ。

新約聖書によれば、イエスの布教活動の中心地であったとされ、イエスはこの地で、ガリラヤ湖の漁師だったペテロたちを弟子にした。イエスはこの湖の上を歩いて渡ったり、五つのパンと二匹の魚で五〇〇〇人もの人々の飢えを満たしたり、船上で嵐を静めたりと、数々の奇跡を起こしたという。現在、ガリラヤ湖周辺にはパンと魚の奇跡の教会、山上の垂訓教会など、イエスの伝説にちなんだ教会が立ち並び、巡礼者や観光客で賑わっている。

古代カナン人と謎の女王

カナンは、旧約聖書に「乳と蜜の流れる地」として記述されている地域の古名だ。パレスチナとシリア南部のあたりを指し、神が最初の預言者アブラハムの子孫に与えると告げた「約束の地」である。この地に暮らしていたカナン人たちは、エジプトやイスラエルに征服されて以降は歴史の表舞台から消えてしまった。近年の研究で、カナン人の遺伝子は現代のユダヤ人やアラブ人に受け継がれていることが判明している。

カナンの地に、当時としては珍しい女性の統治者がいたという説がある。都市国家の集まりだったカナンから、貢ぎ物としてエジプトに贈られた粘土板に「ライオンの女王」という記述があったのだ。どの都市を治めていたかはわかっていないが、二〇〇八年、カナンにあった都市国家ベト・シェメスの遺跡から一枚の粘土板が発掘された。そこには文字はなかったが、上半身は裸で膝丈のスカートをはいた人物が両手にハスの花をもっている姿が描かれていた。この人物こそが、「ライオンの女王」なのではないかと、にわかに話題となった。一方で、この人物は男性であるとする説もあり、まだ確証は得られていない。

死海文書

死海とは、イスラエルとヨルダンにまたがる大きな湖で、人が浮かぶほどの高い塩分濃度を誇る。世界でもっとも海抜が低い位置にあり、魚類が生きられないことから「死海」と呼ばれている。

一九四七年、迷子の羊を探していた羊飼いの男が、この湖北西部のクムラン洞窟の中で偶然、謎の壺を発見した。壺の中には羊皮紙の巻物が入っており、紀元前二五〇年頃から紀元後七〇年頃に書かれたとされる旧約聖書の原典らしき古い写本だった。これをきっかけに、周囲の洞窟などから次々に羊皮紙やパピルスの巻物など、文書の断片が見つかった。ヘブライ語で書かれたこれらの文書は、「死海文書」と呼ばれ、イエス・キリスト時代のユダヤ教や、聖書成立の謎に迫る貴重な手がかりとして、二〇世紀最大の考古学的発見とされたのである。

ソロモン王のシャミル

旧約聖書には、鉄や石、硬い宝石などを切断する「シャミル」という謎めいた力が登場する。紀元前一〇世紀頃、ソロモン王がソロモン神殿を建設した際、戦いに使われる金属ということで、神聖な場所を作るのに鉄の道具の使用は禁じられていた。そのため、石材を切り出し、加工する際はシャミルが使用されたという。シャミルの使用は、紀元前一六世紀頃のモーゼの時代からあったとされる。シャミルについて次のような伝説がある。

ソロモン王が鉄の道具を使わずに神殿を建てようとした時、鉄の道具でも難しいところを削る力をもつ、シャミルという道具があることを知った。そこでソロモンは精霊たちを呼び寄せて聞いたところ、シャミルは大麦の粒ほどの大きさの虫だが、大変強力で、悪神アスモデウスが詳しく知っていると告げた。そこでソロモンは、アスモデウスを探し出して問いただしたところ、シャミルは海の王子のものであり、王子に忠誠を誓った水鳥バンがシャミルを管理しているという。シャミルを手に入れたければ、バンの巣を探してガラス板で覆えと教えられた。

そこでベナヤという人物がバンの巣を探し、ガラス板で覆った。まもなくしてバンがやってきたが、ガラス板に覆われていたため、ヒナのところに行けなかった。そこでシャミルをガラス板の上に置いたところを狙い、シャミルを手に入れたという。

その他、シャミルの正体を説明する話は多く、虫ではなく、東の果ての砂漠にあるサムールの石や賢者の石という説もある。

シャミルは羊毛にくるまれ、大麦に似た穀物の粒で満たされた鉛の箱で厳重に保管されていたが、神殿を建てたあとはどこかに失われてしまったという。

メギドの丘

イスラエルにある都市メギドの遺跡は、聖書ゆかりの遺丘群として世界遺産に登録されている。カナン人（詳しくは**古代カナン人と謎の女王**の項目を参照）が暮らしていた古代から、のちにエジプト、イスラエル、アッシリア、ペルシアに支配されたため、二五層にもなる複数の時代の都市遺跡が重なっている。また、青銅や鉄器時代の遺構、古代イスラエルのソロモン王の厩舎《きゅうしゃ》などが発見されている。

メギドの丘は戦いの地として旧約聖書に

何度も登場しており、新約聖書のヨハネの黙示録に記されている世界最終戦争の地、ハルマゲドンを指すと言われている。「ハルマゲドン」はヘブライ語で「メギドの丘」という意味だ。ヨハネの黙示録によれば、ハルマゲドンの地に悪魔たちが軍を率いて現れ、天使との最終戦争が行われるという。

実際に、メギドは交通の要所にあったことから、どの時代でも戦場となることが多かった。紀元前一五世紀頃、エジプトのトトメス三世がメギドに進軍し、カナンを降伏させたのがメギドでの最古の戦いだという。二五に及ぶ都市の層は、メギドが何度も破壊と再生を繰り返してきたことを証明している。

はたしてメギドで最終戦争は行われるのか、その答えは未来にしかないが、現在のメギドの丘はイスラエルの観光スポットとして人々を温かく迎え入れている。

イラク共和国

エデンの園はどこにある？

旧約聖書には、アダムとイブ、ノアの方《はこ》舟《ぶね》、バベルの塔などのように、この世界の成り立ちを物語る伝説が多い。

旧約聖書の「創世記」によれば、アダムとイブのいた「エデンの園」は東方にあり、エデンから一本の川が流れ出して園を潤し、川は分かれて四本の川になったと記されている。このうちの二本の川が、チグリス川とユーフラテス川と記されていることから、エデンの園は現在のイラク、イラン、トルコあたりにあったという説が有力である。

近年、エデンの園を探し求めていた聖書考古学者たちは、エデンの園を特定したと主張する。イラク南東部からクウェートにまたがるアフワール湖沼地域であり、ユネスコの世界遺産にも登録されている。この沼地には、紀元前四〇〇〇年頃から紀元前三〇〇〇年頃にかけて人が定住を始めたとされており、チグリス川とユーフラテス川によって潤されていることが根拠のひとつとなっている。

一方、旧約聖書の予言書のひとつ「エゼキエル書」によれば、現在のレバノンにある神聖な山の上にエデンがあると記載されている。エデンから最初に流れ出た川をヨルダン川として、現在のイスラエルにあったとする説や、四本の川のひとつギボン川をナイル川として、北アフリカにあったとする説もある。

また、バーレーンにもエデンの園があったと主張されている場所がある（詳しくはバーレーン王国の**シュメールの楽園ディルムンとエデンの園**、**生命の木とエデンの園**の項目を参照）。

ギルガメシュとエンキドゥの冒険

古代都市ウルクは、シュメール人（詳しくは**シュメール人と異星人**の項目を参照）による都市国家のひとつで、メソポタミア地方（現在のイラク周辺）のユーフラテス川の沿岸地域にあった。最盛期には約五万人も住んでいたというウルクの町の城壁と神殿の遺跡は、今もユーフラテス川近くに残っており、紀元前四〇〇〇年まで遡れる箇所もある。

　ギルガメシュ王は、ウルク第一王朝（紀元前二五〇〇年頃）に実在した王と考えられており、後世の伝承で多くの武勇伝が創作された。神々と人々の交流や英雄の姿を描いた『ギルガメシュ叙事詩』は、紀元前一八〇〇年頃に作られた最古の文学作品のひとつとされている。

　ウルクのギルガメシュ王は、無慈悲な征服王だった。神々は王を懲らしめるために怪力の野人エンキドゥを送り込むが、二人の力はまったくの互角で、数時間に及ぶ戦いの末、二人は友だちになった。エンキドゥと冒険の旅に出たギルガメシュ王は、神に逆らい、レバノン杉の森の番人（自然の精霊）フンババを殺す。さらに美しい女神イシュタル（イナンナ）からの求婚を拒絶し、激怒した女神が送り込んできた雄牛も殺した。そのため神の怒りに触れ、神によってエンキドゥを殺されてしまう。

　友人を殺されて死を身近に感じたギルガメシュは、失意の中で旅を続け、永遠の命をもつウトナピシュティムに会いにいき、不死身になる方法を求めた。ウトナピシュティムははるか昔、方舟《はこぶね》を作って大洪水を逃れたために、神々から永遠の命を与えられた者だった。彼の助言でギルガメシュは冥界に行き、不死の薬草を手に入れたが、不運にも蛇に食べられてしまう。ギルガメシュはついに、死は逃れられないものだと悟り、自分の運命を受け入れ、王国に戻って良き支配者であることに努めた。

古代人の発明？バグダッド電池

一九三〇年代、ドイツの考古学者ビルヘルム・ケーニッヒは、バグダッド近郊のホイヤットラブヤで、奇妙な壺を発掘した。紀元前二五〇年頃のパルティアで使われていたもので、壺の中から、鉄の棒と銅の筒が封印された状態で発見された。紀元後の二二四年から六四〇年に栄えたササン朝ペルシアの時代とする説もある。

　ケーニッヒは、これは原始的な電池で、銀製品に金メッキを施すために使用されたものと考えた。そこで、壺に電解液となるぶどうの汁や酢などを満たして実験したところ、実際に弱い電流を発生させることができるとわかった。もし本当に古代文明で電気が使われていたとしたら、人類における電気の使用開始時期が大きく早まることになるが、この技術が廃れてしまった理由など、実験以上のことはまだ何もわかっていない。

シュメール人が崇拝した金星のイナンナ

紀元前四〇〇〇年頃、メソポタミア地方（現在のイラク周辺）に都市国家を築いていた謎の民族シュメール人（詳しくは**シュメール人と異星人**の項目を参照）。彼らが広く崇拝していた神様の一人が、金星の女神イナンナ（バビロンではイシュタルと呼ばれる）だ。イナンナの物語では、季節の移り変わる理由が説明されている。

女神イナンナは、羊飼いだった豊穣《ほうじょう》の神ドゥムジと結婚し、二人で大都市ウルクを支配していた。イナンナは、闇の神エレシュキガルという大好きな双子の姉に会いたくなり、従神ニンシュブルに三日以内に戻らなければ神々に助けを求めるよう頼むと、姉の住む冥界への危険な旅に出ることにした。冥界の旅は過酷だったが、ついにイナンナは姉と会えて二人は抱きしめ合う。しかし、エレシュキガルをとられると思った冥界の番人たちに、イナンナは生気を奪われて閉じ込められてしまう。

従神ニンシュブルは神々に助けを求め、トリックスターの神エンキが手助けをして、イナンナを生き返らせることに成功した。しかし、イナンナが冥界を去る代わりに身代わりを送らなければならなかった。イナンナが地上に戻ると、自分が留守中に夫のドゥムジがウルクの唯一の支配者になっていた。これに腹を立てたイナンナは、身代わりとして夫を冥界に送ることを決めたが、ドゥムジの姉も身代わりに名乗り出たので、ドゥムジと姉が半年間、交互に冥界へ行くことになった。こうして、ドゥムジは地上に半年間留まって春と豊作をもたらし、作物を収穫し終えると半年間、冥界へと旅立っていった。季節が毎年移り変わるのは、ドゥムジが地上と冥界を半年ごとに行き来しているためである。

シュメール人と異星人

紀元前四〇〇〇年頃、現在のイラク周辺、メソポタミア地方南部のチグリス川・ユーフラテス川下流に突如現れ、ウル、ウルク、ラガシュといった都市国家を作って繁栄したシュメール文明。

メソポタミア文明の基礎となり、人類最古の文字とされる楔形《くさびがた》文字、六〇進法を基準とした数学、ジッグラトと呼ばれる巨大な神殿、ハンムラビ法典の源流と言われるシュメール法典、人類最古の文学『ギルガメシュ叙事詩』（詳しくは**ギルガメシュとエンキドゥの冒険**の項目を参照）など、人類史上の画期的な発明の数々を生み出した文明である。

建築、灌漑《かんがい》、農耕、幾何学、天文学、文学、国家の民主的統治方法などのように、現代につながる文明の基礎のほとんどを築いた文明にもかかわらず、この文明を興したシュメール人の民族系統は不明で、謎だらけだ。

古代メソポタミアでは、紀元前六〇〇〇年頃からウバイド人と呼ばれる人類が定住していたらしいが、紀元前四〇〇〇年頃、突如としてシュメール人がこの地に現れる。そして爆発的な文明の進化を引き起こしたのち、忽然《こつぜん》と歴史から姿を消してしまうのである。周辺の地域とは言語系統も異なる彼らがどこから来て、どこへ消えてしまったのか、現在も皆目わかっていない。

古代アッシリアの首都ニネヴェで発見された粘土板によると、「一九五兆九五五二億」という途方もない数字が粘土板に刻まれていた。「ニネヴェ定数」と呼ばれるこの奇妙な数字を調べると、太陽系に属する惑星、衛星、主要彗星《すいせい》の公転、会合周期の正確な公倍数にあたることがわかった。

これらのことから、宇宙人が人類に文明を授けたとされる宇宙考古学を唱える者も少なくない。発掘されたシュメール文明の人型の像は、まるで異星人のように巨大な目をしている。

バビロンの空中庭園

紀元前二二五年頃に、ギリシャの数学者フィロンが「七つの見るべきもの」を提唱した。それが今日「世界の七不思議」として知られている、ギザのピラミッド、オリンピアのゼウス像、エフェソスのアルテミス神殿、ハリカルナッソスのマウソロス霊《れい》廟《びょう》、ロドス島の巨像、ファロスの灯台、そしてバビロンの空中庭園である。それぞれ詳しくは、アフリカ・エジプト・アラブ共和国の**ピラミッド巨人建設説**、**ファロスの灯台は古代兵器?**、トルコ共和国の**最古の七不思議ハリカルナッソスのマウソロス霊廟**の項目を参照。

このうち現存しているものは、約四〇〇〇年前に建造されたギザのピラミッドだけだが、ほとんどは文献や遺跡などから存在していた可能性が高いとされている。ところが、紀元前六〇〇年頃にバビロン王ネブカドネザル二世によって作られたというバビロンの空中庭園だけは、遺跡がまったく発見されていない。フィロンによれば、空中庭園は高さ二五メートル、六〇平方メートルの階段状の立体式庭園で、ヤシの梁《はり》にナツメヤシやイチジクなどの様々な草花が植えられ、大量の水が庭園全体に行き届く灌漑《かんがい》システムが完備されていた。

しかし、この時代にどのように二五メートルもの高所に水を引いたのか、「空中」とは何を意味するのかなど謎が多く、実在を巡って今日も意見が分かれている。

バビロンのシルシュとモケーレ・ムベンベの奇妙な関係

二〇世紀初頭、欧州の考古学チームが、紀元前五七五年にネブカドネザル二世によって建設されたイシュタルの門を発掘した。この門には雄牛、ライオン、竜の三種類の動物が描かれていた。この竜は、バビロニアの最高神マルドゥク（詳しくは**バビロンを創造した神マルドゥク**を参照）が従えていた竜「シルシュ（ムシュシュ）」と思われたが、不思議なことに、他の伝説上の動物は数世紀の間に姿形が変化しているにもかかわらず、シルシュだけはどの遺跡を見ても、実在の動物の描写と同じように姿が変わっていない。

シルシュの特徴は、鱗《うろこ》に包まれた細長い胴体、力強い四本足、長い首と尻尾、ツノの生えた頭だ。これらはアパトサウルスやディプロドクスといった草食の首長竜の特徴と似ていることから、シルシュの姿は未発見の生きた恐竜に基づいているのではないかという説がある。

また、中央アフリカで見つかったレンガが、イシュタルの門で使われているものとそっくりであるため、バビロニア人の建築家がアフリカでレンガを手に入れた可能性もあるという。アフリカ中部のコンゴ共和国では、神出鬼没の未確認水棲生物モケーレ・ムベンベ（詳しくはアフリカ・コンゴ共和国の**モケーレ・ムベンベは恐竜の生き残り？**の項目を参照）の目撃情報が多発している。このことから、バビロニア人が実在するモケーレ・ムベンベを見て、シルシュとして芸術に落とし込んだ可能性も指摘されている。

バビロンを創造した神マルドゥク

都市国家バビロンは、紀元前二〇〇〇年頃、メソポタミア地方（現在のイラク周辺）のチグリス川とユーフラテス川の間に、アムル人によって作られたとされる都市国家のひとつ。のちに強大な都市国家へと成長するバビロンが、人ではなく、神によってどのように作られたかという創世神話が、叙事詩『エヌマ・エリシュ（「その時、上に」という意味）』に書かれている。この物語には、古代都市バビロンを創造したという神マルドゥクが登場する。

かつて、宇宙には淡水の神アプスーと、塩水の女神ティアマトが、それぞれ平和に暮らしていた。ある時、二人は出会って淡水と塩水が混ざり合い、多くの神々が生まれた。しかし、宇宙が騒々しくなったことに腹を立てたアプスーは、若い神々を滅ぼそうとした。父が自分たちを殺そうとしていることに気づいた知恵の神エアは、先に父アプスーを殺し、代わりに自分が淡水の支配者となった。やがてエアと、女神ダムキナの間に生まれた息子が、のちにバビロンを創造するマルドゥクだ。

マルドゥクは若い頃、天空神アヌに、四つの風を操る力を授かった。この風で遊んでいる時、マルドゥクは誤って、塩水の女神ティアマトが支配する海に、嵐を引き起こしてしまう。これに激怒したティアマトは、キングという神を指揮下に悪魔の軍勢を集めて、マルドゥクに宣戦布告した。好戦的なマルドゥクは神々を率いて悪魔の軍勢を返り討ちにし、四つの風の力でティアマトを殺して体を裂いた。

その体の一部から山々を作り、ティアマトの涙から、チグリス川とユーフラテス川を作った。さらに神キングも殺して、キングの血から最初の人間ルルを作った。そしてルルとその子孫が暮らしやすいよう、大都市バビロンを作ったのである。

イラン・イスラム共和国

アフラ・マズダの悪との戦い

　古代ペルシア（現在のイラン）の神話によれば、善神と悪神の勢力争いが人間に影響を及ぼし、善と悪のどちらの道を選ぶかは、人間の選択によることを示している。

　最初の神ズルワーン（「時」という意味）が、アフラ・マズダ（「知恵のある神」という意味）とアフレマン（アンラ・マンユともいう。「破壊霊」という意味）という二人の息子を生んだ。二人が生まれる前、ズルワーンは「最初の子どもが世界を支配する」と予言したのを、アフレマンは胎内で聞いていた。そこでアフレマンは創造主の地位を狙って無理やり先にズルワーンの体から出て、その後、アフラ・マズダが生まれた。アフラ・マズダは色白でいい香りに包まれていたが、アフレマンは色黒で臭かった。

　ズルワーンは長男のアフレマンに創造の権利を与えたが、アフレマンは何もできなかった。そこで次男のアフラ・マズダに権利を与えたところ、アフラ・マズダはあらゆる創造を始めた。太陽と月、星、ウォフ・マナフ（「善い思考」という意味）など六人の神を作り、最後に、人間ガヨー・マルタンを作った。この人物が、最初のペルシア王となった。

　邪悪なアフレマンはこれを妬《ねた》み、悪魔や危険な生き物を生んだ。アフラ・マズダはアフレマンを暗闇の世界に閉じ込めたが、アフレマンは復讐《ふくしゅう》を続けて苦痛、病気、飢餓、死などを次々に創造した。ガヨー・マルタンは病にかかり、人間は死から逃れることができなくなった。

　アレフマンが人間を苦しめ続けることを悟ったアフラ・マズダは、人間に「選択の自由」という武器を与えた。こうして、人は一生のうちに善良な道を歩むのか、悪の道に走るのかを選ぶ自由が生まれた。二人の神の拮抗《きっこう》した戦いは続くが、世界の終わりにアフラ・マズダが新たな神サオシュヤント（「救世主」の意味）を連れて戻り、サオシュヤントがアフレマンを倒し、地上のあらゆる人間が善良で賢くなると信じている。

　のちに紀元前二〇〇〇年頃、アフラ・マズダから啓示を授かったゾロアスター（ツァラトゥストラ）が、善悪二元論からなるゾロアスター教を広めた。ゾロアスターが書いたとされる聖典『アヴェスター』には、アフラ・マズダへの賛歌がまとめられている。寺院では、アフラ・マズダの象徴である光（聖なる炎）を絶やさないという。

英雄ロスタムと若き戦士ソフラーブの決闘

　古代ペルシア（現在のイラン）の叙事詩

『シャー・ナーメ（王書）』は、一〇一〇年頃にペルシアの詩人によって書かれた。神話や空想上の動物との戦いも交えつつ、六五〇年頃までの古代ペルシア帝国の歴史を描いたもので、なかには次のような悲劇物語もある。

ペルシアのロスタムは竜や白鬼などを退治したことのある英雄で、あらゆる戦に勝利をもたらしていた。ある時、ロスタムは愛馬ラクシュとともに狩りに出かけ、途中で愛馬が盗まれてしまう。その足跡を辿るうちに、サマンガーン王国に着き、ロスタムは王の娘タハミーネと恋に落ちる。彼女がロスタムの子をお腹に宿す頃、愛馬が見つかり、ロスタムは国へ帰ることになった。ロスタムは去り際、タハミーネに魔除けの宝石を渡して、生まれてくる子どもへ与えるよう頼んだ。タハミーネはソフラーブという男子を生み、やがてトゥーラーンという国の軍隊に入り、随一の戦士に成長した。

その後、トゥーラーンとペルシアが戦争になり、ソフラーブは軍隊を率いてペルシア人の城を攻撃した。城を守るため、英雄ロスタムも戦場に現れた。二人の英雄は一騎打ちで両軍の決着をつけることにした。どちらかが死ぬまで終わらない戦いになったが、お互いに親子だと知らなかった。

ロスタムとソフラーブの力は拮抗《きっこう》し、決闘は翌日へもちこされた。二日目の戦いで、ロスタムの攻撃によりソフラーブは深手を負って落馬してしまう。瀕死《ひんし》のソフラーブは、母からもらった魔除けを見せて、父が敵を討ってくれるとロスタムに告げて事切れた。ロスタムは、たった今殺した若い戦士が自分の息子であることをようやく知ったのだった。

小人のミイラ遺跡

イランのグディスにあるシャーダ遺跡は、三〜七世紀頃に栄えたササン朝ペルシア時代の都市。二〇〇五年、この遺跡で小さなミイラが発見された。身長はたったの二五・四センチ。人間の赤ん坊のミイラかと思われたが、検査を行ったところ、一〇代半ばの若者だという結果が出た。

遺跡自体にも謎が多く、発掘された遺構は入口や通路などのサイズがとても狭く、壁の高さは八〇センチ以下。人間の大人が暮らすには小さすぎるというのだ。このことからシャーダ遺跡に住んでいたのは小人だったのではないか、と言われている。この遺跡は、現地では「ドワーフ（小人）の都市」と呼ばれているそうだ。

二〇一三年には、同国内の別の遺跡から今度は体長七センチほどのさらに小さなミイラが発見されている。イランにはかつて、小人の集団が暮らしていたのかもしれない。

サイバー兵器？　スタックスネット

二〇一〇年、イランのウラン濃縮施設内の重要な設備が「スタックスネット」と呼ばれるコンピュータウイルスに攻撃され、稼働不能に陥った。これにより、イランの核兵器開発計画が少なくとも数ヶ月、あるいは数年は遅れたという。

スタックスネットは、Windowsコンピュータに感染することで作用し、核施設で使われるような特定のプログラムを標的に攻撃してくる。アメリカやインドなどの国々のシステムも攻撃されたが、イランの感染数が突出しており、大混乱を引き起こしたという。

ウイルスの特異性からサイバー兵器の可能性が指摘され、アメリカ、イスラエル、ヨルダン、中国、ロシア企業とのつながりなど様々な説が浮上したが、結論は出ないままだった。スタックスネットのコードを読み解き、「Myrtus（ミルトゥス）」というシークレットコードをヘブライ語に変換すると、王女エステルを指すことから、旧約聖書の「エステル記（ユダヤ人によるペルシア人への復讐譚《ふくしゅうたん》）」との関連を主張する人もいた。

沈黙の塔

世界には様々な葬法があるが、日本ではできない、また、実際に見ることも難しい方法が、鳥に死体を食べさせて死者を葬送する「鳥葬」である。

イラン中部の都市ヤズドにある沈黙の塔は、ゾロアスター教（詳しくは**アフラ・マズダの悪との戦い**の項目を参照）の鳥葬の場である。ゾロアスター教において、水や火、土などの自然は神聖なものなので、それらを人間の遺体で汚すことは禁忌であり、鳥葬は最高の供養とされている。

沈黙の塔では、一九世紀前半まで実際に鳥葬が行われていたという。この塔には屋根や天井がなく、石が積まれた円形の場所の上に遺体が置かれると、ハゲタカなどがやってきて肉をついばんでいく。

鳥葬が行われる沈黙の塔は、インドのムンバイに最大規模のものがある。

オマーン国

古代都市「円柱のイラム」の行方

オマーン、サウジアラビア、イエメン、アラブ首長国連邦の四ヶ国にまたがるルブアルハリ砂漠は、アラビア半島に広がる世界最大級の砂漠。一九九〇年、ある探検家がＮＡＳＡの衛星画像を利用してルブアルハリ砂漠に埋まる遺跡を発見した。ここには高い壁と塔が存在していたが、地面が陥没したことで崩壊して砂に埋もれたのだと推測された。探検家は、この遺跡こそが、アラブの伝説に残る「円柱のイラム（ウバルと呼ばれる場合もある）」だと主張した。イラムは古代に存在したとされる都市で、円柱が立ち並んでいたという。

伝説によると、かつてイラムを支配して

いた人々は堕落し、神アラーの教えに背いた。アラーは砂嵐を起こし、一週間続いた砂嵐により、町は廃墟《はいきょ》と化し、砂漠に飲み込まれてしまった。

イラムが実在したのか、どこにあったのかについては明らかになっておらず、「砂漠のアトランティス」と呼ばれることもある。イエメンやエジプト、シリアにあったという説もある。この遺跡をイラムだとする説には否定的な意見もあるが、古代都市の謎を解き明かすヒントになるかもしれない。

バハラ城塞《じょうさい》に取り憑く魔術師の霊

オマーンの世界遺産であるバハラ城塞は、北部のジャバル・アル・アフダル山麓にある古くから海上貿易が盛んな要塞都市。七世紀頃から建設が進められ、増改築を重ねながら一六世紀頃に完成した都市で、イスラム教が伝来する前は黒魔術が盛んな地域だったという。

今から一〇〇〇年以上前、バハラの人々は魔術師の男を捕まえ、石を投げて殺した。そして、魔術師の弟子が彼の墓を祀らないよう、城塞の礎石を置いて墓をつぶした。以来、魔術師の幽霊が裏路地に現れるようになり、巨大な城塞が完成すると、魔術師の霊は墓の下から黒魔術を唱えて、部族の指導者たちに破壊と混沌《こんとん》をもたらしたという。

かつて、城塞の外にあるスーク（野外市場）の中央にはニュウコウジュの木が立っていて、魔術師の怨霊が宿っていると信じられていた。この木に触れる者には大きな災いがあるとされ、ある時、木を切り倒すことになり、男が斧《おの》を幹に食い込ませた直後、木が炎上し、周辺を巻き込んで焼き尽くしたと言われている。城壁には今でも魔術師の霊が取り憑《つ》き、城壁の修復作業を妨害したり、城壁周辺の住宅地に出没したりするそうだ。

カタール国

ドーハの人工島「ザ・パール」の由来

ドーハの北西約一〇〇キロのところにあるアル・ズバラには、カタール初の世界遺産となった「アル・ズバラの考古遺跡」がある。アル・ズバラは、一八世紀に真珠の交易で栄えた港町だ。遺跡は、町を守るための城塞《じょうさい》だったという。

真珠は、漁業が中心だったカタールを長く支えてきた主要産業であり、紀元前から世界に輸出されてきた。しかし、二〇世紀初頭に日本で真珠の養殖が成功する。安い養殖の真珠が世界に出回ることになり、カタールの真珠産業は一気に廃れていった。その後油田が発見され、石油産業が国の経済を支えていくことになる。

カタールの首都ドーハには、「ザ・パール」と名づけられた人工島がある。国家プロジェクトとして二五億円をかけて建設された真珠をモチーフとした円形の島で、上空からは真珠の首飾りのように見える。現在は石油と天然ガスが主要産業となったカタールだが、真珠は今でも特別な存在であり、カタールの象徴として扱われている。

クウェート国

恐竜を描いた岩絵

約六六〇〇万年前に滅びたとされる恐竜。最初期の人類である猿人が地球に登場したのはせいぜい七〇〇万年であることを考えると、恐竜と人類が共存したとは考えられない。しかし、中南米・メキシコ合衆国の**恐竜の土偶**、アジア・カンボジア王国の**アンコール・ワットの恐竜のレリーフ**など、共存説を裏づけるかのようなオーパーツもある。

近年、クウェートのある洞窟で四足歩行の草食恐竜と見られる親子の岩絵が発見された。調査によると数千年前に描かれたものだという。恐竜が人類と同じ時代まで生き延びていたとする説の証拠として、今後さらに注目されるかもしれない。

サウジアラビア王国

カアバ神殿の聖なる黒石

毎年、何百万人ものイスラム教徒が、巡礼のために聖なる都市・メッカを目指す。イスラム教においてもっとも神聖な場所とされるのが、メッカにあるカアバ神殿という立方体の建物だ。現在は世界最大のモスク、マスジド・ハラーム内にある。巡礼者たちはカアバ神殿の周囲を反時計回りに七周して、一周ごとに神殿下方にある聖なる「黒石（アル＝ハジャール・アル＝アスワッド）」に手で触れたり、口づけをしたりする。近づけない場合は指を差す。

この謎に包まれた黒石は、伝承によれば、六〇五年に預言者ムハンマドが、カアバ神殿の東側の壁に収めたものと信じられている。アダムとイブの時代、二人に地上で最初に築くべき祭壇の位置を教えるために、天から降ってきた石だとも言われている。少なくともイスラム教の始まりよりも古い時代のものであることは確かで、アラビア半島で別の神々を信仰していた古代の人々も、この石を崇拝していたそうだ。

近年、ロンドン自然史博物館によって、宇宙から落下した隕石《いんせき》の可能性も指摘されている。

呪われた都マダインサーレ

サウジアラビア北西部の古代遺跡マダインサーレには、呪われた起源伝説がある。コーランによると、唯一神アッラーが生み出した雌ラクダを殺した罰で、サムード人と呼ばれる人々は町もろとも滅んだ。預言者サーレフと少ない仲間だけは助かったので、以来この地はマダインサーレ（サーレフの町）と呼ばれるようになったそうだ。

シリア・アラブ共和国

残虐な女神アナト

女神アナトは、シリアにある古代都市ウガリットの神々の物語に登場する。天空神バアル（詳しくは**天空の神バアル**の項目を参照）の妹である女神アナトは、ウガリットの土地の豊穣《ほうじょう》を司る神でもあったが、非常に好戦的な性質だった。

アナトはウガリット近郊の二つの都市の人々を皆殺しにしたり、兵士たちを宮殿の夕食に招いたあと、大鎌で全員の首を切り落としたりしたこともあった。アナトの残虐行為は土地をもっと肥えさせるためのものだと人々は信じて、アナトに生贄《いけにえ》を捧げたという。

ある時、兄の天空神バアルが、死の神モートに決闘を挑んだ。モートはバアルを丸呑みにして、冥界へ連れていく。バアルがいなくなった地上には雨が降らず、干ばつが起きた。神々はバアルが死んだと思い嘆き悲しみ、アナトは兄を探して冥界へ降り、命を返してほしいとモートに頼んだ。しかし、モートは相手にしなかったので、怒ったアナトは剣を手に襲いかかり、骨を摑み出し、肉を切り刻み、燃やし、石臼で粉々にして、遺骸を鳥たちに投げ与えた。恨みを晴らしたアナトが地上に戻ると、バアルが戻ってきていた。バアルはモートとの戦いの際、太陽の女神シャパシュの助言に従い、身代わりの体とすり替え山中に身を隠していたのだ。

こうしてバアルが戻った地上には、雨がふたたび降るようになり、作物がすくすくと育つようになったという。

ダマスカス鋼の製法の秘密

ダマスカス鋼は、現在のシリアの首都、ダマスカスを中心に取引されていたために名づけられた鋼鉄だ。四世紀頃から、ダマスカス周辺で製造されるようになり、中世の中東やインドで剣やナイフの刃の材料として使われていた。圧倒的な技術によって、ダマスカス鋼の刃は信じられないほどの切れ味と強度を誇り、空中で髪の毛を真っ二つに切ることさえできたという。さらに、美術品としても非常に貴重だったそうだ。インドの世界遺産、デリーの鉄柱もダマスカス鋼でできているという説がある。詳しくはアジア・インドの**錆びないデリーの鉄柱**の項目を参照。

　しかし、一八世紀の半ば頃を境に、ダマスカス鋼は作られなくなり、その製法は永遠に失われてしまった。なぜ廃れてしまったのか、詳しくはわかっていない。

　現存する刃を分析してダマスカス鋼を再現する実験が何度も行われたが、不可解なことに、当時の製法を完璧に再現するには、最先端のテクノロジーを駆使する以外方法がなかったという。何百年も昔の鍛冶職人が、どのようにして、これほど芸術性を備えた高度な金属を生み出したのか。永遠に失われた製造の秘密が惜しまれる。

天空の神バアル

　一九二〇年代、現在のシリア北部にある古代都市ウガリットの遺跡から、紀元前一二〇〇年頃の粘土板が次々と見つかった。そこには、ウガリットの神々の物語が記録されていた。神話の多くは、主人公である天空神バアルの戦いを描いた叙事詩で、「バアル史詩集成」と呼ばれている。

　バアルは、女神アシェラト（アーシラト）と最高神イル（エル）の間に生まれた。バアルは成長するにつれて力を増し、天空を司る力を得た。

　バアルには海神ヤムという兄がいた。次第に力をつけていく弟を妬《ねた》んだヤムは、バアルに戦いを挑む。バアルは一度捕らえられるが、工芸の神コシャル・ハシスが、遠く離れた場所からでも攻撃できる魔法のこん棒を作ってくれた。バアルは魔法のこん棒でヤムを倒し、その体をバラバラに引き裂いてばらまいた。

　バアルは兄に勝利したが、他の神々のように立派な宮殿をもっていなかった。そこで、妹の戦いの女神アナト（詳しくは**残虐な女神アナト**の項目を参照）に不満を漏らすと、アナトは父のもとへ行き、兄に宮殿をもたせるよう脅した（その直後に地震を起こしたともいう）。バアルは工芸の神コシャル・ハシスに頼み、美しい装飾品や家具を作らせ、母に献上した。こうしてバアルは、両親の許可を得て、ウガリットの神殿を手に入れることができた。

　これが古代都市ウガリットの始まりである。遺跡の調査によれば、紀元前一八〇〇年頃には大都市に発展し、エジプトや地中海沿岸諸国との交易で栄えていたという。

「目から鱗《うろこ》」の語源

「目から鱗が落ちる」とは、何かのきっかけで迷いが取り払われ、突如、物事が理解できるようになる、という意味の故事成語。この言葉は、実は新約聖書に書かれたエピソードがもとになっている。その舞台が、シリアの首都ダマスカスだ。

　一世紀頃、パウロ（サウロ）は当初、キリスト教を迫害していた。彼は、ダマスカスの地を訪れた際に突如、光に包まれて失明してしまう。その時、イエス・キリストの「私を迫害するのはなぜか。町へ行けばお告げがあるだろう」という声が聞こえたという。パウロが町へ行って救いを求めると、アナニアという人物が現れ、イエスの使いだと告げてパウロの上に手を置いた。すると、目から鱗のようなものが落ちてきて、視力を取り戻した。彼はこの出来事以降、イエスの教えを信じたという。

トルコ共和国

アララト山のノアの方舟《はこぶね》伝説

中東でもっとも標高が高いアララト山は、トルコ東部とアルメニアをまたぐ国境に位置する聖なる山。この山には、旧約聖書でとりわけ有名な物語のひとつ「ノアの方舟伝説」が残されている。

旧約聖書によれば、堕落した人類に失望した神が、人類を一掃するために地上に大洪水を引き起こす。だが、善人のノアと家族だけは助けようとして、ノアに方舟を作るように命じる。方舟が完成すると、ノアはあらゆる動物をつがいで乗せて、大洪水から守った。洪水で水位がせり上がってくると、罪を犯した者たちが方舟に乗ろうと押し寄せてきたが、ノアの家族を守るため、神は獅子《しし》を護衛に据えた。やがて一五〇日後に水が引き始め、七ヶ月が過ぎた月の一七日に方舟の漂着した場所が、アララト山の山頂だったという。ノアや動物たちは方舟を離れ、地上に散って子孫を増やしていった。

人々は紀元前三世紀の頃から、アララト山に方舟の痕跡がないかと捜索を続けてきた。一八七六年、イギリスの探検家が、森林限界を越えたアララト山の高地で、のこぎりで切ったような板を発見した。一九五五年には、探検家のフェルナン・ナヴァラが、ノアの方舟がさまよったとされる約五〇〇〇年前の木材をアララト山の氷河から発見した。二〇一〇年には、中国の探検隊が七つの部屋に分かれた大規模な木造構造物を山頂付近で発見し、方舟が存在したことの証拠として主張している。

旧約聖書の「創世記」には、アララトの山々は古代アルメニアの地域にあると記されていることからも、アララト山が方舟の終着点という説が有力だが、イランやイラクだという主張もある。

なお、アララト山はアルメニア民族にとって古くから信仰の地である。詳しくは欧州・アルメニア共和国の**聖グレゴリウス伝説**の項目を参照。

イスタンブールのＵＦＯ

二〇〇八年、イスタンブールのマルマラ海沿岸で、多くの住民が謎の飛行物体を目撃したという情報が相次いだ。目撃談によると、オレンジ色に光る楕円形の物体、または両端の赤い光が点滅する細長い葉巻状の物体が、昼夜を問わず飛んでいたという。なかには動画撮影に成功した人物もいた。深夜に海の上を飛ぶ物体をとらえた高解像度の映像は大きな話題を呼び、にわかにＵＦＯ騒動が沸き起こる。映像には、コックピットのようなところから何者かが外を見ている様子も映し出されていたという。

トルコの科学者たちが映像を調査したが、偽物であるという証明はできなかったという。現在も空を飛んでいた物体が何だったのかは明らかになっていないが、この事件以降、イスタンブールではＵＦＯの目撃情報が多数寄せられるようになったという。

ヴァン湖の巨大生物ジャノ

トルコ東部にあるトルコ最大の湖、ヴァン湖には、一九九〇年代からジャノと呼ばれる謎の巨大生物の目撃情報がある。体長は一五メートルから二〇メートルもあり、クジラのように体をくねらせて泳ぎ、時折、水面に現れて潮を噴いたり、ジャンプしたりするそうだ。低いうなり声のような鳴き声を聞いたという人もいる。

一九九四年には地元の副知事や議員がジャノに遭遇し、一九九七年にはヴァン大学の教育助手が目撃し、ビデオカメラで水面を泳いでいるジャノを撮影して話題になった。

古来、ヴァン湖には「ヴィシャップ」という竜のような巨大生物が潜んでいるという伝説があった。ヴァン湖の水深は四〇〇メートルほどのところもあり、大昔に滅びたクジラの仲間の古代生物がひっそり生き延びている可能性もある。

カッパドキアは巨大地下シェルター

キノコのような奇岩で有名な、トルコ東部のアナトリア高原にあるカッパドキア。

その地下には、八階分にも及ぶ巨大な地下都市が、蟻《あり》の巣のように張り巡らされている。地下都市はこれまで五つ発掘されており、一〇万人を超える人々が生活できると言われている。そのなかのひとつ八層構造の地下都市カクマイルには、住居、教会、学校、クリニック、家畜小屋、ワイナリー、食料庫などが整備され、迷路のような通路でつながっている。さらに二〇一三年には、地下都市同士が無数の通路でつながっていることも判明した。

もとは古代ヒッタイト人が七世紀頃に作り、のちにキリスト教信者が使っていたそうだが、これほど広大な地下空間を作った理由は明らかになっていない。キリスト教信者がローマ帝国の迫害を逃れるために移り住んだという通説のほか、実は古代核シェルターだったのではないかという説がある。モヘンジョ・ダロでも核戦争のような痕跡が残されており（詳しくはアジア・パキスタン・イスラム共和国の**モヘンジョ・ダロに残る古代核戦争の痕跡**の項目を参照）、トルコのハットゥシャシュ遺跡にも、レンガの城壁や建物が一度、火炎ではあり得ない異常な高温で溶けてから固まっている跡が見つかっている。さらにアフリカのガボン共和国のオクロ鉱山（詳しくはアフリカ・ガボン共和国の**オクロの天然原子炉**の項目を参照）では、約二〇億年前から天然の原子炉が存在していたこともわかっている。これらのことから、古代に核やそれに匹敵するような兵器を使った戦争が行われていた可能性も残されている。

カネシュの六〇人の子どもたち

古代都市カネシュの遺跡は、トルコのキュルテペにある。現在は泥や粘土の塊が残るだけだが、かつて重要な商業の中心地だったことから、この都市はヒッタイト人の神話にしばしば登場する。

昔、カネシュの女王には三〇人の息子がいた。彼女は子どもの多さに圧倒され、息子を全員船に乗せ、川に流して捨てた。その後、女王はさらに三〇人の娘を生み、今度は自分で育てた。神々は川に流された息子たちを救い出し、神々の外見へと姿を変えさせた。成長した息子たちは、母親に会いたくなり、旅に出た。ついに女王と会ったが、女王は彼らが自分の息子だと気づかずに三〇人の娘との結婚を望んだが、息子たちは断って帰っていった。

ゴルディオスの結び目

「ゴルディオスの結び目」とは、誰にも解決できなさそうな難題や、思い切った手段を用いないと解決が不可能な困難な問題をたとえる故事成語である。この語源となったエピソードがある。

昔、フリギア（現在のトルコ）の都ゴルディオンには、この都を建てたゴルディオス王が結んだという伝説の縄があった。縄は複雑な結び目になっており、これを解いた者はアジアの覇者になれるという伝説があった。紀元前四世頃、マケドニアのアレクサンドロス大王が東征中にゴルディオンを訪れ、ゴルディオスの結び目に挑戦した。しかし、なかなか解けなかったため、大王は剣で縄を一刀両断。こうして結び目を断ち切った。その後、アレクサンドロス大王は大帝国を築き、伝説を実現させたという。

最古の七不思議ハリカルナッソスのマウソロス霊廟

世界最古の七不思議と言われているのが、紀元前二世紀頃の古代ギリシャの数学者フィロンが唱えた七つの巨大な建造物だ。トルコ南西部の港町ボドルムに、かつてハリカルナッソスという古代都市があった。この都市に建てられたマウソロス王の霊廟《れいびょう》は、ギザのピラミッドやバビロンの空中庭園などと並ぶフィロンの七不思議のひとつに数えられている。それぞれ詳しくはアフリカ・エジプト・アラブ共和国の**ピラミッド巨人建設説**、イラク共和国の**バビロンの空中庭園**の項目を参照。

マウソロスは、紀元前四世紀にあったカリア国の王。首都ハリカルナッソスを一望できる丘の上に、王と妻アルテミシアが眠る霊廟があった。ギリシャから招いた建築家や芸術家たちの手によって建てられた、高さ約五五メートル、三層構造の墓所だ。彫刻やレリーフで装飾された壮麗な建物だったという。

残念ながら一二世紀頃に起きた地震で崩壊し、現在は基壇が残るのみ。マウソロスの像や彫刻など一部の出土品は、イギリスの大英博物館に所蔵されている。

世界最古の遺跡ギョベクリ・テペ

トルコ南西部、アナトリア平原の外れには、約一万二〇〇〇年も昔の古代遺跡が発見されている。世界最古の神殿、宗教施設と考えられているギョベクリ・テペ遺跡では、近年、考古学の定説を覆すような発見が次々と報告されている。

実はギョベクリ・テペには人が住んでいた形跡がなく、周りにも人間の居住跡がない。通常、人間による農業や牧畜の文化が生まれたあとに、宗教や神殿が生まれたと考えられてきた。しかしこの遺跡はその定説を覆し、何もない場所に神殿が建てられている。このことから、ある日突然、宗教が誕生したことを表しており、神とされる何者かが舞い降りた場所だというのだ。

さらに、遺跡からは謎の巨大石柱や彫刻が多数発見されている。巨大石柱には、世界最古の象徴文字が刻まれており、星座の動物たちが彫られていた。これを解析したところ、なんと紀元前一万九五〇〇年前の星座の配列と一致したという報告もある。シャンルウルファ博物館には、ギョベクリ・テペからの発掘物が保管され、現在も調査が進められている。

空を飛んだイコンとスメラ修道院

黒海沿岸のトラブゾンにあるスメラ修道院。断崖絶壁にしがみつくように建てられたこの修道院は、トルコの岩窟教会の中でももっとも美しいと言われ、壁一面に何層ものフレスコ画が描かれている。

言い伝えによれば、キリストの弟子の一人である聖ルカが描いた聖母マリアの肖像画（イコン）が、ギリシャのアテネからトラブゾンまで空を飛んでやってきたという（天使たちによって運ばれてきたという説もある）。ある時、聖ソフロニオスと聖バルナバという二人の修道士の夢枕に、大天使ガブリエルが現れた。二人は天使のお告げを聞き、別々の場所から導かれるように旅をし、この岸壁の洞穴でイコンを見つけた。そして三八六年、二人は素手で岩を掘って、この不思議なイコンを収めるための修道院を作り上げたそうだ。

以来、伝説のイコンを見るために、多くの巡礼者たちが訪れるようになったという。二〇二一年七月、五年間に及ぶ修復作業が終了。現在は見学が再開されている。

トルコの古代ロケット

トルコの古代ロケットは、オーパーツと

呼ばれるミステリアスな古代遺物のひとつ。一九七五年にトルコのトプラッカレで発見されたロケットに似た石の彫刻で、今から三〇〇〇年ほど昔に作られたものであるという。

　現代の宇宙ロケットと宇宙飛行士に似た形に彫られており、発掘された場所はかつてトルコ東部を中心に栄えていた古代王国の首都だったことから、来訪した宇宙人が地球人に文明を授けたという説が唱えられた。イスタンブール考古学博物館に収められているというが、展示されてはいない。

トロイアの都とシュリーマン

　一八七〇年代、ドイツのアマチュア考古学者であるシュリーマンがトルコ北西部にあるヒッサルリクの丘に古代トロイアの遺跡を発見して世界に衝撃を与えた。トロイアとは、古代ギリシャの伝説の英雄たちによるトロイア戦争の舞台となった都として、ホメロスの著書『イーリアス』に登場する。詳しくは欧州・ギリシャ共和国の**トロイア戦争（三）～秘策！　トロイの木馬作戦**の項目を参照。

　シュリーマンが遺跡を発見するまで、トロイアは、あくまで伝説上の都にすぎないと思われていた。しかし、幼少の頃にホメロスの物語に魅せられたシュリーマンは、トロイアの都は実在したと信じていた。トロイアの存在を証明することを生涯の夢とし、貿易商を営んで富を築く。そして四〇代で事業から退くと、私財を投じて発掘作業を行い、ついにトロイアの遺跡を発見した。何層にも重なった都市の遺跡のひとつが、トロイアである可能性が高いと考えられている。シュリーマンの性急な発掘方法については批判を浴びることもあったが、トロイアが実在したことを証明し、少年時代からの夢を叶えたのである。

　世界文化遺産にも登録されているトルコのチャナッカレにあるヒッサルリクの丘は、現在は観光名所となっている。丘には、トロイア戦争で使われたとされる「トロイの木馬」が復元されて飾られている。チャナッカレ市内にも「トロイの木馬」が野外展示されているが、こちらは二〇〇四年に公開されたハリウッド映画『トロイ』で使用された「トロイの木馬」が寄与されたものだ。

ナスレッディン・ホジャと鍋を産む鍋

　ナスレッディン・ホジャという人物は、トルコを中心とした西アジアから中央アジア、さらにヨーロッパにまで広く親しまれているとんち話の主人公で、トルコ版一休さんとも言える存在だ。ホジャのとんち話には、次の話のようにとんちの効いた笑い話が多い。

　ある日、ホジャは隣人から大きな鍋を借りた。返す時に、鍋の中に小さな鍋を入れておくと、隣人が「この小さい鍋はなんだい？」と尋ねた。ホジャが真面目な顔をして「大きな鍋が子を産んだので一緒に返したんだ」と答えると、隣人は大小の鍋を受け取った。後日、ホジャはふたたび隣人から大きな鍋を借りた。今度は何日経ってもホジャが鍋を返さないので、隣人が返却を求めた。ホジャは「大きな鍋は死んでしまった」と答えた。驚いた隣人が「鍋が死ぬわけがないじゃないか」と言うと、ホジャは「鍋が子を産んだ時は信じたのに、死ぬのは信じないのはなんでだ？」と返した。

ホジャが活躍していた時期は一三世紀とする説と、一四世紀末から一五世紀初頭とする説がある。トルコにはホジャのものとされる墓があるという。ホジャが主人公のとんち話は欧州・アゼルバイジャン共和国の**ナスレッディン・ホジャのとんち話**の項目も参照。

ヒッタイトの善と悪の兄弟

紀元前一六〇〇年頃からアナトリア（現在のトルコ）に住んでいたヒッタイト人のほとんどは農民だった。そのため、牡牛は特に重要な生き物で、力と富の象徴でもあった。牡牛の大切さを伝える物語がある。

昔、富はあるが子どもに恵まれなかったアップという男がいた。アップが太陽神に祈ると、二人の子どもを授かった。「善」と「悪」と名づけられた子どもたちは、アップが亡くなると農場と牡牛二頭を相続した。しばらくすると、悪は善と離れたくなり、相続したものを等分する提案をした。悪は善を騙《だま》して力の強い牡牛を得ようとしたが失敗し、善は太陽神の加護を得てヒッタイトは繁栄したと言われている。

ヒッタイトの天候神テシュブ

テシュブとは、力と嵐を引き起こす天候神。紀元前一六〇〇年頃からアナトリア（現在のトルコ）に住んでいたヒッタイト人の重要な神様で、干ばつがよく起きる地域だったため、天候神の行為によって地上の様子が決まると信じられていた。

ある時、テシュブは火を吐く蛇イルヤンカの討伐に失敗し、悩まされていた。そこで娘のイナラと彼女の恋人である人間の男性フパシヤに相談すると、二人はある計画を思いついた。後日、二人は盛大な宴を開き、イルヤンカと一族を招いた。イルヤンカたちは次々と運ばれてくる食べ物と酒をどんどん平らげた結果、地下に通じる巣穴も通れないほど体が太り、睡魔に襲われた。油断したイルヤンカは捕らえられ、テシュブの雷の武器によって殺された。

ピリ・レイスの地図に書かれた氷の下の南極大陸

一九二九年、トルコのイスタンブールにあるトプカプ宮殿で、ドイツ人の研究者が不思議な地図を発見した。トルコ人航海士のハジ・アーメッド・ムヒディン・ピリが、一五一三年に作った世界地図である。通称、ピリ・レイスの地図と呼ばれるこの地図には、新大陸を見つけたばかりの時代だったにもかかわらず、南極大陸がはっきりと描かれていた。

人々が南極大陸を調査し始めたのは一九

世紀初めの頃。しかし、ピリ・レイスの地図には南極大陸のクイーンモードランドと一致する海岸線が描かれているばかりか、描かれている南極大陸は紀元前四〇〇〇年も昔に、氷の下に沈んでいるものだった。

一体どのように、氷の下の南極大陸を描いたのか。作家のエーリッヒ・フォン・デニケンは、紀元前四〇〇〇年頃、地球を訪れた異星人が作成した地図をピリが参考にした可能性を主張する。その他、中国の武将である鄭和の船団が作成した地図をもとにした説（詳しくはアジア・中華人民共和国の**鄭和《ていわ》の大航海**の項目を参照）などもあり、ピリの世界地図を巡る謎は多い。

行方不明となった東ローマ帝国の財宝

トルコにあるイスタンブールは、古くはビザンティウム、ローマ帝国の支配下以降はコンスタンチノープルと改称し、その後の東ローマ帝国、オスマン帝国の時代でも首都として栄えた要地である。

一三世紀、十字軍とヴェネチア軍がコンスタンチノープルを侵略した。世界の三分の二の富があると言われたコンスタンチノープルだったが、東ローマ帝国皇帝の財宝は発見されなかったという。その行方については、ヴェネチア軍が十字軍を出し抜いて持ち帰った、十字軍が築いたラテン帝国が所持していたが、のちにオスマン・トルコに奪われたなどの説がある。

バーレーン王国

シュメールの楽園ディルムンとエデンの園

ディルムンとは、メソポタミア（現在のイラク周辺）の南東にあったとされる楽園の名だ。シュメール人の神話に登場するディルムンの所在については、長年の議論の末にバーレーン島であるという説がもっとも有力だ。ディルムンは、ペルシア湾とインダス川方面を行き来する船の中継地点として栄えたという。

ジウスドラ（「生命を見た者」という意味）を主人公とするシュメールの神話によると、かつて大洪水で人類が滅びた際に、ジウスドラだけが神によって救われたという。生き延びたジウスドラが神に住まわされたのがディルムンである。このエピソードが発展し、後に旧約聖書のノアの方舟《はこぶね》（詳しくはトルコ共和国の**アララト山のノアの方舟伝説**の項目を参照）となったと言われている。

このことから、ディルムンはアダムとイブが暮らしたエデンの園とも関連があるとする意見もある。エデンの園がどこにあったのかは諸説あるが、ディルムンの所在地だと目されるバーレーンにあったとする説も根強い。エデンの園について詳しくは**生命の木とエデンの園**、イラク共和国の**エデンの園はどこにある?**の項目も参照。

生命の木とエデンの園

バーレーン王国は、ペルシア湾に浮かぶ小さな島。古代バビロニア、アッシリアの時代には、貿易中継地として栄えた。

マナマの南部の砂漠の真ん中で、周囲にはまったく水がないにもかかわらず四〇〇年以上生き続けているアカシアの木がある。周囲に他の植物はなく、ポツンと一本だけ佇むこのアカシアの木は、「生命の木」と呼ばれている。砂に囲まれた厳しい環境において、なぜ枯れることなく生き続けているのか、科学的には説明ができないという。何万年も前に起きた戦いの際に焼け落ちた木の枝から再生されたとも伝わる。

一説では、生命の木が育つのは、この地が旧約聖書に登場するエデンの園があった場所だからだと言われている。エデンの園の所在地は、現在のイラン、イラク、トルコあたりにあったとする説が有力だ（詳しくは**シュメールの楽園ディルムンとエデンの園**、イラク共和国の**エデンの園はどこにある？**の項目を参照）。しかし、いずれも決定的な証拠は見つかってない。生命の木と呼ばれる世にも不思議なアカシアの木が立つ場所に、エデンの園はあったのかもしれない。

パレスチナ／イスラエル国

聖地エルサレム

世界最古の都市にして、ユダヤ教、キリスト教、イスラム教の聖地とされる場所が、エルサレムだ。ユダヤ教の聖地「嘆きの壁」、イスラム教の他、ユダヤ教やキリスト教の聖地でもある「岩のドーム」、ゴルゴダの丘に立つキリスト教の聖地「聖墳墓教会」がある。神聖な遺跡の宝庫となっていて、それぞれに起源の伝説がある。

◎嘆きの壁

言い伝えによると、紀元前一〇世紀頃、古代イスラエル王国のユダヤ人のソロモン王が、この地に最初の神殿を建てた。その後、ヘロデ王によって改築された神殿の一部が今も残っており、それが神殿の丘にある嘆きの壁だ。伝説によれば、ヘロデ王が神殿を改築するのに一一年もの年月がかかったが、その間は、不思議なことに雨は夜にしか降らず、工事を中断する必要がなかったそうだ。この神殿は七〇年、ローマ人によって破壊されたが、以降、ユダヤ人の聖地となっている。ユダヤ人は「西の壁」と呼び、毎週金曜日になると壁に額を押し当てて祈りを捧げる。

◎岩のドーム

嘆きの壁と同様、神殿の丘に建つイスラム教徒の神殿が、岩のドーム。ここは預言者ムハンマドが、たった一夜でメッカからここまで旅をしたという奇跡が伝わっており、この地で神と対話をするために、夢の中で天馬に乗って昇天したと信じられている。岩にはムハンマドの足跡が残ると言われている。

一方、ユダヤ教の伝説もあり、イスラエル民族の祖であるアブラハムが、神への忠誠心を示すために息子のイサクを神に捧げようとした岩だとされている。

◎聖墳墓教会

イエスが磔《はりつけ》にされ、その遺体が葬られたとされるゴルゴダの丘には、聖墳墓教会が建つ。四世紀、コンスタンティヌス一世がこの地を発掘させた時、彼の母親の聖ヘレナは、墓の近くで十字架を三つ発見した。

イエスが磔にされた十字架を見極めるため、病気の男に三つの十字架それぞれに手を触れさせた。そのうちの一本に触れたたら、男の病が奇跡的に回復したため、イエスが磔にされた本物の十字架だったと認定した。教会には、イエスの聖骸に香油を塗ったとされる赤い大理石の板や、イエスが埋葬されたという石墓も残されている。

ヨルダン

ジンに守られた古代都市ペトラ

ヨルダン南西部の外れにある、中東を代表する古代都市ペトラ遺跡。薔薇《ばら》色の建物が印象的な美しい町の基礎を築いたのは、紀元前六世紀頃にこの地に住んでいたナバテア人で、やがてシリアにまで及ぶ交易大国へと発展した。

ここへ辿り着くためには、シーク（峡谷）と呼ばれる、断崖絶壁の狭い一本道を通らなければならない。この狭い道は長さが約二キロ、幅は場所によって三〜六メートルで、両側の壁の高さは約八〇メートルもある。町の狭い入口は、ジンと呼ばれる精霊が守っているそうだ。シークの入口には、両側に「ジンの石塊」と呼ばれる二つの巨岩があり、この付近で立ち止まったところ、姿の見えないジンの気配を強烈に感じたという観光客もいる。古いイスラム教の文献にも登場するジンは、善良な時もあれば邪悪な時もある精霊で、煙の出ない極熱の炎の体をもち、冥界に住んでいる。

隠れ谷にあることから、ペトラは盗賊の宝の隠し場所だったという伝説もある。岩を削って作られた神殿エル・ハズネは、スピルバーグ監督の映画『インディ・ジョーンズ／最後の聖戦』の舞台にもなった建物だが、何のために建てられたのかは今も謎のままだ。

ちなみにこの地を発見したのは、フランス人探検家のヨハン・ルートヴィヒ・ブルクハルト。一八一二年、ニジェール川の水源を求める旅の途中で、地元の人々に厳重に守られているという隠れ谷の話を耳にして、アラブ人に変装して谷の奥にある墓を参りたいと言って、谷への潜入に成功し、ペトラを発見した。

ソロモン王の伝説の鉱山

紀元前一〇世紀頃、古代イスラエルの王であるソロモン王は、大変豊かな知性と富をもっていた。旧約聖書によれば、ソロモン王は黄金の杯を用い、黄金の鎧《よろい》を身につけ、金と象牙でできた玉座に座っていたという。ソロモン王の莫大《ばくだい》な富のほとんどは、「オフィル」という謎の地方にある鉱山から採れたらしい。フェニキア人の王ヒラムに頼んでオフィルに船団を送り込み、富を積み込んだと言われている。しかし、オフィルが一体どこにあるのかはわかっていない。

　オフィルの場所について、昔から様々な説が唱えられてきた。古代ギリシャの学者プトレマイオスは、現在のパキスタンかマレーシア、インドネシアだと指摘した。イギリスの詩人ジョン・ミルトンは、著書『失楽園』の中でアフリカ南部の、現在のモザンビークあたりだと言及した。一方、コロンブスはハイチにあると考え、スペインの探検家アルバロ・デ・メンダーニャは、発見した大洋州の島々こそオフィルと信じて、「ソロモン諸島」と名づけた。

　二〇〇八年、ヨルダンのカルバート・アン・ナハスにて、最大級の古代の鉱山および精錬所が見つかった。年代測定の結果、ソロモン王の時代と一致したことから、ソロモン王の富を支えた銅の採掘場所である可能性が浮上したが、まだ詳しいことはわからず、調査が進められている。

レバノン共和国

バールベックの巨石

紀元前三〇〇〇年頃、地中海の交易で栄えたフェニキア人は、自分たちの国のことを「レバノン」と呼んだ。のちにフェニキア人は衰退し、現在のレバノン共和国はアラブ人が九五％を占める。地中海に面する、岐阜県ほどの大きさの小国だ。

　首都ベイルートの北東、ベカー高原にあるバールベックは、ローマ時代の古代遺跡だ。ヨルダンのペトラ遺跡（詳しくはヨルダンの**ジンに守られた古代都市ペトラ**の項目を参照）、シリアのパルミラ遺跡と並ぶ、中東三大遺跡のひとつ。フェニキア神の最高神バアルが祀られている、フェニキア人の聖地だ（詳しくはシリア・アラブ共和国の**天空の神バアル**、アフリカ・チュニジア共和国の**聖地トフェとフェニキアの神**の項目を参照）。「バールベック」とは「ベカー高原の神」を意味する。のちにローマの最高神ジュピター（ユピテル）と先住民の神ハダドと習合され、ジュピター、ヴィーナス、バッカスを祭神とする三つの神殿が建設された。これらの遺跡が残るバールベックは世界有数のローマ神殿跡であり、世界遺産に登録されている。

このうちのジュピター神殿に、「バールベックの巨石」や「南方の巨石」と呼ばれる三つの巨大な切り石がある。長さ約二一メートル、幅約五メートル、高さ約四メートルと、あまりに巨大なその石の重さは推定二〇〇〇トン。現代の技術をもってしても動かすことは難しいという。さらに、きれいな直方体に切り出されているのだ。古代の人々が、一体どのようにしてこの石を切り出したのかは謎であり、エジプトのピラミッドのように巨人が石を運んだなどと語られることもある（詳しくはアフリカ・エジプト・アラブ共和国の**ピラミッド巨人建設説**の項目を参照）。

中東全域

アラビアの精霊ジン

ジンとは、アラビアに伝わる精霊や魔神のことを指す。魔法の力をもち、普段は目で見ることができない存在だが、煙のような気体から固体へと姿を自由に変えることが可能だ。人型以外にも、蛇や猫などにも変身する。人間に幸運をもたらすジンもいれば、災厄を振りまくジンもいるそうだ。

ジンの先祖は火であったとされ、膨大な知識量を誇るがイスラエルの王であるソロモン王にだけは勝てないという。

『千夜一夜物語』の「アラジンと魔法のランプ」は、ジンがランプの精として登場する話として有名である。

魔法の言葉「開け、ゴマ」の謎

『千夜一夜物語』の中にある『アリババと四〇人の盗賊』は、イスラム世界に伝わる物語のひとつ。盗賊たちが「開け、ゴマ」という魔法の言葉で岩山へ入っていくところに遭遇した主人公アリババが、盗賊が去ったあと、洞窟に入ってお宝をごっそり持ち帰り、最終的にはモルジアナという少女とともに、盗賊団と知恵比べをして打ち負かす。

物語には「セサミ（ゴマ）」という単語で岩が開き、呪文を忘れると洞窟から出られなくなる魔法の言葉が登場する。なぜゴマなのかという決定的な理由は不明だが、硬い岩石などを切断する謎の力「シャミル（詳しくはイスラエル国の**ソロモン王のシャミル**の項目を参照）」と結びつき、岩を砕く植物クモマグサのように、ゴマの草花も硬い岩山を開かせる力を連想させたのではないかとする説もある。

アフリカ

Africa

1. アルジェリア民主人民共和国
2. アンゴラ共和国
3. ウガンダ共和国
4. エジプト・アラブ共和国
5. エスワティニ王国
6. エチオピア連邦民主共和国
7. エリトリア国
8. ガーナ共和国
9. カーボベルデ共和国
10. ガボン共和国
11. カメルーン共和国
12. ガンビア共和国
13. ギニア共和国
14. ギニアビサウ共和国
15. ケニア共和国
16. コートジボワール共和国
17. コモロ連合
18. コンゴ共和国
19. コンゴ民主共和国
20. サントメ・プリンシペ民主共和国
21. ザンビア共和国
22. シエラレオネ共和国
23. ジブチ共和国
24. ジンバブエ共和国
25. スーダン共和国
26. セーシェル共和国
27. 赤道ギニア共和国
28. セネガル共和国
29. ソマリア連邦共和国
30. タンザニア連合共和国
31. チャド共和国
32. 中央アフリカ共和国
33. チュニジア共和国
34. トーゴ共和国
35. ナイジェリア連邦共和国
36. ナミビア共和国
37. ニジェール共和国
38. ブルキナファソ
39. ブルンジ共和国
40. ベナン共和国
41. ボツワナ共和国
42. マダガスカル共和国
43. マラウイ共和国
44. マリ共和国
45. 南アフリカ共和国
46. 南スーダン共和国
47. モーリシャス共和国
48. モーリタニア・イスラム共和国
49. モザンビーク共和国
50. モロッコ王国
51. リビア
52. リベリア共和国
53. ルワンダ共和国
54. レソト王国

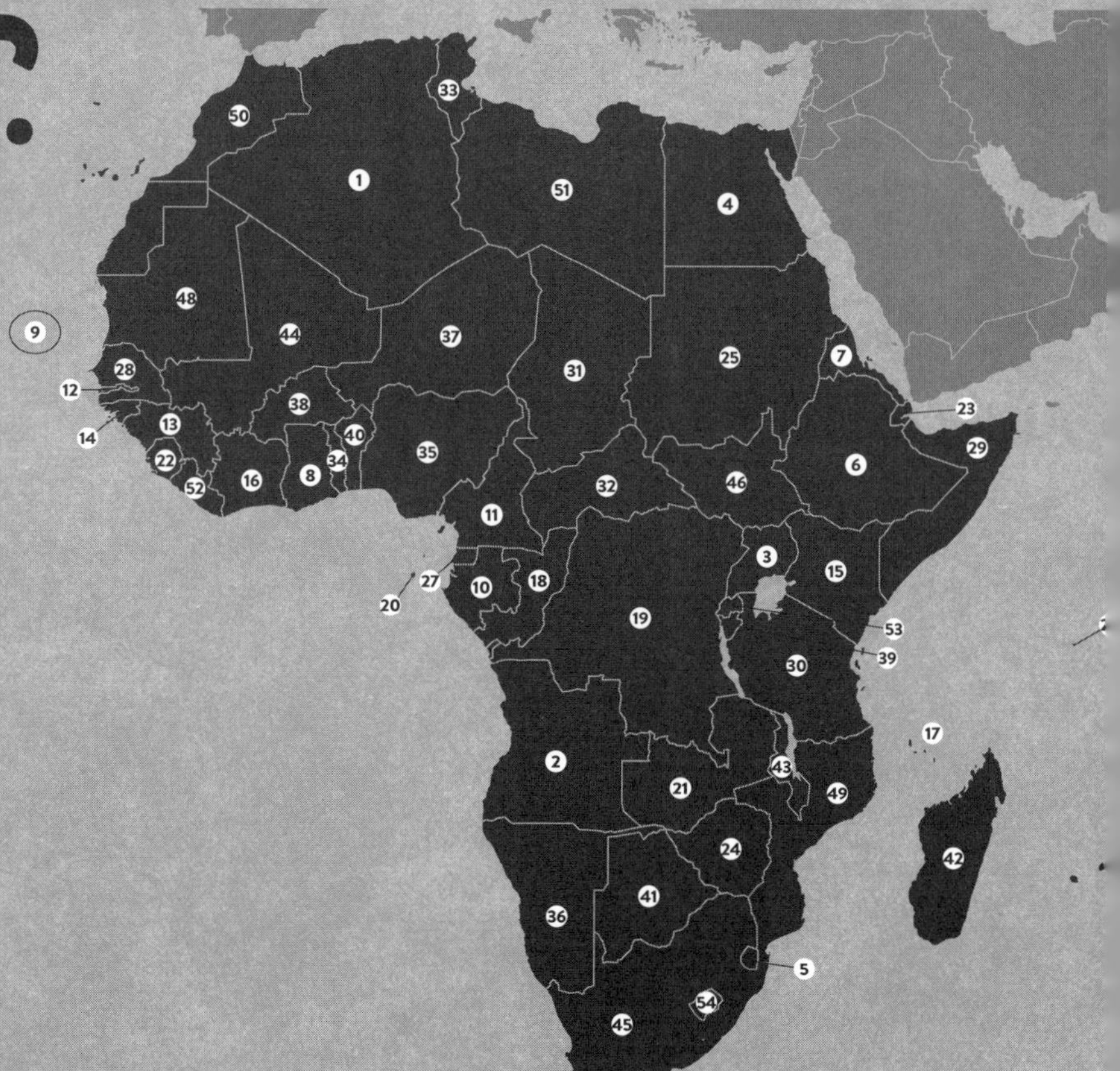

アルジェリア民主人民共和国

タッシリ・ナジェールの白い巨人

アルジェリア南部、リビアとの国境付近のサハラ砂漠には「タッシリ・ナジェール」と呼ばれる壮大な岩絵群がある。約一万年前から二〇〇〇年前頃にかけて様々な民族によって描かれ続けたもので、確認されているものだけでも一万五〇〇〇以上はある。タッシリ・ナジェールとは、トゥアレグ語で「水のある台地」という意味で、砂漠と化す前は水と緑あふれる豊かな土地だったことを表している。

探検家にして民族学者、フランス人のアンリ・ロートが、第二次大戦直後の遠征中、タッシリ・ナジェールで見事な岩絵を発見した時、その中に宇宙服を着たエイリアンの絵を見つけ、古代人が宇宙人と接触していた証拠だと確信したという。

岩絵には馬や羊、ラクダ、ライオン、象など多くの動物が描かれているほか、ドレスや長衣をまとった男性や女性の姿もあった。その中でひときわ目立つ存在が、「白い巨人」または「偉大な神マルス」と呼ばれる謎の巨人絵である。三メートルほどある身長、頭についたアンテナらしきもの、両腕に装着された装置のようなものなど明らかに人間とは異なる異様な風貌から、宇宙服を着た異星人ではないかと噂された。

のちに、スイス人作家のエーリッヒ・フォン・デニケンがロートの説を引用し、かつて宇宙服を着たエイリアンが地球を来訪し、自分たちの存在証明として岩絵や彫像、ナスカの地上絵やストーンヘンジなどを残したという。それぞれ詳しくは、南米・ペルー共和国の**ナスカの地上絵はなぜ描かれたか？**、欧州・イギリスの**魔術師マーリンとストーンヘンジ**の項目を参照。

アンゴラ共和国

奇想天外植物ウェルウィッチア

ナミビアの海岸近いナミブ砂漠地帯にだけ生育する、大変奇妙な植物がある。ウェルウィッチアという裸子植物で、一八五九年にこの植物を発見したオーストリア人の探検家の名前からつけられた。日本では「奇想天外《キソウテンガイ》」「砂漠万年青《サバクオモト》」と呼ばれ、類似の植物はこの世に存在しない。

短い茎から、生涯たった二枚だけ巨大な葉を生やす。しかも生きている限り葉は伸び続けて徐々に裂けていくので、成長するとリボンのようにも見えるという。

その寿命はなんと平均六〇〇〇年。二〇〇〇年以上生育しているものもあり、世界最高齢の植物のひとつに数えられる。

ウガンダ共和国

鶏が家畜になった理由

アフリカ東部のウガンダのガンダ族に伝わる昔話では、野生の鶏がなぜ人里に住み、人に飼われるようになったのかがわかる。ヴィクトリア湖北岸に住むガンダ族は農耕と牧畜を営むため、大切な家畜である鶏への関心がうかがえる内容となっている。

昔、森に住んでいた鶏は他の動物たちから恐れられる存在だった。真っ赤なトサカが燃え盛る火だと思われていたためだ。ある時、ヒョウの家で火種が絶えたので、鶏のトサカから火種をもらおうと、ヒョウの親子が鶏の家を訪ねた。鶏夫婦が寝ていたので、親子はこっそりトサカに葦《あし》をかざしたが、火は燃え移らないどころか、トサカは冷たかった。秘密を知られてしまった鶏夫婦は森にいられなくなり、人里に出て人間と住むようになったそうだ。

ブガンダ王国のキントゥ伝説

かつてウガンダの地にあったブガンダ王国とは、一八世紀から一九世紀にかけて栄えたガンダ族による王国だ。一九世紀末にはイギリスの植民地となり、一九三八年に「キントゥの末裔《まつえい》」と名乗る組織が植民地政府への反対運動を起こした。

キントゥとは、ブガンダの初代国王の名である。東方からやってきて王国を築いたというキントゥは、ブガンダ王国以外の近隣の国の伝説にも登場し、英雄視されている伝説の人物だ。

ガンダ族に伝わる神話がある。昔、キントゥという牧童の青年がいた。そこに至高神ググルの娘ナンビと兄弟たちがやってきて、ナンビはキントゥに一目惚れする。ググルはキントゥを天に導くためにナンビの兄弟たちにキントゥの牛を盗ませた。牛を探していたキントゥは、ナンビの案内で天にやってくる。

ググルはあらゆる試練を与えてキントゥを試した。ナンビの力を借りて試練を乗り越えたキントゥは、ググルにナンビとの結婚を許されて家畜や種を贈られた。

地上に戻ろうとするキントゥに、ググルは「ナンビの兄のワルンベに見つかれば必ず二人についていくので、決して引き返さずに進め」と警告した。

しかし、地上に向かう途中でナンビが忘れ物を取りに戻ってしまったため、ワルンベに見つかってしまう。ワルンベは二人と一緒に地上に降りてきた。

キントゥとナンビの間に子が生まれ、三人目が生まれた時にワルンベがやってきて子を欲しがった。二人が断ると四人目の時にもやってきた。ふたたび二人が断ると、ワルンベは子を殺してしまうと脅した。「死」というものを知らなかったキントゥだったが、その後、子が死んでしまう。困ったキントゥがググルに相談すると、ナンビの兄カイイクウジがワルンベを天に連れ戻すことになった。

　危機を察したワルンベは地下に逃げ、キントゥの子たちの命を奪い続けた。そこでキントゥは、「ワルンベが奪う以上の命を生み、子孫を絶やしはしない」と告げた。事態を見ていたググルは、カイイクウジと自身は天に、キントゥは地上に、ワルンベは地下で暮らそうと言った。こうして天と地上と地下という三つの世界ができあがったという。そしてキントゥの子孫は「死は逃れられないが、不滅である」という運命を負った。

　ガンダ族の起源となる伝説は今も大事にされ、ガンダ族はキントゥの子孫であるという絆をもっている。

　ウガンダは一九六二年に独立を果たし、ブガンダ王ムサテ二世が初代大統領に就任した。しかし、一九六六年にオボテ首相がクーデターを起こして、王国は消滅してしまった。

エジプト・アラブ共和国

王家の谷の呪い

　エジプトのナイル川中流域にある「王家の谷」は、古代エジプトの新王国時代に造られた岩窟墓群である。紀元前一二五〇年頃、トトメス一世が最初に墓を作ったとされている。盗掘被害から逃れる目的で、谷底や断崖の中腹を掘るように墓が作られ、現在はツタンカーメン王などの王墓を含め、六〇以上の墓が発掘されている。

　王家の谷はエジプト屈指の観光スポットだが、この上空では、しばしば不思議な現象が起こるという。一九三一年、エジプト国内線の旅客機が王家の谷上空を飛行したところ、突如ラジオに異変が起こり、聞こえなくなってしまった。このような現象が何度か続いたので、いつしかパイロットの間で、旅客機の騒音が王家の谷に眠るファラオの怒りに触れたのではないかという噂がもち上がった。航空会社は噂を否定し、航空機のすべてのラジオを新品と交換したが、やはり同様の現象が起こったそうだ。このため、旅客機の航路から王家の谷は外されることになった。現在、王家の谷の上空には、撮影などのために騒音の少ない小型機のみが飛んでいるという。

オシリスとセトの争い

　オシリスとセトという兄弟神がエジプトの王位を巡って悲劇的な争いを繰り広げる神話が、古代エジプトに伝わる。

　かつて、エジプトの最初の王はオシリスで、妹のイシスを妻とした。民衆に愛される立派な王だったが、邪悪な弟のセトは兄の権力を妬《ねた》み、さらにイシスを好いていた。セトはオシリスを騙《だま》して木の箱に閉じ込め、ナイル川に流して殺してしまう。イシスはオシリスの遺体を見つけるが、セトに見つかり、遺体をバラバラに切り刻まれてしまう。イシスは、セトの妻で妹のネフティスとともにオシリスのバラバラになった遺体をかき集めてつなぎ合わせ、最初のミイラを作った。イシスが鳶《とび》に変身して夫の体の上を舞うと、オシリスは少しの間生き返り、イシスとの間にホルスが生まれると冥界へと旅立っていった。

　成長したホルスは、エジプトの王位についていた邪悪なセトに戦いを挑んだ。何度も戦いを繰り返したあと、セトはホルスに競艇の勝負を挑み、船は石造りでなければいけないと主張した。そこで、ホルスは木の舟を細工して石の舟に見せかけたので、セトの舟だけ沈んだ。怒ったセトはカバに変身してホルスの舟を転覆させたが、神々の力でホルスは助かった。こうしてホルスは王となり、セトを追放したのだった。

　ホルスは王になると、父オシリスを称《たた》えた。ある時には父を冥界から連れ戻そうとして、自らの目を差し出そうとしたという。やがてホルスは天空の神となってハヤブサの姿になり、太陽と月はホルスの目だと言われるようになった。オシリスは冥界にとどまり、死後の再生と復活を象徴する神となった。神話は、ギリシャ人の著述家プルタルコスの『イシスとオシリスについて』にまとめられている。

海底に眠るクレオパトラの宮殿

紀元前三〇年、ローマに敗れた女王クレオパトラは、毒蛇に我が身を噛《か》ませて自ら命を絶ったと言われている。こうして古代エジプトのプトレマイオス朝は滅亡。クレオパトラの宮殿があったとされるのが、エジプト第二の都市アレクサンドリアだ。

　一九九六年、アレクサンドリア東湾内の水深わずか八メートルの海底に、大規模な古代遺跡が眠っていることがわかった。紀元前三三二年にアレクサンドロス大王により建設された巨大都市アレクサンドリアは、五世紀の地震と津波によって水没してしまい、幻の都となっていた。その都のプトレマイオス朝期の宮殿跡や、女王クレオパトラの宮殿跡が見つかったのである。

　海底の宮殿跡からは、円柱の台座や聖牛の奉納台など、クレオパトラの宮殿の一部と思われる遺物や遺構が発見された。さらに世界七不思議のひとつである「ファロスの灯台（詳しくは**ファロスの灯台は古代兵器？**の項目を参照）」らしき建造物も見つかった。また、アレクサンドリアとかつて細長い隆起地でつながっていたアンティロドス島の南西岸からは、二体のスフィンクス、クレオパトラの息子カエサリオンの石像頭部なども見つかり、この地に王宮があったことの裏づけとなる遺構が次々に発見されたのである。

　しかし、海に沈んだ古代遺跡にはまだ多くの謎が残されており、クレオパトラの墓も見つかっていない。女王の宮殿に続き、墓も世紀の大発見となるか、今後の調査に注目である。

カンビュセス二世の消えた軍隊

紀元前六世紀頃、古代ペルシャの王カンビュセス二世は、エジプトのテーベ（現在のルクソール）を出発して、アモン人を襲撃するためにサハラ砂漠の一部である西方砂漠を行進した。しかしその七日後、砂漠の途中で行方不明になった。オアシスの町に立ち寄ったことまではわかっているが、その後、軍隊はアモン人のところには辿り着かず、テーベにも戻ってこなかったという。ギリシャの歴史家ヘロドトスは、著書『歴史』の中でこの事件について、目的地まで半分ほど進んだところで、南からいくつもの竜巻が巻き起こり、軍隊は竜巻に飲み込まれて跡形もなく消えた、と触れている。

この事件を巡り、二〇世紀に何度も調査が行われたが何も見つけることができず、神隠しのように消えてしまった軍隊の捜索はいまだに続いている。

消えたアレクサンドリア図書館の謎

紀元前三三一年に建設された古代都市アレクサンドリアは世界有数の学問の中心地として発展し、世界最大の建物がいくつかあった。そのひとつが、四〇万巻（七〇万巻という説もある）もの蔵書を誇る図書館である。プトレマイオス一世か二世によって建てられたもので、数百年のうちに火事で破壊され、蔵書のほとんどが焼失してしまったという。

未曽有の文化的損失として語り継がれたが、正確な記録が残っていないうえ、中世に自然災害が相次ぎ、この地区のほとんどが水没してしまった。ローマの将軍ユリウス・カエサルがプトレマイオス軍と衝突した際、自ら艦船に火を放ち脱出を図ろうとした際、陸地にも飛び火して図書館を含む建物が焼け落ちたのではないかなど、様々な説があるものの、図書館がいつ誰に破壊されたのかは今も謎のままである。

消えた大王の墓

クレオパトラやチンギス・ハンなど、墓の行方がわからない歴史上の有名人物は多い。アレクサンドロス大王も同様である。

三〇歳までに世界史上屈指の大帝国を築いたアレクサンドロス大王は、領土拡大のため東方遠征を行った紀元前三二三年、バビロンに滞在中、マラリアに感染して一〇日間高熱に浮かされたのち、三二歳の若さで急死した。大王の遺体は、故郷のマケドニアに運ばれて葬られるはずだったが、後継者の地位を狙った武将のプトレマイオスによって、遺体はエジプトのアレクサンドリアへ運ばれた。

プトレマイオスは、アレクサンドリアを自分の都として、ここに大王の墓所を建てたと言われている。しかし、ローマ帝国のカラカラ帝による参拝を最後に、大王の墓所は記録から姿を消してしまう。やがて四世紀から八世紀にかけて発生した、地震や津波によって、水中や地下に埋没してしまい、場所さえもわからなくなってしまった。

のちにエジプトがイスラム勢力の支配下になると、大王の墓は完全に忘れさられ、歴史のかなたへと埋没してしまった。

キリストと結婚した少女

エジプトのシナイ半島の南部に位置するシナイ山の麓に、いびつな四角形をした聖カタリナ修道院がある。この地は、モーゼが燃え続ける柴を見つけた場所（詳しくは**モーゼの約束**の項目を参照）。この燃える柴の地に、四世紀頃、ローマ皇帝コンスタンティヌス帝の母ヘレナによって、燃える柴礼拝堂が建てられ、六世紀頃、礼拝堂を囲むように聖カタリナ修道院が建てられたそうだ。

修道院に名を冠する聖カタリナは、キリスト教でも重要視される聖人のひとり。アレクサンドリア出身のカタリナは、知性や美貌を備えた少女で、キリスト教の洗礼を受けた際、キリストと結婚する幻を見たという。その後、ローマ皇帝マクセンティウスはカタリナを花嫁に迎えようとしたが、すでにキリストの花嫁だったカタリナはこれを拒否する。そして、マクセンティウスにキリスト教迫害をやめるように訴えたため、激怒した皇帝によって車裂きの刑に処された。

しかし、言い伝えによれば、刃つきの車輪はカタリナが触れた途端、不思議なことにバラバラに壊れてしまったという。そのため、カタリナは斬首されたそうだ。カタリナの遺体は天使によってシナイ山頂に運ばれ、のちに旅の修道士が発見して葬られた。修道院の主聖堂にはカタリナの遺骸を納めたとされる棺が安置されている。

古代エジプトの死後の世界

古代エジプト人は死後、冥界ドゥアトで来世を過ごすと信じていた。人は死ぬとカー（生命力）とバー（魂）が肉体から離れるので、カーとバーが戻れるように肉体を保存する必要があると考えられたのだ。そのため、死者の体はミイラにされ、心臓など大事な臓器はカノプス壺という容器に保管された。

また、ドゥアトでは生前の行いが裁かれると信じていた。死者の魂は冥界の神オシリス（詳しくは**オシリスとセトの争い**の項目を参照）が治めるドゥアトに旅立ち、裁きの間にて心臓の重さを計られる。巨大な天秤《てんびん》の片方に心臓、もう片方に真理と正義を司る女神マアトの羽根を載せる。羽根よりも軽ければ、善良な人間としてドゥアトで永遠に生きられた。一方、羽根よりも心臓が重ければ現世で罪を重ねた証拠とされ、女神アメミット（「死者を貪《むさぼ》り食う者」という意味）に心臓を食われ、完全な死が訪れる。

古代エジプトの死生観は、パピルスに記された『死者の書』という宗教書にまとめられ、美しい挿絵で有名な「アニのパピルス」は現在、大英博物館が所蔵している。

古代都市タニスの財宝伝説

古代都市タニスとは、かつてエジプトに存在していた、エジプト第二一王朝の首都だ。現在の地名はサーンイルハガルで、ナイル川のデルタにあったとされるが、約二〇〇〇年前、川の流れが変わり地中深く埋もれてしまった。

インディ・ジョーンズが主人公の映画『レイダース／失われたアーク《聖櫃》』にて、アーク（契約の箱）（詳しくはエチオピア連邦民主共和国の**失われたアークの行方**の項目を参照）があるとされる地中に埋もれた都市として登場した。旧約聖書にはゾアンという名前で、モーゼが奇跡を起こした地として登場している。

一九三九年、フランスの考古学者ピエール・モンテによって王家の墓が見つかり、ツタンカーメンの墓に匹敵するほどの黄金の仮面や財宝が出土した。さらに二〇一一年、NASAの人工衛星が撮影した赤外線画像によって、地中に埋もれたタニスの街並みが明らかになった。ピラミッドや一〇〇〇を超える墓、三〇〇〇軒以上の住居跡が見つかり、タニスの財宝の一部は、エジプト博物館に展示されているが、伝説のアークはいまだに発見されていないようだ。

神秘の光が差し込む アブ・シンベル神殿

紀元前一三世紀頃、エジプト南部ヌビア地方の砂漠に、岩山を掘って建てられたアブ・シンベル神殿。建造主は第一九王朝ラムセス二世で、ラムセス二世を祀る大神殿と、王妃ネフェルタリに捧げた小神殿からなる。大神殿の入口には王座に座った二〇メートルのラムセス二世像が四体も並び、壁面いっぱいに神聖文字ヒエログリフや神々のレリーフが刻まれている。

この神殿が神秘の古代遺跡とされるゆえんは、一〇月二二日（秋分の日）と二月二二日（春分の日）の年に二回だけ、太陽の光が神殿の一番奥にある至聖所に差し込み、神像を照らすように設計されているためだ。至聖所には、太陽神ラーを自称したラムセス二世自身の像など四体の神像が祀られており、闇を好むプタハ神像には光が当たらないようになっている。

一九六〇年、アスワンハイダム建設による水没を逃れるため、多くの国々の救済活動により現在の場所に移転され、これが世界遺産創設のきっかけとなった。

聖メナスが奇跡を呼んだ町

エジプトのナイル川に挟まれた三角地帯、デルタ地方にあるアブー・メナーという遺跡には、四世紀頃に実在した聖メナスという人物にまつわる伝説が残る。

二八五年にメンフィス近くで生まれたメナスは、ローマ軍に入隊するが、ローマ帝国によるキリスト教弾圧が強まったために離脱した。ある時、殉教者に戴冠する天使の姿を目撃して開眼したメナスは、自らがキリスト教徒であることを名乗り出たために捕らえられ、厳しい拷問を受けた末、首を切られて殉教した。

　言い伝えによると、メナスの遺体は三日間燃え続けたが、何の変化も見られなかったそうだ。メナスを慕う者たちによって、ラクダで遺体が西方砂漠へと運ばれたが、とある場所でラクダが動かなくなったのでメナスの遺体を埋葬したところ、枯れた大地から水がこんこんと湧き出したという。その地に巡礼者が訪れるようになり、五世紀頃には聖メナス市という町になった。その後、廃墟《はいきょ》となり、現在はアブー・メナーと呼ばれる都市遺跡として世界遺産に登録されている。

太陽神ラーの天地創造

　古代エジプトの創世神話は数多いが、万物が無限の海から出現する様子を描写しており、太陽神ラーが創造神として登場するものが多い。

　最初にヌンという何もない海があった。太陽神ラーが自分の名前を唱えると、ヌンから姿を現し、くしゃみをすると鼻から乾いた空気の神シュウが、唾を吐くと口から湿った空気の女神テフヌトが生まれた。ラーは二人を海のかなたへと送り出した。その後、ラーはヌンを下がらせ、ベンベン石と呼ばれる岩だらけの小山を出現させた。

　ラーは石の上に立ち、姿を心に思い浮かべ、その名を口にして動物や植物を生み出した。その後、ラーは自分の目を取り出して女神ハトホルを生み、旅に出た二人を連れ戻させた。ハトホルが戻るとラーの顔には新しい目がついていたので、自分はもう必要ない存在だと嘆いたハトホルの涙から、最初の人間が生まれた。

　シュウとテフヌトは、大地の神ゲブ、空の神ヌトという二人の子どもを生んだが、二人は父の許可なく交わり、空の星を生んだ。そのためシュウは怒って二人を天と地に引き離した。こうして二人の間に隙間ができたので、生き物が住めるようになった。若い二人は魔術の神トトに助けを求めて、トトの計らいで創造を許されたため、その後、エジプトの偉大な神々を生んだと言われている。

ツタンカーメンの呪い

　一九二二年、エジプト南部にある「王家の谷」で、古代エジプトの第一八王朝ツタンカーメン王の墓が見つかった。発見者は、イギリスの考古学者ハワード・カーター。当時はツタンカーメン王の存在自体が疑問視されており、五年が経過しても成果の上がらないカーターに対して発掘を支援していたカーナヴォン卿が中止を求めたところ、「あと一回だけ」と頼み込んで発掘を続けたカーターの執念により、世紀の大発見となった。

　人目につきにくい場所に建てられたためか、盗難をまぬがれたツタンカーメン王の墓の上部には、「ファラオの安息を破るものは、死の翼に殺されるだろう」という碑文が記されていた。墓の調査に関わった者が次々に謎の死を遂げたことから、墓を暴いたために「ツタンカーメンの呪い」が発動したのではないかと噂された。

　まず支援者のカーナヴォン卿が、発掘から五ヶ月ほどで死亡。臨終の際には、カイロ市内が原因不明の停電になり、同時刻にイギリスにいる彼の愛犬が突然死んだことから、呪いの存在が疑われた。その後も八年の間に、墓の調査に関わった二二名が次々と亡くなっていった。しかし、発掘グループの中心人物であるカーターだけは無事で、六五歳まで生き延びたのである。

　地下の墓に何千年もの間、封じられていた古代の細菌や毒物が発掘者を死に追いやったのではないか、感染症を引き起こす蚊に刺されて死んだのではないかなど、様々な説があるが、ツタンカーメン王にまつわる呪いの真相はいまだに明らかになっていない。ツタンカーメン王墓から出土した品の多くは、エジプトのカイロ博物館で見ることができる。

ヒエログリフを作った魔術の神トト

　神殿や墓、石碑など様々な場所に記されている古代エジプトの象形文字ヒエログリフは、不思議な力が宿るとされた神聖な文字だった。神様や死者に祈る時などにこの文字を記しておけば、現実になると信じられていたが、この文字を読み書きできるのは、王や神官などわずかな人たちだった。

　この文字を作ったのは、古代エジプトの魔術の神トト。知恵や文字、時間、知識、月の神様でもあり、その姿はトキあるいはヒヒの頭をもち、細いくちばしは三日月、黒と白の羽は月の満ち欠けを表すという。太陽神ラーの息子であるトトは父から知恵を受け継ぎ、天文学、法律、音楽、医学なども考案した。冥界ドゥアトで、死者の魂に下される判決を記録するために葦《あし》のペンとパピルスを手に、控えているそうだ。

　ちなみに、トトはのちにギリシャ神話の伝令の神ヘルメスと習合して、ヘルメス・トリスメギストスと呼ばれる神秘学、占星術、錬金術の神になった。紀元前三世紀から紀元後一世紀頃、神の叡智がつまったヘルメス文書を記したとされる。この文書はやがてヘルメス主義と呼ばれる魔術哲学へと発展していき、西洋の神秘主義と魔術の発展に大きな影響を与えたという。

ピラミッドオリオンミステリー

　一九九〇年代、ベルギーの建築技師ロバート・ボーヴァルは、ギザの三大ピラミッドの並び方についてであることに気づいた。天に輝くオリオン座の三つ星とピタリと一致する配置だったのだ。オリオンとは、ギリシャ神話に登場する狩人だが、オリオン座はもともと古代エジプトの冥界の神オシリス（詳しくは**オシリスとセトの争い**の項目を参照）の故郷とされ、三つ星のどれかに住んでいると考えられていた。

　ボーヴァルの計算によると、紀元前二五〇〇年当時の天体の配置で、ピラミッド内部にある四つの通気口から、直接オリオン座が見えたそうだ。また、通気口はファラオの魂をオシリスの住む三つ星に送り届けるための通り道だったのではないかという。

　三大ピラミッドは、四面が正確に東西南北を向くように設計されていることから、何かしら天文学的な意味があると考えられている。一方、古代に地球を訪れた地球外生命体との関係を疑う説もある。詳しくは**ピラミッド巨人建設説**を参照。

ピラミッド巨人建設説

　エジプトの三大ピラミッドといえば、約四五〇〇年以上前からギザの地にそびえ立つ「世界の七不思議」の代表的存在だ。一個あたりの平均二・三トンもの重い石灰石のブロックを、約二三〇万個も運んで作られたという。しかし、これほど重い巨石をどのような方法で一四〇メートル以上の高さまで積み上げていったのか、いまだにわかっていない。近年では、内外に螺旋《らせん》状のスロープを作って巨石を運び上げたという説が提唱されているが、なかには地球外から来た巨人たちが、巨石を運んだのではないかと主張する人もいる。

　エジプトには巨人がいたと思わせる遺物が点在しており、キリンと背丈が並ぶ長身の巨人、巨人と人間との戦いなどが壁画に描かれ、巨人の指のミイラと思しき遺物も発見されている。クフ王のピラミッド内部には、高さ八・五メートルという人間には高すぎる巨大スロープがあり、巨人が巨石を運ぶために使ったという主張だ。この巨人の正体こそ、古代エジプトでオシリス神（詳しくは**オシリスとセトの争い**の項目を参照）として崇《あが》められているオリオン星人だという。

　ルクソールのハトシェプスト女王葬祭殿には、巨大なオシリス神の柱が並んでいるが、この柱の高さが巨人の推定身長とほぼ一致することからも、オシリス神＝オリオン星人を等身大で蘇らせた姿ではないかとする説もある。

ピラミッドより古いスフィンクスの建造

　人面獣身のスフィンクスは、アラビア語で「アブル・ホール（畏怖の父）」という。もともとひげがあったが、イギリス人に剃《そ》られて今は大英博物館にあり、エジプト政府は返還を求めて交渉中らしい。神やファラオを守護する聖獣で、なぞなぞを出すことでも有名だ。

　頭部がカフラー王に似ていることから、カフラー王のピラミッドと同じ時期、紀元前二五〇〇年頃に建造されたというのが定説である。

　ところが一九九一年、アメリカの地質学者ロバート・ショックは、スフィンクス本体や周囲に見られる縦方向の溝に注目。これが雨による浸食の跡であるとし、この地域に長期間大量の降雨があったとされる紀元前七〇〇〇年前後に建造されたのではないかという説を唱えた。

　エジプトに初期王朝が現れたのは紀元前

三〇〇〇年頃。この説が正しければ、ギザの三大ピラミッドよりも、エジプト王朝よりもはるか以前から、スフィンクスはこの地にあったことになる。

さらにスフィンクスにはもうひとつ謎があり、下腹には大ピラミッドの地下部分に通じる何本かの地下道や、地下保管庫の存在も噂されている。これらの謎が解き明かされる日が待たれる。

ファロスの灯台は古代兵器？

紀元前三世紀頃、アレクサンドロス大王の案に基づき、プトレマイオス二世が約二〇年かけて完成させたというファロス島の灯台。古代世界における「七不思議」のひとつで、一二〇メートルもの高さを誇り、五六キロ先からも灯台の光が見えたそうだ。この高さをしのぐ灯台は、現代も作られていない。

灯台には「クニドス人、デキシファネスの息子ソストラトス、海を航海する者たちに代わり、救い主たる神々にこれを捧げる」という碑文が刻まれていた。ある記述によると、ガレー船に乗った侵略者を、塔の頂に設置した反射鏡で太陽の光を集め、船に焦点を合わせて燃え上がらせたとも言われており、古代兵器だった可能性もある。塔は一四〇〇年以上にわたって使われたが、一四世紀頃に大地震で崩壊した。その後、一五世紀のマムルーク朝時代にこの地にカーイトゥベーイの要塞が建てられ、現在はその要塞跡地になっている。

ファロスの灯台は長らく伝説だったが、一九九六年、アレクサンドリア東湾の海底から、大規模な古代遺跡が見つかり、灯台跡らしき建造物も発見され、調査が進められている。詳しくは**海底に眠るクレオパトラの宮殿**の項目を参照。

ホルスの目

エジプトでよく見かける片目のお守りは、ホルスの目（別名、ウジャトの目）という。これは、天空の神ホルスの目を表している。ホルスの父オシリス神の敵である叔父のセトとの戦いの中で、ホルスはセトによって左目を傷つけられてしまった。しかし、魔術の神トトが治してくれたという神話から、ホルスの目には癒しの意味があるとされた。人々は邪悪なものを払う護符として、ホルスの目のモチーフを身につけるようになったそうだ。

メムノンの歌う巨像

エジプト、ルクソール市街のナイル川の西岸に建てられたメムノンの巨像。かつて新王国時代のアメンホテプ三世の葬祭殿があったが、のちの王たちに破壊されて、現在は神殿がなく、二体の巨像だけがぽつりと建っている。

ところがある時から、「像が歌っている」という怪奇現象の噂が流れ始めた。夜明けになると、像の周辺からまるで歌うような音がこだまするように聞こえてくるのである。口笛を吹くような音だったり、金管楽器を吹くような音だったりするそうだ。

実は、紀元前二七年に発生した地震で像にヒビが入ったことが音の原因だと言われている。激しい温度差による軋《きし》みや風によって、像が時折、歌っているように聞こえるのだそうだ。

モーゼの約束

エジプトのシナイ半島にあるシナイ山は、別名ガバル・ムーサ（モーゼ山という意味）という。旧約聖書の「出エジプト記」によれば、モーゼはここで神の声を聞いたという伝説が残る。

紀元前一三世紀頃、シナイ山の荒野で羊を飼っていたモーゼは、山でいつまで経っても燃え尽きることのない柴を見つけて、不思議に思って近づく。すると「ここは聖なる地なので、近づいてはいけない」という神の声が聞こえた。神はモーゼに、エジプトで迫害を受けているイスラエルの民（ユダヤ人）を約束の地カナンへ導いてほしいと命じ、モーゼは神の声に従うことにした。

モーゼはイスラエルの民を率いてエジプト脱出を図ろうとしたが、道中、エジプトのファラオの軍勢に追撃され、行く手を「葦《あし》の海（紅海とされる）」に阻まれてしまった。するとモーゼはここで奇跡を起こす。モーゼが祈り、杖《つえ》を空に向けて振り上げると、目の前の海が左右に割れたのである。海底が出現し、モーゼたちが海の割れ目を歩いて向こう岸に渡り終えると海は閉じ、追手のエジプト軍たちは海底に沈んで全滅した。

その後、旅を続けていく途中でモーゼは一人でシナイ山に登り、神から授かった十戒を刻んだ二枚の石板をもって山から下りてきた。以降、十戒はユダヤ教の中心的律法となる。その後、イスラエルの民はシナイ砂漠を放浪し、約四〇年後に約束の地カナン（現在のイスラエルとその周辺）に移住したと言われている。

エスワティニ王国

ニャニャブレムブと苔《こけ》の姫

二〇一八年にスワジランド王国から国名を変えたエスワティニ王国。旧国名の「スワジランド」は、「スワジ族の土地」という意味だ。スワジ族に伝わる民話のひとつに、こんな話がある。

昔、とある王様の家にとても美しいキチラという娘がいた。しかし、父親はもう一人の妃とその娘マピンダネのほうを愛するあまり、キチラとその母親を冷遇していた。王様はキチラと母親を憎むあまり、ニャニャブレムブという不思議な魔力をもつ化け物の皮を着せようとたくらむ。ニャニャブレムブとは「苔を着た卑しい者」という意味で、水の中に住み、歯と爪は長く、皮の上には苔がびっしりと生えている恐ろしい姿の化け物だった。王様は、醜い化け物の皮を着せれば、キチラたちは怪物と間違われて、他の人々からも疎まれるだろうと考えたのだった。

王様の家来たちは命令に従ってニャニャブレムブを捕らえ、その死骸をキチラと母親の家に運んできた。いざ化け物の体を切り裂くと、体の中から首飾りや腕輪などの細工物や、美しい刺繍が施された袋や敷物が出てきた。驚いた家来たちは皮を剝《む》くと、今度は何も出てこなかった。ようやく爪や歯も残して皮を剝《は》ぎ取ってキチラに着せると、ニャニャブレムブの魔力のせいか皮は肉に食い込み、剝がすことができなくなった。

美しかったキチラは、緑色の苔の皮に恐ろしい歯のついた化け物の姿になってしまった。しかし、もう一人の娘のマピンダネとは仲が良く、小鳥に餌をあげたりしていつも一緒に遊んでいた。そして数年の時が流れ、マピンダネは美しい評判の娘となり、キチラは醜い化け物のままだった。年に一度の収穫祭の日がやってきた。キチラとマピンダネがいつものように遊んでいると、たくさんの鳩が飛んできて、あっという間にマピンダネを空高くさらってしまう。その後、見知らぬ国に降り立ったマピンダネは、その国の王様に見初められて妃となる。自分の国の名を知る者もいないほど遠くの国だったが、マピンダネは幸せに暮らしたという。

一方、かわいい娘を突如奪われたマピンダネの母は、無事だったキチラをさらに憎むようになり、王様の娘とは思えない仕事をさせていじめた。父親も「お前の醜い顔を人間だけでなく野の鳥たちにも見せてやるといい、鳥も逃げてしまうに違いない」などと言うようになり、人々からはキチラではなくニャニャブレムブの名で呼ばれるようになる。ひどい境遇に涙を流すキチラを、母親は「きっといつか良いことがある」と慰めた。そうして野に出たキチラの前に、老人の姿をした妖精が現れる。慈悲深い表情の妖精は一本の杖《つえ》をキチラに渡し、「この杖を片時も離さずにもっておきなさい。杖を振って叫べば鳥は落ち、水を浴びれば昔の姿に戻れる」と言った。

その通りにトウモロコシ畑で杖をもって叫ぶと畑を荒らす鳥たちは落ち、川で水浴びをすると肉に食い込んでいたニャニャブレムブの皮が溶け出した。キチラは喜んだが、川から上がるとふたたび苔のついた皮に包まれてしまうのだった。

それから数ヶ月後、町に賢くて凛々しい青年が現れた。彼は、大きな国の王子で、旅をしながら花嫁を探していた。王子は、キチラの父親である王に「姫君はいらっしゃらないのですか」と尋ねると、王様とマピンダネの母は「一人ならいる」と言って、王子を畑に案内する。畑にいた子どもたちが「ニャニャブレムブなら川で水浴びをしている」と言うので覗きに行くと、そこには恐ろしい緑の苔の化け物がいた。しかし、川に入るなり化け物は美しい姿になる。それを見た王子は、キチラの美しさに見惚れてしまう。

キチラの父親のもとに戻った王子は、「あの化け物を好きになってしまいました。化け物を私にください」と告げる。王様は驚いたものの王子とキチラの結婚を了承する。自分の国に戻った王子は、ニャニャブレムブの姿のキチラを迎え入れる。国民たちは、なぜ王子はあんな化け物と結婚するんだと叫び、キチラは追い返されるのではないかと怯《おび》えたが、王子は優しく出迎えてくれた。

そして結婚式当日、キチラは水浴びをしに川に行った。いつものように皮が剥がれ美しい乙女の姿に戻ったところで皮が宙に浮かんで飛んでいってしまう。皮はキチラの母親のもとまで飛んでいき、母親はキチラが元の体に戻れたことを確信して喜んだ。美しさを取り戻したキチラは、王子と幸せに暮らしたという。

アフリカ版「シンデレラ」とも言うべき民話であり、日本に伝わる「鉢かづき姫」のあらすじとも共通点がある。

エチオピア連邦民主共和国

失われたアークの行方

キリスト教コプト派の古代都市アクスム西部には、四世紀頃に建てられて一七世紀頃に再建されたシオンのマリア教会がある。この小さな教会の宝物殿には、モーゼの十戒を収めた「アーク（契約の箱、聖《せい》櫃《ひつ》）」が安置されているという。

旧約聖書の記述によれば、アークは、十戒の刻まれた石板を収めるために、主がモーゼに命じて作らせた箱である。長さ約一一〇センチ、高さと幅が約六六センチで、全体が金で覆われ、蓋《ふた》の上には二柱の天使ケルビムが立っている。

この箱には不思議な力が秘められていた。この箱を担いだ祭司たちがヨルダン川に足を踏み入れると川の水がせき止められ、川を渡ることができた。また、エリコの町では契約の箱を担いで角笛を吹きながら城壁を回り続けると、壁を崩すことができた。古代の注釈書によれば、契約の箱は炎を出し、地面の蛇やサソリを一掃する力もあり、不信心な人がこの箱を見ると命を落としたとも言われている。

聖書によると、かつてアークはソロモン王が建造したエルサレム第一神殿にあったが、いつの間にか姿を消してしまった。エチオピアの歴史書によれば、エチオピア初代王メネリク一世が、ソロモン王からアークを預かり、古代都市アクスムに持ち帰って、以後八〇〇年間、ユダヤ教教団が守り続けた。ソロモン王の息子メネリクとシバの女王が、エチオピアに運んだという説もある。やがてテンプル騎士団がアークを手に入れ、箱を守っていたユダヤ教徒はキリスト教に改宗して、ある教会に箱を隠した。その後、一九六〇年代にシオンのマリア教会が再建され、そこにアークを安置したと言われている。しかし、アークを収める場所には一人の番人しか入れないため、本当に実在するかは不明である。

その他、ジンバブエにある（詳しくはジンバブエ共和国の**もうひとつのアーク**の項目を参照）、エルサレムの地下トンネルに隠されている、ヨルダンのネボ山の頂上にある、フランスに運ばれた、エルサレム神殿に安置されていた際、ネブカドネザルによって破壊されてしまったなど、失われたアークの行方については諸説ある。

蜂に群がられた名君の町

エチオピア北部、アムハラ州にある世界遺産の町ラリベラは、一二世紀まではロハと呼ばれていた。この町がラリベラと呼ばれるようになった理由がある。

一一六二年、のちにエチオピアを支配したザグウェ朝の王ゲブレ・マスケルが誕生した際、蜂に群がられた。王族やロハの民は、これを名君誕生の吉兆ととらえ、「蜂に選ばれた者」を意味する「ラリベラ」と名づけ、町の名前にもなったという。

ラリベラには現在、世界遺産にも登録されている一一の岩窟教会群が残る。一枚岩をくり抜いて作られた十字架型の聖ゲオルギウス教会が有名である。

ヤギ飼いのカルディとコーヒーの実

コーヒー栽培が盛んなエチオピアには、コーヒーの起源伝説がある。ある時、ヤギ飼いのカルディは、謎の赤い実を食べたヤギが夜まで興奮していることに気づいた。そこで試しに赤い実を食べてみると、元気が湧いて晴れやかな気分になった。その話を聞いた修行僧も試すと、修行中の眠気に悩まされなくなった。この赤い実こそコーヒーの実で、眠気覚ましの実として人々の間に広まっていったという。有名コーヒーショップのカルディコーヒーファームの名前は、この伝説にちなんでいるそうだ。

エリトリア国

伝説の国家・ブント王国

東アフリカの紅海沿岸に位置するエリトリア。「アフリカの角」と呼ばれるこの地域一帯には、氷河期の終わりからすでに人類が暮らしていた形跡が残されている。そこに栄えたとされるのがブント王国で、古代エジプトとも貿易を行っていたらしい。金や香木、象牙、奴隷などを輸出していたとされ、当時は「神の国」と呼ばれるほど豊かな王国だったようだ。

しかし、エジプト第二〇王朝を最後に交易が途絶え、ブント王国の存在を示すものが失われてしまった。王国の歴史や正確な位置は現在もわからないままで、アラビア半島にあったという説もある。

ガーナ共和国

カクム国立公園の怪物 アサンボサム

ガーナ共和国にあるカクム国立公園の熱帯雨林では、不気味な怪物が出没すると噂になっている。カクム公園の樹木の間を吊橋で渡る「キャノピーウォーク」中に、鉄の鉤爪《かぎづめ》を研ぐ不気味な金属音を耳にした観光客が多いそうだ。この怪物は、ガーナのアシャンティ族に伝わるアサンボサムという幻獣と考えられている。ジャングルの高い木に潜むアサンボサムは、足に鉄の鉤爪をもつ毛むくじゃらの怪物で、油断した人間を見つけると上から飛びかかり、足で首を絞めて爪を食い込ませて殺し、肉を食らって骨だけ吐き出す。そしてアサンボサムの毒がたっぷり染み込んだ骨はじきにアサンボサムとして復活するそうだ。

クモのアナンシ伝説

アフリカ西部、とりわけガーナ共和国のアシャンティ族では、クモのアナンシはトリックスターとして様々な物語に登場する。物語には創造神にして空の神ニャメが登場することが多い。アナンシが仲介役となり、ニャメを説得して地上の人間に太陽と月、昼と夜を与えたという神話もある。アナンシは小柄で力は強くないがいたずら好きで、知恵を絞って強い生き物を出し抜いていく。ある時、アナンシは世界中のあらゆる物語をもつニャメを羨《うらや》ましく思い、ニャメに物語を譲ってほしいと頼んだ。物語を独り占めしたかったニャメは、アナンシに「スズメバチ、ニシキヘビ、ヒョウを捕まえてきたら物語を授けよう」と難題を吹っかけた。ニャメは、アナンシは失敗するに違いないと思っていたが、アナンシは、知恵を使って次々に生き物たちを罠《わな》にはめて捕まえ、ニャメのもとに連れていった。ニャメは大変感心して、約束通り、世界のあらゆる物語をアナンシのものとした。アナンシの物語が、アフリカ西部で広く語られるのはこのためだそうだ。

カーボベルデ共和国

カーボベルデの伝統歌「サイコーダヨ」

アフリカ西部にある島国カーボベルデには、日本とのつながりを感じる面白いタイトルの歌がある。カーボベルデ第二の市で、漁業の拠点でもあるミンデロという町で、伝統的に歌い継がれている「Saiko Dayo」という歌だ。これは、日本語の「最高だよ」という言葉が由来となっている。

一九六〇年頃、大勢の日本人がマグロをとるために、漁業の拠点だったミンデロ港に訪れていた。ミンデロの人々は日本のマグロ漁船を歓迎し、船員たちとは親しく交流したという。そして日本人が彼らのことを「サイコーだよ」と言ったり、大量のマグロを釣り上げて「最高だ」と叫んだりしたことから、カーボベルデの音楽家が「最高だよ」という言葉を覚え、この歌を作曲したと言われている。

島国なのに緑の岬と呼ばれる国

カーボベルデは、ポルトガル語で「緑の岬」という意味。しかしカーボベルデは島国で、緑というイメージからは遠い、乾いた水の少ない島々である。なぜこのような国名がつけられたか。一四四四年、ヨーロッパ人が初めてこの群島から近いセネガルに到達した際、船から見える岬が緑に満ちていたためカーボ・ベルデ（現在のカップ・ヴェール岬）と名づけ、その岬から近い群島だったので、この名前になったそうだ。また、当初の記録によると、島には「鬱蒼とした森林」と「信じられないほど魚の群れがいる川」があったという。だが、実際には旱魃に苦しむ島々であることから、島に到達した喜びを誇張した表現だったのではないかという意見もある。

ガボン共和国

オクロの天然原子炉

中央アフリカのガボン共和国の南東部にあるオクロ鉱山で、一九七二年に発見されたウラン鉱山にまつわる伝説。

　この鉱山には、通常の天然ウランと比べてウラン二三五が極端に少ないという特徴があった。ウランが核分裂することから生み出される莫大《ばくだい》な熱エネルギーが原子力で、ウラン二三五は核分裂しやすい性質がある。ウラン二三五の割合が少ないということは、オクロ鉱山があった場所で、かつて核分裂が起きていた可能性がある。フランス原子力庁は、約一七億年以上前に自然現象として核分裂が六〇万年間続いていたと発表した。しかし、当時の地球における大陸の地殻変動や不安定な大気などの状況において、安定した持続的な核分裂が可能だったかは議論の余地がある。

　また、南アフリカ共和国に世界最大の隕《いん》石《せき》衝突跡フレデフォート・ドームが残っているように、約二〇億年前にアフリカ大陸に小惑星が衝突した。この時、宇宙から何者かが飛来し、その約三億年後に彼らの手で核実験が行われたのではないかとする説がある。オクロ鉱山の天然ウランはその痕跡だというのだ。約四四〇万年前、アフリカで人類が誕生するはるか前に、アフリカには高度な技術をもった何者かが存在していたのかもしれない。

カメルーン共和国

水の精霊ジェング

カメルーンの川や海には、人魚のようなジェングという美しい精霊が棲んでいるという。長い縮れ毛の髪とすきっ歯が特徴。病を癒したり、幸運を授けたりする。

ルムスィキ村の蟹《かに》占いの魔術師

カメルーンとナイジェリアの国境に位置するマンダラ山塊。その中でも屹立《きつりつ》した不思議な奇岩が連なるルムスィキ村は、フランスの文豪アンドレ・ジイドが『コンゴ紀行』の中で「世界一の奇観」と記している景勝地である。土着の信仰が残るこの地には、珍しい「蟹占い」をする魔術師がいる。近くの川から拾ってきた蟹一匹を、砂や石、骨などが入った壺の中に入れて、その蟹の足跡がつけた模様を読んで相談事の結論を下すそうだ。

ガンビア共和国

悪魔の竜ニンキナンカ

二〇〇三年、ガンビアの国立公園の自然保護官が、マングローブが生い茂る湿地帯で、謎の水棲生物を目撃した。沼地から顔を出したその生物は、ツノを生やした馬のような頭部、蛇やワニのような長い胴体をもち、体長は一〇〜五〇メートルもあったという。その水棲生物はいつしか、現地語で「悪魔の竜」を意味するニンキナンカと呼ばれるようになった。その後もニンキナンカの目撃情報は続き、炎を吐いていた、翼をもっていたという説もある。この生物を目撃した人間は病気になり、数週間以内に死んでしまうという噂まであった。

二〇〇六年にはイギリスの動物学者たちの研究チームが調査を行ったが、証拠を見つけることができなかった。

バカウの癒しのワニ池

ガンビアの西、大西洋岸にある町バカウのカチカリー地区に、約八〇ものワニが棲む池がある。このワニ池は、奇跡のパワーが宿る聖なる地と信じられている。

伝説によれば、一〇〇年ほど前、ヤシの木の樹液を集めていた男がこの池を発見し、一晩野宿した。翌朝、男はワニに見つかったが、ワニたちは男を襲うことなく、すぐそばを這って池の中へ入っていったため、男はこの池が神聖なものだと悟った。

現在、この池は博物館と併設され「クロ

コダイルプール」という名前で、ボジャング家の人々に管理されている。妊娠を望む女性がこの池を訪れ、池で沐浴《もくよく》と祈りを済ませたあと、池の水を聖水として授けられる。そしてベッドに入る前にこの水を自分の体に降り注ぐそうだ。病や不幸を抱えた人々もこの地を訪れ、癒しの力が続くことを祈り、コラノキの実などを池に奉納するという。ワニに触れることができるので、観光客にも人気のスポットとなっている。

ギニア共和国

ワニの裁判

ギニアに伝わる民話。ある夏の日、川の水が暑さで干上がり、海に出られないワニの親子は困っていた。そこへ親切な漁師が通りかかり、もう人間を襲わないという約束を交わして、漁師はワニの親子を海まで担いで運んであげた。ところが、海に着くとワニは約束を破り、漁師を食べようとした。そこへ牛が通りかかったので、漁師はどちらが正しいか牛に裁判を頼んだ。けれど牛はこれまで人間から受けた仕打ちを思い出し、「人間はひどいやつなので食べられて当然」と結論を下した。その後に通りかかった馬も、ロバも同じだった。

しかし賢いうさぎが通りかかった時、「公正な裁判をするために、初めからやりとりを見せてほしい」と言い出したので、ワニの親子はしぶしぶ漁師に命令して、もとの干上がった川まで担がせた。

到着すると、うさぎはすかさず漁師に助言し、ワニの親子を干上がった川に投げ込ませた。賢いうさぎは、「助けてもらったのにひどいことをした報いだ」とワニに述べ、漁師とともに去っていった。ワニの親子はふたたび干上がった川に取り残されたのだった。

ギニアビサウ共和国

女性からのプロポーズは断れない

ギニアビサウでは多くが現地の伝統宗教を信仰しており、独自の文化や慣習があるという。日本人にとってはまだなじみがなく、謎多き国だ。

母権社会のオランゴ島では、プロポーズをするのは女性からという風習が昔からあるという。男性はプロポーズを断ることができないが、一夫多妻制なので二人目以降の申し込みも受けるという。女性から求婚する理由は、女性のほうが相手を一途に思うからとされているため。ただし、夫がいても他の男性にプロポーズをする場合もあるそうだ。

ケニア共和国

コマロックの丘にいた不思議な母子

　ケニア共和国にあるウカンバニは、静かな平原と丘が広がる土地で、アカンバ族の故郷である。ここにあるコマロックの丘は、古くから聖地とされた場所で、いにしえより人々が祈りを捧げてきた場所とされる。伝説によれば、コマロックとはアカンバ語で「眠る」という意味がなまった言葉だという。

　昔、薪を拾いにいった女性が、この丘で岩の上に座って赤ん坊を抱いていた謎の女性に出会った。その女性は腕を優しく揺らしながら、子守唄を歌っていたそうだ。のちに、聖母への祈りを捧げる場として、この丘に建てられたのがコマロック寺院である。聖母が処刑後のイエスを抱える、約二一メートルもの巨大な像が、寺院のシンボルとなっている。

マサイ族に牛が贈られた理由

　牧畜生活を営むケニア共和国のマサイ族にとって、牛はなくてはならない存在。マサイ族がなぜ牛を飼い始めたのかを語る話のひとつに、こんな伝説がある。

　昔、ドロボ族（牛をもたない人々）が象の住む土地で暮らしていた。ある時、男は誤って母親象を殺してしまい、子象は怖くなって逃げ出した。子象はマサイ族の男レ・エヨと出会い、話を聞いたレ・エヨがその土地に行くと、ドロボ族の男が神々の使者と話しているところを目撃した。その使者は、男に「翌朝森の空き地まで来れば素晴らしい贈り物を与えよう」と伝えていた。これを聞いたレ・エヨは横取りしようと、男よりも早く待ち合わせの場所に向かい、男と勘違いした神の使者は、レ・エヨに、家に帰って周りに囲いを作り、中で待つように告げた。すると家の外から凄《すさ》まじい雷鳴が聞こえてきたので、レ・エヨが外の様子を覗くと、創造神で空の神エンカイが空から巨大な皮を垂らし、その上を大量の牛の群れが降りてきているところだった。こうしてレ・エヨは牛を受け取り、以来、牧畜をして暮らすようになり、ドロボ族はこれまで通り狩人を続けることになったそうだ。

コートジボワール共和国

なぜ「死」がやってくるのか？

　アフリカには「死の起源」にまつわる様々な話が伝えられている。コートジボワール共和国の南西部に住むダン族の人々には、こんな話が伝わる。

昔、狩りの得意な若者が森で「死」と出会った。二人は一緒に狩りをしながらしばらく森で過ごし、若者は「死」に獲物を分けてもらうこともあった。数日後、「死」は若者に「貸しを返せ」と迫ってきたので、若者はしかたなく、子どもを一人「死」に与えた。この時から、人は死ぬようになったそうだ。この話は、アフリカ西海岸各地に語り継がれている。

コモロ連合

シーラカンスの島

アフリカ大陸東部とマダガスカル島に挟まれたモザンビーク海峡に浮かぶ、三つの島からなる小さな島国コモロ連合。その島のひとつアンジュアン島には、約六五〇〇万年前の白亜紀に絶滅したはずの古代魚シーラカンスが今も生息しているという。

一九三八年、コモロ諸島のアンジュアン島の深海から、約三億五〇〇〇万年前と変わらない姿のまま発見されたため、シーラカンスは「生きた化石」とも呼ばれた。シーラカンスが生き残れた理由は、三億五〇〇〇万年もの間、深海の環境がほぼ変わらなかったためではないかと考えられている。コモロ諸島では昔からごくまれに捕獲されていて、食べられない魚なので漁師たちの間で「ゴンベッサ（使えない魚）」と呼ばれていた。現在ではその希少価値から「幸運を呼ぶ魚」という意味に変わっているそうだ。

これまでに南アフリカ、タンザニア、インドネシアの深海からも見つかっているが、深海魚のため生きたまま捕らえられたことはなく、生態は謎に包まれている。

アフリカ大陸には、翼竜のようなコンガマトー（詳しくはザンビア共和国の**ジュンズー湿原の翼竜コンガマトー**の項目を参照）、大型恐竜のようなモケーレ・ムベンベ（詳しくはコンゴ共和国の**モケーレ・ムベンベは恐竜の生き残り？**の項目を参照）など未確認生物の目撃情報も多く、他にも太古の生物が生き残っている可能性があるかもしれない。

コンゴ共和国

モケーレ・ムベンベは恐竜の生き残り？

コンゴ共和国の北部、リクアラ地方の淡水のテレ湖には、幻獣モケーレ・ムベンベが棲んでいると言われている。絶滅したはずの恐竜アパトサウルス（別名ブロントサウルス）の生き残りではないかと考えられていて、現地では体長五〜一〇メートルのモケーレ・ムベンベが、テレ湖で他の生物と格闘しているところを何度か目撃されている。隕石《いんせき》の落下によって誕生したテレ湖の周辺には、未開拓の熱帯雨林が広がっており、新種の生物が潜んでいる可能性も高いという。

一七七六年、フランスの聖職者が現地で三本爪の足跡を発見し、調査を進めるうちに草を食べているモケーレ・ムベンベに遭遇した。一九八〇年代にはロイ・マッカルという生物学者が現地調査を行い、先住民から話を聞いたところ、ピグミー族の人々がモケーレ・ムベンベを殺して食べたところ、肉を口にしたほとんどの人が死んでしまったそうだ。この事故以来、先住民の間ではこの幻獣の話題はタブーとなり、部外者に話すと大きな不幸を呼び寄せると考えられるようになった。

コンゴ民主共和国

ニャンガ族の英雄ムウィンドの冒険

コンゴ民主共和国のニャンガ族には、英雄ムウィンドの物語が古くから伝わっている。ニャンガ族の首長シェムウィンドと妻の間に、ムウィンドという息子が生まれた。不思議なことに、彼は生まれた時から話し、歩き、空を飛ぶことができた。不思議な力をもつ息子を恐れて、父シェムウィンドは息子を太鼓の中に閉じ込め、川に流して殺そうとした。しかし太鼓は妹のもとへ流れつき、ムウィンドは助け出された。

父に戦いを挑むことを決めたムウィンドは、母の兄弟たちとともに父親の家に乗り込み、多くの家来を殺したが、シェムウィンドは冥界へ逃げた。ムウィンドは父を追いかけて冥界に向かい、そこで冥界の支配者ムイサと死闘を繰り広げた。しかし、魔法のハエたたきをもつムウィンドがムイサに勝利すると、父は降参し、これまでの行いを詫《わ》びた。ムウィンドは父を許し、奇跡的な力で父の家来たちを蘇らせると、親子で地上に戻り、国を二つに分けて支配するようにした。

ある時、狩りに出かけた家来たちが竜に襲われたので、ムウィンドは家来を守るために竜を殺した。すると、ハリネズミの姿をした稲妻の神ンクバは怒り、ムウィンドを空へ連れていき、罰として過酷な試練を次々に与えた。試練によって、あらゆる動物は神聖なもので命を尊重すべき存在であることを学んだムウィンドは、地上に戻ると、人々に命の尊さを説き、神と動物に敬意を払うことを忘れなかったそうだ。

この物語は、歌や踊り、笛や太鼓の音楽をともなう劇で暗唱され、ニャンガ族の間で古くから語り継がれてきたものである。

ブジョンゴ族の支配者シャムバ・ボロンゴンゴ

コンゴ南東部に住むブジョンゴ族では、一七世紀に実在した英雄王シャムバ・ボロンゴンゴの伝説が語られている。

ブジョンゴ族の王シャムバ・ボロンゴンゴは幼い頃から好奇心旺盛で学問が大好きだった。彼はある時、自分が治める人々の暮らしぶりや要望が知りたくなり、国中を巡る長い旅に出たという。

大きな学びを得て旅から戻ったシャムバは王となり、ブジョンゴ族の人々に、ラフィアヤシの繊維から布を織る方法、ヤシの木から油を摂る方法、タバコなど多くの新しい技術を次々に与えた。南アフリカで現在も食べられているキャッサバ芋の、毒を抜いて正しく調理する方法も、シャムバが広めたと言われている。また、暴力を嫌悪したシャムバは、弓矢とションゴ（投げナイフの一種）を戦いで使用することを禁じ、犯罪に対して誰よりも厳しく罰した。

こうしてシャムバの治めるブジョンゴ族に平和が訪れ、多くの部族が連合して強大な派閥を築き上げていった。

ボードゲーム「マンカラ」を広めた英雄王

「マンカラ」というのは、近年、知育玩具として日本でも人気のボードゲームである。アラビア語で「動く」という意味で、アフリカや東南アジアを中心に古くから親しまれ、世界最古のボードゲームとも言われる。

マンカラは「レレ」ともいい、もとはアラブ世界で生まれたものだが、一七世紀にブジョンゴ族を統治した実在の王シャムバ・ボロンゴンゴが、アフリカに広めたと言われている。シャムバがこれを広めたのは、当時、人々の間で賭博が流行っていたため。そこでマンカラを紹介したところ、無害で楽しい遊びに人々は夢中になった。

二人用のゲームで、ボードについた小さなくぼみに石や木の実などの小さなコマを交互に入れていき、たくさんとったほうが勝ちとなる。ボードによってくぼみの数や遊び方は様々だが、敵より多くのコマをとったほうが勝ちという基本的なルールは共通している。

サントメ・プリンシペ民主共和国

日章旗入りの帆を掲げた漁師たち

アフリカ中西部、赤道直下のギニア湾に浮かぶ小さな島国サントメ・プリンシペ。その名前は、インドで殉教したキリスト教の聖人トマス（サントメ）と、一五世紀に多くの探検隊を派遣したエンリケ航海王子（プリンシペ）の名を冠する国である。日本から遠く離れた国ではあるが、実は意外なところで、日本とのつながりを感じることができる。

　豊かな漁場に囲まれたこの国の主要産業のひとつといえば、漁業である。手製の小舟で沖まで漁に出る人が多いというが、その小舟に掲げられている帆には、不思議なことに日章旗のマークが入っているものが多いらしい。

　これは日本からの食糧援助米の米袋を、小舟の帆の材料に使っている人が多いためだ。強風で帆が破れることのないよう、丈夫で破れない日本の米袋が、帆の材料として人気が高いそうだ。

　一九七五年に独立したサントメ・プリンシペは、まだ日本からの観光客は少ないものの、緑豊かな島々でここにしか生息していない動植物も多い。「アフリカのガラパゴス」と呼ばれるほど手付かずの自然も多く残っている。

ザンビア共和国

穀物を燃やしてしまったイラ族

ザンビアのイラ族に伝わる神話。昔、神は人間を地上に送った。その時、食料として穀物を与えて「これを育てよ」と命じた。人々は穀物を育てて収穫した。たくさんの穀物を人々は昼も夜も飽きるほど食べた。それでも穀物がなくならないので、もう必要ないと思って燃やしてしまう。すると、今度は食べるものがなくなったので、人々は飢えた。人々の行いを知った神は、今度は果実を与えた。

　穀物を失った人々は、それから果実と根茎だけを食べるしかなくなってしまったということだ。

ジュンズー湿原の翼竜コンガマトー

ザンビア共和国の広大な沼沢地、ジュンズー湿原には、空飛ぶ恐竜が跋扈《ばっこ》しているらしい。

　その謎の生物はコンガマトー（「小舟を壊すもの」という意味）といい、猛スピードで急降下して人々を襲ったり、カヌーを転覆させたりするという。コンガマトーに襲われて深い傷を負った地元民の証言によれば、体長は一・五〜二メートル近くあり、長いくちばしには鋭い歯が生えていて、体毛や羽毛がなかったそうだ。水中から突然飛び出してカヌーを転覆させ、漁師の腹に鋭いくちばしを突き刺したという噂もある。

　ザンビアのカオンデ族には、古くからコンガマトーの存在が知られている。彼らの伝説によれば巨大な赤いトカゲの体で、巨大なくちばしと鋭い歯があり、コウモリのような翼をもつ翼竜に似た生き物だという。人々はコンガマトーに襲われないために、「ムチ・ワ・コンガマトー」と呼ばれるお守りを身につけていたそうだ。

シエラレオネ共和国

巨大隕石《いんせき》ギベオンの落下地点？

アフリカ西部、大西洋に面する沿岸の国・シエラレオネ国内では、ギベオンと呼ばれる巨大隕石が落下して大地に突き刺さっている場所があるという。噂によれば、究極のパワースポットのひとつと言われているが、正確な位置や詳細はよくわかっていない。

ギベオンとは一九三八年、ナミビアで見つかった鉄とニッケルからなる鉄隕石のことで、名前は発見された地名に由来する。約四億五〇〇〇年前に地球に落下したと考えられ、宇宙エネルギーが宿っているという説もある。

メンデ族の神の名前

メンデ族に伝わる神話。天と地、動物を作った神は、最後に人間の男女を作った。神は、人々が欲しがるものをなんでも与えた。人々は何か欲しいものがあるたびに、神に頼んでいた。神が何かを与えるたびに「もっていけ」というので、人々はそれが神の名前だと思っていた。

ある時、人々があまりにも多くを望むことに嫌気がさした神は、人々が眠っている間にはるか遠くに去ってしまった。神を失った人々に、神は「悪い行いをせず、仲良く暮らしなさい」という言葉だけを残した。神が高みに登ってしまったので、人々は神を「高み」という名で呼ぶことになった。高みにいる神は、人々に一羽の鶏を与え、もしお互いに悪さをした場合は神に捧げるようにと告げた。

人々は、悪い行いをした時は、今でも鶏を神に捧げて償いとするという。

ジブチ共和国

『猿の惑星』のモデルになった湖

ジブチには、まるで地球ではないかのような景色が広がる場所がある。

アラビア半島を対岸に臨み、紅海、アデン湾に面するジブチは、「アフリカの角」の根元に位置する小さな国だ。

年間降雨量が少ない乾燥地帯であるうえ、大陸プレートの境界である大地溝帯が南北に走っているので、地殻変動による地震が多い。また大地溝帯によって落差の激しい地形が多い。アッベ（アブ）湖は、不思議な形の岩石が立ち並ぶことで有名だ。

　ここは映画『猿の惑星』のロケ地になったとも言われている場所で、高さ五〇メートルもの石灰岩、活発な火山活動の影響で湧いている八〇度以上の温泉などがある。高く突き出した岩の間から湯気が噴き出す光景は、まるで異星にいるかのように感じさせてくれる不思議なスポットである。

ジンバブエ共和国

ヴィクトリアの滝の不死鳥

　アフリカ南部にあるジンバブエとザンビアとの国境にまたがるヴィクトリアの滝は、世界三大瀑布《ばくふ》に数えられる名所だ。この滝には、インプンドゥールという名の不死鳥が現れるという。インプンドゥールは、人間ほどの大きさで、血に飢えていて子どもや女性を襲う。大きな翼や鉤爪《かぎづめ》を使って、雷や嵐を呼ぶこともできるという。さらに、美女に変身して若い男性をヴィクトリアの滝に誘い込み、滝壺に突き落とすそうだ。鳥の姿に戻って飛び去り、ふたたび戻ってきて血を飲む。インプンドゥールは、火で焼かれる以外の方法では死ぬことはないという。アフリカ南部のズールー族、ポンド族、コサ族の民間伝承による。

　また、インプンドゥールは自身が雷を落とした地に卵を産むと言われており、その貴重な卵は魔術に用いられる。そのため、インプンドゥールに価値を見出し、飼い慣らそうとする魔術師もいる。人間の血を与える、夜は自由に獲物を取りに行かせるなどの方法をとれば、主人に忠実に仕えるという。

もうひとつのアーク

　旧約聖書に登場する「アーク（契約の箱）」。モーゼが神より授かった十戒の刻まれた石板が収められていたこの箱は、イスラエル国第三代ソロモン王によって、エルサレム第一神殿に安置された。ところが紀元前五八六年、バビロニア人によってエルサレムが侵略され、その時にアークが失われてしまい、以降、行方不明となってしまった（詳しくはエチオピア連邦民主共和国の**失われたアークの行方**の項目を参照）。

　近年、ロンドン大学の教授チューダー・パーフィットが、ジンバブエのレンバ族がもつ、太鼓のような形をした神聖な物体「ンゴマ・ルングンドゥ（雷の太鼓）」こそ、アークではないかと主張した。レンバ族がアークを持ち去ったというのだ。

　調査により、旧約聖書に登場するアークよりもンゴマは新しい箱であることが判明したが、パーフィットは、旧約聖書の「中命記」に記されているように、モーゼが作った「もうひとつの契約の箱」が存在し、ジンバブエに来ていたと主張する。つまり、アークは二つあるというのだ。

しかし二〇一〇年頃、ジンバブエ博物館に収蔵されていたンゴマまでも、行方不明となってしまった。アークは二つ存在していたのか？　すべてが謎のまま、伝説のアーク探しは続いている。

スーダン共和国

クシュ王国のメロエ文字

スーダンの北部にあるメロエという場所は、紀元前九世紀（六世紀という説もある）から紀元後四世紀に栄えた黒人による最古の王国と言われるクシュの首都があった地だ。

古代エジプト文化の影響が色濃く、メロエからは小型のピラミッドや神殿などの遺跡が発見されている。二〇一八年にはピラミッドから人骨や副葬品が発掘され、調査が進められている。しかし、ライオン神のアペデマクなど、エジプトの影響を受けていない独自の神も信仰していたようだ。いまだ発掘されていないエリアも多く、王国の詳細な実態は明らかになっていない。

発掘品の中に、文字が刻まれた石板がある。クシュ王国で使われていたもので、メロエ文字と呼ばれる。エジプトのヒエログリフを改良し、クシュ人が独自で発明した文字だと考えられているが、いまだに解読は進んでいない。現在は大英博物館に所蔵されている。

いずれメロエ文字が解読されれば、謎多きクシュ王国の実態が明らかになるかもしれない。

実態のない神様ジュオク

スーダン南部に住むシルク族の神話には、ジュオクという創造主が登場する。ジュオク（別名ジョク、ジョーグ）、万物の中に存在している実体のない神様だ。神聖な霊そのものを表すこともあり、この神の閃《ひらめ》きが人間や動物の運命を定めるのだ。

古代のシルク族の伝説によれば、ジュオクは、川の水と砂から人間を作り出したという。最初は雑な作りで、泥の塊のように地面に横たわっているだけだったが、穀物を植えるための腕と、ものを見るための目と、動き回るための足を作ってあげた。やがてジュオクが人間作りに飽きると、人間に生殖器を与えて、自分たちで人間をどんどん増やしていけるようにしたそうだ。

セーシェル共和国

神話の実ココ・デ・メール

七世紀頃にアラブ人が上陸するまで無人島だったセーシェル共和国。アフリカ大陸の東海岸沖、インド洋に浮かぶ一一五の諸島からなり、「地上最後の楽園」などと称されることもある美しい景観が魅力だ。

国土の約半分が自然保護区に指定されているセーシェルの豊かな自然を代表するのが、世界最大と言われるココ・デ・メールという双子ヤシの実である。プララン島近くでしか生育しない固有種で、ココ・デ・メールの群生地があるヴァレ・ド・メ自然保護区は、世界遺産に登録されている。

樹齢一〇〇〇年を超えるものもあるという木には、最大級のもので六〇センチ、二〇キロほどの実がなる。大きさと重さでギネスにも認定された世界最大の種子だ。丸みのある二つのふくらみが、女性の臀部《でんぶ》を思わせる形状をしていることから、豊穣《ほうじょう》の象徴とされている。発芽から果実が実るまでに一五年から二五年ほどかかり、受粉から果実が熟すまでも七年を要するという。樹齢も椰子科の植物で最長と言われており、雌は五〇〇年、雄は一〇〇〇年生きるという。

セーシェルは「アダムとイブの島」とも呼ばれるが、雌木《めぎ》と雄木《おぎ》があるココ・デ・メールに由来する。雄木の方は男性器のような形をしており、地元には満月の夜になると雄木が動いて雌木に近づいて受粉をするという言い伝えがある。その瞬間を目撃してしまった者は、失明してしまうと言われている。

赤道ギニア共和国

国旗に描かれた神木パンヤノキ

アフリカ中西部にある赤道ギニアの国旗中央には、一本の巨木が描かれている。これはパンヤノキ（パンヤの木）という樹木で、主にアフリカや中南米、東南アジアなどの熱帯地方に生える樹木。成長したら大きいものは六〇メートルほどにもなる巨大樹木であり、別名カポック、セイバの木ともいう。「パンヤ」という綿のような繊維が果実につまっており、枕などの詰め物に使われている。

この木は赤道ギニアでは「神木」とされているが、実は中南米の古代マヤ文明の人々にとっても、「世界の中心にある聖なる樹木」であり、マヤの人々は亡くなると、その魂は伝説の樹カポック（パンヤノキ）を登って、天へ向かうと信じていたそうだ。

セネガル共和国

人面コウモリのジーナ・フォイロ

アフリカ大陸最西端のセネガルおよびガンビアでは、ジーナ・フォイロと呼ばれる謎の生物がしばしば目撃されている。コウモリのような体に人の頭部をもつため「人面コウモリ」とも呼ばれ、足には鋭い三本の鉤爪《かぎづめ》があり、巨大な翼を広げると一メートル以上になるという。目撃情報によれば、ジーナ・フォイロは体から強い悪臭を放ち、かいだ者を呼吸困難に陥らせて死に至らしめることがあるという。空中で突如消えることもある。

フライングフォックスと呼ばれるオオコウモリの突然変異ではないかという説があるが、正体は謎に包まれたままだ。

薔薇《ばら》色の湖ラック・ローズ

セネガルには、世にも不思議な湖がある。水深がわずか三メートルと浅く、日光で水が蒸発してしまうため、非常に塩分濃度が高く、海水の一〇倍もあるという。正式名称はレトバ湖だが、薔薇のようなピンク色の水をしていることから、「薔薇色の湖」という意味の「ラック・ローズ」と呼ばれている。

水が薔薇色に染まる理由は、ドナリエラ・サリナという緑藻が大繁殖するからだと言われている。

天候や時間によって湖の色は変化するが、一一月から五月の乾季には、より鮮やかな色になるという。

ソマリア連邦共和国

悪魔が住むラース・ゲールの洞窟

ソマリアの北部には、紀元前五〇〇〇年頃に描かれた洞窟壁画がある。アフリカでも最古に描かれたもので、大きな角のある牛などの動物と人間が赤やオレンジ、茶、白でカラフルに表現されている。「ラース・ゲール」とは、ソマリ語で「ラクダが水を飲む穴」という意味だ。

ラース・ゲールは、地元の人々からは悪魔が住む洞窟と信じられていた。村人たちは生贄《いけにえ》を捧げて悪魔による被害を避けていたそうだ。二〇〇二年にフランスの考古学チームに発見されて以来、現在は消滅の危機にさらされているという。

タンザニア連合共和国

キリマンジャロの山岳伝説

タンザニアにあるキリマンジャロは、スワヒリ語で「輝く山」を意味する大陸の最高峰。キボ、マウエンジ、シラという独立した三つの峰からなり、山神にまつわる伝説が、チャガ族に残る。

マウエンジの神は、体が大きく力持ちのキボの神に助けられてばかりいた。ある時、キボが出かけている間、マウエンジは勝手にキボの家に入り、大量の食べ物や炭を持ち出した。戻ってきたキボは恩を仇で返すようなマウエンジの行動に激怒し、マウエンジを追いかけて思いっきり殴った。マウエンジの山頂の輪郭がギザギザしているのは、この時の傷のためだという。

付近の部族の人々はキボの怒りを今も恐れている。山の中央には、精霊たちが守る貴重な石が隠されている。これを掘り出そうとする者には必ず死が訪れるそうだ。

生物を石に変えるナトロン湖

タンザニア連合共和国にあるナトロン湖は、「メドゥーサの湖」や「死の湖」、「炎の湖」とも呼ばれる。湖水は炎のように色鮮やかな赤で、沈んだ生き物を石にするという恐ろしい湖だ。

琵琶湖以上の広さがあり、水深は約三メートルと浅い。乾燥地帯にある湖の水はどんどん蒸発し、塩分濃度が高まった塩湖だ。アンモニアと同じ程度の強アルカリ性の水をたたえる。そのせいで塩分を好む微生物が大量に発生している。この微生物が赤い色の正体だ。また、高濃度の炭酸ナトリウムも多く含まれているため、湖に沈んだ生物の死体などは石化するという。「ナトロン」とは、炭酸ナトリウムと炭酸水素ナトリウムを主成分とする天然の鉱物で、古代エジプトでミイラを作る際に防腐剤としても使われていた。

非常に面白い特性を備えた湖だが、あと一〇〇年もすれば水が干上がり、塩類平原となってしまうそうだ。

男性を襲う怪物ポポバワ

アフリカ東南部に属するタンザニアやザンジバル諸島では、ポポバワと呼ばれる謎の怪物が目撃されている。夜中に民家に忍び込み、人間の男性を襲うという。ポポバワが現れると、悪臭がする、ポルターガイストが起こるといった噂もある。この怪物を避けるには、就寝前に豚の油を体に塗り込む、コーランを唱える、焚《た》き火の横で寝るといった方法が有効で、地域によっては集落の男性たちが集まって焚き火のもとで一夜を過ごすこともあるらしい。

一九七〇年代にタンザニアの離島で初め

て目撃されたあと、一九九五年には村で集団パニック事件に発展したそうだ。ポポバワに襲われた人家は、そのことを隣人に告げないとふたたび襲われるという伝説も生まれた。近年でも目撃情報は続き、二〇〇七年に目撃された時、村人たちは夜通し電気をつけて家族と集まって過ごし、襲撃に備えたと言われている。

チャド共和国

世界最古のヒトはチャド人？

二〇〇一年、チャド中部のニジェール国境付近のジュラブ砂漠にて、約七〇〇万年前の頭骨、および顎《あご》の骨や歯が見つかった。この化石はのちにサヘラントロプス・チャデンシスと名づけられた。トゥブ族系の言葉ではトゥマイ（「生命の希望」という意味）と呼ばれた。アフリカ大陸では、約七〇〇万年前にチンパンジーやボノボの祖先と、ヒトの祖先が分岐したと考えられているが、チャデンシスがヒトの祖先かどうかについては、今も議論が分かれているところだ。現在、最古の人類は約四四〇万年前に登場したアルディピテクス・ラミダスが有力とされているが、もしチャデンシスがヒトの祖先と確認されれば、分岐の時期は大きく遡ることになる。

中央アフリカ共和国

怪猫アダンダラ

中央アフリカ東部やスーダン南西部などに住むアザンデ族には、恐ろしい怪猫アダンダラの伝説がある。言い伝えによると、アダンダラは人間の女性と猫が交わって生まれた妖術を使う化け猫で、明るい体毛と輝く目をもつ。男性が目撃しただけで死ぬという噂もある。女性同士が関係をもつことを「アダンダラのようだ」と形容することもあるそうだ。

謎の水棲生物モウロウ・ングウ

モウロウ・ングウは、中央アフリカで目撃された未確認生物だ。先住民のバンダ族の言葉で「水のヒョウ」を意味していて、目撃情報によれば体長は四メートルほど。恐ろしい肉食系で、普段は水中に潜んでいるが、お腹が空くと水面に顔を出し、象さえも襲って餌にすると噂されている。

チュニジア共和国

顎《あご》ひげとともに眠る理容師

チュニジアにある古都カイラワーン（フランス語ではケルアンと呼ばれる）は、北アフリカ初のイスラム都市で、最古にして最大の大モスクがある。

旧市街の西側には、イスラム教の開祖ムハンマドの友人である専属理容師アブ・ザマ・エル・ベラウィが眠るモスクがある。シティ・サハブ・モスク（「聖なる友人のモスク」という意味）といい、彼は生前、ムハンマドの顎ひげを常に持ち歩いていたそうで、現在はその顎ひげと一緒に墓に眠っていると言われている。そのため、カイラワーンはイスラム教徒にとって聖地となっている。

聖地トフェとフェニキアの神

世界遺産にも登録され、チュニジア共和国の観光地となっているカルタゴ遺跡。カルタゴは、ベルベル人が住んでいた土地に移住してきたフェニキア人の貿易都市として紀元前八一四年に建設された。海洋民族だったフェニキア人は、カルタゴを拠点に地中海の交易を独占した。

カルタゴにあるトフェは、フェニキア人の最高神が祀られていた聖域だ。火の神バアル・ハモンと、その妻である豊穣《ほうじょう》の神（冥界の神とする説もあり）タニトである。「トフェ」とは、聖書にも登場する地名で、乳児を火に投げ込む儀式が行われていたエルサレムの近くにある谷の名だ。フェニキア人には、神への生贄《いけにえ》として幼児を捧げるという習慣があったという。幼児たちが火の中に投げ込まれて生贄となったことを裏づけるように、敷地内にある墓の骨壺からは炭化した幼児の骨が発見されている。一説では、古代では幼くして亡くなる子どもたちが多かったことから、その供養のために火葬したのではないかとも言われている。

トーゴ共和国

カモシカの霊にさらわれた首長

トーゴのダゴンバ族に伝わる幽霊話。

昔、自らの偉大さを示したいと考えた首長がいた。そこで、部族の者たちに「これからは馬ではなく斑《まだら》模様のカモシカにしか乗らない」と宣言した。そのせいで、部族の者たちは、森に行って斑模様のカモシカを探さねばならなくなった。ようやくカモシカを捕まえ、首長のもとに連れてきた。鞍《くら》をつけたカモシカに首長が乗ると、カモシカは森に駆けていった。そして、首長を乗せたまま消えてしまった。部族の者たちは必死で探したが、首長もカモシカも見つけることはできなかった。実は、このカモシカは幽霊だったのだ。

　この出来事があってから、この町では首長の死の間際になると、斑模様のカモシカが家の外にいるという噂が広まるようになったという。

吸血蛍アヅェ

　伝統的なアミニズムやブードゥー信仰が盛んなトーゴには、アヅェという吸血蛍がいるという。トーゴやガーナに住むエヴェ族の伝承によれば、夜になると、吸血蛍は扉の下の隙間から家の中に入ってくる。そして眠っている子どもたちに近づき、少しずつ血を吸うそうだ。

　また、吸血蛍は人間に取り憑《つ》き、魔女に変えてしまうこともできる。しかし、捕まったり森に戻れなかったりするとその人は人間の姿に戻り、吸血蛍は逃げてしまうため、人々の間で疑いと妄想がかき立てられる。こうやって人々に争いの種を蒔《ま》く悪魔として恐れられている。

ナイジェリア連邦共和国

魔女の妻

　ハウサ族に伝わる魔女の言い伝えがある。昔、ある男には三人の妻がいた。三人とも呪力をもっていたが、一番目と二番目の妻は魔女だった。

　ある時、魔女の妻二人は、三番目の妻に森で妖術踊りをしようと誘った。三番目の妻は、魔女たちが何かをたくらんでいると思い、言い訳をして断った。その後、三番目の妻は夫に魔女たちがよからぬことを考えていると教えた。それを聞いた夫は、出かけるふりをして家に隠れることにした。

　夫がいないと思っている魔女たちは、妖術踊りをしながら歌い始めた。一人は夫の肝を、もう一人は夫の心臓を食べて、踊りの供物としたいと歌った。そこに隠れていた夫が現れ、魔女たちを追い出した。そして三番目の妻と幸せに暮らしたという。

ヨルバ族の大地イフェの誕生

　ナイジェリアのヨルバ族の王（オニと呼ばれる）は、聖地イフェを守る神の子孫と信じられている。ヨルバ族の創世神話で、陸地と生き物が誕生した理由が次のように伝えられているためだ。

　初め、最高神オロルン（オロドゥマレともいう）が治める空と、海の女神オロクンが治める海があった。ある時、空に住むオバタラという神が、大地と生き物を作って住みやすいところにしたいと思った。オロルンはこれを許可し、息子の知識と知恵の神オルンミラを遣わし、オバタラにカタツムリの殻に入った砂、ヤシの実、白い雌《めん》鶏《どり》、黒猫を与えた。

オバタラは海に降りると、海の上に砂を撒《ま》いて陸地を作った。その上に雌鶏を置くと、雌鶏は地面の砂を引っかき、砂を撒き散らしてアフリカ大陸の形を作った。オバタラはその大地をイフェと名づけて家を建て、ヤシの実を植えて、黒猫と暮らし始めた。やがて仲間が欲しくなったオバタラは、粘土で人形を作り、最高神オロルンに命を吹き込んでもらって、最初の人間が誕生した。空の神々は次々に大地イフェに降り立ち、人間たちを見守りながら暮らすようになった。

大地が増えて海が減ったことで、不満を抱いたのが海の女神オロクンだ。オロクンは大地に大洪水を起こして沈めようとしたが、すかさずオルンミラが水を押し戻した。これに激怒したオロクンは、最高神オロルンに織物勝負を挑む。神々の中でも屈指の織り手だったオロクンは、自分の勝利を確信していた。しかし、カメレオンのアゲモに邪魔をされ、ついにオロルンを最高神と認めて敗北を受け入れたのだった。

ヨルバ族の雷帝シャンゴ

シャンゴは、ナイジェリアのヨルバ族の伝説的な人物。伝承によれば、ヨルバ族の中でも最強を誇るオヨ王国の三代目の王だった。好戦的な性格でうぬぼれの強いシャンゴは、暴君と言われながらも、オヨ王国の領土を次々に拡大していった。超人的な力をもち、雷を操れたと言われている。

しかし、のちに臣下に裏切られて激怒したシャンゴは、森で自殺したという。雷を操る練習をしている時に誤って妻子を殺してしまい、自責の念から自殺したという説もある。

死後、人々は彼の超人的な力や武勲を称《たた》えて、あるいは祟《たた》りを恐れて、シャンゴを神として崇《あが》めた。それでシャンゴは、稲妻を操る雷帝となったそうだ。シャンゴのシンボルは諸刃《もろは》の斧《おの》で、雷帝シャンゴは華々しい武勲、報復的な正義、自然の力、破壊的な激情などの象徴とされた。雷帝シャンゴを祀る信者の結社が、今もあるという。

ナミビア共和国

ナミブ砂漠と死の谷

大自然を体感できる観光地として人気のアフリカ南部のナミビア。この国の西部には、約八〇〇〇万年前に誕生したという世界最古の砂漠と言われるナミブ砂漠がある。世界遺産に登録されており、オレンジ色の砂丘が連なった美しい光景が広がる。

「ナミブ」は、先住民のサン人の言葉で「隠れ家」という意味だ。

ナミブ砂漠でもっとも有名な観光スポットが、ソススフレイだ。砂漠の最奥地にあり、オレンジ色の砂の中にぽっかりとあいた真っ白な盆地がある。これは五〇〇年前まで湖があった跡で、現地の言葉で「デッドフレイ（死の谷）」と呼ばれている。現在は干上がった湖のそばには、枯れた木が並ぶ。立ったまま枯れた木は、まるでミイラのようだという。

　またデッドフレイには、ごくまれに湖が出現するという噂がある。その正体は、雨季に降った雨が地下水脈を通ることによってできる湖とのことで、「幻の湖」「奇跡の湖」などと呼ばれている。。

ニジェール共和国

テネレの木

アフリカ西部、ニジェールのサハラ砂漠中南部一帯をテネレ砂漠という。テネレとはトゥアレグ族の言葉で「何もないところ」という意味で、文字通り広大な砂漠が広がっている。

　かつて、砂漠のど真ん中に孤独に立つアカシアの木があった。「世界でもっとも僻《へき》地《ち》にある」とされた木で、テネレが砂漠化する前から生えていた唯一の生き残りで、木の根は地下三六メートルもあったという。

　しかし一九七三年、リビア人ドライバーの事故で倒されてしまい、現在はその場所に鉄製の木が置かれている。

ブルキナファソ

ロロペニの遺跡群の謎

アフリカ西部、ブルキナファソのロロペニには、巨大な石の壁でできた謎の遺跡群がある。要塞のように取り囲む石垣の高さは最大六メートルもあり、内側には部屋らしき壁の仕切りもある。この地域は、三世紀から一三世紀頃に鉄の鋳造技術で栄えたブラ文化があり、その後はモシ王国が一九世紀まで続き、現在もモシ族やジュラ族といった多くの民族が暮らしている。ちなみに国名の「ブルキナ」はモシ語で「高潔な人」を表し、「ファソ」はジュラ語で「祖国」を表す。

　しかし、この建造物は少なくとも一一世紀以前のものらしく、誰が何のために作ったのかは明らかになっていない。モシ王国以前に高度な文明があった可能性を示す貴重な遺跡群として、ブルキナファソ初の世界遺産に指定されている。

ブルンジ共和国

ブルンジの口頭伝承

タンザニア、ルワンダ、コンゴ民主共和国に囲まれ、西は推定二〇〇〇万年前に誕生した古代湖タンガニーカ湖に面するブルンジ。

口承伝統が根づいているブルンジでは、民話や寓話《ぐうわ》は、音楽に乗せて語られる。イマナという創造神が旅をする物語、土地の歴史や牛にまつわる物語などが人気で、衣装をまとった長身の踊り手イントレと、鼓手タンブリネールが、王族や観光客の前で演じるそうだ。ブルンジは、ブハ州から来たカンバランタマという王によって建国されたという伝説があるが、先住民族の文化は謎に包まれている。二〇一九年、ブルンジの映画監督により、王の生涯を描いた短編2Dアニメーション映画が製作された。

ベナン共和国

パッセ王の聖なる森

アフリカ西部、ベナンにあるウィダという町の「聖なる森」には、こんな伝説が残る。パッセ王という民衆に親われていた王がウィダを治めていたが、王が亡くなる時、イロコ樹の姿に変身した。そして聖なる森の中で人々を見守りながら、今も生きているそうだ。

ベナンは、ブードゥー教発祥の地と言われている国で、聖なる森は、ブードゥー教の神々がまつられている一大聖地である。

この森には奇妙な姿をした神様の像が何十体も並んでいるが、彼らは、ブードゥー教の起源となった太古の精霊ヴォドンと呼ばれている。

一六世紀に奴隷貿易が行われていた時代、ウィダの町から多くの人々が奴隷として中南米に連れていかれた。その時、人々は精霊ヴォドンを信仰していたが、現地ではヴォドン信仰が迫害されてしまった。やがて、ヴォドン信仰はキリスト教の教義と合わさり、現在のブードゥー教が誕生したと言われている。

忘却の木と帰郷の木

ベナンのウィダは、ブードゥー教の聖地であり、奴隷貿易に関する史跡が多く残る町である。かつて奴隷たちが大西洋岸の船着場まで歩かされた「奴隷街道」があった場所で、現在は奴隷たちの石碑や死者たちの碑、「帰らずの門」と呼ばれる門などが残されている。その途中の道にあったのが「忘却の木」で、現在は木がなくなり、石碑だけが立っている。男性が九回、女性が七回木の周りを回ると、過去の記憶をすべて忘れられるという伝説があった。

「帰郷の木」という木もあり、木の周りを三回回ることで、アメリカ大陸に渡っても魂はベナンの地へ戻ってこられると、人々に信じられていた。

マウとリサ

ベナンに住むフォン族の創世神話には様々な言い伝えがあるが、ナナ・ブルクという神から生まれた。月の女神マウと、太陽の男神リサという双子の伝説が浸透しているようだ。

月と豊穣《ほうじょう》と慈悲の女神マウは西に住み、太陽と力と戦争と光の男神リサは東に住み、日食や月食のたびにマウとリサは融合して、様々な神様を生むと言われている。二人が一体となった、マウ・リサ（月と太陽）という両性具有の創造主の場合もある。

言い伝えによると、マウは虹の蛇アイド・ウェドの背に乗って、あちこち移動しながら、あらゆるものを創造した。すべてが完了すると、重すぎて不安定な地球を支えるため、アイド・ウェドに頼んで、地球に体を巻きつけて支えてもらった。そしてマウは、重い世界を支えてくれている蛇を冷やすため、蛇の周りを海で囲った。

アイド・ウェドは今も地球を取り囲み、自分の尾を口でくわえながら支えてくれているが、時折楽な姿勢になろうと体の向きをずらすので、地震や津波が起きるそうだ。もし蛇が自分の尾を飲み込んでしまったら、その時は世界が崩壊する時だという。蛇神の名前は「ダ」で、ダの糞《ふん》から人間が作られたという説もある。

ボツワナ共和国

サン族のエランド創造

アフリカ南部のカラハリ砂漠に古くから住むサン族は、ブッシュマンとも呼ばれる狩猟民族で、最古の祖先は約一〇万年前に遡るという。

サン族にとってエランド（アンテロープの一種）は神聖な動物とされ、次のような神話が残されている。

かつて、創造神マンティスがエランドを創った。その姿があまりに美しかったので、エランドに蜂蜜を与え、蜂の巣で毛をといてツヤを出し、大切に育てていた。ある時、クァンマング・アという男がエランドを見つけて弓矢で射て殺した。その肉を仲間と分け合って食べたら、大変美味しかったので、どんどん狩りをするようになった。大切なエランドを食べられて悲しみに暮れたマンティスは、エランドの胆嚢《たんのう》を突き刺し、闇を放出して夜の世界を創った。空っぽになった胆嚢を天に投げたら、月になった。これ以来、一日に昼と夜が生まれて、クァンマング・アたちは月の光で狩りができるので喜んだという。

ボツワナのツォディロ丘陵に残る岩絵群には、紀元前四〇〇〇年頃からサン族が描いた四五〇〇以上もの岩絵が残り、神聖な儀式の中にエランドが描かれている。

サン族の創造神と世界樹カラハリの木

アフリカ南部、カラハリ砂漠に見られるカラハリの大木は、サン族の人々にとって神聖な木とされている。サン族の神話では世界樹とされており、創世の物語に関わっている。

かつて、すべての人間と動物はお互いに理解し合い、創造神／カッゲン（サン族の言葉にある舌打ち音を「／」という記号で表す）とともに地下世界で仲良く暮らしていた。

ある時、／カッゲンは、人間と動物を地上へ導こうと決め、地上に巨大な木を作り、木の下に長いトンネルを掘って地下と地上を結んだ。トンネルを抜けた人間と動物は、美しい地上を見て気に入り、住むことにした。／カッゲンは「この新天地を壊さぬよう、決して火を使わないように」と警告して人間や動物の前から去り、カマキリの姿になって地上の様子を見守ることにした。

人間と動物は初め平和だったが、やがて太陽が沈むと、地上に暗闇が訪れた。動物のように暗闇が見えない人間は怯《おび》え、明かりを灯すために火を起こした。／カッゲンとの約束を破った人間は、たちまち動物と話せなくなり、動物は火を恐れて、人間のそばから逃げ出した。

それ以来、動物は人間を怖がるようになってしまったという。

マダガスカル共和国

恋が叶うバオバブ街道

世界に存在する八種のうち、七種が生育していると言われるほど、マダガスカルを代表する植物がバオバブの木だ。つるんとした幹をもつ独特なフォルムの木は、サン＝テグジュペリの『星の王子さま』に登場することでも有名。バオバブの木の大きさは世界最大級で、高さ三〇メートル、直径一〇メートルに及ぶものもあるという。樹齢が一〇〇〇年を超えるものもあり、アフリカでは精霊が宿るとして崇《あが》められている。

南西部のムルンダバヴァとベロ・ツィリビヒナをつなぐ国道8号線にあるバオバブ

街道は、マダガスカルで有名なバオバブの木の観光名所だ。バオバブの種の中でももっとも高く育つグランディディエリが、二五〇メートルの街道の脇に二〇本以上立ち並ぶ光景は圧巻である。

なかでも特徴的な木には名前がつけられている。二本の木が絡まり合った「愛し合うバオバブ」は、幹の先が細くなり、枝が上に向かって伸びるフニィという種。恋愛成就のご利益があると信じられており、恋人たちに人気のスポット。豊穣《ほうじょう》や安産を願う樹齢七〇〇年の「神聖なるバオバブ」と名づけられた木もあったが、現在は倒れてしまったので別の木が「聖なる木」と呼ばれて信仰の対象になっているそうだ。

独自の生態系と幻の大陸レムリアの語源

先史時代にゴンドワナ大陸が分裂して以降、独立した島国となったマダガスカル共和国。七割から九割以上の動植物が固有種であるという独自の生態系が広がる、日本の一・六倍の面積をもつ大きな島だ。世界の原猿類のうち四分の三がマダガスカルの固有種と言われている。

そんなマダガスカルには多くの種類のキツネザルが生息している、通称「キツネザルの楽園」。島の固有種であるワオキツネザルは、「レムール」と呼ばれ、幻と言われているレムリア大陸の語源になったと言われている（詳しくはアジア・アジア全域の**古代大陸レムリア**の項目を参照）。

マダガスカルの自然は、距離的に近いアフリカ大陸との共通点が少ないという。人類誕生以前に起きた大陸移動から取り残され、この島にしか生息していない動植物や、古代の面影を残した生物などが多いことから、「失われた世界」と呼ばれることもある。

一九五七年には、一度は絶滅したとされていたアイアイが再発見された。マダガスカルには、まだ人類が出会っていない未知の生物が存在しているかもしれない。

ファマディハナの儀式

マダガスカル人は先祖に対する思いが強く、墓は住居よりも立派に作られていると言われるほど。先祖はもっとも高い地位であり、名誉ある先祖となって、永遠の安住を得ることが人生の目的なのだという。

この島にはアフリカ大陸系、マレー系と約一八の部族が暮らしているが、中央高地に暮らすメリナ族などいくつかの部族に受け継がれている儀式がある。「ファマディハナ（死者の弔い儀式）」と呼ばれる先祖を敬う儀式で、これを行うことで、死者は初めて先祖の仲間入りをすると言われている。儀式は三年から一〇年に一度行われ、埋葬されていた遺体を墓から出して大気に触れさせる。祓《はら》い清めた後に新品の高級な絹で包んでふたたび墓に戻す。この時ばかりは、親戚一同、友人たちが集い、飲んで歌って踊って宴会をして、先祖との再会を祝うそうだ。

一説では、部族の年長者の夢の中に先祖が現れ、「寒いので新しい服が欲しい」と告げられることが儀式の合図になる。夢でお告げがあると、占星術師が占いで日取りを決めるという。

不吉なカメレオン

マダガスカルには多くの爬虫《はちゅう》類がいるが、特にカメレオンの種類の多さで有名だ。世界に生息する種のうち約半数が生息しており、首都アンタナナリボでも野生のカメレオンを目撃することができるそうだ。二〇二一年には、尾を含めた体長二一・六ミリの世界最小のカメレオンが発見されている。それまで世界最小だったミクロヒメカメレオンよりも小さいため、「ナノヒメカメレオン」と名付けられた。

マダガスカルの人々にとって、カメレオンは不吉な存在だという。害虫駆除に役立つ一方で、「触ると腕が腐る」「いじめると呪われる」などの言い伝えがあり、とても恐れられている。一方で、カメレオンを勇者として称《たた》えている地域もあるそうだ。

カメレオンは憎まれがちな生物のようで、南アフリカのズールー族に伝わるカメレオンの民話（詳しくは南アフリカ共和国の**なまけもののカメレオン**の項目を参照）でも、人間に憎まれる存在として描かれている。

マラウイ共和国

皮を脱いだ象に騙《だま》されたうさぎ

マラウイのカルル族に「うさぎと象」という民話がある。

うさぎと象は、畑仕事をするかたわら、お昼に食べるため豆を煮ていた。象は豆を独り占めしたくなり、仕事が終わった時、「川で水を浴びてくるから、豆を見張っていてほしい。戻ってきたら一緒に食べよう」と行って、うさぎに豆の番をさせ、象は川へ向かった。そこで皮を脱いで、化け物のふりをしてうさぎのもとに走って帰った。これを見たうさぎはびっくりして逃げ出したので、象は豆を一人で食べてしまった。うさぎが戻ってきた時、象は元の姿に戻っていて、野獣が来たといううさぎに対して「野獣なんて嘘っぱちだ。豆を食ったのはおまえだろう」となじった。

翌日も同じように二人は畑仕事をして、豆が煮えると、象は昨日と同じことをした。三日目も同じように畑仕事に出かけ、うさぎは弓矢を作って野獣を射止めようとしたが、象はうさぎの作った弓矢が壊れるようにこっそり細工したので、うさぎは野獣を射止めるのに失敗して逃げ出した。

そのあくる日、二人はまた豆に火をかけたが、うさぎは新たに弓を作って隠しておいた。何も知らない象はいつものように川で皮を剝《は》ぎ、化け物の姿でうさぎのもとへ走っていったが、うさぎは野獣の心臓のど真ん中めがけて矢を射た。倒れた象は「お母ちゃん！　友だち！」とうなりながら、うさぎに正体を明かして、これまでのことを詫《わ》びたが、傷が深くて死んでしまった。うさぎは豆をすっかり食べると、うちに帰っていった。

　モザンビーク共和国にも似たような話がある。詳しくは**山猫とずる賢いうさぎ**の項目を参照。

マリ共和国

ドゴン族のシリウス神話

　ドゴン族は、西アフリカのマリ中部で暮らす部族。四世紀頃、イスラム勢力に追われてバンディアガラの断崖周辺に逃れ、独特の文化を形成した。美しい仮面とダンスで知られるドゴン族には、様々な神話が伝えられているが、なかでも宇宙創世にまつわる「シリウス神話」は不思議だ。

　ドゴン族には古来、シリウスに伴星があり、その片方が異常に重い星であること。そしてその周期が約五〇年で楕円を描いていることが伝わっている。さらに土星に環《わ》があること、地球は太陽の周りを運行していることなども伝わっていた。

　シリウスが二重星であるという事実がヨーロッパでわかったのは、一九二五年のこと。天体望遠鏡をもたないドゴン族が、高度な天文知識をどうやって得たのか。シリウス・ミステリーとして世界中で論争となった。

　英国の天文学者ロバート・テンプルは、超古代文明がドゴン族に天文知識をもたらしたと主張した。さらに、宇宙人であるシリウス星人から文明を授かったという説も浮上した。ドゴン族の言い伝えには、「遠い昔、ニャン・トロから来たノンモが文明をもたらした」という言い伝えがあるためだ。トロとは「星」を指す言葉で、ノンモが宇宙人と解釈されたのだ。

　だが、こうしたドゴン族のシリウス神話は、かつて訪れた西欧人によってもたらされた知識や文化から生まれたものではないかとする説がある。ドゴン族の神話を収集したフランスの人類学者マルセル・グリオールへの情報提供者は一人だった。ドゴン族は、科学知識を組み込み、科学を神話へと融合させた豊穣《ほうじょう》な神話世界を築いたのかもしれない。ドゴン族の間では現在まで伝わる「シギの祭り」がある。六〇年に一度開催される祖霊の祭りで、「シギ」は「シリウス」を指す。

ドゴン族の創世神話と人間に関節がある理由

　ドゴン族には、創世神話アンマを中心とする神話が伝わっている。アンマは最初に二つの壺を作った。ひとつは赤い銅の輪を巻いて太陽となり、ひとつは白い銅の輪を巻いて月となった。

次にアンマは大地との間にユルグという男児を成したが、野心を抱いていたために狐に変えた。次にノンモという男女の双子の精霊が生まれた。さらに土から男女の人間の始祖を生み出し、残りの創造の仕事はノンモたちに任せた。ノンモは上半身が人間、下半身は蛇の姿をしており、関節をもたなかった。

ノンモは始祖たちを精霊にして天上に住まわせていた。ある時、始祖は地上に降りようとした。彼らは火をもっていなかったので、ノンモの鍛冶場から火（太陽の欠片《かけら》）を盗んだ。怒った女のノンモは電光を放ったが、始祖は革のふいごで身を守った。次に男のノンモが雷を落としたが、始祖は虹を渡って地上に逃げた。しかし、勢いがありすぎたため、腕と足を折ってしまった。この時から、人間の始祖には肘と膝の関節ができたという。

南アフリカ共和国

巨人の足跡

エスワティニの国境近くにある町、ムプルージ近くの山中で、巨大な足跡が発見された。一九一二年、地元住民のストッフェル・クッツェーが見つけたもので、先住民たちの間ではここは聖地として崇《あが》められていたという。足跡は山頂にある花崗岩《かこうがん》の側面についており、大きさは約一二〇センチ、五本の指先からかかとまできれいに跡が残っている。足の大きさから、身長は七・五メートルほどと推測される。岩は約二〇億年から三〇億年前に形成されたもので、足跡の持ち主は人類誕生のはるか以前に存在していたということになる。

近年になって南アフリカの探検家マイケル・テリンガーが、足跡の映像をYouTubeで発表したことで世界中に注目されることになった。巨人族の伝説は世界各地に存在するが、それを裏づける貴重な証拠なのかもしれない。

食いしん坊の悪知恵童子フラカニャーナ

南アフリカに住むコサ族とズールー族には、フラカニャーナというトリックスターの伝説がある。フラカニャーナは、母親の胎内にいる時から言葉を操り、誕生とともに歩き出し、乳ではなく牛の炙《あぶ》り肉で空腹を満たした。やがて成長した食いしん坊のフラカニャーナは、悪知恵を働かせて、人々や動物から食べ物を次々に騙《だま》し取っていく。

ある時、フラカニャーナは村の人たちがしかけた罠《わな》にかかったたくさんの鳥を盗み、母親に料理してくれと頼んだ。母親は鍋に鳥を入れ、一晩煮込むことにした。フラカニャーナは夜明けにこっそり起きて、頭を残して鳥をすべて食べてしまう。そして鍋に牛糞《ぎゅうふん》を入れてふたたび寝たふりをした。翌朝、鍋が牛糞で満たされているのを見て驚いた母親に対して、フラカニャーナは、母親のせいで肉が牛糞に変わったから食べる資格はないと文句を言い、残った鳥の頭も食べてしまった。

さまよえるオランダ人

幽霊船の代名詞とも言えるのが「さまよえるオランダ人（フライング・ダッチマン）」。南アフリカ・西ケープ州の最南端にある喜望峰と呼ばれるアグラスの沖合に出没し、この海域を永遠に航海し続ける幻の船である。

伝説によれば、一七世紀、オランダ人の船長のファン・デル・デッケンは暴風雨の中、嵐の岬（喜望峰の昔の名前）を無理やり回ろうとした。マストに体をくくりつけたデッケンが拳を天に向かって突き上げ、神に呪いの言葉を叫ぶと、一条の光が黒雲を割って甲板を照らし、そこから舞い降りた精霊がデッケンを指差したという。こうしてこの船は、神に逆らった罪で永遠に嵐の海を航海し続けなければならなくなったと言われている。

その後、この海域で幽霊船を見たという目撃情報が何世紀も続いた。もっとも有名なものは英国海軍の戦艦による目撃情報で、証言者にはのちのイギリス王ジョージ五世もいた。二〇世紀になっても目撃情報は絶えず、第二次世界大戦中もこの海域を頻繁に行き交っていたイギリス軍やドイツ軍の乗組員の多数が遭遇している。また、この海域では多くの船が難破していることから、地元の人は「船の墓場」と呼んでいるそうだ。

宝を守る大蛇グローツラング

南アフリカの北ケープ州にある、砂漠地帯リヒタスフェルト。この地のどこかに、ダイヤモンドが詰まっている「底なし洞窟」があるという噂がある。しかし、その洞窟はオレンジ川の大蛇の精霊・グローツラングに守られているため、誰も近寄ることができない。かつて炭鉱師が洞窟を探索しようとしたが、岩棚からトンネルに入ろうとしたところコウモリの襲撃に遭い、内部まで進むことができなかった。

先住民の伝説によれば、洞窟を守る蛇の精霊は全長一二メートルもあり、眼球には巨大な宝石をはめ込んでいて、出会った者には災いが降りかかるという。この地方には七・五メートルのニシキヘビが目撃されており、ここからグローツラングの伝説が生まれたという説もある。

なまけもののカメレオン

南アフリカで最大勢力をもつ部族、ズールー族に伝わる民話。

世界ができたばかりの頃、天界にいるウンクルンクルという神様が一匹のカメレオンに「大地に降り立ち、人間たちに『お前たちはいつまでも死なないでよい』と伝えよ」と言った。さっそくカメレオンは天界から地上に向かおうとするが、木の実を食べたり、虫を捕まえたりとのんびりしているうちにお腹がいっぱいになって眠くなってしまう。

その頃、気まぐれな神様は、一匹のトカゲを呼んで、「大地に降り立ち、人間たちに『お前たちはいつかは死ななくてはならない』と伝えよ」と言った。トカゲは寄り道することなくまっすぐ地上に向かい、カメレオンより先に地上に着いた。そこで人間たちに「お前たちはいつかは死ななくてはならない」と告げ、天界へ戻っていった。

一方のカメレオンもようやく人間たちのもとに辿り着き、神様の「お前たちはいつまでも死なないでよい」という言葉を伝えた。それを聞いた人間たちは、「すでにトカゲが神様の言葉を伝えた。私たち人間はいつか死ぬそうだ。お前は嘘つきだ」と返した。なまけもののカメレオンのせいで、人間の命はいずれ尽きる運命となってしまったそうだ。

これと似たような民話は、チュアナ（ツワナ）族など他の部族にも伝わっている。一部の部族では、カメレオンのせいで人間は死ぬ運命を授けられたとして、カメレオンは憎む対象だという。

ヘックスリバー峡谷の幽霊

南アフリカの西ケープ州、風光明媚《めいび》なヘックスリバー峡谷には、失った恋人を求めてさまよい歩く孤独な幽霊が出るらしい。

その幽霊はエリサという農場主の若い娘で、多くの求婚者が現れたが、彼女は求婚者の一人であるフランスという若い教師の青年に恋をした。エリサは彼の愛を試そうと、ヘックスリバー峡谷の断崖に咲く赤い花を摘んできてほしいと頼む。だが、フランスは花を取ろうとして崖から転落死してしまった。悲しみのあまり、エリサもまた崖から落ちて死んでしまう。

以来、ヘックスリバー峡谷では、裸足で草むらをかき分けながら後をついてくる足音が聞こえたり、かすかな声で嘆く色の淡い娘の幽霊が目撃されたりするようになった。もし、道端にあるぶどうの房から一粒だけ実がなくなっていたら、エリサの幽霊が通った証拠だとも噂されている。

南スーダン共和国

ディンカ族の神話

二〇一一年に独立したばかりの南スーダンには、ディンカ族やヌエル族などたくさんの部族が暮らしている。それぞれの部族ごとに異なる神を信じており、そこに伝わる神話も様々だ。

ディンカ族はナイル川流域に暮らす南スーダンでも多数派の部族。彼らは創造神ニアリッチや精霊を信じ、精霊は人に取り憑《つ》いて神の意思を伝えるという。また、ディンカ族は約二五の部族で構成されており、各部族内は「司祭」と「平民（戦士）」の二つのグループに分かれている。それぞれから「漁槍《ぎょそう》の長」「戦争指導者」と呼ばれるリーダーが選ばれ、司祭は先祖の霊が宿るという聖なる漁槍をもつという。

昔、ディンカ族の人々は、川の底に住んでいたという神話がある。水の中の暮らしでは人々は死ぬことも病気になることもなく、どんどん人口が増えていった。そこで、漁槍の長であるロンガール・ジエルは、陸地に住めるかどうかを確かめに行った。戻ってきたロンガールは、「陸地には獣がいて、死も病気もある」と人々に伝え、陸地に上がることを禁じた。しかし、川の中での窮屈な暮らしに辟易《へきえき》していた人々は反乱を起こし、ロンガールが陸地を独り占めしようとしていると責めた。ロンガールは陸地で聖なる槍を持って待ち構え、押し寄せる人々と対峙《たいじ》した。最初に陸地に上がった男の頭を槍で貫き、男を陸地の獣に食わせた。しかしロンガールの甥《おい》のアゴスが伯父を組み伏せて、人々は次々と陸地に上がった。ロンガールはコブラやライオンに姿を変えてアゴスに襲いかかったが、アゴスは負けなかった。実は漁槍の長は、姉妹の子どもを傷つけてはならないという決まりがあったのだった。

こうして川の中には誰もいなくなり、人間は水の中に住めなくなり、陸地で限りある命を生きることになったという。

人間を作ったジュオク

南スーダンのシルク族の神話には、ジュオクという創造神が登場する。ジュオクは砂と川の水で作った泥の塊に、腕、目、足をつけて最初の人間を創造した。さらに数を増やすため、生殖器をつけたという。

モーリシャス共和国

地球から消えたドードー鳥

ルイス・キャロルの小説『不思議の国のアリス』に登場することで有名なドードー鳥。この島は現在、地球上のどこにもいない。しかしインド洋に浮かぶモーリシャス島にかつて実在していた。

ドードーはずんぐりむっくりとした体型の飛べない鳥である。しかし、天敵のいないモーリシャス島で、何百万年もの間、森の果実や種を主食としながらのんびり暮らしていた。しかし、一六世紀末にオランダ人が島に上陸すると状況は一変。動きののろいドードーは人間に目をつけられ、あっという間に狩り尽くされてしまった。人間が持ち込んだ犬や猫、豚などによる被害や環境破壊もあり、ドードーは発見からわずか一〇〇年足らずで絶滅してしまう。

現在、ドードーの骨格は世界中の自然史博物館で見ることができるが、そのほとんどがレプリカで、まともな全身骨格も残っていない。ドードーについて記録していたものは誰もおらず、生態系に多くの謎を残したまま、ドードー鳥は地球上から姿を消してしまった。

モーリタニア・イスラム共和国

サハラの目とアトランティス大陸

アフリカ西部のモーリタニア・イスラム共和国には、不思議な地形が存在する。サハラ砂漠にあるその地形は、青色に輝く何層もの環でできており、約五〇キロにも及ぶ。地元では「サハラの目」「アフリカの目」などと呼ばれている。あまりに大きいため、宇宙空間からしか全貌はとらえられず、まさに地球の目のように見えるからだ。

当初は隕石《いんせき》の衝突によるものだとされていたが、のちの岩石調査によって隕石でできたクレーターではないと判断された。現在は地盤の隆起活動でできたものとする説が主流で、リシャット構造と呼ばれる。

自然物にしては整いすぎているサハラの目の環状構造を、伝説のアトランティス大陸（詳しくは欧州・欧州全域の**アトランティス大陸は実在するか**の項目を参照）と関連づける主張もある。プラトンが『クリティアス』で記したところによると、アトランティスは環になった運河を囲む帯状の土地だったとされている。いずれにせよ、サハラの目がなぜ美しい環状をしているのかは、謎のままである。

モザンビーク共和国

初めて来日したアフリカ人・弥助《やすけ》

初めて日本にやってきたアフリカ人は、モザンビーク出身の黒人男性だったという。この男性が来日したのは、戦国時代真っ只中の一五七九年。イタリア人宣教師アレッサンドロ・ヴァリニャーノの視察に同行して京都に到着した。この時、彼を見るためにたくさんの人が集まったという。

一五八一年、ヴァリニャーノが織田信長に謁見する際にも従者として同行していた。信長は日本語を操る従者を気に入って召し抱えたいと望み、武士の身分と、弥助という名前を与えて家臣とした。信長は弥助の体格の良さを認め、ともに戦に出陣した。徳川家康の家臣だった松平家忠が残した日記によると、弥助の身長は約一八二センチもあったそうだ。また、弥助はアフリカやインドで生活した経験を話したり、スワヒリ語の叙事詩を披露したりと、戦以外でも信長との交流を深めたという。弥助は初めて来日したアフリカ人というだけではなく、初めて武士の身分を得た外国人侍でもあった。

一五八二年の本能寺の変の際にも、弥助は信長とともに寺に宿泊していた。一説によると、切腹する信長の介錯《かいしゃく》を頼まれたという。その後、明智光秀の軍に捕らえられたものの、日本人ではなかったことから処刑を免れて追放されたと言われている。

弥助の記録が残っているのは一五七九年から一五八二年の三年間のみで、その後の消息はわかっていない。弥助の出身地であるモザンビーク島では刀のことを「カタナ」と発音することから、弥助は故郷に戻って日本語を伝えたのではないかとも言われている。

二〇二一年には、動画配信サービスNetflixで『ＹＡＳＵＫＥ―ヤスケ―』の名でアニメ化されている。またハリウッドでは、故チャドウィック・ボーズマン主演による映画化も予定されていた。

ちなみに、一五八二年、ヨーロッパに向かった九州の天正遣欧使節団の少年四名が、四年後に帰国する際に立ち寄ったのがモザンビーク島だった。彼らはアフリカの地に初めて足を踏み入れた日本人として記録されている。

山猫とずる賢いうさぎ

モザンビークに伝わるうさぎに騙《だま》された山猫の話がある。

あるところに、仲良く一緒に暮らしているうさぎと山猫がいた。二匹は一緒に作った畑で、豆を収穫した。家に戻って豆を煮ていると、うさぎが用事があると言って出て行く。うさぎは外で皮を脱ぎ捨てて家に戻り、裸の獣のふりをして「はだかんぼうから逃げろ！」と大声を出した。驚いた山猫が家から逃げると、うさぎは煮ていた豆を一人で平らげてしまう。

お腹いっぱいになったうさぎは、外に置いていた皮を着てそ知らぬ顔で帰宅する。すでに家に戻っていた山猫に「はだかんぼうの獣が来たので逃げた。豆も食べられてしまったようだ」と報告される。このことに味をしめたうさぎは、ふたたび豆を煮ている時に同じことをして、また豆を一人占めした。

ある日、豆を煮ている時にうさぎがまた外出したので、気になった山猫は後をつけた。うさぎが皮を脱ぐ瞬間を目撃し、自分が騙されていたことを知った山猫は、うさぎが脱ぎ捨てた皮に葦《あし》の種をすり込む。

一方、豆を平らげたうさぎは、山猫が家に戻ってきたので慌てて皮を着るために外に逃げた。皮を着ると、なぜか体中が痛くなる。泣きながら帰宅したうさぎを見て、山猫は「ぼくがきみを懲らしめるために仕返ししたんだ」と告げる。うさぎは怒るが、山猫は鋭い爪を見せてうさぎ以上に怒った。このまま山猫を怒らせると畑から追い出されて豆を食べられなくなると思ったうさぎは、謝罪する。二人は仲の良い二匹に戻り、豆を半分ずつに分けるようになったという。

大自然が広がるアフリカでは、動物たちが登場する民話が豊富だ。なかでも、うさぎや亀、クモはずる賢い動物として描かれることが多いようだ。マラウイ共和国にも似たような話がある。詳しくは**皮を脱いだ象に騙されたうさぎ**の項目を参照。

モロッコ王国

古都フェズの誕生秘話

迷路の町とも称される複雑に入り組んだフェズの町。かつては王都として栄えたこの町にまつわる伝説がある。

イスラム教の祖ムハンマドの婿アリーの子孫であるイドリス一世は、八世紀末にバグダッドのアッバース朝に反乱するも敗退し、モロッコに亡命する。古くからこの地に住んでいたベルベル人からの協力を得て、モロッコ最初のイスラム王朝であるイドリス朝を築いた。

ある時、亡命してきたイドリス一世がフェズ川の近くを歩いていると、老人が現れ、「この地にはフェズという都があったが、滅んでしまった。しかし、イドリスという男が現れて都を再建する」と、隠者から聞いたという話を聞かせたという。これは神に与えられた使命に違いないと信じたイドリスは、フェズを整備して都を築いた。そして八〇八年、息子のイドリス二世によって正式にフェズは王都となった。

首都が移り変わった現在も、モロッコ人にとってフェズは特別な町であり、フェズ出身の者は政治や経済、文化の実権を握っているそうだ。

フェズ・エル・バリ（「ぼろぼろに古くなったフェズ」という意味）と呼ばれる旧市街には、当時の趣を残す町として歴史を今につないでいる。

ブズニカの空飛ぶ物体

モロッコの海辺の町ブズニカで、謎の空飛ぶ物体が目撃されたという。

一九五四年、車に乗った男性がブズニカの近くを通りかかった。すると、バックミラーに金属製の物体が光っているのを見た。直後、それは突風を起こすほどの速さで車の横を通り過ぎたという。車を停めて男性が外に出ると、物体は遠くの空に消えていったそうだ。

同じ日の夜に、遠く離れたコートジボワールの二つの町でも高速で動く飛行物体が目撃されている。結局、飛行物体の正体はわからないままだが、ＵＦＯではないかと噂された。

リビア

首都トリポリの語源とレプティス・マグナ

エジプトの西隣、アフリカ北部にあるリビアは、現在は治安の悪化により日本からの渡航が禁止されているが、五つの世界遺産をもつ名所の多い国だ。古くはフェニキア人とローマ人に支配されていた土地で、首都トリポリは、地中海の海上貿易で栄えたフェニキア人が紀元前八〇〇年頃に建設した都市が原型だと言われている。「トリポリ」の語源はギリシャ語の「トリポリス（三つの都市）」であり、三つの都市とはオエア（ローマ帝国に支配されていた時のトリポリの旧名）、サブラータ、レプティス・マグナのことだ。

一九二一年、三つの都市のひとつ、レプティス・マグナの考古遺跡がトリポリの東方で発見された。約一二〇〇年もの間、砂に埋もれていたおかげで保存状態が非常に良いという。

遺跡からはレプティス・マグナ出身のローマ皇帝セウェルス帝の凱旋門《がいせんもん》をはじめ、トラヤヌス帝の凱旋門、アウグストゥス帝の劇場、ハドリアヌス帝の浴場、円形闘技場、市場などが発掘されている。現在は遺跡全体の三分の一程度しか発掘されておらず、古代都市の真の姿はまだ砂の中だ。

聖ゲオルギウスの竜退治

一二世紀頃、古代ローマのゲオルギウスという聖人が竜を退治した伝説がリビアに残る。シレナ付近の湖に毒を吐く恐ろしい竜が現れ、人々は王の娘を生贄として差し出さねばならなかった。そこに元ローマ騎士の青年ゲオルギウスが現れ、竜を成敗して王の娘を救った。王国の人々は喜び、キリスト教に改宗したと伝えられている。

リベリア共和国

頭と腕と胴体と足が助け合った話

アフリカ西部、リベリアの北部に暮らす、ダン族の人々の間で語られている民話がある。

昔、ひとりぼっちの「頭」がいて、舌が届く範囲しか食べ物が食べられなかった。頭は、桜の木になっているサクランボを食べたかったが、舌が届かなかった。その時、桜の木の下を二本の「腕」が通りかかった。腕は目を欲しがり、頭はサクランボまで届く腕が欲しかったので、頭と腕は一緒になった。サクランボを食べた頭と腕が昼寝をしていたら、「胴体」がやってきた。胴体は目を欲しがり、頭と腕は川を渡りたかったので、頭と腕と胴体は一緒になり、力を合わせて川を渡った。川を渡った先にマンゴーの木があったので、頭と腕と胴体はマンゴーを食べようとしたが、どうしても届かない。落ち込んでいると、二本の「足」が通りかかった。そこで頭と腕と胴体は一緒になることを足に提案した。四つは試行錯誤の末、うまくくっついて一人の人間になった。そして、足が地面に立ち、胴体が背筋を伸ばし、腕が伸び上がり、頭はマンゴーを食べることができた。

ルワンダ共和国

祝いの舞踏イントレ・ダンス

ルワンダでは、集団でお祝いを行う時にはダンスが欠かせないという。様々なダンスと音楽で、英雄的な行為を演じながら褒め称《たた》えるというもので、イントレ・ダンスと呼ばれている伝統舞踊である。ルワンダ音楽は八分の五拍子のリズムが特徴で、太鼓隊によるインゴマという太鼓の音に合わせて、長い草で作ったカツラを被り、槍を手にした男性たちが踊りを披露する。

イントレ・ダンスは、「英雄の踊り」「選ばれし者たち」という意味をもち、昔、戦士たちが王宮の前で勝利の凱旋《がいせん》を祝うために踊ったダンスが起源と言われている。

ぐらつく世界を修復し続けるイマナ

ルワンダに住むバニャルワンダ族では、独特な宇宙を作り出すイマナという創造主が崇拝されている。

イマナは長い間、死神と戦い続けていた。ある時、死神を遠ざけるためにあらゆる生き物に隠れるよう警告したが、一人の老婆が庭の手入れをしようと隠れ場所から出て、死神に見つかってしまった。死神は老婆のスカートの下に潜んでイマナの目を欺き、老婆の命を奪う。イマナは老婆を生き返らせようと、埋葬の際には地面に大きな穴を開けておくようにと老婆の親戚に頼んだが、親戚の一人が老婆を憎んでいたため、生き返らせないように邪魔をし、すべての穴を石で塞《ふさ》いでしまった。そのため老婆は生き返れず、以来、人間は永遠の命を失ってしまった。

死神がこれ以上人間に干渉しないよう、イマナは世界を三つに分けた。一番上が神の国、真ん中が人間の住む大地、一番下が死神と魂の国である。ただしその宇宙は、三段に積み重ねた皿と皿の間を棒で支えたような不安定な状態だった。時折、死神は棒をよじ登って人間の世界に近づき、人々の足首を摑んで自分の国へと引きずりおろしていく。死神の国の住人である霊魂や悪魔は、最近では人間よりも数が増え、やはり人間の大地を狙っている。

人間の世界が死神、霊魂、悪魔に乗っ取られないよう、イマナは休む暇なく彼らと戦いながら、ぐらつく宇宙を修復し続けているそうだ。極めて多忙なイマナの集中力が少しでも切れた時、宇宙の構造は完全に崩壊し、死神の征服する時代がやってくると言われている。

レソト王国

山になるタバ・ボシウ

四方を南アフリカ共和国に囲まれたレソトは標高が高いことで知られ、「天空の王国」と呼ばれる小国だ。ソト族によって建国され、「ソト族（バソト）の国」というのが国名の由来になっている。

　首都マセルから東に一〇キロほどのところに、タバ・ボシウという丘がある。タバ・ボシウとはソト族の言葉で「夜の山」という意味だ。昼は普通の丘だが、夜になると大きな山になるという伝説がある。初代国王のモショエショエ一世が築いた重要な要塞があり、ズールー族やイギリス軍、ボーア人からの侵入を長年阻んできた。夜は山になるという伝説も、敵から自国を守るために生まれたのかもしれない。現在は観光地となっており、要塞跡やモショエショエ一世の墓などを見ることができる。

アフリカ北東部

怪蛇アスプ

アフリカ北東部に生息すると言われているアスプと呼ばれる怪蛇がいる。古代ローマのプリニウスの著書『博物誌』による。

　見た目はコブラに似ており、俊敏に動き回るという。吐く息は猛毒で、視線を交わした者を眠らせる力をもつ。

　雌雄のペアで常に行動しており、もしどちらかが殺されるようなことがあれば、復讐を成し遂げるまで仇を執拗に追い続けるという。恐ろしい生物だが、ある呪文を唱えると操ることができるという。

　また、アフリカ全土には、アスプコブラ（エジプトコブラ）という名の蛇が実際に生息している。一・五から二・四メートルほどの大きさで、猛毒をもっている。

　古代エジプトの女王クレオパトラの最期は、毒蛇に自らを噛ませて自殺したと伝わっている。この時、彼女を噛んだのがアスプコブラだと言われている。

その他

1 太平洋
2 南極
3 北極

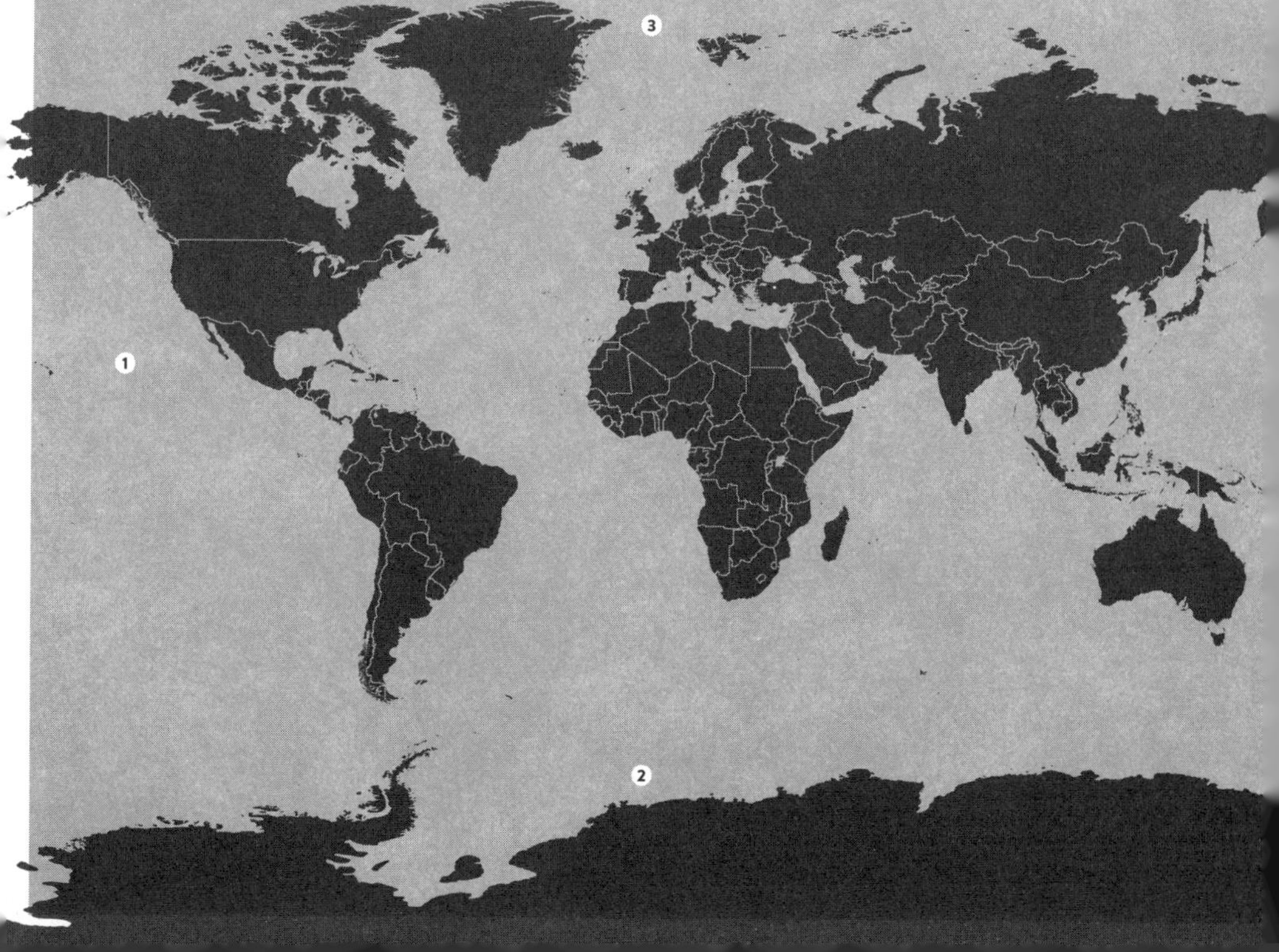

太平洋

幻の超古代文明ムー大陸

ムー大陸は、かつて一万五〇〇〇年前まで栄華を誇ったものの、天変地異によって太平洋のどこかに沈んだとされる幻の大陸のこと。アトランティス、レムリアと並ぶ、謎に満ちた超古代文明だ。それぞれ詳しくは欧州・欧州全域の**アトランティス大陸は実在するか**、アジア・アジア全域の**古代大陸レムリア**の項目を参照。

ムー大陸の噂のきっかけは、一八八六年、フランスの聖職者シャルル＝エティエンヌ・ブラッスール・ド・ブルブールが、古代マヤ文明の書物を解読したところ、かつて太平洋に存在し、海に沈んで消滅した「ムー」という大陸について書かれた箇所を発見したことだ。これがアトランティスの消滅と類似性があるとして、論文を発表した。その後、一九二六年にアメリカの作家ジェームズ・チャーチワードが、『人類の母なる地 失われたムー大陸』という本を書いた。彼は著書の中で、ムー大陸は太平洋に広がった大陸であること、一万二〇〇〇年前に炎と水の渦の中に姿を消したというレムリア大陸と地理的な類似点があること、といった理論を展開した。この本をきっかけにムー大陸の噂が世界中に広まっていった。

ムー大陸の正確な場所については様々な意見がある。ムー大陸＝レムリア大陸という説もあり、マダガスカル島とインド南部とマレー半島を合わせた大陸であったという説。日本近郊にムー大陸があったという説。その他、イースター島やナンマトル、スンダランドをムー大陸とする説もある。それぞれ詳しくは大洋州・イースター島の**モアイ像の原型は巨神兵マダ?**、大洋州・ミクロネシア連邦の**人工島ナンマトルとムー大陸**、アジア・タイ王国の**海底に眠る古大陸スンダランド**の項目を参照。

現在ではその存在を疑問視する声もあるが、謎のベールに包まれたムー大陸を巡って今も熱い議論が続いている。

南極

謎の生物ニンゲン

南極で目撃された未確認生物で、「ニンゲン（ヒトガタ）」と呼ばれている。二〇〇二年にインターネット上で語られ始めた。また、一九五八年に日本の南極観測船が目撃した南極ゴジラもこれと同じものではないかという話があり、以来、他国の船からも目撃されている。

全身が真っ白で大きさは二〇～三〇メー

トル、人間のように頭や手足がついているのが特徴。頭部は丸みがあり、顔には目と口はあるが、鼻や耳はないという。攻撃してくることはないが、近づくと逃げてしまうため、警戒心が強いようだ。二〇一一年には、ニンゲンと思しき生物が撮影され、話題となった。

　未知の部分が多い南極に新種の生物がいてもおかしくはないが、クジラの一種ではないかとする説もある。

北極

地底世界アルザル

アルザルとは、聖書外典に登場する地名。旧約聖書に記されている、行方不明となったイスラエルの一〇部族（詳しくは中東・イスラエル国の**消えたイスラエル一〇部族**の項目を参照）が辿り着いた先とされている。アルザルはシルクロードのどこかにある町だと言われているが、詳細な場所は判明していない。

　一説によると、アルザルは地底の世界であり、その入口が北極圏にあるという。一九四六年から行われた南極調査の際に、米海軍少将のリチャード・イヴリン・バードが飛行機で地底世界に迷い込んだという報告がある。彼は、地面が真っ赤に染まった大陸、ジャングル、マンモスのような動物、都市などの写真を撮影している。そこで謎の飛行物体に誘導されて着陸し、現地の人にも会ったという。

　さらに元ＣＩＡ（アメリカ中央情報局）職員で、機密文書を暴露したことで有名なエドワード・スノーデンによると、地球内部のマントルには知的生命体、つまり地底人が存在しているという。これが、バード少将の辿り着いた地底世界のことではないかとも言われている。しかし、摂氏一五〇〇度になるマントルに生命が生息できるとは到底考えられず、地球内部には地磁気の生み出すプラズマによって発生した亜空間があり、そこに浮かぶ天体がアルザルである、とする説もある。だから地磁気の強い北極圏に出入口があるというのだ。

　また、アルザルはアガルタやシャンバラのことだと主張する説もある。それぞれ詳しくはアジア・スリランカ民主社会主義共和国の**地底王国アガルタの伝説**、アジア・チベット自治区の**地底王国アガルタとポタラ宮殿**、**理想郷シャンバラ**の項目を参照。

　どの説も仮説の域を出ないものではあるが、地球内部という人類に残された数少ない未開のエリアにこそ、幻とされてきた世界が存在するのかもしれない。

column04

英雄伝説の影の主役

世界には様々な英雄伝説があるが、それらを語るうえで欠かせないもののひとつが怪物。彼らは物語を盛り上げるとともに、それ自体が魅力的な存在なのだ。

たとえば、ギリシャ神話の英雄ヘラクレスは、エウリュステウスという王に課せられた一二の試練に挑み、刃物を通さない強靭《きょうじん》な皮膚を持つネメアーの獅子、触れただけで他者を絶命させる毒を持つヒュドラ、地獄の番犬であるケルベロスといった怪物と戦った伝説がよく知られている。

同じくギリシャ神話のペルセウスにおいては、蛇の髪を持ち、見る者を石に変えるという妖女、メドゥーサの戦いも有名だ。

また、イギリスで生まれたアーサー王の物語にも、うなる獣や怪猫キャスパリーグと呼ばれる怪物たちが登場し、アーサー王や円卓の騎士などと戦う。中国の伝説上の王である黄帝についても、魑魅魍魎《ちみもうりょう》を操る異形の姿をした怪物、蚩尤《しゆう》と戦い、打ち勝った話が残されている。世界最古の文学作品と言われている古代メソポタミアの『ギルガメシュ叙事詩』でも、主人公ギルガメシュとその友エンキドゥは太陽神であるシャマシュの加護を受け、ともに怪物フンババに立ち向かい、打ち倒す。

このように、英雄たちの物語には、立場を異にする怪物たちの存在があるのだ。そんな怪物たちにも目を向けてみてはいかがだろうか。

五十音順索引

この索引は、本書収録の全伝説を五十音順に配列した。

あ

か

さ

た

な

は

ま

や

ジャンル別索引

この索引は、本書収録の全伝説をジャンル別に配列した。

伝説・民話

▼ある時代の、特定の場所で起こった事実として、各国・各地域で語られる話。

神話

▼各国・各地域の神々に纏わる伝説。

行事

▼各国・各地域に伝わる行事に纏わる伝説。

裏歴史・事件

▼正史から外れた歴史、または事件に纏わる伝説。

遺跡・ミステリースポット

▼遺跡やミステリースポットなど、場所と強く結びついた話。

遺物・オーパーツ

▼各国・各地域に伝わる不思議や遺物やオーパーツ（場違いな工芸品）に纏わる話。

妖怪・怪異譚

▼妖怪を主人公に語られる伝説や、幽霊などの怪異譚。

UFO・宇宙人

▼各国・各地域に伝わるUFOや宇宙人に纏わる話。

UMA

▼目撃情報はあるが存在は確認されていない未確認動物に纏わる伝説。

埋蔵金

▼黄金郷エルドラドなど埋蔵金や黄金に纏わる伝説。

おわりに

このたびは本書を手に取っていただき誠にありがとうございました。

この本は、『日本怪異伝説事典』に続き、世界各地の伝説、民話、言い伝え、神話、歴史的な出来事などを、国・地域別にまとめたものです。

世界という広いフィールドに散らばる伝説を収集していくにあたり、様々な驚きと発見がありました。日本人の常識から見たらヘンテコなもの、信じられないものもありましたが、知れば知るほど、その国の文化や歴史にもっと触れたくなりました。

世界には本当にたくさんの国があって、それぞれの地域に独自の文化や歴史があることに改めて気づきました。

一つひとつの伝説や言い伝え、寓話の背後には、一つひとつの国や地域の文化があり、数えきれないほどの人がいて、歴史を刻んでいる。世界を舞台にした伝説と改めて向き合うことで、世界中のニュースが、以前にもまして迫ってくるように感じられました。

すべての国や地域の伝説を幅広く収集したかったのですが、残念ながらひとつしか掲載できなかった国も多く、世界という広い舞台を前に十分に集めきれなかったという悔しい思いもございます。

「誰しも知るように、むだで横道にそれた知識には一種のけだるい喜びがある」（『幻獣辞典』ホルヘ・ルイス・ボルヘス、マルガリータ・ゲレロ、柳瀬尚紀訳、晶文社）

本書の最初の項目「ア・バオ・ア・クー」が紹介されている『幻獣辞典』の序文で、

アルゼンチンの作家ホルヘ・ルイス・ボルヘスが、このような言葉を残しています。これからも、新たな「けだるい喜び」との出会いを楽しみにしつつ調べていければと思います。

世界にはまだまだ、伝説や言い伝えがたくさんあります。この事典に収録しているものは、ほんのごく一部です。本書が、世界中に散らばるはてしない伝説たちを探ったり、実際に訪れたりするきっかけになればとても嬉しいです。

改めまして、過去の書籍のご縁からお声掛けいただいた朝里樹先生。先生のご紹介なくしては、『日本怪異伝説事典』に続き、この素晴らしい機会はあり得ませんでした。執筆中もたくさんのアドバイスやアイデア、励ましをいただき、本当にありがとうございました。

編集を担当していただいた笠間書院の山口晶広様、大原彩季加様、制作部の皆様。前回に引き続きカバーイラストを飾ってくださった白井匠様。デザインをご担当いただいた細山田デザイン事務所の皆様。本書に関わってくださったすべての方に、この場を借りて深く御礼申し上げます。そして、この本を手に取っていただいたすべての皆様に、厚く感謝申し上げます。

二〇二一年一二月　えいとえふ

●地球の歩き方編集室編集『地球の歩き方』シリーズ
●前野直杉訳『中国古典文学全集6　六朝・唐・宋小説集』1959年、平凡社
●辻原康夫監修『新版 国旗と国名由来図典』2014年、出窓社
●辻原康夫監修『日本と世界の祭り』2016年、小学館
●デービッド・リーミング・マーガレット・リーミング著・松浦俊輔訳『創造神話の事典』1998年、青土社
●テレサ・ムーリー著・小浜杳訳『妖精バイブル』2008年、ガイアブックス
●天竺奇譚著『いちばんわかりやすいインド神話』2019年、実業之日本社
●『伝説の謎』2019年、日経ナショナルジオグラフィック社
●陶淵明著・松枝茂夫・和田武司訳『陶淵明全集（下）』1990年、岩波書店
●中島偉晴・メラニア・バグダサリヤン著『アルメニアを知るための65章』2009年、明石書店
●ナショナルジオグラフィック編『空から見た美しき世界』2014年、日経ナショナルジオグラフィック社
●『ナショナルジオグラフィック2012年10月号』2012年、日経ナショナルジオグラフィック社
●並木伸一郎著『最強の都市伝説1、2』2007年、2008年、経済界
●並木伸一郎著『最新 禁断の異次元事件』2014年、学研プラス
●並木伸一郎著『世界の超常生物ミステリー』2013年、学研プラス
●並木伸一郎著『ムー的異界の七不思議』2018年、学研プラス
●並木伸一郎著『ムー的古代遺跡』2015年、学研プラス
●並木伸一郎著『ムー的世界の新七不思議』2017年、学研プラス
●並木伸一郎著『ムー的都市伝説』2015年、学研プラス
●並木伸一郎著『ムー的未解決事件』2016年、学研プラス
●並木伸一郎著『ムー認定 驚異の超常現象』2019年、学研プラス
●並木伸一郎著『ムー認定 神秘の古代遺産』2019年、学研プラス
●日本民話の会・外国民話研究会編訳『世界の犬の民話』『世界の猫の民話』2017年、筑摩書房
●日本民話の会編『ガイドブック世界の民話』1988年、講談社
●日本民話の会編『決定版 世界の民話事典』2002年、講談社
●野宮麻未・怖い話研究会著『世界に伝わる本当に怖い話 上巻・下巻』2019年、理論社
●芳賀日出男監修『世界の祭り大図鑑』2006年、PHP 研究所
●長谷川明著『インド神話入門』1987年、新潮社
●ピーター・ヘイニング著・阿部秀典訳『図説 世界霊界伝承事典』1995年、柏書房
●黄浿江著・宋貴英訳『韓国の神話・伝説』1991年、東方書店
●フィリップ・ウィルキンソン著・林啓恵・飯原裕美訳『世界の神話大図鑑』2021年、三省堂
●フィリップ・ウィルキンソン編・井辻朱美監修・大山晶訳『世界の神話伝説図鑑』2020年、原書房
●フィリップ・ウィルキンソン著・松村一男監修『世界の神話と英雄大図鑑』2020年、河出書房新社
●ブライアン・インズ著・大島聡子訳『世界の幽霊出現録』2021年、日経ナショナルジオグラフィック社
●ブレンダ・ローゼン著・中谷友紀子訳『妖怪バイブル』2009年、ガイアブックス
●ヘロドトス著・松平千秋訳『歴史（中）』1972年、岩波書店
●蒲松齢著・立間祥介訳『聊斎志異（上・下）』1997年、岩波書店
●細野昭雄・田中高編著『エルサルバドルを知るための55章』2010年、明石書店
●マーティン・J・ドハティ著・井上廣美訳『インド神話物語百科』2021年、原書房
●前野直彬著『唐代伝奇集1』1963年、平凡社
●松浦友久編訳『李白詩選』1997年、岩波書店
●松下直弘著『中南米伝説の旅 太陽の息子たち』1991年、花伝社
●松村一男監修『知れば知るほど面白いギリシア神話』2012年、実業之日本社
●松村武雄編『世界神話伝説大系15、21』1979年、1980年、名著普及会
●松村武雄・中村亮平編『世界神話伝説大系11 中国・台湾の神話伝説』1979年、名著普及会
●水木しげる著『あの世の事典』1989年、筑摩書房
●水木しげる著『続・世界妖怪事典』2000年、東京堂出版
●水木しげる著『水木しげるの世界幻獣事典』1994年、朝日新聞社
●三原幸久編訳『ラテンアメリカ民話集』2019年、岩波書店
●三村晴子著『世界魔法使い画譜』2019年、国書刊行会
●ムー編集部編『ムー2019年10月号』2019年、学研プラス
●牟田口義郎著『石油に浮かぶ国 クウェートの歴史と現実』1965年、中央公論新社
●森出じゅん著・竹永絵里イラスト『やさしくひも解く ハワイ神話』2020年、フィルムアート社
●森実与子著『世界の歴史ミステリー27の真実』2011年、新人物往来社
●矢崎源九郎編『子どもに聞かせる世界の民話』1988年、実業之日本社
●山口敏太郎著『大迫力！世界の妖怪大百科』2015年、西東社
●吉田敦彦著『世界の神話伝説 総解説』2002年、自由国民社
●レイチェル・ウォーレン・チャド・メリアン・テイラー著・上田恵介監修・プレシ南日子・日向やよい訳『世界の美しい鳥の神話と伝説』2017年、エクスナレッジ
●歴史雑学研究倶楽部編『ヴィジュアル版 世界の神々と神話事典』2016年、学研プラス
●歴史雑学探究倶楽部編『世界の黄金伝説 FILE』2013年、学研プラス
●Ｅ・リード・ロス著・小金輝彦訳『世界の奇習と奇祭』2021年、原書房
●Ｍ. ザドウナァイスカ再話・Ｂ. シャトゥーノフ絵・宮川やすえ訳『うみの女王とまほうのスカーフ エストニアの民話』1991年、岩崎書店
●Ｗ・Ｙ・エヴァンス-ヴェンツ編・加藤千晶・鈴木智子訳『チベット密教の祖 パドマサンバヴァの生涯』2000年、春秋社

●外務省　https://www.mofa.go.jp/mofaj/
●ジャパンナレッジ　https://japanknowledge.com/

※その他、官公庁ホームページ、各国の観光局や観光サイト、新聞、雑誌のサイトなどを参照しました。

参考資料

●アイリーン・ニコルソン著・松田幸雄訳『マヤ・アステカの神話』1992年、青土社
●青木昭著『修復士とミケランジェロとシスティーナの闇』2001年、日本テレビ放送網
●朝里樹監修『1日1話、つい読みたくなる世界のミステリーと怪異366』2021年、徳間書店
●朝里樹著『世界現代怪異事典』2020年、笠間書院
●朝里樹監修『大迫力！世界の都市伝説大百科』2020年、西東社
●天野ミチヒロ監修『大迫力！世界のUMA未確認生物大百科』2016年、西東社
●荒俣宏著『ヨーロッパホラー&ファンタジー・ガイド 魔女と妖精の旅』2002年、講談社
●池田まき子著『オーストラリア先住民 アボリジニのむかしばなし』2002年、新読書社
●池田理代子著『リヒテンシュタイン物語』2012年、メディアパル
●泉保也著『世界不思議大全』2004年、学研プラス
●出雲晶子編著『星の文化史事典』2019年、白水社
●『行ってみたい世界の聖地』2018年、自由国民社
●稲田浩二著『世界昔話ハンドブック』2004年、三省堂
●『今の科学でここまでわかった 世界の謎99』2018年、日経ナショナルジオグラフィック社
●イワナ・ブルリッチ＝マジュラニッチ著・山本郁子訳『昔むかしの物語』2010年、冨山房インターナショナル
●植朗子編著・阿部海太絵『はじまりが見える世界の神話』2018年、創元社
●ウォン＝ディ・ペイ・マーガレット・H・リッパート再話・ジュリー・パシュキス絵・さくまゆみこ訳『ほーら、これでいい！ リベリア民話』2006年、アートン
●江川卓著『世界の故事名言ことわざ総解説』2017年、自由国民社
●エドワード・ブルック＝ヒッチング著・関谷冬華訳『世界をまどわせた地図』2017年、日経ナショナルジオグラフィック社
●エピソードで読む世界の国編集委員会編集『2021→2022 エピソードで読む世界の国243』2021年、山川出版社
●小沢俊夫著『世界の民話16、31、34』1999年、1985年、1985年、ぎょうせい
●オスマン・サンコン著・かじあゆたイラスト『サンコンのとっておきアフリカむかし話2』1989年、金の星社
●海部宣男監修・柿田紀子・川本光子訳・「アジアの星」国際編集委員会編『アジアの星物語』2014年、万葉舎
●片野優・須貝典子著『ヨーロッパの都市伝説――歴史と伝承が息づく13話』2021年、祥伝社
●金関寿夫著『アメリカ・インディアンの口承詩 魔法としての言葉』2000年、平凡社
●神谷充彦監修『ナスカの地上絵からエリア51まで！世界の超7大ミステリー 最新研究でわかった衝撃の事実』2020年、宝島社
●かみゆ歴史編集部著『ゼロからわかる中国神話・伝説』2019年、イースト・プレス
●キャサリーン・アーノット採録・小室輝昌訳『アフリカの神話と伝説』2017年、東京図書出版
●邱奎福編訳『中国少数民族のむかし話』1998年、求龍堂
●蔵持不三也監修『神話で訪ねる世界遺産』2015年、ナツメ社
●グロリア・S・サイソン・藤島宇策著『フィリピン徒然草 サンパギィータ君よ知るや南の国』1990年、河合出版
●クンサン・チョデン著・今枝由郎・小出喜代子訳『ブータンの民話と伝説』1998年、白水社
●幻想世界を歩む会著・スタジオエクレア編『幻想世界 幻獣事典』2011年、笠倉出版社
●河野六郎著『中国・東南アジアの民話（世界民話の旅）』1979年、さ・え・ら書房
●コラン・ド＝プランシー著・床鍋剛彦訳『地獄の辞典』1997年、講談社
●コリン・ウィルソン・ダモン・ウィルソン著・関口篤訳『世界不思議百科 総集編』2009年、青土社
●佐藤健寿著・阿部結イラスト『世界不思議地図』2017年、朝日新聞出版
●サビン・バリング＝グールド著・池上俊一監修・村田綾子・佐藤利恵・内田久美子訳『ヨーロッパをさすらう異形の物語 中世の幻想・神話・伝説（上・下）』2007年、柏書房
●サラ・バートレット著・大田直子訳『神話と伝説バイブル』2009年、ガイアブックス
●サラ・バートレット著・岩井木綿子訳『世界の伝説と不思議の図鑑』2015年、エクスナレッジ
●ジェイコブ・J・アコル著・クリスティーヌ・アブク絵・小馬徹訳『ライオンの咆哮のとどろく夜の炉辺で南スーダン、ディンカの昔話』2010年、青娥書房
●ジェフリー・パリンダー著・松田幸雄訳『アフリカ神話』1991年、青土社
●渋川育由編『世界ふしぎワンダーライフ50』2012年、河出書房新社
●シャーロット・ゲスト著・アラン・リー挿画・井辻朱美訳『マビノギオン ケルト神話物語 シャーロット・ゲスト版』2003年、原書房
●ジョン&アン・スペンサー著・金子浩訳『世界の謎と不思議百科』1997年、扶桑社
●ジョン&アン・スペンサー著・桐生操監修『世界怪異現象百科』1999年、原書房
●杉原梨江子著『いちばんわかりやすい北欧神話』2013年、実業之日本社
●須藤健一監修『それ日本と逆！？　文化のちがい習慣のちがい』2012年、学研プラス
●『世界謎の事件ファイル 封印された真相と永遠のミステリー』2008年、新人物往来社
●『世界不思議物語』1979年、日本リーダーズダイジェスト社
●『世界未解決事件 闇に葬られた謎と真相』2006年、新人物往来社
●ソーマデーヴァ著・上村勝彦訳『屍鬼二十五話 インド伝奇集』1978年、平凡社
●竹永絵里画『世界のお祭り』2017年、河出書房新社
●ダニエル・コーエン著・岡達子訳『世界謎物語』1990年、社会思想社
●ダニエル・スミス著・小野智子・片山美佳子訳『絶対に明かされない世界の未解決ファイル99』2015年、『絶対に行けない世界の非公開区域99』2014年、『絶対に見られない世界の秘宝99』2015年、日経ナショナルジオグラフィック社
●地球の歩き方編集室編集『世界の魅力的な奇岩と巨石139選』2021年、学研プラス
●地球の歩き方編集室編集『世界197ヵ国のふしぎな聖地&パワースポット』2021年、学研プラス

朝里 樹（あさざと・いつき）

怪異妖怪愛好家・作家。1990年、北海道に生まれる。2014年、法政大学文学部卒業。日本文学専攻。現在公務員として働く傍ら、在野で怪異・妖怪の収集・研究を行う。著書に『日本現代怪異事典』（笠間書院）、『日本のおかしな現代妖怪図鑑』（幻冬舎）、『日本現代怪異事典 副読本』（笠間書院）、『歴史人物怪異談事典』（幻冬舎）、『世界現代怪異事典』（笠間書院）、『つい、見たくなる怪異な世界』（三笠書房）、『山の怪異大事典』（宝島社）、『日本怪異妖怪事典 北海道』（笠間書院）、『21世紀日本怪異ガイド100』（星海社）、『玉藻前アンソロジー　殺之巻』（文学通信）、「放課後ゆ～れい部の事件ファイル」シリーズ（集英社）ほか。

えいとえふ

編集＆ライティングを請け負うAとFの編集ユニット。東京都在住。手掛けるジャンルは怪談、都市伝説、神話、占い、手芸、児童書、漫画など。編集・ライティングに『大迫力！世界の都市伝説大百科』（西東社）、『大迫力！日本の都市伝説大百科』（西東社）、『私の家、すごいんです。いきものやばいすみか図鑑』（西東社）、『友だちに聞かせて怖がらせたい怪談』（辰巳出版）、『世界魔法使い画譜』（国書刊行会）、『そうだいすぎて気がとおくなる宇宙の図鑑』（西東社）、『ドラゴンクエストなぞなぞブック なぞなぞーマからの挑戦状』（スクウェア・エニックス）など多数。

世界怪異伝説事典

2021年12月30日　初版第1刷発行

監修者 ――― 朝里 樹
著者 ――― えいとえふ
イラスト ――― 白井 匠
発行者 ――― 池田圭子
発行所 ――― 笠間書院
〒101-0064
東京都千代田区神田猿楽町2-2-3
電話：03-3295-1331
FAX：03-3294-0996
https://kasamashoin.jp/
mail：info@kasamashoin.co.jp

ISBN 978-4-305-70953-0

アートディレクション ― 細山田光宣
装幀・デザイン ――― 鎌内文
（細山田デザイン事務所）
本文組版 ――― キャップス
印刷／製本 ――― 大日本印刷

乱丁・落丁本はお取り替えいたします。

本書収録の事項には、現在の社会通念から見て不適切と思われる表現が含まれておりますが、史料的な価値を考慮し、当時のものをそのまま採用しております。ご了承ください。